Jens Peter Hjort
Aufhebungsvertrag und Abfindung
Strategien, Tipps und Musterverträge

RECHT AKTUELL

Jens Peter Hjort

Aufhebungsvertrag und Abfindung

Strategien, Tipps und Musterverträge

5., überarbeitete und aktualisierte Auflage

BUND
VERLAG

Bibliografische Information Der Deutschen Bibliothek
Die Deutsche Bibliothek verzeichnet diese Publikation in der
Deutschen Nationalbibliografie; detaillierte bibliografische Daten
sind im Internet über http://dnb.d-nb.de abrufbar.

5., überarbeitete und aktualisierte Auflage 2015
© 2001 by Bund-Verlag GmbH, Frankfurt am Main
Herstellung: Kerstin Wilke
Umschlag: Neil McBeath, Stuttgart
Umschlagbild: © adamgregor – Panthermedia.net
Satz: Dörlemann Satz, Lemförde
Druck: CPI books GmbH, Leck
Printed in Germany 2015
ISBN 978-3-7663-6353-4

www.bund-verlag.de

Vorwort

Das Tempo der Veränderungen in den Arbeitsprozessen nimmt zu. Wenn auch meist unfreiwillig wächst die Zahl der Beschäftigten, die ihren Arbeitsplatz aufgeben müssen. Als probates Mittel der Trennung gilt dabei der Aufhebungsvertrag. Zu seinem Abschluss gehören aber zwei Parteien, die – nicht nur in diesem Zusammenhang – durchaus gegensätzliche Interessen vertreten.

Ziel dieses Buches ist insbesondere die Aufarbeitung der damit verbundenen zum Teil sehr komplexen Problemlagen aus Arbeitnehmersicht. Wer optimal verhandeln will, braucht nicht nur eine verlässliche rechtliche Grundlage, sondern sollte auch möglichst in der Lage sein, die typischen psychologischen Mechanismen zu durchschauen, die in der Trennungsphase das Verhalten der Beteiligten nachhaltig beeinflussen können. Deshalb werden anhand von Beispielsfällen aus der arbeitsrechtlichen Praxis maßgebliche psychologische Einflussfaktoren analysiert und nutzbar gemacht für Hinweise auf situationsgerechte und nützliche Strategien bei der Wahrnehmung der eigenen Interessen.

Dieser Praxisratgeber dient als Leitfaden für eine fundierte Orientierung hinsichtlich der arbeitsrechtlichen Rahmenbedingungen von Aufhebungsverträgen, den Bedingungen für einen aktiven Rechtsschutz sowie den sozialversicherungs- und steuerrechtlichen Rechtsfolgen. Die Verhandlungskompetenz zu unterstützen und je nach Lage des Einzelfalls angemessen dotierte Abfindungsleistungen durchzusetzen, ist dabei ein Ziel. Von gleichrangiger Bedeutung ist die rechtssichere Gestaltung der Vertragsbedingungen, damit nicht im Nachhinein ein böses Erwachen stattfindet.

Im Mittelpunkt des Buches stehen insoweit umfangreiche und ausführlich erläuterte – und für die Neuauflage in vielen Punkten weiterentwickelte – Formulierungshilfen (mit Alternativvorschlägen je nach Einzelfallkonstellation) für die bei Aufhebungs- und Abwicklungsverträgen regelungsbedürftigen Gegenstände.

Im Anhang des Buches sind diese Vertragsklauseln als Vertragsmuster zusammengefasst, ergänzt um wichtige einschlägige Gesetzestexte. Gegenüber den Vorauflagen wurde das Buch komplett überarbeitet und ergänzt.

Neue Entwicklungen sind insbesondere eingearbeitet bei folgenden Themenstellungen:

- Versorgungssituation im Alter: in der Verknüpfung sozialrechtlicher Optionen mit steuerlichen Vergünstigungsmöglichkeiten eröffnen sich weitgehend noch unbekannte Handlungsfelder für die Absicherung der Alterseinkünfte
- eingeschränkter Verfall von Urlaubsansprüchen nach lang andauernder Erkrankung/Beachtung von Ausschlussfristen
- aktuelle Rechtsentwicklung bei Sperrzeiten nach dem SGB III und Darstellung von Handlungsalternativen
- Anerkennung von steuerlichen Gestaltungsmöglichkeiten bei der Fälligkeit der Abfindung

Die aktuelle Gesetzgebung (u. a. »Rente ab 63«) sowie Rechtsprechung und Literatur sind bis einschließlich Oktober 2014 eingearbeitet.

An geeigneter Stelle sind auch Alternativen zur herrschenden Meinung in Rechtsprechung und Literatur formuliert worden. Dies dient der Unterstützung arbeitnehmerorientierter Positionen und soll die juristische Debatte in diese Richtung fortentwickeln.

In diesem Buch ist der besseren Lesbarkeit wegen überwiegend die männliche Form gewählt worden (»der Arbeitnehmer«, »der Arbeitgeber«, »der Rechtsanwalt« usw.). Eine geschlechtsspezifische Diskriminierung ist damit jedoch in keinem Fall verbunden.

Ganz besonders hervorzuheben sind die Vorarbeiten durch den verdienten Mannheimer Rechtsanwaltskollegen Dietrich Growe, dessen Kenntnisse und Ausarbeitungen zum Thema der Optimierung der Altersversorgung nicht nur die ausführliche Überarbeitung und Ergänzung in Kapitel 7 dieses Buches motiviert haben, sondern der auch bei der inhaltlichen Umsetzung fundierte und zugleich kollegiale Unterstützung leistete. Großer Dank gebührt auch unserer Team-Mitarbeiterin Catérine Seebauer, die mit viel Übersicht und Geduld an der Erarbeitung des Textmanuskripts mitgewirkt hat.

Hamburg, im Oktober 2014   Jens Peter Hjort
                                    Fachanwalt für Arbeitsrecht

Anmerkung:
Die in diesem Buch gegebenen Hinweise und Vorschläge für die sach-
und interessensgerechte Abfassung von Aufhebungsverträgen sind pra-
xiserprobt; dennoch weisen sie naturgemäß nur Empfehlungscharakter
auf, da jeder Einzelfall in aller Regel spezifische Besonderheiten aufweist. Autor und Verlag können daher für die vorgestellten Muster und
Formulierungsvorschläge keine Haftung übernehmen.

Inhaltsverzeichnis

13

Abkürzungsverzeichnis

a. A.	anderer Ansicht
a. a. O.	am angegebenen Ort
Abs.	Absatz
a. F.	alte Fassung
AFG	Arbeitsförderungsgesetz
AGG	Allgemeines Gleichbehandlungsgesetz
AiB	Arbeitsrecht im Betrieb (Zeitschrift)
Anh.	Anhang
Anm.	Anmerkung
AnwBl.	Anwaltsblatt (Zeitschrift)
ArbG	Arbeitsgericht
ArbGG	Arbeitsgerichtsgesetz
ArbPlSchG	Arbeitsplatzschutzgesetz
ArbRB	Der Arbeitsrechtsberater (Zeitschrift)
Aufl.	Auflage
AZG	Arbeitszeitgesetz
BABl.	Bundesarbeitsblatt (Zeitschrift)
BAG	Bundesarbeitsgericht
BAG GS	Großer Senat des BAG
BAT	Bundes-Angestelltentarifvertrag
BAnz.	Bundesanzeiger
BB	Betriebs-Berater (Zeitschrift)
BBG	Bundesbeamtengesetz
BBiG	Berufsbildungsgesetz
BEEG	Bundeselterngeld- und Elternzeitgesetz
BetrAVG	Gesetz zur Verbesserung der betrieblichen Altersversorgung
BetrVG	Betriebsverfassungsgesetz
BfA	Bundesversicherungsanstalt für Angestellte
BFH	Bundesfinanzhof

17

BFH-NV	Sammlung amtlich nicht veröffentlichter Entscheidungen des Bundesfinanzhofs
BGB	Bürgerliches Gesetzbuch
BGBl.	Bundesgesetzblatt
BGH	Bundesgerichtshof
BRAGO	Bundesrechtsanwaltsgebührenordnung
BR-Drucks.	Bundesrats-Drucksache
BSG	Bundessozialgericht
BT-Drucks.	Bundestags-Drucksache
BUrlG	Bundesurlaubsgesetz
BVerfG	Bundesverfassungsgericht
BVerwG	Bundesverwaltungsgericht
BZRG	Bundeszentralregistergesetz
DA	Durchführungsanweisung
DAG	Deutsche Angestellten Gewerkschaft
DB	Der Betrieb (Zeitschrift)
DBlR	Dienstblatt der BA (Bundesagentur für Arbeit) – Rechtsprechung
DGB	Deutscher Gewerkschaftsbund
DStR	Das Steuerrecht (Zeitschrift)
DVBl.	Deutsches Verwaltungsblatt (Zeitschrift)
EU	Europäische Union
EuGH	Europäischer Gerichtshof
EZA	Entscheidungen zum Arbeitsrecht
FA	Fachanwalt Arbeitsrecht (Zeitschrift)
FN	Fußnote
GewO	Gewerbeordnung
GG	Grundgesetz
gem.	gemäß
ggf.	gegebenenfalls
GKG	Gerichtskostengesetz
HGB	Handelsgesetzbuch
HK-ArbR	Handkommentar Arbeitsrecht
h. M.	herrschende Meinung

i. d. F.	in der Fassung
i. d. R.	in der Regel
IG	Industriegewerkschaft
Info *also*	Informationen zum Arbeitslosenrecht und Sozialhilferecht
InsO	Insolvenzordnung
i. V. m.	in Verbindung mit
KSchG	Kündigungsschutzgesetz
LAG	Landesarbeitsgericht
LAGE	Entscheidungen der Landesarbeitsgerichte, Entscheidungssammlung
LG	Landgericht
LSG	Landessozialgericht
LStDVO	Lohnsteuerdurchführungsverordnung
LStR	Lohnsteuerrichtlinien
LVA	Landesversicherungsanstalt
m. H. a.	mit Hinweis auf
MinBl.	Ministerialblatt
MTV	Manteltarifvertrag
MuSchG	Mutterschutzgesetz
m. w. N.	mit weiteren Nachweisen
NJW	Neue Juristische Wochenschrift
NJW-RR	NJW-Rechtsprechungs-Report (Zeitschrift)
NZA	Neue Zeitschrift für Arbeitsrecht
NZA-RR	NZA-Rechtsprechungs-Report (Zeitschrift)
NZS	Neue Zeitschrift für Sozialrecht
OLG	Oberlandesgericht
OVG	Oberverwaltungsgericht
OWiG	Gesetz über Ordnungswidrigkeiten
PersV	Personalvertretung (Zeitschrift)
PersVG	Personalvertretungsgesetz
Rn.	Randnummer
Rspr.	Rechtsprechung

RVG	Rechtsanwaltsvergütungsgesetz
RVO	Reichsversicherungsordnung
Rz.	Randziffer
RzK	Rechtsprechung zum Kündigungsrecht

SGB (I bis XII)	Sozialgesetzbuch (jeweiliges Buch)
SGG	Sozialgerichtsgesetz
str.	streitig

TVöD	Tarifvertrag für den öffentlichen Dienst
TzBfG	Teilzeit- und Befristungsgesetz

umstr.	umstritten

VBL	Versorgungsanstalt des Bundes und der Länder
VerwG	Verwaltungsgericht
VV	Vergütungsverzeichnis
VwGO	Verwaltungsgerichtsordnung

z. B.	zum Beispiel
ZDG	Zivildienstgesetz
ZfA	Zeitschrift für Arbeitsrecht
ZIP	Zeitschrift für Wirtschaftsrecht und Insolvenzpraxis
ZPO	Zivilprozessordnung

Literaturverzeichnis

Annuß/Thüsing, Teilzeit- und Befristungsgesetz, 2. Aufl. 2006

Ascheid/Preis/Schmidt, Großkommentar zum Kündigungsrecht, 4. Aufl. 2012 (zit.: APS-Bearbeiter)

Bauer/Krüger/Arnold, Arbeitsrechtliche Aufhebungsverträge, 9. Aufl. 2014 (zit.: Bauer)

ders. Neue Spielregeln für Aufhebungs- und Abwicklungsverträge durch das geänderte BGB?, NZA 2002, 169 ff.

Bauer/Günther, Steuerfreie Entschädigung statt steuerpflichtiger Abfindung?, NJW 2007, 113 ff.

Bauer/Krets, Gesetze für moderne Dienstleistungen am Arbeitsmarkt, NJW 2003, 537–545

Berkowsky, Beschäftigung, Weiterbeschäftigung und Sozialauswahl, NJW 1996, 291 ff.

ders., Die betriebsbedingte Kündigung, 6. Aufl. 2008

ders., Die personen- und verhaltensbedingte Kündigung, 4. Aufl. 2005

Bitter, Zur Unternehmerentscheidung zwecks Personalabbau, DB 2000, 1760 ff.

Blanke, Der Gesetzentwurf der Bundesregierung über Teilzeitarbeit und befristete Arbeitsverträge, AiB 2000, 728 ff.

Boecken/Joussen, Handkommentar Teilzeit- und Befristungsgesetz, 3. Aufl. 2012 (zit. Hk-TzBfG-Bearbeiter)

Boemke/Danko, Vererblichkeit von Abfindungsansprüchen, DB 2006, 2461 ff.

Brall/Hoenig/Kerschbaumer, Rente ab 63, 2014

Däubler, Das geplante Teilzeit- und Befristungsgesetz, ZIP 2000, 1961 ff.

ders., Obligatorische Schriftform für Kündigungen, Aufhebungsverträge und Befristungen, AiB 2000, 188 ff.

ders., Die Auswirkungen der Schuldrechtsmodernisierung auf das Arbeitsrecht, NZA 2001, 1329 ff.

Däubler/Hjort/Schubert/Wolmerath, Handkommentar Arbeitsrecht, 3. Aufl. 2013 (zitiert: HK-ArbR/Bearbeiter)

Dieterich/Hanau/Schaub, Erfurter Kommentar zum Arbeitsrecht, 14. Aufl. 2014 (zit.: ErfK-Bearbeiter)

Esser/Wolmerath, Mobbing und psychische Gewalt, Der Ratgeber für Betroffene und ihre Interessenvertretung, 8. Aufl. 2011

Fitting/Engels/Schmidt/Trebinger/Linsenmaier, Betriebsverfassungsgesetz, 27. Aufl. 2014

Gabke, Das Ende der Versicherungspflicht oder die Folgen einer einvernehmlichen unwiderruflichen Freistellung, AiB 2005, 575 f.

Gagel, Zum Ruhen von Arbeitslosengeld durch Abfindungen aus Sozialplänen, NZS 2000, 327

ders., Ratschlag: Sperrzeiten vermeiden, FA 2000, 9 ff.

Gagel/Vogt, Beendigung von Arbeitsverhältnissen, 5. Aufl. 1996

v. Gamm, Die neuere Rechtsprechung des BGH zum Handelsvertreterrecht, NJW 1979, 2489 ff.

Gemeinschaftskommentar zum Kündigungsschutzgesetz und zu sonstigen kündigungsschutzrechtlichen Vorschriften, 10. Aufl. 2013 (zit.: KR-Bearbeiter)

Gerold/Schmidt, Rechtsanwaltsvergütungsgesetz, 21. Aufl. 2013

Grundstein, Widerrufsrecht des Arbeitnehmers bei Abschluss eines Aufhebungsvertrages, FA 2003, 41 ff.

Harbauer, Rechtsschutzversicherung, 8. Aufl. 2010

Höland/Kahl/Zeibig, Kündigungspraxis und Kündigungsschutz im Arbeitsverhältnis – Eine empirische Praxisuntersuchung aus Sicht des arbeitsgerichtlichen Verfahrens, 2007

Hjort/Richter, AR-Blattei, Gleichbehandlung im Arbeitsrecht I AGG, 2007

Hoß, Widerrufsrecht beim Abschluss von Aufhebungsverträgen, ArbRB 2002, 181 ff.

v. Hoyningen-Huene/Linck, Kündigungsschutzgesetz, 15. Aufl. 2013

Hümmerich/Lücke/Mauer, Arbeitsrecht, 8. Aufl. 2014 (zit.: Hümmerich)

ders. Die arbeitsgerichtliche Abfindung, NZA 1999, 342 ff.

ders., Steuerliche Abzugsfähigkeit der Kostennote eines Arbeitsrechtsanwalts, FA 2000, 2 ff.

ders., Alea iacta est – Aufhebungsvertrag kein Haustürgeschäft, NZA 2004, 809 ff.

Hümmerich/Holthausen, Der Arbeitnehmer als Verbraucher, NZA 2002, 173 ff.

ders., Abschied vom arbeitsrechtlichen Aufhebungsvertrag, NZA 1994, 200 ff.

Hümmerich/Spirolke, Die arbeitsrechtliche Abfindung im neuen Steuerrecht, NJW 1999, 1663 ff.

Hümmerich/Holthausen/Welslau, Arbeitsrechtliches im Ersten Gesetz für moderne Dienstleistungen am Arbeitsmarkt, NZA 2003, 7 ff.

Kern, Sozialversicherungsrechtliche Gestaltungsmöglichkeiten in »Schultz-Hoff«-Fällen, ArbRAktuell 2010, 161

Kittner/Däubler/Zwanziger, Kündigungsschutzrecht, 9. Aufl. 2014 (zit.: KSchR-Bearbeiter)

Kittner/Zwanziger/Deinert (Hrsg.), Arbeitsrecht – Handbuch für die Praxis, 7. Aufl. 2013

Kühling, Freie Unternehmerentscheidung und Betriebsstilllegung, AuR 2003, 92 ff.

Kühling/Bertelsmann, Tarifautonomie und Unternehmerfreiheit, NZA 2005, 1017

Küttner, Personalbuch, 21. Aufl. 2014 (zit.: Küttner-Bearbeiter)

Maties, Die sozialrechtlichen Folgen der Beendigung eines Arbeitsverhältnisses, NZS 2006, 73, 80

Neef/Schrader, Die Behandlung der Abfindung nach dem SGB III, DB 1999, 281 ff.

Nielebock, Die neuen gesetzlichen Regelungen zur befristeten Beschäftigung, AiB 2001, 75 ff.

Niesel, SGB III, Kommentar, 5. Aufl. 2010

Pahde, Altersteilzeit, AiB 2001, 136 ff.

Palandt, Bürgerliches Gesetzbuch sowie Ergänzungsband: Gesetz zur Modernisierung des Schuldrechts, 73. Aufl. 2014 (zit.: Palandt-Bearbeiter)

Panzer, Sozialversicherungsrechtliche Auswirkungen der Beendigung von Arbeitsverhältnissen, NJW 2010, 11 ff.

Paschke/Ritschel, Erstreikbarkeit von Tarifverträgen aus Anlass von Standortentscheidungen, AuR 2007, 110 ff.

Pauly, Neues und Altes zur Kündigungsabfindung der §§ 9, 10 KSchG, AuR 2007, 155 ff.

Preis/Schneider, § 1a KSchG – Die sozialrechtliche Aufwertung einer bisher arbeitsrechtlich unbedeutenden Vorschrift, NZA 2006, 1297 ff.

23

Reim, Arbeitnehmer und/oder Verbraucher, DB 2002, 2434ff.

Sauer, Der Eintritt einer Sperrzeit nach der Beendigung des Beschäftigungsverhältnisses, NZS 1996, 415ff.

Schaub/Koch/Linck/Treber/Vogelsang, Arbeitsrechts-Handbuch, 15. Aufl. 2013 (zit.: Schaub)

Schiefer, Betriebsbedingte Kündigung, FA-Spezial 1/2000, I ff.

Schiefer/Köster/Korte, Befristung von Arbeitsverträgen – Die neue Altersbefristung nach § 14 Abs. 3 TzBfG, DB 2007, 1081ff.

Schleusener, Zur Widerrufsmöglichkeit von arbeitsrechtlichen Aufhebungsverträgen nach § 312 BGB, NZA 2002, 949ff.

Schmidt, Kündigungsschutz und Arbeitslosengeld, NZA 2002, 1380ff.

Schubert, Der Anwalt im Arbeitsrecht, 2. Aufl. 2004

Schuldt, Sperrzeit bei betrieblich veranlasster einvernehmlicher Auflösung des Arbeitsverhältnisses, NZA 2005, 861ff.

Schulze/Dörner/Ebert/Eckert/Hoeren/Kemper/Saenger/Schulte-Nölke/ Staudinger, Bürgerliches Gesetzbuch, Handkommentar, 5. Aufl. 2007 (zit.: HK-BGB/Bearbeiter)

Siewert, Arbeitszeugnisse: Wie man sie formuliert, interpretiert und von ihnen profitiert, 8. Aufl. 2000

Simon-Widmann, Haftungsgefahren im Zusammenhang mit Entlassungsentschädigungen, AnwBl. 2003, S. 49ff.

Stahlhacke/Preis/Vossen, Kündigung und Kündigungsschutz im Arbeitsverhältnis, 10. Auflage 2010

Strohner/Schmidt-Keßeler, Zweifelsfragen im Zusammenhang mit der lohn- und einkommensteuerlichen Behandlung von Entlassungsentschädigungen, DStR 1999, 693, 699

Valgolio, Gleichwohlgewährung und Kündigungsschutzprozess, FA 2001, 322ff.

Welslau, Erstattungspflicht des Arbeitgebers nach § 147a SGB III, FA 1999, 313ff.

Weber/Ehrich/Burmester/Fröhlich, Handbuch der arbeitsrechtlichen Aufhebungsverträge, 5. Auflage 2009

Winkler, Das ABC des wichtigen Grundes, info *also* 1996, 174ff.

Zimmerling, Kündigungsschutzklage und Schmerzensgeldklage – ein steuerrechtliches Schlupfloch, FA 2006, 136ff.

1. Aufhebungsvertrag und andere Formen der Beendigung des Arbeitsverhältnisses

Um die Bedeutung und die Reichweite eines Aufhebungsvertrages einschätzen zu können, ist er zunächst von anderen Formen der Beendigung des Arbeitsverhältnisses abzugrenzen. Diese Abgrenzung dient als Überblick dazu, die Unterschiede herauszuarbeiten, um die Vorteile, aber auch die Risiken für den betroffenen Arbeitnehmer[1] darzustellen.

1.1 Schriftform als gemeinsame Voraussetzung

Gemeinsam ist den Beendigungstatbeständen des Aufhebungsvertrages, der Kündigung (und zwar unabhängig davon, ob eine solche vom Arbeitgeber oder Arbeitnehmer ausgesprochen wird) sowie der Beendigung durch Befristung, dass diese gemäß § 623 BGB zu ihrer Wirksamkeit der **Schriftform** bedürfen, d.h. dass sie schriftlich erfolgen und eigenhändig unterschrieben werden müssen.[2]

Die Wahrung der Schriftform ist nicht gegeben, wenn der Vertrag über die Aufhebung bzw. die Auflösung nur per Fax, E-Mail oder SMS ausgetauscht wird.[3] Auch die elektronische Form, die für bestimmte, der Schriftform bedürfende Erklärungen verlangt, dass diese mit einer so genannten elektronischen Signatur verbunden wird, gilt nur für vertraglich vereinbarte Schriftformklauseln. Soweit also – wie hier – gesetzlich Schriftform vorgeschrieben ist, reicht die mit einer elektronischen Signatur verbundene elektronische Erklärung z.B. per Mail nicht aus: Begründet wird dies damit, dass die Warnfunktion des Schriftformerfor-

---

1 In diesem Buch ist überwiegend, wenn es um eine/n Arbeitnehmer/in geht, der besseren Lesbarkeit wegen die männliche Form gewählt worden. Eine Diskriminierung ist damit selbstverständlich nicht bezweckt.
2 Vgl. hierzu: Däubler, AiB 2000, 188.
3 KR-Spilger, § 623 BGB Rn. 121 ff., 146.

dernisses bei der elektronischen Signatur nicht in vollem Umfang gegeben sei.

Ebenfalls als Auflösungsverträge sieht das BAG so genannte Klageverzichtsvereinbarungen an, die im unmittelbaren zeitlichen und inhaltlichen Zusammenhang mit einer Kündigung abgeschlossen werden.[4] Zu beachten ist, dass es dann an der Wahrung des Schriftformerfordernisses fehlt, wenn nur der Arbeitnehmer einen den Klageverzicht enthaltenden Zusatz auf dem Kündigungsschreiben unterschreibt.

1.2 Aufhebungsvertrag

Die einvernehmliche Beendigung des Arbeitsverhältnisses durch Vertrag ist Ausfluss der Vertragsfreiheit der Vertragsparteien (§ 311 BGB) und daher grundsätzlich zulässig.[5] Während der Aufhebungsvertrag vormals im BGB überhaupt keine Erwähnung fand, wurde er zunächst in Nebengesetzen (z. B. § 41 Abs. 4 Satz 3 SGB VI, § 112a Abs. 1 Satz 2 BetrVG) aufgenommen und wird nunmehr auch in § 623 BGB (»Auflösungsvertrag«) als Beendigungstatbestand aufgeführt. Gleichwohl fehlt eine gesetzliche Definition, worum es sich bei einem Aufhebungsvertrag genau handelt.

Unter einem Aufhebungsvertrag wird eine einvernehmliche Vereinbarung zwischen Arbeitgeber und Arbeitnehmer verstanden, wonach allein diese Vereinbarung den Grund für die Beendigung des Arbeitsverhältnisses darstellen soll. Der Aufhebungsvertrag bedarf nach der Einführung des § 623 BGB der Schriftform, d. h. er ist von Arbeitgeber **und** Arbeitnehmer zu unterschreiben. Die ältere Rechtsprechung, wonach ein Aufhebungsvertrag nicht nur mündlich, sondern unter besonderen Umständen sogar stillschweigend abgeschlossen werden konnte,[6] ist damit überholt.[7] Gleichwohl bedeutet dies nicht, dass ein Aufhe-

---

4 BAG vom 19.4.2007 – 2 AZR 208/06, DB 2007, 2266; abgesehen davon stellt ein solcher formularmäßiger Verzicht auch eine unangemessene, deshalb unwirksame Benachteiligung gem. § 307 BGB dar: so BAG vom 6.9.2007 – 2 AZR 722/06, NZA 2008, 219.

5 Vgl. Bauer, A I Rn. 1 m. w. N; HK-ArbR/Däubler, § 611 BGB Rn. 591.

6 So z. B. BAG vom 3.5.1979 – 2 AZR 679/77, NJW 1979, 2267; LAG Sachsen-Anhalt vom 10.12.1996 – 8 Sa 142/96, AuR 1997, 372.

7 So nachdrücklich BAG vom 17.12.2009 – 6 AZR 242/09, NZA 2010, 273: Auch ein Vorvertrag über die Verpflichtung zum Abschluss eines Aufhebungsvertrags bedarf der Schriftform.

bungsvertrag auch ausdrücklich als solcher bezeichnet werden muss. Aus dem schriftlichen Dokument muss lediglich der Wille beider Parteien, durch Abschluss des Vertrages das Arbeitsverhältnis zu einem bestimmten Zeitpunkt zu beenden, deutlich werden. Die Überschrift mag damit zwar ein Indiz dafür darstellen, was die Parteien vereinbaren wollten – entscheidend ist aber letztlich die Auslegung des gesamten Inhalts. Oft wollen die Parteien dann, wenn sie sich (meist schriftlich) über die Bedingungen zur Aufhebung des Arbeitsverhältnisses geeinigt haben, dass diese Einigung, z. B. im Rahmen einer anhängigen Kündigungsschutzklage, gerichtlich protokolliert wird. Immerhin wird damit ein Vollstreckungstitel geschaffen. Im Zweifel ist in einem solchen Fall davon auszugehen, dass die Einigung über die Aufhebung, also in diesem Fall der Vergleich erst mit der Protokollierung vor Gericht abgeschlossen ist. Wer dann bei unterbliebener Beurkundung aus der vorher getroffenen Vereinbarung trotzdem Rechte herleiten will, hat für das Zustandekommen der Aufhebungsvereinbarung die Beweislast.[8]

Bei einem in Anwesenheit der Parteien und/oder ihrer bevollmächtigten Prozessvertreter vor Gericht **protokollierten Vergleich** über eine Aufhebung des Arbeitsverhältnisses ist wegen der **Gleichstellung** des Protokolls **mit einer notariellen Beurkundung** nach § 126 Abs. 4 BGB in jedem Fall die Schriftform gewahrt. Dies gilt auch dann, wenn ohne Anwesenheit der Parteien und ohne gerichtliche Verhandlung ein Vergleich im schriftlichen Verfahren zustande kommt. Dabei wird durch das Gericht – in der Regel auf Wunsch der Parteien – ein bestimmter Vergleichstext nach § 278 Abs. 6 ZPO durch Beschluss festgestellt.[9]

1.3 Abwicklungsvertrag

1.3.1 »Echte« Abwicklungsvereinbarung

Im Gegensatz zu einem Aufhebungsvertrag hat die (echte) Abwicklungsvereinbarung nicht zur Folge, dass **durch sie** das Arbeitsverhältnis beendet wird. Sie setzt im Gegenteil voraus, dass das Arbeitsverhältnis bereits aus einem anderen Grunde geendet hat bzw. enden wird, insbesondere durch den Ausspruch einer Kündigung durch den Arbeitgeber.

---

8 BAG vom 16. 1. 1997 – 2 AZR 35/96, NZA 1997, 789.
9 BAG vom 23. 11. 2006 – 6 AZR 394/06, NJW 2007, 1831.

Sie dient lediglich dem Zweck, die noch offenen Fragen des auslaufenden Arbeitsverhältnisses (z. B. Abfindungsleistung, Form und Inhalt des Zeugnisses, [Rest-]Urlaubsanspruch, Freistellung von der Arbeitsleistung) verbindlich zu klären.

Da die Abwicklungsvereinbarung selbst somit nicht zur Beendigung des Arbeitsverhältnisses führt, wurde vereinzelt vertreten, dass diese vom Schriftformerfordernis des § 623 BGB nicht erfasst wird. Demgegenüber verlangt das BAG aber zum Schutz vor Übereilung und zur besseren Beweissicherung die Einhaltung der Schriftform bei solchen Abwicklungsverträgen, die im unmittelbaren zeitlichen und sachlichen Zusammenhang mit dem Ausspruch einer Kündigung erfolgen.[10] Die schriftliche Fixierung empfiehlt sich schon deshalb, um deren Inhalt beweiskräftig festzustellen. Andererseits birgt die schriftliche Erstellung einer Abwicklungsvereinbarung das Risiko, dass diese entgegen der ursprünglichen Intention, wenn zunächst ein vermeintlich bestehender Beendigungstatbestand wie eine Kündigung sich später als unwirksam herausstellt, dann als – konstitutiver – Aufhebungsvertrag verstanden werden könnte. Die ursprünglich insbesondere von Hümmerich unter der Überschrift »Abschied vom arbeitsrechtlichen Aufhebungsvertrag«[11] propagierten Vorteile von Abwicklungsvereinbarungen sollten vor allem darin bestehen, dass den Arbeitnehmer hierbei – angeblich – kein Sperrzeitrisiko treffen würde, da hier das Arbeitsverhältnis durch eine Kündigung des Arbeitgebers beendet werde. Nach der Rechtsprechung des Bundessozialgerichts sei ein Arbeitnehmer nicht gezwungen, gegen eine ggf. auch unwirksame Kündigung zu klagen.[12]

Die sich dadurch erhofften Vorteile haben sich in der Praxis allerdings wegen ihres offenkundigen Umgehungscharakters nicht realisieren lassen.

1.3.2 »Unechte« Abwicklungsvereinbarung

Für den »unechten« Abwicklungsvertrag[13] ist kennzeichnend, dass auch hier – wie beim Aufhebungsvertrag – der Arbeitnehmer sich an der Beendigung des Beschäftigungsverhältnisses beteiligt. Zunächst verzichtet er durch den Abschluss einer solchen Abwicklungsvereinbarung auf die

---

10 BAG vom 19. 4. 2007 – 2 AZR 208/06, DB 2007, 2266.
11 Vgl. Hümmerich/Holthausen, NZA 1994, 200 ff.
12 Vgl. BSG vom 9. 11. 1995 – 11 RAr 27/95, NZA-RR 1997, 109.
13 Vgl. zur Terminologie: Bauer, A I Rn. 20.

Möglichkeit, die ausgesprochene Kündigung gerichtlich anzugreifen.[14] Darüber hinaus sieht die Arbeitsverwaltung, wenn typischerweise weitere Absprachen bezüglich der Hinnahme der Kündigung und der Regelung von Modalitäten der Vertragsauflösung erfolgen, hierin meist eine Umgehung sozialrechtlicher Vorschriften.[15] Gerade wenn dabei **zusätzliche finanzielle Leistungen** an den Arbeitnehmer vereinbart werden (z. B. Abfindungen oder sonstige Zuschüsse), handelt es sich nach Auffassung des Bundessozialgerichts in Wirklichkeit um einen Aufhebungsvertrag, der konstitutiv für die Auflösung des Arbeitsverhältnisses ist und damit Sperrzeiten auslöst.[16] Entscheidend ist nach Auffassung der Arbeitsverwaltung, welche Rechtsfolge von den Arbeitsvertragsparteien angestrebt wird und nicht, in welcher äußeren Form und mit welchem Wortlaut die Parteien ihre Erklärungen versehen. Gerade die Bezeichnung einer Vereinbarung als Abwicklungsvertrag löst erfahrungsgemäß besondere Prüfungspflichten der Agentur für Arbeit aus, da bereits in der grundlegenden Arbeitsbescheinigung, die bei jeder Arbeitslosmeldung vom letzten Arbeitgeber beizubringen ist (vgl. § 312 SGB III) formularmäßig unter Nr. 3.1 (6. Spiegelstrich) danach gefragt wird, ob die Kündigung seitens des Arbeitgebers mit »Abwicklungsvertrag« erfolgt ist oder nicht.[17]

Allerdings hat die Rechtsprechung eine notwendige Korrektur vorgenommen. Werden die Grenzen bei der Höhe der Abfindung eingehalten, wie sie § 1a KSchG vorgibt (ein halbes Bruttomonatsgehalt pro Beschäftigungsjahr), wird nunmehr auch bei Aufhebungs- und Abwicklungsverträgen auf die für Sperrzeiten relevante Prüfung der Rechtmäßigkeit einer Arbeitgeberkündigung verzichtet.[18]

Weitere Einzelheiten hierzu unter 8.2 (Seite 215 ff.).

---

14 Vgl. APS-Rolfs, AufhebVtr, Rn. 25 f.
15 Vgl. BSG vom 9.11.1995, a.a.O.
16 Bei dem vom BSG entschiedenen Fall ging es um einen weitgehend kündigungsgeschützten älteren Chemiearbeiter; s. BSG vom 9.11.1995, a.a.O.
17 Vgl. ausführlich die Durchführungsanweisung der Bundesagentur für Arbeit zu § 159 SGB III, 159.109: Abwicklungsverträge sind wie Aufhebungsverträge zu bewerten.
18 Vgl. BSG vom 12.7.2006 – B 11a AL 47/05, NZA 2006, 1359.

1.4 Kündigung

Im Gegensatz zum Abschluss eines Aufhebungsvertrages wird das Arbeitsverhältnis bei einer Kündigung durch **einseitige** Erklärung einer der beiden Vertragsparteien beendet. Während also beim Aufhebungsvertrag ebenso wie meist bei der Abwicklungsvereinbarung letztlich beide Parteien darüber einig sind, dass das Arbeitsverhältnis enden soll, kann die Kündigung auch gegen den ausdrücklichen Willen des Vertragspartners ausgesprochen werden – was zumindest bei der arbeitgeberseitigen Kündigung den Regelfall darstellt.

Gleichwohl kann auch in den Fällen, in denen die Beendigung des Arbeitsverhältnisses entgegen dem (ausdrücklichen) Willen der einen Vertragspartei erfolgt, der Abschluss eines Aufhebungsvertrages für den Arbeitnehmer die vorteilhaftere Regelung darstellen:

Gegenüber einer Kündigung durch den Arbeitgeber kann auf diese Weise verhindert werden, dass der Kündigungsgrund bekannt wird. Dies dürfte insbesondere bei einer verhaltens- oder personenbedingten Kündigung von Vorteil sein, da andernfalls die Suche nach einer neuen Arbeitsstelle erheblich erschwert werden kann. Dem steht allerdings der gravierende Nachteil gegenüber, dass der Arbeitnehmer mit Abschluss des Aufhebungsvertrages den gesetzlichen Kündigungsschutz verliert. Die Hauptanwendungsfälle für arbeitgeberseitige Kündigungen, welche dem Abschluss eines Aufhebungsvertrages oft vorausgehen bzw. deren Ausspruch oft angedroht wird, werden wegen ihrer Relevanz in Kapitel 2 vorgestellt.

Doch auch die Kündigung durch den Arbeitnehmer weist insbesondere in Bezug auf einen möglichen Anspruch auf Arbeitslosengeld Probleme auf:

Der Arbeitnehmer ist – im Gegensatz zum Arbeitgeber – grundsätzlich frei in seiner Entscheidung, ob er das Arbeitsverhältnis kündigen will. Lediglich die vertraglichen und gesetzlichen Kündigungsfristen sind hier zu beachten. Andererseits riskiert der Arbeitnehmer bei einer Eigenkündigung, dass die Arbeitsagentur nach § 159 Abs. 1 Nr. 1 SGB III eine Sperrzeit von bis zu zwölf Wochen verhängt und für diesen Zeitraum kein Anspruch auf Arbeitslosengeld besteht.

Nach dieser Vorschrift kann eine Sperrzeit zwar auch bei Abschluss eines Aufhebungsvertrages verhängt werden; entscheidend ist nach dem Wortlaut, dass der »... Arbeitnehmer das Arbeitsverhältnis gelöst und dadurch vorsätzlich oder grob fahrlässig die Arbeitslosigkeit herbeigeführt ...« hat. Anders als bei einer Eigenkündigung kann jedoch durch einen entsprechend sorgfältig formulierten Aufhebungsvertrag ggf. ein Sperrzeitrisiko vermieden werden.[19] In jedem Fall gilt es, die Rechtsfolgen bei Abschluss eines Aufhebungsvertrages gründlich zu bedenken.

1.5 Beendigung durch Befristung, Zweckerreichung bzw. Erreichen der Altersgrenze

Neben dem Abschluss eines unbefristeten Arbeitsverhältnisses ist es in gewissen Grenzen möglich, die Dauer des Arbeitsverhältnisses von vornherein zu begrenzen, so dass das Arbeitsverhältnis ohne Ausspruch einer Kündigung zu einem bestimmten Zeitpunkt endet. Hier setzen also – wie beim Aufhebungsvertrag – beide Parteien gemeinsam die Ursache für die spätere Beendigung des Arbeitsverhältnisses. Dieses »gemeinsame Zusammenwirken« hat jedoch in aller Regel den Grund, dass der Arbeitgeber nicht zum Abschluss eines unbefristeten Arbeitsvertrages bereit ist, von welchem er sich nur mittels Kündigung wieder lösen könnte. Dies kommt z. B. bei der Vorschaltung eines befristeten Arbeitsverhältnisses als Probearbeitsverhältnis zum Ausdruck.

1.5.1 Befristung

Nach § 620 Abs. 1 BGB endet das Dienstverhältnis mit dem Ablauf der Zeit, für die es eingegangen ist. Für Arbeitsverträge verweist § 620 Abs. 3 BGB auf das Teilzeit- und Befristungsgesetz.[20] Mit diesem Gesetz ist das Recht der Befristung neu geregelt worden.

---

19 Die sozialrechtlichen Probleme bei Abschluss von Aufhebungs- und Abwicklungsverträgen sind zusammenhängend in **Kapitel 8** ausführlich dargestellt
20 Gesetz über Teilzeitarbeit und befristete Arbeitsverträge (TzBfG) vom 21.12.2000, BGBl. I S. 1966, zuletzt geändert durch Gesetz v. 20.12.2011, BGBl. I S. 2854.

1.5.1.1 Befristungen mit sachlichem Grund

Nach § 14 Abs. 1 TzBfG bedarf die Befristung eines Arbeitsvertrages grundsätzlich eines sachlichen Grundes. Das Gesetz verzichtet allerdings auf eine allgemeine Definition des sachlichen Grundes und verweist stattdessen auf »insbesondere« acht Beispiele als typische Fallgruppen, die eine Befristung zulässig machen sollen. Dabei wird vom Gesetzgeber weitgehend das aufgegriffen, was sich bisher auch aus der Rechtsprechung des Bundesarbeitsgerichts ergeben hat. Die auch vom BAG überwiegend anerkannten Sachgründe reichen von dem nur vorübergehenden Bedarf an der Arbeitsleistung aus vorhersehbaren betrieblichen Gründen über die befristete Übernahme nach Ausbildung oder Studium, um den Übergang in eine Anschlussbeschäftigung zu erleichtern, zum Zwecke der zeitlich limitierten Erprobung bis hin zur Befristung, die auf einem gerichtlichen Vergleich beruht.

Besonders praxisrelevant sind auch die Befristungen, die zur Vertretung für Zeiten des Mutterschutzes, einer Elternzeit oder einer anderen auf Tarifvertrag, Betriebsvereinbarung oder einzelvertraglicher Vereinbarung beruhenden Arbeitsfreistellung zur Betreuung eines Kindes erfolgen. Hier sind Befristungen für die Dauer dieser Zeiten nach § 21 BEEG ausdrücklich für zulässig erklärt worden. Neuerdings sind auch Befristungen anerkannt, die zur Vertretung eines Beschäftigten dienen, der wegen der notwendigen Pflege naher Angehöriger freigestellt ist.[21]

1.5.1.2 Befristungen ohne sachlichen Grund

Darüber hinaus regelt das Gesetz in § 14 Abs. 2 TzBfG, dass auch ohne jeden sachlichen Grund ein Arbeitsvertrag kalendermäßig bis zur Höchstdauer von zwei Jahren befristet werden kann. Innerhalb eines solchen Zeitraums kann auch ein kalendermäßig befristeter Arbeitsvertrag kürzerer Dauer höchstens dreimal auf die Höchstdauer von zwei Jahren insgesamt verlängert werden. Allerdings sind Kettenbefristungen dadurch eingeschränkt worden, dass nach § 14 Abs. 2 Satz 2 TzBfG die erleichterte, sachgrundlose Befristung unzulässig ist, wenn zuvor mit demselben Arbeitgeber – irgendwann einmal – ein Arbeitsverhältnis bestanden hat, gleich ob dieses befristet (mit oder ohne sachlichen Grund) oder unbefristet bestanden hatte. Das BAG legt in neuerer Rechtspre-

---

21 Einzelheiten regelt das Pflegezeitgesetz vom 28. 5. 2008, BGBl. I, 874, dort insbesondere § 6.

chung dies so aus, dass eine Vorbeschäftigung mit demselben Arbeitgeber unschädlich ist, wenn diese länger als drei Jahre zurückliegt.[22] Auch bleibt es weiter zulässig, nach einem bis zur Höchstdauer von zwei Jahren abgeschlossenen befristeten Arbeitsvertrag ohne sachliche Rechtfertigung ein befristetes Arbeitsverhältnis anzuschließen, für das ein sachlicher Grund besteht.

Darüber hinaus eröffnet das Gesetz in § 14 Abs. 3 TzBfG die Möglichkeit, bei Arbeitnehmern, die das 52. Lebensjahr vollendet haben, ohne die Begrenzung auf zwei Jahre das Arbeitsverhältnis ohne Sachgrund zu befristen. Damit kann es hier auch zu den gescholtenen Kettenbefristungen kommen, wenn zu einem vorausgehenden unbefristeten Arbeitsvertrag mit demselben Arbeitgeber kein enger sachlicher Zusammenhang besteht, der bereits verneint wird, wenn das letzte Arbeitsverhältnis mehr als vier Monate zurückliegt.[23]

Diese außerordentlich erleichterte Möglichkeit, mit Arbeitnehmern, die das 52. Lebensjahr vollendet haben, ohne jedwede zeitliche Begrenzung befristete Arbeitsverträge ohne sachlichen Grund abzuschließen, verstieß in seiner ursprünglichen Fassung gegen europäisches Recht.[24] Durch Gesetz vom 19. 4. 2007 ist § 14 Abs. 3 TzBfG neu gefasst worden. Eine Altersbefristung ist danach unbegrenzt nur zulässig, wenn

- der Arbeitnehmer bei Beginn des befristeten Arbeitsverhältnisses das 52. Lebensjahr vollendet hat,
- die Befristung die Maximaldauer von fünf Jahren nicht überschreitet und
- der Arbeitnehmer vor Beginn der befristeten Beschäftigung mindestens vier Monate nicht in einem Beschäftigungsverhältnis stand, Transferkurzarbeitergeld bezogen oder an einer öffentlich geförderten Beschäftigungsmaßnahme teilgenommen hat.[25]

---

22 BAG vom 6. 4. 2011 – 7 AZR 716/09, NZA 2011, 905; krit. u. a. HK-ArbR/Tillmanns, § 14 TzBfG Rn. 81.

23 Vgl. Annuß/Thüsing-Maschmann, 2. Aufl. 2006, § 14 TzBfG Rn. 80; HK-TzBfG/Boecken, § 14 Rn. 144 f.; Blanke, AiB 2000, 734 m. w. N.

24 EuGH vom 22. 11. 2005 – C 144/04, NZA 2005, 1345 (so genannte Mangold-Entscheidung); nachfolgend BAG vom 26. 4. 2006 – 7 AZR 500/04, NZA 2006, 1162 ff.

25 Gesetz zur Verbesserung der Beschäftigungschancen älterer Menschen vom 19. 4. 2007, BGBl. I, S. 538; vgl. ErfK-Müller-Glöge, § 14 TzBfG Rn. 108 ff.; Schiefer/Köster/Korte, DB 2007, 1081, 1083; Neufassung soll unionsrechtlich unbedenklich sein: so BAG vom 28. 5. 2014 – 7 AZR 360/12, DB 2014, 2475.

In diesem Rahmen sollen dann auch mehrfache Verlängerungen des Ausgangsarbeitsvertrages bis zur Höchstgrenze von fünf Jahren zulässig sein. Augenscheinlich ist weder durch die vom EuGH kassierte Ursprungs- noch durch die dann nachgebesserte Neufassung des § 14 Abs. 3 TzBfG ein Anschub für den vermehrten Abschluss von Arbeitsverhältnissen mit zuvor arbeitslosen älteren Arbeitnehmern ausgelöst worden.

In Befristungsfällen sollte unbedingt Rechtsrat über deren Wirksamkeit eingeholt werden und zwar rechtzeitig vor deren Auslaufen.

1.5.1.3 Zweckerreichung und auflösende Bedingung

Nach § 3 Abs. 1 Satz 2 TzBfG liegt ein befristeter Arbeitsvertrag nicht nur vor, wenn dieser zu einem bestimmten Kalenderdatum ausläuft, sondern auch dann, wenn nach »Art, Zweck oder Beschaffenheit der Arbeitsleistung« sich ergibt, dass es sich um eine so genannte Zweckbefristung handelt. Diese ist dann zulässig, wenn sich objektiv bestimmen lässt, dass ein bestimmtes Ereignis eintritt und lediglich noch ungewiss ist, wann dieser Zeitpunkt eintritt. Als (makaberes) Beispiel mag die Verabredung einer Pflegeleistung bis zum Tod benannt werden.

Die Zweckbefristung ist verwandt mit der Vereinbarung einer auflösenden Bedingung, die nach § 21 TzBfG an die gleichen inhaltlichen Voraussetzungen geknüpft ist, wie bei der Zugrundelegung von Sachgründen für die Befristung im Rahmen von § 14 TzBfG. Allerdings besteht Einigkeit darin, dass durch die Vereinbarung einer auflösenden Bedingung der Kündigungsschutz nicht ausgehöhlt werden darf. Deshalb sind bei der Prüfung des sachlichen Grundes strengere Anforderungen zu beachten, die den hohen Grad an Ungewissheit berücksichtigen, der durch die auflösende Bedingung eintritt.[26]

1.5.1.4 Sonderfall: Nachträgliche Befristung eines unbefristeten Arbeitsverhältnisses

Zur Wirksamkeit einer Aufhebungsvereinbarung, die das Arbeitsverhältnis gegen Zahlung einer Abfindung zum Zeitpunkt der Kündigungsfrist oder zeitlich davor beendet, bedarf es keines Sachgrundes. Anders bei der *nachträglichen Befristung* eines unbefristeten Arbeitsverhältnisses. Hier wird das Vertragsverhältnis auf eine neue Rechtsgrundlage gestellt. Ist dabei das Ziel die, wenn auch mit einem festen zeitlichen Ho-

---

26 Vgl. BAG vom 24. 9. 1997 – 7 AZR 669/96, NZA 1998, 419.

rizont versehene, Fortsetzung des Arbeitsverhältnisses, bedarf es hierfür eines Sachgrundes.[27] Die Abgrenzung zu einem stets zulässigen Aufhebungsvertrag kann im Einzelfall umstritten sein. Für eine nachträgliche Befristung spricht, wenn es an Regelungen fehlt, wie sie üblicherweise bei Beendigung eines Arbeitsverhältnisses getroffen werden, insbesondere die Zahlung einer Abfindung, Regelung des Zeugnisinhalts, Freistellungs- und Urlaubsregelungen und wenn der Beendigungszeitpunkt über die ordentliche Kündigungsfrist hinausreicht.[28]

Demgegenüber liegt ein Aufhebungsvertrag vor, wenn nach der Vereinbarung z.B. keine Verpflichtung zur Arbeitsleistung mehr besteht und typische Abwicklungsmodalitäten wie Abfindung, Zeugniserteilung und Rückgabe von Firmeneigentum geregelt werden.[29]

1.5.2 Klagefrist und Überprüfung der Befristung

Für jeden Arbeitnehmer ist es von besonderer Wichtigkeit, dass er sich auf eine unwirksame Befristung nur dann berufen kann, wenn er innerhalb von drei Wochen nach dem vereinbarten Ende des befristeten Arbeitsvertrages Klage beim Arbeitsgericht erhebt. Damit wird parallel zu den Fristen bei der Kündigungsschutzklage auch durch § 17 TzBfG eine Dreiwochenfrist verordnet, deren Versäumung dazu führt, dass nach Fristablauf die Befristung gem. § 17 Satz 2 TzBfG i.V.m. § 7 KSchG als wirksam gilt. Dann ist der ursprünglich befristete Vertrag, in dem das »vereinbarte Ende« geregelt worden war, aufgrund der Befristung beendet worden. Im Falle der Klage sollte der Arbeitnehmer daher auch durch entsprechende Klageanträge deutlich machen, dass er von einem Fortbestand des Arbeitsverhältnisses als unbefristet ausgeht.

Nach der ständigen Rechtsprechung des Bundesarbeitsgerichts wurde aber jeweils nur der letzte befristete Arbeitsvertrag auch bei so genannten Kettenarbeitsverträgen einer arbeitsgerichtlichen Befristungskontrolle unterzogen. Hatte also ein Arbeitnehmer versäumt, gegen einen früheren unwirksam befristeten Arbeitsvertrag Klage zu erheben und ist sein letzter befristeter Arbeitsvertrag z.B. wegen eines sachlichen Grundes wirksam, so war sein gerichtliches Vorgehen nicht von Erfolg ge-

---

27 Vgl. KR-Lipke, § 14 TzBfG Rn. 53; ErfK-Müller-Glöge, § 14 TzBfG Rn. 13 ff.
28 Vgl. APS-Rolfs, AufhebVtr., Rn. 50.
29 BAG vom 15. 2. 2007 – 6 AZR 286/06, NZA 2007, 614; BAG vom 28. 11. 2007 – 6 AZR 1108/06, NZA 2008, 348.

krönt.[30] Nach Intervention des EuGH hat sich das BAG veranlasst gesehen, diese Linie zu verändern. Nunmehr sind bei Mehrfach- bzw. Kettenbefristungen neben der Prüfung des (letzten) Sachgrundes auch die Gesamtdauer und die Zahl der nacheinander geschlossenen befristeten Verträge zu berücksichtigen, um missbräuchliche Konstruktionen auszuschließen.[31]

Der Gesetzgeber hat ferner in § 17 Satz 3 TzBfG vorgesehen, dass bei Fortsetzung des Arbeitsverhältnisses nach dem vereinbarten Ende die Dreiwochenfrist zur Klage nur beginnt, wenn der Arbeitgeber schriftlich erklärt hat, dass das Arbeitsverhältnis aufgrund der Befristung beendet sei. Diese Ausnahmebestimmung beschränkt sich aber auf den Fall, dass das Arbeitsverhältnis nach dessen vorgesehenem Ende schlicht fortgesetzt wird, ohne dass eine neue Vereinbarung – sei sie befristet oder unbefristet – abgeschlossen wurde.[32]

Kommt es zu gerichtlichen Auseinandersetzungen über die Wirksamkeit von Befristungen, kommt auch in solchen Fällen ein Aufhebungsvertrag in Betracht, die ggf. bestehende rechtliche Unsicherheit zu beseitigen und das Prozessrisiko des Arbeitgebers gegen Zahlung einer Abfindung aufzuheben.

1.5.3 Erreichen der Altersgrenze

Einen Unterfall der »normalen Befristung« stellt schließlich eine Vereinbarung dar, nach welcher das Arbeitsverhältnis bei Erreichen einer bestimmten Altersgrenze des Arbeitnehmers enden soll. Entgegen weit verbreiteter Auffassung endet ein Arbeitsverhältnis keineswegs automatisch mit Vollendung des 65. Lebensjahres[33] auf Seiten des Arbeitnehmers. § 41 SGB VI stellt darüber hinaus klar, dass das Erreichen einer bestimmten Altersgrenze keinesfalls eine arbeitgeberseitige Kündigung nach dem KSchG rechtfertigen kann. Daraus ergibt sich, dass das Errei-

---

30 Vgl. BAG vom 15.2.1995 – 7 AZR 680/94, NZA 1995, 987.
31 BAG vom 18.7.2012 – 7 AZR 783/10, NZA 2012, 1359; vom 13.2.2013 – 7 AZR 225/11, ArbRAktuell 2013, 296; vom 19.3.2014 – 7 AZR 527/12, NZA 2014, 840.
32 Vgl. APS-Backhaus, § 17 TzBfG Rn. 26 ff.
33 Für die Geburtsjahrgänge 1947 in Ein- und für die Geburtsjahrgänge ab 1959 in Zwei-Monatsschritten wurde ab 1.1.2012 die Regelaltersgrenze auf 67 angehoben; vgl. RV-Altersgrenzenanpassungsgesetz, BGBl. I 2007, S. 554 – Inkrafttreten des Gesetzes am 1.1.2008.

chen einer bestimmten Altersgrenze allein auch noch keinen sachlichen Grund für eine Befristung ergibt.

Eine Ausnahme gilt nach § 41 SGB VI allerdings, wenn die Regelaltersgrenze (ursprünglich 65 Jahre) vereinbart wurde bzw. die Vereinbarung innerhalb der letzten drei Jahre vor Erreichen des gesetzlichen Rentenalters geschlossen wurde oder der Arbeitnehmer eine ältere Vereinbarung binnen diesen Zeitraumes bestätigt hat. Wird in Arbeitsverträgen, Betriebsvereinbarungen oder Tarifverträgen noch auf die ursprüngliche Gesetzesfassung – Vollendung des 65. Lebensjahres als Regelaltersgrenze – abgestellt, sind solche Regelungen wegen der gesetzlichen Fiktion in § 41 Satz 2 SGB VI so auszulegen, dass nunmehr die jetzt gültige, spätere Regelaltersgrenze den Beendigungszeitpunkt definiert.[34]

Sofern also auf diese Weise ein Ausscheiden des Arbeitnehmers mit Erreichen der Regelaltersgrenze vereinbart wurde, liegt eine grundsätzlich wirksame Vereinbarung vor. Fehlt eine solche Vereinbarung, besteht das Arbeitsverhältnis auch darüber hinaus fort und kann vom Arbeitgeber jedenfalls nicht mit der Berufung darauf, dass der Arbeitnehmer dieses Alter erreicht hat und damit i. d. R. rentenberechtigt ist, gekündigt werden.

Die automatische Beendigung des Arbeitsverhältnisses mit Erreichen des Rentenalters ist ferner häufig tarifvertraglich oder durch Betriebsvereinbarung geregelt. Eine unzulässige Altersdiskriminierung stellt dies laut BAG nicht dar, da eine unterschiedliche Behandlung hier wegen der legitimen arbeitsmarkt- und beschäftigungspolitischen Ziele gem. § 10 AGG gerechtfertigt sei.[35]

1.6 Rücktritt

Grundsätzlich können Verträge bei Vorliegen bestimmter Voraussetzungen, insbesondere dann, wenn eine Partei die ihr obliegenden Pflichten nicht (vollständig) erbringt, auch durch Rücktritt beendet werden. Für

---

34 Vgl. Weber/Ehrich/Burmester/Fröhlich, Handbuch der arbeitsrechtlichen Aufhebungsverträge, 5. Aufl. 2009, I Rn. 74, 75 m. w. N.; neuere Überlegungen des Gesetzgebers laufen auf eine »Flexi-Rente« hinaus, die auch eine Weiterarbeit nach Erreichen des gesetzlichen Rentenalters ermöglichen soll.
35 BAG vom 18. 6. 2008 – 7 AZR 116/07, NZA 2008, 1302.

das Arbeitsverhältnis als Dauerschuldverhältnis spielt der Rücktritt jedoch keine Rolle: **Vor** Beginn des Arbeitsverhältnisses haben die Parteien in der Regel noch keine derartigen Pflichten, deren Nichterfüllung die andere Partei zum Rücktritt berechtigen könnte. **Nach** Beginn des Arbeitsverhältnisses ist der Rücktritt ausgeschlossen, da hier stattdessen die Befugnis zur Kündigung steht.

1.7 Anfechtung

Das Arbeitsverhältnis kann ferner grundsätzlich auch durch Anfechtung einseitig beendet werden, insbesondere wegen Irrtums gem. § 119 BGB oder bei einer arglistigen Täuschung bzw. einer widerrechtlichen Drohung gem. § 123 BGB. Die Frage, ob bzw. unter welchen Voraussetzungen der Arbeitgeber einen Arbeitsvertrag wegen Irrtums und/oder arglistiger Täuschung anfechten darf, wenn der Arbeitnehmer bei der Einstellung unzutreffende Angaben gemacht hat, hat in der Praxis zu zahlreichen Auseinandersetzungen geführt, so dass hier nur auf die einschlägige Literatur verwiesen werden kann. Zur Frage, unter welchen Voraussetzungen ein Aufhebungsvertrag angefochten werden kann, siehe Kapitel 10.

1.8 Auflösungsurteil gemäß §§ 9, 10 KSchG

Dem Aufhebungsvertrag von den Folgen her verwandt ist ein gerichtliches Auflösungsurteil gem. §§ 9, 10 KSchG. Ein solches Urteil setzt zunächst voraus, dass das Gericht im Rahmen eines Kündigungsrechtsstreits feststellt, dass das Arbeitsverhältnis durch die Kündigung **nicht beendet** wurde und damit grundsätzlich fortbesteht. Auf Antrag (zumindest) einer Partei, welcher die Fortführung des Arbeitsverhältnisses (unter anderem wegen dieses Rechtsstreits) nicht zuzumuten ist, kann das Gericht das Arbeitsverhältnis gegen Festsetzung einer bestimmten Abfindung durch Urteil auflösen.

Im Gegensatz zum Aufhebungsvertrag, den beide Parteien – zumindest theoretisch – einvernehmlich schließen, wird hier also das Arbeitsverhältnis auch nur auf Antrag einer Partei und in der Regel gegen den Willen der anderen (zumeist des Arbeitnehmers) beendet. Häufig verlaufen in der Praxis die Grenzen zwischen einem gerichtlichen Vergleich (einvernehmliche Beendigung des Arbeitsverhältnisses, ggf. gegen Zahlung einer Abfindung und Regelung weiterer Punkte, z. B. hinsichtlich des Zeugnisses) und einem gerichtlichen Auflösungsurteil jedoch fließend, indem die Parteien sich über einige Punkte vorab einigen und lediglich die Höhe der Abfindung gerichtlich festgesetzt wird, weil hierüber keine Einigung erzielt werden konnte. Besondere Bedeutung hat der Auflösungsantrag bei bestimmten leitenden Angestellten (§ 14 Abs. 2 KSchG hebt ab auf »Geschäftsführer, Betriebsleiter und ähnliche leitende Angestellte, soweit diese zur selbständigen Einstellung oder Entlassung von Arbeitnehmern berechtigt sind«).[36] Hier bedarf der Auflösungsantrag des Arbeitgebers gem. § 14 Abs. 2 Satz 2 KSchG keiner Begründung, während bei »normalen« Arbeitnehmern Voraussetzung für die gerichtliche Auflösung des Arbeitsverhältnisses gem. § 9 Abs. 1 Satz 2 KSchG ist, dass eine gemeinsame Zusammenarbeit nicht mehr zumutbar ist und zwar jeweils aus im Einzelnen darzulegenden Gründen, die in der Person oder im Verhalten der anderen Vertragspartei begründet sind.[37]

1.9 Tod des Arbeitnehmers oder des Arbeitgebers

Der Tod des Arbeitnehmers beendet das Arbeitsverhältnis unmittelbar, ohne dass es etwa einer Kündigung seitens der Erben/Familienangehörigen bedürfte. Dies ergibt sich aus § 613 BGB, wonach der so genannte Dienstverpflichtete, also der Arbeitnehmer, die Dienste im Zweifel persönlich erbringen muss und diese Verpflichtung nicht auf Dritte übertragen darf.

Der Tod des Arbeitgebers stellt demgegenüber auch in einer Personengesellschaft grundsätzlich keinen Beendigungsgrund für das Arbeitsverhältnis dar.[38] Hier müssen die Erben des Verstorbenen das Arbeitsverhältnis fortsetzen oder »normal« kündigen und dabei ggf. auch die Bestimmungen des KSchG beachten. Bei sehr kleinen Betrieben, die hauptsächlich auf die Person des Arbeitgebers zugeschnitten sind, kann

---

36 BAG vom 18. 10. 2000 – 2 AZR 465/99, NZA 2001, 437.
37 Vgl. APS-Biebl, § 9 KSchG, Rn. 33 ff., 49 ff. m. w. N.
38 BAG vom 4. 4. 1990 – 5 AZR 288/89, NZA 1990, 605.

jedoch – sofern das KSchG überhaupt Anwendung findet – eine betriebsbedingte Kündigung in Betracht kommen.

Von diesem Grundsatz sind auch dann keine Ausnahmen zulässig, wenn die Arbeitsleistung gerade in der Verrichtung höchstpersönlicher Dienste für den Arbeitgeber bestanden hat (z. B. als dessen Privatsekretär oder bei der Pflege des schwer kranken Arbeitgebers).[39] Selbst wenn in solchen Fällen eine Zweckbefristung vereinbart wurde, ist wegen des plötzlichen Todes zumindest eine Auslauffrist für die Dauer der Kündigungsfrist als notwendig zu erachten.[40]

Bei juristischen Personen (z. B. GmbH, AG) bleibt das Arbeitsverhältnis ohnehin unberührt, wenn z. B. einer der Gesellschafter verstirbt, auch wenn dieser alle oder die überwiegenden Gesellschaftsanteile gehalten hat.

---

39 KSchR-Däubler, Einl. Rn. 168 m. w. N.
40 KSchR-Däubler, Einl. Rn. 168 m. w. N.

2. Ausgangslage bei Aufhebungsverträgen

Die Frage, ob es sinnvoll ist, einen Aufhebungsvertrag im konkreten Fall abzuschließen, und wenn ja, welche Punkte im Einzelnen wie geregelt werden sollen, kann nicht von der konkreten Lebenssituation losgelöst betrachtet werden. Vielmehr muss die spezifische Ausgangslage für die einsetzenden Verhandlungen angemessen berücksichtigt werden, damit der Betroffene die Stärken und Schwächen seiner Verhandlungsposition einschätzen und darauf aufbauend eine möglichst optimale Verhandlungsstrategie ergreifen kann.

2.1 Hauptstreitpunkt: Die arbeitgeberseitige Kündigung – typische Fallgruppen

Die meisten Streitfälle treten in der Praxis vor dem Hintergrund einer beabsichtigten oder schon erfolgten arbeitgeberseitigen Kündigung auf. In diesen Fällen liegt es grundsätzlich nicht im Interesse des Arbeitnehmers, dass das Arbeitsverhältnis überhaupt beendet wird. Wenn der Arbeitgeber das Arbeitsverhältnis dennoch beenden möchte und eine Kündigung androht oder sogar schon ausgesprochen hat, so gilt es zunächst zu überprüfen, ob eine Verteidigung gegen diese Kündigung Aussicht auf Erfolg hat. Vielfach wird sich diese Frage nicht eindeutig klären lassen, sondern es können nur Prognosen darüber erstellt werden, welche der beiden Seiten an welchen Stellen eines möglichen Kündigungsschutzverfahrens die juristisch »besseren« Argumente für sich reklamieren kann.[1]

Aufbauend auf dieser Prognose ist zu entscheiden, ob es Sinn macht, das Arbeitsverhältnis um jeden Preis erhalten zu wollen und damit ein

---

1 Auf die Besonderheiten einer betriebsbedingten Kündigung mit Abfindungsangebot nach § 1a KSchG geht der Verfasser im Einzelnen unter 4.1.1 ein; vgl. Seite 97f.

Kündigungsschutzverfahren notfalls bis zum rechtskräftigen Ende durchzuführen, oder ob eine Einigung mit dem Arbeitgeber über die Modalitäten einer Aufhebung des Arbeitsverhältnisses schon im Anfangsstadium gesucht werden soll. Die erste Möglichkeit beinhaltet einerseits die Chance, dass das Arbeitsverhältnis erhalten bleibt, andererseits aber auch das Risiko, dass der Arbeitgeber vor Gericht Recht bekommt und der Arbeitnehmer »mit leeren Händen« dasteht. Der Abschluss eines Aufhebungsvertrages kann demgegenüber zwar unter Umständen zu einer Abfindung führen, beendet das Arbeitsverhältnis dafür aber definitiv. Die Entscheidung, welche der beiden Alternativen vorzuziehen ist, sollte also nicht nur vom jeweiligen Wunsch nach Weiterführung oder Beendigung getrieben sein, sondern auch die rechtlichen Ausgangsvoraussetzungen umfassend berücksichtigen.

Nachstehend erfolgt eine Übersicht über typische »Einfallstore«, mit denen eine arbeitgeberseitige Kündigung unter Umständen zu Fall gebracht werden kann, um hierauf aufbauend eine Prognose über die Aussichten eines Kündigungsschutzverfahrens zu erstellen. Denn: Je größer für den Arbeitgeber das Risiko ist, im gerichtlichen Verfahren zu unterliegen, desto größer wird seine Bereitschaft sein, dem Arbeitnehmer im Rahmen von Aufhebungsverträgen entgegenzukommen. Voraussetzung ist allerdings stets, dass das Kündigungsschutzgesetz überhaupt Anwendung findet.

2.1.1 Anwendbarkeit des Kündigungsschutzgesetzes

Der allgemeine Kündigungsschutz ist nicht für alle Arbeitsverhältnisse gegeben. Zunächst sind vom Kündigungsschutz nur Arbeitnehmer erfasst, d. h. diejenigen, die im Rahmen einer von Dritten (Arbeitgeber) bestimmten Arbeitsorganisation in persönlicher Abhängigkeit Dienstleistungen erbringen.[2]
Die persönliche Abhängigkeit ergibt sich insbesondere aus der Eingliederung in eine fremde Arbeitsorganisation und dem Umfang der Weisungsgebundenheit.[3] Problematisch ist die Abgrenzung vornehmlich im Bereich der so genannten »Schein-Selbständigkeit«, bei der oft der Versuch unternommen wird, den Regeln und Schutzmechanismen des Arbeitsrechts wie auch den sozialrechtlichen Abgabepflichten dadurch zu

---

2 HK-ArbR/Schmitt, § 1 KSchG Rn. 5 m.w.N.
3 Ausführlich HK-ArbR/Kreuder, § 611 BGB Rn. 9ff. m.w.N.

entgehen, dass dem (wirtschaftlich zumeist abhängigen) »Selbständigen« gewisse Entscheidungsfreiheiten belassen werden, ohne dass dieser dadurch aber tatsächlich im unternehmerischen Sinne als freier Selbständiger auf dem Markt auftreten kann. In diesen Fällen ist besonders genau zu prüfen, ob es sich (schon) um einen selbständigen Auftragnehmer handelt oder (noch) um einen Arbeitnehmer. Der Bezeichnung, die dabei im Vertrag oder bei der Beschreibung der Tätigkeit gewählt wird, kommt dabei keine besondere Bedeutung bei: Es kommt vielmehr nach ständiger Rechtsprechung auf die Prüfung dessen an, wie die Parteien ihre Vertragsbeziehungen tatsächlich ausgestaltet haben.[4]

Keinen Kündigungsschutz genießen nach § 14 KSchG schließlich die gesetzlichen Vertreter juristischer Personen (z. B. Vorstand einer Aktiengesellschaft oder Geschäftsführer einer GmbH) sowie die vertretungsberechtigten Gesellschafter von Personengesellschaften (OHG, KG, GbR) oder eines nichtrechtsfähigen Vereins.

Das Kündigungsschutzgesetz erfasst aber auch alle Teilzeitarbeitsverhältnisse, Nebenbeschäftigungen, leitende Angestellte usw.

Der Kündigungsschutz gilt nicht in Betrieben, in denen nicht mehr als zehn Arbeitnehmer beschäftigt sind. Mit dem Gesetz zu Reformen am Arbeitsmarkt vom 24. 12. 2003[5] wurde die 1998 schon einmal geltende Regelung zur Anhebung des Schwellenwertes auf zehn Arbeitnehmer wieder eingeführt und zwar bezogen auf die Beschäftigten, die nach dem 31. 12. 2003 eingestellt wurden. Für alle Arbeitnehmer, die vor diesem Zeitpunkt schon im Beschäftigungsverhältnis standen, bleibt es bei der erforderlichen Zahl an Beschäftigten von mehr als fünf, wobei auch dieser Schwellenwert im Zeitpunkt der Kündigung noch gegeben sein muss.[6] Hier ist allerdings für die Arbeitsverhältnisse, die schon vor dem 1. 1. 2004 bestanden haben, zu berücksichtigen, dass spätere Ersatzeinstellungen für ausgeschiedene »Alt-Arbeitnehmer« nicht mitzählen, so dass auch bei zwischenzeitlichem Absinken der ursprünglichen Belegschaft unter den Schwellenwert von mehr als fünf Arbeitnehmern der Kündigungsschutz verloren geht.[7]

Dabei werden Teilzeitbeschäftigte mit nicht mehr als 30 Stunden wöchentlich nur anteilig mitgezählt. Es gelten zwei Quoten:

---

4 Vgl. APS-Preis, Grundlagen C, Rn. 13 ff. m. w. N.
5 BGBl. I S. 3002.
6 Dabei kommt es auf die in der Regel beschäftigten Arbeitnehmer an, nicht auf ein zufälliges Absinken der Beschäftigtenzahl; vgl. KSchR-Deinert, § 23 KSchG Rn. 20 m. w. N.
7 BAG vom 1. 9. 2006 – 2 AZR 840/05, NZA 2007, 438.

- Bei Beschäftigungen bis zu 20 Stunden gilt eine Quote von 0,5 pro teilzeitbeschäftigtem Arbeitnehmer (so dass z. B. eine Reinigungskraft mit nur ein oder zwei Stunden wöchentlich mit 0,5 gezählt wird).
- Bei Beschäftigungen bis zu 30 Stunden gilt eine Quote von 0,75 pro teilzeitbeschäftigtem Arbeitnehmer.
- Kündigungsschutz greift also, wenn sich danach mindestens 10,25 (bzw. alt 5,25) »Beschäftigte« als regelmäßig im Betrieb tätig erfassen lassen.

Diese so genannte »Kleinbetriebsklausel«, die durchaus kritisch gewürdigt wird, ist nach der Rechtsprechung des Bundesverfassungsgerichts so auszulegen, dass sie nur auf solche Kleinbetriebe anzuwenden ist, in denen ein Arbeitgeber zuständig ist, ohne dass er diese betriebliche Einheit als Teil eines größeren Unternehmens oder als Filialbetrieb führt und hier jeweils zusammengerechnet die Zahl der Arbeitnehmer den Schwellenwert überschreitet.[8] Es sollen also nur Kleinunternehmen vor dem Kündigungsschutz »bewahrt« werden, nicht aber die Kleinbetriebe, die in Wirklichkeit größeren Unternehmen zuzurechnen sind.

Auch können mehrere Unternehmen einen Gemeinschaftsbetrieb bilden (wichtigste Voraussetzung: einheitliche Leitungsmacht insbesondere in personellen Angelegenheiten). Dann werden für die Anwendung des Kündigungsschutzgesetzes die Arbeitnehmer der beteiligten Unternehmen zusammengezählt.

Schließlich muss der Arbeitnehmer, der sich auf den Kündigungsschutz beruft, zum Zeitpunkt des Zugangs der Kündigung länger als sechs Monate in einem ununterbrochenen Beschäftigungsverhältnis befunden haben, d. h. die so genannte Wartezeit erfüllt haben. Sofern das Arbeitsverhältnis unmittelbar an eine vorherige Ausbildung im gleichen Betrieb oder Unternehmen anschließt, ist die Ausbildungszeit mit anzurechnen.

2.1.2 Die betriebsbedingte Kündigung

Die betriebsbedingte Kündigung ist Gegenstand einer Vielzahl von arbeitsgerichtlichen Auseinandersetzungen – schließlich werden gut zwei Drittel aller Kündigungen mit betrieblichen Gründen begründet.[9] Aller-

---

8 Vgl. BVerfG vom 27. 1. 1998 – 1 BvL 22/93, NZA 1998, 469 ff. und 474 ff.
9 Untersuchung des Max-Planck-Institutes, DB 1981, 1139; aktuell: siehe die umfangreichen empirischen Nachweise bei Höland/Kahl/Zeibig, S. 77.

dings werden von den ca. zwei Millionen Arbeitgeberkündigungen pro Jahr nur etwa 15 % gerichtlich angegriffen,[10] wovon die Mehrzahl der Fälle (ca. $^2/_3$) wiederum durch Vergleich mit Abfindung erledigt wurde.[11]

Betriebsbedingte Kündigungen sind nach dem Gesetz[12] sozial gerechtfertigt und damit zulässig, wenn sie durch **dringende betriebliche Erfordernisse** bedingt ist und **keine anderweitige Beschäftigungsmöglichkeit** für den betroffenen Arbeitnehmer besteht. Diese Voraussetzung ist nach dem BAG erfüllt, wenn es dem Arbeitgeber nicht möglich ist, der betrieblichen Lage durch andere Maßnahmen auf technischem, organisatorischem oder wirtschaftlichem Gebiet als durch Kündigung zu entsprechen.[13]

Gerade im Bereich der betriebsbedingten Kündigung hat die Rechtsprechung ein differenziertes System der Darlegungs- und Beweislast geschaffen, welches von den Parteien verlangt, hinreichenden Sachvortrag zu den Gründen zu erbringen. Diese Darlegungslast stellt beide Seiten z. T. vor erhebliche Probleme: So ist festzustellen, dass viele Kündigungsschutzprozesse nur deshalb verloren werden, weil die Parteien nicht ausreichend vortragen.[14] Oftmals stellt es gerade für den Arbeitgeber ein tatsächliches Problem dar, hinreichend zu begründen, dass Arbeitsplätze aus **dringenden betrieblichen Erfordernissen** wegfallen sollen.

2.1.2.1 Außer- und innerbetriebliche Ursachen

Ein dringendes betriebliches Erfordernis, welches eine Kündigung grundsätzlich rechtfertigen könnte, setzt voraus, dass der Arbeitgeber den Arbeitnehmer am bisherigen Arbeitsplatz nicht mehr weiterbeschäftigen kann. Der Arbeitsplatz muss mit anderen Worten weggefallen sein.

Die Gründe dafür können zunächst im innerbetrieblichen Bereich liegen, z. B. wenn sich der Arbeitgeber entschließt, den Betrieb ganz oder teilweise stillzulegen. Andererseits können aber auch außerbetriebliche Ursachen den Beschäftigungsbedarf für den konkreten Arbeitsplatz entfallen lassen, so z. B. bei einem erheblichen Umsatzrückgang. Bei einer solchen Konstellation läge es zunächst nahe anzunehmen, dass der Arbeitgeber z. B. bei einem Umsatzrückgang von 50 % auch die Hälfte sei-

---

10 Vgl. die Nachweise bei Höland/Kahl/Zeibig, S. 75 ff.
11 Ebenda, S. 141 ff.
12 Vgl. § 1 Abs. 2 Sätze 1 bis 3 KSchG.
13 BAG vom 17. 6. 1999 – 2 AZR 141/99, NZA 1999, 1098.
14 HK-ArbR/Schubert, § 1 KSchG Rn. 376/377 mit Darstellung der notwendigen Prüfungsschritte.

ner Belegschaft entlassen dürfte. Der Arbeitgeber ist allerdings keinesfalls gezwungen, auf einen Auftrags- oder Umsatzrückgang durch Abbau von Personal zu reagieren, er könnte beispielsweise in der Hoffnung auf eine baldige Besserung der Marktsituation auch zunächst auf Vorrat produzieren und ggf. das Marketing verstärken. Daraus ergibt sich, dass außerbetriebliche Ursachen, die regelmäßig wesentlich durch das Marktgeschehen bestimmt sind, niemals unmittelbar den Wegfall eines Arbeitsplatzes verursachen können, da dem Arbeitgeber immer – zumindest theoretisch – Alternativen offen stehen.

Der Wegfall des Arbeitsplatzes beruht damit letztlich grundsätzlich auf einer innerbetrieblichen Entscheidung des Unternehmers.[15] Die außerbetrieblichen Ursachen stellen dann lediglich das Motiv des Arbeitgebers dar, warum er zu bestimmten innerbetrieblichen Maßnahmen greift.

Um also überprüfen zu können, ob der Arbeitsplatz aufgrund eines dringenden betrieblichen Erfordernisses weggefallen ist, muss die Entscheidung des Arbeitgebers, die zum Wegfall des Arbeitsplatzes geführt hat, untersucht werden (sog. **Unternehmerentscheidung**).

2.1.2.2 Unternehmerentscheidung

Einer auf ein dringendes betriebliches Erfordernis gestützten Kündigung geht demnach grundsätzlich eine so genannte Unternehmerentscheidung voraus. Obwohl eine solche letztlich sowohl bei inner- wie außerbetrieblichen Ursachen gleichermaßen vorliegt, ist die Unterscheidung nach wie vor wichtig, da unterschiedliche Anforderungen an die Darlegungs- und Beweislast zu stellen sind:

Bei einer **außerbetrieblichen Ursache** muss der Arbeitgeber im Prozess zunächst die Ursache als solche beschreiben und hierzu auch derart detaillierte Angaben machen, dass sie vom Arbeitnehmer mit Gegentatsachen bestritten und vom Gericht überprüft werden können.[16] Der Arbeitgeber wird daher zum Beispiel bei behauptetem Umsatzrückgang die maßgeblichen Umsatzzahlen und auch eine auf Tatsachen gestützte Prognose über den künftig zu erwartenden Umsatz vorlegen müssen, da eine betriebsbedingte Kündigung nur in Betracht kommt, wenn der Arbeitsplatz **auf Dauer** wegfällt.[17] Der Arbeitgeber muss damit vortragen, dass und wie die außerbetriebliche Ursache auf den konkreten Arbeits-

---

15 KR-Griebeling, § 1 KSchG Rn. 518.
16 APS-Kiel, § 1 KSchG Rn. 483.
17 Vgl. BAG vom 7.3.1996 – 2 AZR 180/95, NZA 1996, 931.

platz durchschlägt.[18] Darüber hinaus muss der Arbeitgeber darlegen, wie er auf die festgestellte außerbetriebliche Ursache reagieren will. Er muss also seine durch außerbetriebliche Ursachen motivierte Unternehmerentscheidung dem Gericht mitteilen.

Diese Unternehmerentscheidung unterliegt nach der Rechtsprechung des BAG allerdings nur einer **eingeschränkten gerichtlichen Kontrolle:** Das Gericht prüft zwar nach, ob eine unternehmerische Entscheidung tatsächlich vorliegt und durch ihre Umsetzung das Beschäftigungsbedürfnis für einzelne Arbeitnehmer tatsächlich entfallen ist.[19] Die unternehmerische Entscheidung selbst ist aber **nicht auf** ihre **sachliche Rechtfertigung** oder ihre **Zweckmäßigkeit** zu überprüfen, sondern nur darauf, ob sie offenbar unsachlich, unvernünftig oder willkürlich ist (bindende Unternehmerentscheidung).[20] Dies wird damit begründet, dass der Arbeitgeber das wirtschaftliche Risiko für das Unternehmen trage und die Gerichte nicht an seiner Stelle Entscheidungen über die Lenkung desselben treffen dürfen. Andererseits soll und muss eine eingeschränkte Überprüfung der Unternehmerentscheidung erfolgen, um einen Missbrauch des Kündigungsrechts zu verhindern.

Bei **innerbetrieblichen Gründen** stellt die Unternehmerentscheidung regelmäßig selbst die Ursache dar. Solche organisatorischen Maßnahmen, so z. B. die Entscheidung des Arbeitgebers, einen Betriebsteil stillzulegen, sind nach den gleichen Grundsätzen nur darauf zu überprüfen, ob sie ihrerseits offenbar unsachlich, unvernünftig oder willkürlich sind. Oftmals wird eine so genannte **gestaltende Unternehmerentscheidung** vorliegen, so z. B. wenn sich der Arbeitgeber entschieden hat, die im Betrieb anfallende Arbeit neu zu verteilen und/oder anders zu organisieren. Hier muss der Arbeitgeber zunächst die (nur eingeschränkt überprüfbare) Unternehmerentscheidung darlegen und darauf aufbauend die daraus resultierenden Auswirkungen auf den Arbeitsplatz konkret darlegen und ggf. beweisen. Will der Arbeitnehmer beispielsweise die Belegschaft verkleinern, obwohl die Arbeitsmenge gleichgeblieben ist, so muss er nachweisen, dass und wie die Arbeitsmenge auch mit weniger Arbeitskräften bewältigt werden kann, ohne dass diesen überobligationsmäßige Leistungen (z. B. ständige Überstunden etc.) abverlangt werden müssen.[21]

---

18 HK-ArbR/Schubert, § 1 KSchG Rn. 397, 401 f. m. w. N.
19 BAG vom 10. 7. 2008 – 2 AZR 1111/08, NZA 2009, 312.
20 BAG vom 13. 3. 2008 – 2 AZR 1037/06, NZA 2008, 878.
21 BAG vom 13. 2. 2008 – 2 AZR 433/06, NZA 2008, 819.

Schwierigkeiten treten regelmäßig auf bei der Abgrenzung der – gestalterischen – Unternehmerentscheidung als organisatorische Maßnahme von deren personeller Umsetzung. Oftmals lässt sich zwischen der Organisationsentscheidung und der darauf beruhenden Kündigung kaum noch unterscheiden. Die Kündigung selbst stellt jedenfalls keine Unternehmerentscheidung in diesem Sinne dar, da sie allein keine organisatorische Maßnahme bildet, sondern allenfalls die Folge einer zugrundeliegenden Organisationsentscheidung des Arbeitgebers ist.[22]

Nach der Rechtsprechung soll aber z. B. die Entscheidung des Arbeitgebers, den Personalbestand auf Dauer zu reduzieren, eine Unternehmerentscheidung und damit der direkten Kontrolle durch die Arbeitsgerichte entzogen sein.[23] In den Fällen, in welchen die Unternehmerentscheidung und deren Umsetzung Hand in Hand gehen, hat das BAG eine abgestufte Darlegungs- und Beweislastverteilung vorgenommen:

- Der Arbeitgeber muss zunächst darlegen, dass er überhaupt eine Unternehmerentscheidung getroffen hat. Dazu muss er vortragen, dass und wie die von ihm erwählte Maßnahme durchgeführt werden soll.
- Anschließend ist es Aufgabe des Arbeitnehmers darzulegen, warum diese Maßnahme offensichtlich unsachlich, unvernünftig oder willkürlich ist. Hierbei kann insbesondere darauf abgestellt werden, dass die anfallenden Arbeiten vom verbleibenden Personal nicht oder nur zu unzumutbaren Bedingungen erledigt werden können.
- Alsdann hat der Arbeitgeber diese Einwendungen zu entkräften.[24]

Der Arbeitgeber muss somit immer die Unternehmerentscheidung als solche und hiervon losgelöst die konkreten Auswirkungen auf die betroffenen Arbeitsplätze so detailliert darlegen, dass der betroffene Arbeitnehmer hierauf qualifiziert antworten kann. Je näher die eigentliche Organisationsentscheidung an den Kündigungsentschluss heranrückt, umso höhere Anforderungen werden an den Vortrag des Arbeitgebers zu stellen sein.[25] Oftmals kann es für den Arbeitgeber ein erhebliches Problem darstellen, im Rahmen seiner Darlegungspflicht ein schlüssiges Konzept vorzutragen. Dies ist ein Indiz dafür, dass es sich eben tatsächlich nicht um eine Unternehmerentscheidung im obigen Sinne handelt; es kann die Aussichten des betroffenen Arbeitnehmers in einem etwai-

---

22 HK-ArbR/Schubert, § 1 KSchG Rn. 397 m. w. N.
23 BAG vom 17.6.1999 – 2 AZR 141/99, NZA 1999, 1098.
24 BAG vom 17.6.1999 – 2 AZR 522/98, NZA 1999, 1095.
25 HK-ArbR/Schubert, § 1 KSchG Rn. 419.

gen Kündigungsschutzprozess, aber naturgemäß auch in den Verhandlungen um einen Aufhebungslösung verbessern.

Allerdings verblüfft es schon, wenn es praktisch keine höchstrichterliche Entscheidung gibt, die bisher den Fall einer missbräuchlichen oder willkürlichen Unternehmerentscheidung festgestellt hätte. Jedenfalls in der Rechtsprechung der Instanzgerichte wird gelegentlich auch wesentlich kritischer die Unternehmerentscheidung beleuchtet, ob nämlich das Beschäftigungsbedürfnis tatsächlich entfallen ist und die betrieblichen Aufgaben von den verbliebenen Mitarbeitern nur im Rahmen einer Leistungsverdichtung erledigt werden können, die über das nach dem Arbeitsvertrag geschuldete Maß hinausgehen.[26] Durch die Konzeption des BAG wird die Tendenz gefördert, den Kündigungsschutz zu entleeren und dabei in einseitiger Weise ausschließlich auf die unternehmerische Freiheit Rücksicht zu nehmen. Dass Grundrechtspositionen der Arbeitnehmer insbesondere aus Art. 12 GG (Grundrecht der Berufsfreiheit) dabei keine gleichwertige Rolle spielen, ist bedenklich.[27] Richtigerweise kann eine Kündigung jedoch dann nicht mehr dringend im Sinne des Gesetzes sein, wenn sie ohne wirtschaftliche Notwendigkeit ausschließlich der Gewinnmaximierung dient.[28]

Dennoch kann es im Einzelfall lohnend sein, sich kritisch und umfassend mit der so genannten Unternehmerentscheidung auseinanderzusetzen. Je fragwürdiger ihre Herleitung erscheint, umso eher werden auch die anderen Tatbestandsvoraussetzungen für die Rechtmäßigkeit einer Kündigung auf den Prüfstand des Gerichts gestellt.

2.1.2.3 Wegfall der Beschäftigungsmöglichkeit

Als Folge der Unternehmerentscheidung muss der Arbeitsplatz auf Dauer weggefallen sein. Es ist dabei allerdings nicht unbedingt erforderlich, dass der konkrete Arbeitsplatz des betroffenen Arbeitnehmers tatsächlich weggefallen ist, sondern lediglich, dass ein Arbeitskräfteüberhang besteht.[29] Die Frage, ob und wie sich dieser Arbeitskräfteüberhang

---

26 Vgl. ArbG Magdeburg vom 22.5.2002 – 7 Ca 5693/01, AuR 2002, 471f. m. Anm. Stein; weitere Nachweise bei Stahlhacke/Preis/Vossen-Preis, Rn. 952.
27 Vgl. HK-ArbR/Schubert, § 1 KSchG Rn. 424, 430ff.; siehe auch Stein a.a.O.; so auch Kühling, AuR 2003, 92ff.
28 Stahlhacke/Preis/Vossen-Preis, Rn. 952; dagegen h.M.: keine Interessensabwägung bezogen auf die Unternehmerentscheidung, vgl. ErfK-Oetker, § 1 KSchG Rn. 239ff.
29 APS-Kiel, § 1 KSchG Rn. 477 m.w.N.

auf den gekündigten Arbeitnehmer auswirkt, kann erst beantwortet werden, wenn geklärt ist, ob dieser anderweitig **weiterbeschäftigt** werden kann und ob bzw. nach welchen Kriterien eine **Sozialauswahl** stattzufinden hat.

2.1.2.4 Kein anderweitiger Einsatz möglich

Eine betriebsbedingte Kündigung ist sozial ungerechtfertigt und damit unwirksam, wenn der betroffene Arbeitnehmer – ggf. auf einem anderen Arbeitsplatz – weiterbeschäftigt werden kann. Dabei ist – im Gegensatz zur Sozialauswahl – nicht nur auf den Betrieb, sondern auf das gesamte Unternehmen abzustellen.[30] Nach dem Gesetz kommen auch solche freien Arbeitsplätze in Betracht, welche der Arbeitnehmer erst nach zumutbaren Fortbildungs- oder Umschulungsmaßnahmen ausfüllen kann.

Der Arbeitnehmer hat allerdings nur einen Weiterbeschäftigungsanspruch, soweit die auf einem neuen Arbeitsplatz zu erbringende Leistung mit der von ihm bisher geschuldeten (nicht unbedingt nur der erbrachten!) Leistung im Wesentlichen übereinstimmt, bzw. eine Versetzung auf den neuen Arbeitsplatz nach dem Arbeitsvertrag zulässig ist.[31] Je unbestimmter im Arbeitsvertrag die Leistungspflicht definiert wurde, desto eher kann der Arbeitnehmer verlangen, auf einem anderen Arbeitsplatz weiterbeschäftigt zu werden. Maßgeblich ist der Inhalt der jeweiligen Arbeitsverträge – und zwar zum Zeitpunkt der Kündigung. Allerdings bleibt bei einem weit definierten schriftlichen Arbeitsvertrag die Versetzungsbefugnis erhalten. Aus der vertraglichen Versetzungsbefugnis des Arbeitgebers erwächst im Kündigungsfall auch eine entsprechende Versetzungspflicht. Der Arbeitgeber muss in diesem Fall den Arbeitnehmer auf einen freien Arbeitsplatz versetzen, welcher von der Aufgabenbeschreibung im Arbeitsvertrag gedeckt ist.[32] Wichtig: Auch ein mit einem Leiharbeitnehmer besetzter Arbeitsplatz gilt in der Regel als frei.[33] Anderes wenn Leiharbeitnehmer nur zur Bewältigung von Arbeitsspitzen oder für Elternzeit- oder Urlaubsvertretung eingesetzt werden.[34]

---

30 BAG vom 17.5.1984, NZA 1985, 489.
31 HK-ArbR/Schubert, § 1 KSchG Rn. 399.
32 HK-ArbR/Schubert, a.a.O.
33 LAG Bremen vom 2.12.1997 – 1 (2) Sa 340/96, BB 1998, 1211; BAG vom 26.09.1996 – 2 AZR 200/96, NZA 1997, 202; anders bei Einsatz von Leiharbeit als dauerhafte Personalreserve: BAG vom 15.12.2011 – 2 AZR 42/10, NZA 2012, 1044.
34 Ausführlich KSchR-Deinert, § 1 KSchG Rn. 517.

Die Verpflichtung zur Weiterbeschäftigung auf einem freien Arbeitsplatz besteht auch dann, wenn dieser Arbeitsplatz erst nach zumutbarer Fortbildung oder Umschulung ausgefüllt werden kann.[35] Von diesem Weiterbeschäftigungsanspruch zu unterscheiden ist der ebenfalls bestehende Anspruch des Arbeitnehmers, auf einem anderen Arbeitsplatz zu veränderten Vertragsbedingungen weiterzuarbeiten. Dies betrifft meist die Weiterbeschäftigung zu verschlechterten Arbeitsbedingungen, die allerdings der Arbeitnehmer nicht annehmen muss, da es hierzu einer Vertragsänderung bedarf.[36] In jedem Fall sind auch solche Arbeitsplätze zu berücksichtigen, für die der Arbeitnehmer erst eine Umschulungs- oder Fortbildungsmaßnahme durchlaufen muss.[37] Die Qualifizierung muss allerdings erfolgversprechend und zumutbar sein, wobei als zeitliche Höchstdauer der Maßnahme die längste gesetzliche Kündigungsfrist gilt.[38]

2.1.2.5 Sozialauswahl

Steht fest, dass die Weiterbeschäftigungsmöglichkeit zumindest eines Arbeitnehmers weggefallen ist, so ist damit noch lange nicht klar, welchem Arbeitnehmer der Arbeitgeber kündigen darf. Oftmals ergibt sich dies schon daraus, dass mehrere Arbeitnehmer mit – annähernd – der gleichen Arbeit beschäftigt sind und dass sich daher nicht festlegen lässt, **welcher** einzelne Arbeitsplatz überhaupt betroffen ist, sondern nur, dass eine **bestimmte Zahl** an Arbeitsplätzen betroffen ist.

Aber auch, wenn nur ein einzelner Arbeitnehmer mit einer bestimmten Tätigkeit beschäftigt ist, folgt daraus allein noch nicht, dass bei Wegfall dieser Beschäftigung ausschließlich dem betreffenden Arbeitnehmer gekündigt werden müsste. Der Arbeitgeber hat vielmehr unter sämtlichen **vergleichbaren Arbeitnehmern** grundsätzlich demjenigen zu kündigen, welcher **sozial am wenigsten schutzbedürftig** ist. Als Kriterien, nach welchen die soziale Schutzbedürftigkeit zu ermitteln ist, sind das Alter, die Dauer der Betriebszugehörigkeit und die Unterhaltspflichten sowie eine etwaige Schwerbehinderung des Arbeitnehmers zu berücksichti-

---

35 BAG vom 23.4.2008 – 2 AZR 1110/06, NZA 2008, 939.
36 Dieser Anspruch ergibt sich aus dem Ultima-ratio-Prinzip, wonach eine Beendigungskündigung nur in Betracht kommt, soweit keine Änderungskündigung möglich ist, s. unter 2.1.2.6.
37 Vgl. APS-Kiel, § 1 KSchG Rn. 614.
38 Vgl. APS-Kiel, § 1 KSchG Rn. 620.

gen.[39] Die Gewichtung der einzelnen Kriterien ist gelegentlich durch Betriebsvereinbarung geregelt und steht ansonsten im pflichtgemäßen Ermessen des Arbeitgebers.[40]

Der Arbeitnehmer hat im Prozess zunächst die **Fehlerhaftigkeit der Sozialauswahl** anhand der ihm zur Verfügung stehenden Informationen darzulegen, bzw. wenn er über diese Informationen nicht verfügt, einen ausdrücklich in § 1 Abs. 3 Satz 1 letzter HS KSchG geregelten **Auskunftsanspruch** gegen den Arbeitgeber geltend zu machen. Unterlässt der Arbeitgeber daraufhin eine hinreichende Information, gilt der (pauschale) Vortrag des Arbeitnehmers, es seien sozial stärkere Arbeitnehmer als er vorhanden, weswegen die gegenüber ihm ausgesprochene Kündigung sozial ungerechtfertigt sei, als zugestanden.[41]

Dabei unterliegt die Sozialauswahl des Arbeitgebers dem Gebot, dass die sozialen Kriterien »ausreichend« gewichtet werden. Kommt das Arbeitsgericht zu der Auffassung, dass der betroffene Arbeitnehmer **deutlich schutzwürdiger** als die im Rahmen der Sozialauswahl ansonsten vergleichbaren Arbeitnehmer ist, kann die Kündigung keinen Bestand haben.[42] Allerdings hat das BAG in seiner Entscheidung vom 9.11.2006 seine frühere Rechtsprechung verworfen, wonach bei fehlerhafter Berücksichtigung eines vergleichbaren aber sozial stärkeren Arbeitnehmers alle gleichzeitig gekündigten sozial schwächeren Arbeitnehmer sich auf den Auswahlfehler berufen durften (so genannter Domino-Effekt). Nunmehr soll dieser Auswahlfehler nur noch einem konkreten Arbeitnehmer helfen, der sich erfolgreich hierauf berufen hat, während weitere gekündigte Arbeitnehmer sich auf weitere weniger schutzwürdige (und nicht gekündigte) Beschäftigte berufen müssten.[43]

Erhebliche praktische Bedeutung hat dabei die Frage, welche Arbeitnehmer **vergleichbar** und damit in die Sozialauswahl mit einzubeziehen sind. Nach der h.M. sind in die Sozialauswahl jedenfalls nur die Beschäftigten des betroffenen Betriebes einzubeziehen.[44] Die Vergleichbarkeit der Arbeitnehmer ist nach der Rechtsprechung gegeben, wenn sie »gegenseitig austauschbar« sind,[45] also jeder vom Arbeitgeber mit dem

---

39 Die Begrenzung auf vier Auswahlkriterien erfolgte durch Gesetz vom 24.12.2003 (BGBl. I S. 3002).
40 Vgl. APS-Kiel, § 1 KSchG Rn. 737ff. m.w.N.
41 KR-Griebeling, § 1 KSchG Rn. 686.
42 APS-Kiel, § 1 KSchG Rn. 737.
43 BAG vom 9.11.2006 – 2 AZR 812/05, DB 2007, 1087.
44 BAG vom 15.12.1994 – 2 AZR 320/94, NZA 1995, 413.
45 BAG vom 15.12.1994, a.a.O.

(tatsächlichen) Aufgabenbereich eines jeden anderen betraut werden könnte und dürfte.[46] Es wird damit sowohl auf die tatsächlichen Kenntnisse und Fähigkeiten wie auch auf den Inhalt der jeweiligen Arbeitsverträge zum Zeitpunkt der Kündigung abzustellen sein (s. o.).[47] Diese Überlegungen können zumindest herangezogen werden, um eine vom Arbeitgeber getroffene Sozialauswahl mit dem Argument anzugreifen, er habe nicht die richtigen Arbeitnehmer in die Sozialauswahl einbezogen. Erfahrungsgemäß ist die Frage der Sozialauswahl der fehlerträchtigste Bereich, der auch hinsichtlich der bei der Sozialauswahl zu berücksichtigenden Arbeitnehmer der uneingeschränkten arbeitsgerichtlichen Kontrolle unterliegt. Dass Kündigungen hieran oft scheitern, mag auch daran liegen, dass bei einer Auswahlentscheidung des Arbeitgebers nicht selten auch subjektive Momente eine Rolle spielen, die nicht in Einklang stehen mit der sozialen Schutzbedürftigkeit des betroffenen Arbeitnehmers.

2.1.2.6 Grundsatz der Verhältnismäßigkeit

Nach dem Grundsatz der Verhältnismäßigkeit ist eine Beendigungskündigung nur als ultima ratio zulässig. Dies ergibt sich auch daraus, dass nach § 1 Abs. 2 KSchG eine »Dringlichkeit der Kündigung« gefordert ist. Dringende betriebliche Erfordernisse, welche eine Kündigung rechtfertigen können, liegen vor, wenn es dem Arbeitgeber nicht möglich ist, der betrieblichen Lage durch andere Maßnahmen auf technischem, organisatorischem oder wirtschaftlichen Gebiet als durch eine (Beendigungs-) Kündigung zu entsprechen. Die Kündigung muss demnach wegen der betrieblichen Lage unvermeidbar sein.[48]

Eine Kündigung wäre danach z.B. unwirksam, wenn als milderes Mittel auch der Ausspruch einer Änderungskündigung mit einer Weiterbeschäftigung im gleichen oder einem anderen Betrieb des Unternehmens möglich gewesen wäre.[49]

---

46 KR-Griebeling, § 1 KSchG Rn. 617 ff.; ErfK-Oetker, § 1 KSchG Rn. 323 ff.
47 ErfK-Oetker, § 1 KSchG Rn. 324 f.
48 BAG vom 17. 6. 1999 – 2 AZR 522/98, NZA 1999, 1095.
49 BAG vom 21. 4. 2005 – 2 AZR 132/04, NZA 2005, 1289; s. im Übrigen unter 2.1.6.3.

2.1.2.7 Sonderfall: Betriebsübergang

Die eben dargestellten Grundsätze erfahren durch die Regelung des § 613a BGB für den Fall eines Betriebsüberganges eine wichtige Einschränkung: Nach Absatz 4 dieser Bestimmung ist die Kündigung eines Arbeitnehmers durch den bisherigen Arbeitgeber oder durch den neuen Inhaber unwirksam, wenn sie **wegen** des Betriebsübergangs erfolgt. Besondere Beachtung verdient diese Vorschrift auch deshalb, weil durch sie auch Arbeitnehmer geschützt werden, die ansonsten nicht unter den Schutz des KSchG fallen, weil z.b. ihr Betrieb nicht den geforderten Schwellenwert in der Beschäftigtenzahl erreicht.

2.1.2.7.1 Kündigungsverbot wegen Betriebsübergangs

Die zentrale Frage dieser Vorschrift ist damit, wann eine Kündigung **wegen** des Betriebsübergangs erfolgt. Dies ist jedenfalls dann der Fall, wenn der Betriebsübergang der tragende Grund und nicht nur der äußere Anlass der Kündigung ist.[50] Andererseits soll eine Kündigung nicht wegen Verstoß gegen § 613a BGB unwirksam sein, wenn sie etwa zur Rationalisierung des Betriebs zwecks Erhöhung der Verkaufschancen erfolgt.[51] Problematisch ist in diesem Zusammenhang, dass den Arbeitnehmer außerhalb der Anwendbarkeit des KSchG die Darlegungs- und Beweislast für das Vorliegen einer Kündigung **wegen** des Betriebsübergangs treffen soll, während bei Anwendung des KSchG der Arbeitgeber darlegungs- und beweispflichtig für das Nichtvorliegen eines Betriebsübergangs ist.[52]

2.1.2.7.2 Situation bei Widerspruch des Arbeitnehmers

Nach § 613a BGB geht das Arbeitsverhältnis bei einem Betriebsübergang kraft Gesetz auf den Erwerber über; dieser wird damit automatisch neuer Arbeitgeber der Belegschaft. Da sich die Beschäftigten diesen Arbeitgeber nicht als Vertragspartner ausgesucht haben und ihnen kein neuer Vertragspartner aufgezwungen werden soll, können sie dem Übergang des Arbeitsverhältnisses widersprechen mit der Folge, dass sie weiter bei ihrem alten Arbeitgeber angestellt sind.[53] Das Widerspruchsrecht des Arbeitnehmers ist gesetzlich geregelt.[54] Danach hat zunächst der bis-

---

50 KSchR-Zwanziger, § 613a BGB Rn. 197 m. w. N.
51 BAG vom 18.7.1996, DB 1996, 2288.
52 KSchR-Zwanziger, § 613a BGB Rn. 226 m. w. N.
53 Vgl. z.B. BAG vom 20.4.1989 – 2 AZR 431/88, NZA 1990, 32.
54 Gesetz vom 1.4.2002, BT-Drucks. 14/7760.

herige Arbeitgeber oder der neue Inhaber den betroffenen Arbeitnehmer von dem geplanten Betriebsübergang schriftlich zu unterrichten und hierbei insbesondere auch die Folgen des Übergangs für die Arbeitnehmer und die hierfür in Aussicht genommenen Maßnahmen darzustellen (vgl. § 613a Abs. 5 BGB). Nach einer solchen schriftlichen Unterrichtung beginnt für den Arbeitnehmer eine Frist von einem Monat, innerhalb derer er schriftlich widersprechen kann (so § 613a Abs. 6 BGB).

Da der bisherige Arbeitsplatz bei dem bisherigen Arbeitgeber infolge des Betriebsüberganges jedoch nicht mehr vorhanden ist, droht eine betriebsbedingte Kündigung, sofern der Arbeitnehmer nicht auf einem anderen Arbeitsplatz weiterbeschäftigt werden kann.[55] Vor Einlegung eines Widerspruchs gegen den Betriebsübergang sollte daher dringend Rechtsrat eingeholt werden.

Dabei darf nach aktueller Rechtsprechung des BAG[56] die Entscheidung des widersprechenden Arbeitnehmers nicht dadurch »bestraft« werden, dass seine möglicherweise juristisch wenig überzeugenden Gründe für die Ausübung seines Widerspruchsrechts bei der Prüfung der Sozialauswahl nachteilig zu berücksichtigen wären. Vielmehr darf sich auch der widersprechende Arbeitnehmer vollen Umfangs auf eine nicht ordnungsgemäße Durchführung der sozialen Auswahl berufen; es gelten insoweit keine Besonderheiten.[57]

2.1.3 Die personenbedingte Kündigung

Auch wenn die Begriffe der personen- bzw. verhaltensbedingten Kündigung den Schluss nahe legen, dass es bei diesen beiden Formen der Kündigung nur auf den Arbeitnehmer und nicht auf betriebliche Belange ankommen würde, trifft dies nicht zu. Auch hier müssen die kündigungsrelevanten Umstände zu einer betriebsbezogenen Leistungsstörung im Arbeitsverhältnis führen. Ein Verhalten des Arbeitnehmers, welches vom Arbeitgeber missbilligt wird, kann ohne daraus resultierende betriebliche Störungen eine Kündigung nicht rechtfertigen.

Im Unterschied zur betriebsbedingten Kündigung fällt der Arbeitsplatz des gekündigten Arbeitnehmers jedoch nicht weg, sondern wird in

---

55 KSchR-Zwanziger, § 613a BGB Rn. 78.
56 BAG vom 31.5.2007 – 2 AZR 276/06, NZA 2008, 33.
57 BAG vom 31.5.2007, a.a.O.

aller Regel mit einem anderen Arbeitnehmer besetzt,[58] weil der gekündigte Arbeitnehmer seine Leistung nicht wie geschuldet erbracht hat. Die **Ursache** für eine personen- oder verhaltensbedingte Kündigung liegt demnach stets in der Person[59] oder dem Verhalten[60] des gekündigten Arbeitnehmers. Der wesentliche Unterschied zwischen der personen- und der verhaltensbedingten Kündigung liegt darin, dass der Arbeitnehmer bei der personenbedingten Kündigung die geschuldete Arbeitsleistung nicht mehr erbringen kann, obwohl er es will, während er bei der verhaltensbedingten Kündigung die geschuldete Arbeitsleistung nicht erbringt, obwohl er es könnte. Anders gesagt: Die personenbedingte Kündigung knüpft demnach grundsätzlich an eine bestimmte Eigenschaft des Arbeitnehmers an, welche dieser nicht beeinflussen kann, während es bei der verhaltensbedingten Kündigung auf ein steuerbares Verhalten des Arbeitnehmers ankommt.

2.1.3.1 »Eignungsmängel« des Arbeitnehmers – insbesondere Krankheit und Sucht

Eine personenbedingte Kündigung kommt demnach immer dann in Betracht, wenn der Arbeitnehmer die geschuldete Arbeitsleistung zwar erbringen möchte, aber aus Gründen, welche in seiner Person liegen und von ihm nicht geändert werden können, nicht erbringen kann. Der »klassische« Fall ist die durch Krankheit hervorgerufene Arbeitsunfähigkeit. Dabei ist zunächst zu betonen, dass Krankheit an sich grundsätzlich **kein Kündigungsgrund** ist. Der Gesetzgeber hat vielmehr mit dem Entgeltfortzahlungsgesetz sichergestellt, dass der Arbeitnehmer auch bei krankheitsbedingter Arbeitsunfähigkeit seinen Lohnanspruch für eine gewisse Dauer behält. Diese Regelung wäre sinnlos, wenn der Arbeitgeber eine Erkrankung des Arbeitnehmers zum Anlass nehmen könnte, um diesem zu kündigen. Gleichwohl kann eine Erkrankung des Arbeitnehmers eine Kündigung rechtfertigen, sofern die betrieblichen oder wirtschaftlichen Auswirkungen der Fehlzeiten für den Arbeitgeber

---

58 In der Praxis wird jedoch die Möglichkeit einer personen- bzw. verhaltensbedingten Kündigung oftmals auch zum Abbau von Arbeitsplätzen genutzt. Bei gewollten Rationalisierungsmaßnahmen werden z. T. Vorwände gesucht, um anstelle von betriebsbedingten Kündigungen mit den daraus resultierenden Problemen der Sozialauswahl bestimmte Arbeitnehmer gezielt personen- oder verhaltensbedingt zu kündigen.

59 KR-Griebeling, § 1 KSchG Rn. 265 ff.

60 KR-Griebeling, § 1 KSchG Rn. 395 ff.

unzumutbar werden. Dabei ist zu unterscheiden zwischen einer lang andauernden Krankheit, häufigen Kurzerkrankungen und als Sonderfall Suchtproblematiken, insbesondere Alkoholsucht.

Den verschiedenen Fallgruppen ist gemeinsam, dass eine Kündigung nur dann sozial gerechtfertigt ist, wenn aufgrund der Erkrankung eine begründete Prognose für künftige Fehlzeiten erstellt werden kann und eine daraus resultierende erhebliche Beeinträchtigung betrieblicher Interessen im Wege einer umfassenden Interessenabwägung zu einer billigerweise nicht mehr hinzunehmenden Belastung des Arbeitgebers führen (3-Stufen-Modell).

2.1.3.2 Negative Prognose

Zunächst stellt sich die Frage, ob der Arbeitnehmer aufgrund seiner persönlichen Eigenschaften und Fähigkeiten künftig voraussichtlich nicht mehr in der Lage sein wird, seine arbeitsvertraglichen Verpflichtungen zu erfüllen. Das setzt neben entsprechenden Fehlzeiten für die Vergangenheit eine auf Tatsachen begründete Prognose über den weiteren Krankheitsverlauf (inklusive der vermuteten Fehlzeiten) in der Zukunft voraus. Der Arbeitgeber hat dabei im Prozess regelmäßig die Fehlzeiten der Vergangenheit detailliert darzulegen und darf dann zunächst pauschal behaupten, künftig seien entsprechende Fehlzeiten zu erwarten.[61] Es obliegt dann dem Arbeitnehmer, diese Prognose zu erschüttern, indem er z. B. seinen Arzt von der Schweigepflicht entbindet und ihn ein entsprechendes Gutachten fertigen lässt, nach welchem für die Zukunft von einer Besserung des Gesundheitszustandes auszugehen ist.

Es gibt allerdings keine »Messlatte«, ab welcher Häufigkeit von Kurzerkrankungen bzw. welcher Dauer einer Langzeiterkrankung diese Indizwirkung gelten soll; hinsichtlich der Kurzerkrankungen wird der Arbeitgeber aber mindestens für einen Zeitraum von 15 Monaten vorzutragen haben.[62] Bei einer lang andauernden Erkrankung kommt es noch mehr auf die Umstände des Einzelfalls an: So ist zu fragen, worin die Ursache für die Erkrankung liegt und wie der bisherige Heilungsprozess verlaufen ist.[63] Sofern der Umgang des Arbeitnehmers mit Alkohol (oder anderen Drogen) den medizinischen Krankheitswert einer Sucht erreicht, ist auch dieser Fall nach den Grundsätzen einer personenbe-

---

61 BAG vom 29.7.1993 – 2 AZR 155/93, NZA 1994, 67.
62 KSchR-Deinert, § 1 KSchG Rn. 112 ff..
63 KR-Griebeling, § 1 KSchG Rn. 348a ff., 369, jeweils m. w. N.

dingten Kündigung zu behandeln, und zwar selbst dann, wenn der Arbeitgeber nicht wegen der Krankheit an sich, sondern einem auf der Alkoholsucht beruhenden sonstigen Fehlverhalten des Arbeitnehmers kündigt.[64]

2.1.3.3 Erhebliche Beeinträchtigung betrieblicher und wirtschaftlicher Interessen

An zweiter Stelle ist zu prüfen, ob die negative Prognose zu konkreten betrieblichen Beeinträchtigungen (betriebsorganisatorischer oder wirtschaftlicher Art) führt. Auf dieser Stufe soll die allerdings möglichst substantiierte Darlegung genügen, dass betriebliche Beeinträchtigungen gegeben sind; ob diese ein Ausmaß erreichen, welchem es dem Arbeitgeber in Zukunft unzumutbar machen, den Betroffenen weiter zu beschäftigen, ist erst im Rahmen der Interessenabwägung zu überprüfen.[65]

Betriebliche Beeinträchtigungen können sich zunächst in Form so genannter Betriebsablaufstörungen ergeben, d. h. der Arbeitgeber muss den Arbeitsplatz des erkrankten Mitarbeiters entweder vorübergehend neu besetzen oder die anfallende Arbeit auf die verbliebenen Arbeitnehmer verteilen. Der Arbeitgeber hat dabei vorzutragen, dass er nicht über eine entsprechende Personalreserve verfügt bzw. diese bereits ausgelastet ist und auch anderweitige Überbrückungsmaßnahmen (z. B. durch vorübergehende Um- oder Versetzungen) nicht möglich sind.[66]

Anstelle einer Betriebsablaufstörung können erhebliche betriebliche Beeinträchtigungen nach der Rechtsprechung allerdings auch durch die gesetzlich vorgeschriebene Entgeltfortzahlung entstehen: Wenn der Arbeitgeber für mehr als sechs Wochen im Jahr für einen Mitarbeiter Entgeltfortzahlung leisten muss, sollen durch die daraus resultierenden wirtschaftlichen Belastungen betriebliche Belange erheblich beeinträchtigt sein.[67]

Zusätzliche Bedeutung bei durch Krankheit motivierten Aufhebungstatbeständen gewinnt das Erfordernis eines betrieblichen Eingliederungsmanagements. Nach § 84 Abs. 2 SGB IX ist dieses für alle Arbeitnehmer, die dem im Einzelfalls zustimmen, durchzuführen, die innerhalb

---

64 Vgl. KR-Griebeling, § 1 KSchG Rn. 421: Verhaltensbedingte Kündigung scheidet aus, weil z. B. ein alkoholkranker Arbeitnehmer in der Regel Verhaltensverstöße wegen seiner Krankheit unverschuldet begeht.
65 BAG vom 7.11.1985 – 2 AZR 668/84, NZA 1987, 555.
66 BAG vom 16.2.1989 – 2 AZR 299/88, NZA 1989, 923.
67 Vgl. APS-Dörner/Vossen, § 1 KSchG Rn. 159.

eines Jahres länger als sechs Wochen arbeitsunfähig erkrankt sind und zwar unabhängig davon, ob dies unterbrochen oder wiederholt erfolgte. Dazu bedarf es unter Einbeziehung betrieblicher Stellen (Betriebsarzt, Schwerbehindertenvertretung, Betriebsrat etc.) nachweislicher Bemühungen zur Wiedereingliederung des betreffenden Arbeitnehmers. Versäumt der Arbeitgeber die Durchführung des betrieblichen Eingliederungsmanagements hat dies zwar kein Kündigungsverbot zur Folge, der Arbeitgeber muss dann allerdings im Prozess konkret darlegen, dass auch ohne eine solche Maßnahme eine Wiedereingliederung in den Arbeitsprozess nicht möglich gewesen wäre.[68] Immerhin kommen als Maßnahmen hierfür beispielsweise in Betracht die Versetzung auf einen anderen ggf. leidensgerechten Arbeitsplatz oder Anpassungen an die Anforderungen für den Arbeitnehmer etwa durch Arbeitszeitreduzierung oder die Verwendung technischer Hilfsmittel.

2.1.3.4 Interessenabwägung

Selbst wenn eine negative Prognose erstellt werden kann und die voraussichtlichen künftigen Ausfallzeiten des Beschäftigten zu konkreten betrieblichen Beeinträchtigungen führen werden, ist die Kündigung nur dann gerechtfertigt, wenn sie nach einer Interessenabwägung insgesamt als verhältnismäßig anzusehen ist. Dies ist dann zu verneinen, wenn das Bestandsschutzinteresse des Arbeitnehmers das Lösungsinteresse des Arbeitgebers trotz negativer Prognose und daraus resultierender Beeinträchtigungen überwiegt. Welche Kriterien hierbei berücksichtigt werden müssen, hängt vom jeweiligen Einzelfall ab. In jedem Fall für den Arbeitnehmer sprechen eine lange Betriebszugehörigkeit, eine alters- oder betriebsbedingte Ursache der Erkrankung, höheres Alter, familiäre Unterhaltspflichten sowie schlechte Aussichten auf einen anderen Arbeitsplatz. Zu Gunsten des Arbeitgebers werden hingegen sämtliche vom Betroffenen ausgehenden betrieblichen und wirtschaftlichen Beeinträchtigungen (Entgeltfortzahlungskosten, Kosten für Ersatzkräfte usw.) sowie eine eventuell angespannte Wirtschaftslage des Unternehmens berücksichtigt.

---

68 BAG vom 12.7.2007 – 2 AZR 716/06, NZA 2008, 173.

2.1.3.5 Notwendigkeit vorheriger Abmahnung?

Eine Abmahnung ist vor Ausspruch einer personenbedingten Kündigung grundsätzlich nicht erforderlich.[69] Da der Arbeitnehmer bei der personenbedingten Kündigung die geschuldete Arbeitsleistung zwar erbringen möchte, aber nicht kann, wird er – theoretisch – sein Verhalten auch nach einer Abmahnung nicht ändern können. Die Warnfunktion der Abmahnung läuft damit leer.[70]

2.1.4 Die verhaltensbedingte Kündigung

Eine verhaltensbedingte Kündigung kommt immer dann in Betracht, wenn der Arbeitnehmer schuldhaft (vorsätzlich oder fahrlässig) gegen die Pflichten aus dem Arbeitsvertrag verstößt. Im Gegensatz zu der personenbedingten Kündigung ist jedoch grundsätzlich eine Abmahnung erforderlich; auf der anderen Seite muss die Fortsetzung des Arbeitsverhältnisses für den Arbeitgeber nicht unzumutbar sein, sondern es reicht aus, wenn die Verhaltensweise des Arbeitnehmers bei objektiver Würdigung eine Kündigung als billigenswert und angemessen erscheinen lassen.[71]

2.1.4.1 Schuldhaftes Fehlverhalten des Arbeitnehmers im Zusammenhang mit dem Arbeitsverhältnis

Der plakativste Fall für eine verhaltensbedingte Kündigung ist ein strafbares Verhalten des Arbeitnehmers zu Lasten des Arbeitgebers. Nach überwiegender Rechtsprechung soll schon ein Bagatelldiebstahl eine Kündigung rechtfertigen können.[72]

---

69 Ausnahmsweise kann eine Abmahnung dann erforderlich sein, wenn die mangelnde Eignung des Arbeitnehmers auf einem zerstörten Vertrauensverhältnis beruht; in diesem Fall wird jedoch genau zu prüfen sein, ob es sich nicht in Wahrheit um eine verhaltensbedingte Kündigung handelt.
70 KR-Griebeling, § 1 KSchG Rn. 269.
71 BAG vom 5. 11. 1992 – 2 AZR 287/92, RzK I 5 i Nr. 81.
72 BAG vom 17. 5. 1984 – 2 AZR 3/83, NZA 1985, 91 (Verzehr eines Stücks Bienenstich); abweichend: LAG Köln vom 30. 9. 1999 – 5 Sa 872/99, AiB 2000, 775 (bei Verwendung von drei Briefumschlägen keine Kündigung ohne vorherige Abmahnung gerechtfertigt).

In die so genannte Bagatellkündigung ist nach dem Pfandbonfall – vielfach als »Emmely«-Entscheidung zitiert – viel Bewegung gekommen. Das BAG hat hier letztinstanzlich die fristlose Kündigung einer Kassiererin für unwirksam erklärt, die Pfandbons im Wert von 1,30 Euro an sich genommen hatte.[73] Das Gericht hat hierbei insbesondere an die längere unbeanstandete Betriebszugehörigkeit angeknüpft und erwogen, ob angesichts der geringen wirtschaftlichen Einbuße nicht doch vorab der Ausspruch einer Abmahnung erforderlich gewesen wäre bzw. das in längerer Betriebszugehörigkeit aufgebaute »Vertrauenskapital« nicht aufgezehrt worden sei.[74]

Bei strafbaren Handlungen kommt eine Kündigung meist nur dann in Betracht, wenn sie unmittelbaren Bezug zum Arbeitsverhältnis aufweisen. So können außerdienstliche Vermögensdelikte bei einem Kassierer grundsätzlich relevant sein, bei einem Kraftfahrer dagegen in aller Regel nicht. Bei Verkehrs- und insbesondere Trunkenheitsdelikten verhält es sich dagegen umgekehrt.

Eine Kündigung kommt auch dann in Betracht, wenn lediglich der auf Tatsachen beruhende »dringende« **Verdacht schwerer Verfehlungen,** insbesondere von Straftaten, besteht (so genannte Verdachtskündigung). Bei einer solchen muss sich der Arbeitgeber allerdings zuvor bemühen, den Sachverhalt mit aller gebotenen Sorgfalt aufzuklären und zu diesem Zweck zumindest auch den Betroffenen anhören.[75]

Eine verhaltensbedingte Kündigung ist auch denkbar, wenn das Vertrauensverhältnis zum Arbeitgeber durch ein Verhalten des Arbeitnehmers gravierend gestört wurde, z. B. durch Beleidigung des Arbeitgebers oder leitender Angestellter. Eine vergleichbare Konstellation ist gegeben, wenn der Arbeitnehmer den Betriebsfrieden nachhaltig stört, z. B. durch sexuelle Belästigungen oder ausländerfeindliche Parolen. Politische Meinungsverschiedenheiten können dagegen nur dann eine Störung des Betriebsfriedens darstellen, wenn sie das von der grundrechtlich geschützten Meinungsfreiheit zugesicherte Maß überschreiten, nicht dagegen, wenn sie z. B. in der Ausübung einer Betriebsratstätigkeit erfolgt.

Ein schuldhaftes Fehlverhalten des Arbeitnehmers im Zusammenhang mit dem Arbeitsverhältnis kann ferner in einer beharrlichen Ar-

---

73 BAG vom 10. 6. 2010 – 2 AZR 541/09, NZA 2010, 1227; einengender wieder BAG vom 21. 6. 2012 – 2 AZR 153/11, NZA 2012, 1025: Kündigung wegen Diebstahls von 2 Schachteln Zigaretten.

74 BAG vom 10. 6. 2010 – 2 AZR 541/09, NZA 2010, 1227.

75 BAG vom 13. 9. 1995 – 2 AZR 587/94, NZA 1996, 81; krit. KSchR-Däubler, § 626 BGB Rn. 151 ff. m. w. N.

beitsverweigerung bestehen, d. h. der Arbeitnehmer erbringt wissentlich nicht die geschuldete Arbeitsleistung. Keine Arbeitsverweigerung stellt es demnach dar, wenn der Arbeitnehmer eine Leistung, zu welcher er sich vertraglich nicht verpflichtet hat (z. B. unzulässige Überstunden), verweigert. Als Arbeitsverweigerung wird hingegen der eigenmächtige Urlaubsantritt bzw. die Überziehung des gewährten Urlaubs oder das unentschuldigte Fernbleiben von der Arbeit (»Blau machen«) gewertet. Problematisch sind die Fälle, in denen zwischen Arbeitgeber und Arbeitnehmer Meinungsverschiedenheiten darüber bestehen, ob eine bestimmte vom Arbeitgeber verlangte Handlung noch zu den vertraglich vereinbarten Pflichten gehört: Verweigert der Arbeitnehmer die Ausführung dieser Arbeiten und stellt sich später (gerichtlich) heraus, dass er zur Vornahme dieser Handlungen verpflichtet gewesen wäre, so liegt begrifflich eine Arbeitsverweigerung vor.[76] Es empfiehlt sich daher in solchen Fällen, zunächst die verlangte Arbeit zu übernehmen und anschließend gerichtlich klären zu lassen, ob die verlangte Tätigkeit noch vom Direktionsrecht des Arbeitgebers gedeckt ist. Auch eine dauerhafte Schlechtleistung – der Arbeitnehmer weist eine deutlich höhere Fehlerquote als der Durchschnitt auf oder arbeitet erheblich langsamer – kann theoretisch eine verhaltensbedingte Kündigung rechtfertigen.[77] Hierbei ist eine umfassende Interessensabwägung vorzunehmen, die Betriebszugehörigkeit, Alter und Einbußen beim Arbeitgeber ebenso zu berücksichtigen hätte wie die Einräumung eines genügenden Zeitraums, um nach einer eventuellen Abmahnung wieder zu einer »akzeptablen« Leistung zurückkehren zu können.[78] Zu beachten ist, dass auch der »durchschnittliche« Arbeitnehmer immer Fehler machen wird und dass die Erbringung der durchschnittlichen Leistung dem Betroffenen grundsätzlich möglich sein muss.[79]

---

76 Eine Kündigung kann auf ein solches Verhalten allerdings nur gestützt werden, wenn der Arbeitnehmer trotz vorheriger Abmahnung wiederholt eine Arbeit ablehnt.

77 BAG vom 11. 12. 2003 – 2 AZR 667/02, AP Nr. 48 zu § 1 KSchG 1969 Verhaltensbedingte Kündigung m. Anm. Mauer.

78 Stahlhacke/Preis/Vossen-Preis, Rn. 578 m. w. N.

79 Nach BAG vom 11. 12. 2003, a. a. O., kann auch eine personenbedingte Kündigung in Betracht kommen, wenn die Arbeitsleistung soweit hinter die »berechtigte Gleichwertigkeitserwartung des Arbeitgebers« zurückfällt, dass dem Arbeitgeber »ein Festhalten am Vertrag« nicht mehr zumutbar sei.

2.1.4.2 Negative Prognose

Wie bei sämtlichen anderen Kündigungsgründen stellt auch die verhaltensbedingte Kündigung im Grundsatz keine Sanktion für fehlerhaftes Verhalten des Arbeitnehmers in der Vergangenheit dar, sondern soll dem Arbeitgeber lediglich die Möglichkeit geben, sich von einem Beschäftigten zu trennen, bei welchem auch in Zukunft mit entsprechenden Verfehlungen gerechnet werden muss.[80] Daraus folgt, dass auch bei der verhaltensbedingten Kündigung prinzipiell eine negative Prognose für die Zukunft erstellt werden muss. Bei einem krassen Fehlverhalten des Arbeitnehmers in der Vergangenheit wird eine entsprechende Prognose jedoch regelmäßig unterstellt; bei geringeren Verfehlungen sind dagegen weitere Indizien, wie z. B. eine beharrliche oder wiederholte Verfehlung gleichen Charakters nötig.

2.1.4.3 Vorherige Abmahnung

Soweit es sich um eine Störung im **Leistungsbereich** handelt, ist vor Ausspruch einer verhaltensbedingten Kündigung grundsätzlich eine vorherige Abmahnung erforderlich.[81] Eine ohne vorherige Abmahnung ausgesprochene Kündigung ist danach sozialwidrig und unwirksam.[82] Da die Kündigung im Rahmen des Verhältnismäßigkeitsgrundsatzes nur die ultima ratio darstelle, muss der Arbeitgeber dem Beschäftigten vorher durch eine Abmahnung deutlich zum Ausdruck bringen, dass er das beanstandete Verhalten nicht toleriert und dass er ein vergleichbares Verhalten in Zukunft zum Anlass nehmen werde, das Arbeitsverhältnis zu kündigen. Der Abmahnung kommen demnach drei Funktionen zu: Sie soll das beanstandete Verhalten dokumentieren, den Arbeitnehmer darauf hinweisen, dass der Arbeitgeber dieses so dokumentierte Verhalten als vertragswidrig ansieht und ihn davor warnen, dass das Arbeitsverhältnis im Wiederholungsfall gefährdet ist.[83] Begeht der Arbeitnehmer nach der Abmahnung noch einen weiteren vergleichbaren (nicht unbedingt identischen!) Pflichtenverstoß, so könnte daraufhin eine Kündigung folgen, die aber ihrerseits gerichtlich überprüfbar ist. Eine vor-

---

80 BAG vom 21. 1. 1999 – 2 AZR 665/98, NZA 1999, 863; LAG Hamm vom 30. 5. 1996 – 4 Sa 2342/95, NZA 1997, 1056.
81 St. Rspr. des BAG, vgl. z. B. BAG vom 9. 8. 1984 – 2 AZR 400/83, NZA 1985, 124.
82 Stahlhacke/Preis/Vossen-Preis, Rn. 1201 ff.
83 BAG vom 15. 1. 1986 – 2 AZR 974/94, NZA 1996, 421.

herige Abmahnung kann allerdings auch durch eine vorherige (unwirksame) Kündigung wegen eines vergleichbaren Verhaltens ersetzt werden, da auch diese sowohl die Dokumentations- wie die Hinweis- und Warnfunktion einer Abmahnung erfüllt.[84]

Etwas anders verhält es sich mit dem Abmahnungserfordernis bei Störungen im **Vertrauensbereich**: Zwar ist auch hier grundsätzlich eine Abmahnung erforderlich; diese kann jedoch bei schwerwiegenden Verfehlungen des Arbeitnehmers im Einzelfall entbehrlich sein, insbesondere dann, wenn dem Arbeitnehmer von vornherein klar sein musste, dass sein Verhalten vom Arbeitgeber nicht gebilligt werde und dieser es als Anlass für den Ausspruch einer Kündigung nehmen werde.[85] Nach dem Verhältnismäßigkeitsgrundsatz darf ein Arbeitsverhältnis nämlich nur dann gekündigt werden, wenn kein milderes Mittel zur Verfügung steht. Sofern das Vertrauensverhältnis allerdings durch eine schwere Verfehlung des Arbeitnehmers (z.B. Straftat zu Lasten des Arbeitgebers) in nicht wiederherstellbarer Weise zerrüttet ist, kann ausnahmsweise auf das Erfordernis einer Abmahnung verzichtet werden.[86]

Durch das Gesetz zur Schuldrechtsmodernisierung ist die Abmahnung gesetzlich fixiert worden. Selbst für die außerordentliche Kündigung verlangt § 314 Abs. 2 BGB, dass in der Regel eine Abmahnung vorhergehen muss, es sei denn, es liegen ganz besondere Umstände vor, die dies entbehrlich machen, insbesondere bei schweren Pflichtverletzungen (vgl. § 323 Abs. 2 Nr. 3, Abs. 3 BGB).

2.1.4.4 Interessenabwägung

Selbst wenn ein schuldhafter Pflichtenverstoß des Arbeitnehmers vorliegt, dieser wegen eines gleichartigen Verhaltens bereits früher abgemahnt wurde und sich auch eine negative Prognose erstellen lässt, so ist eine Kündigung dennoch nicht automatisch gerechtfertigt. Es bedarf vielmehr einer auf den Einzelfall bezogenen Abwägung der gegenseitigen Interessen, also des Interesses des Arbeitgebers an der Auflösung des

---

84 KR-Fischermeier, § 626 BGB Rn. 267.
85 BAG vom 10.2.1999 – 2 ABR 31/98, NZA 1999, 708; a.A. LAG Hamburg vom 8.7.1998 – 4 Sa 38/97, NZA-RR 1999, 469 ff. (nur bei schwerwiegenden Straftaten ist Abmahnung entbehrlich).
86 Das Abmahnungserfordernis untermauert auch die Entscheidung des LAG Schleswig-Holstein vom 10.1.2006 – 5 Sa 306/05, NZA-RR 2006, 240, wonach auch im Vertrauensbereich, wenn es um ein steuerbares Verhalten geht, in aller Regel bei Pflichtverletzungen vorher abzumahnen ist.

Arbeitsverhältnisses auf der einen und das des Arbeitnehmers an der Erhaltung des Arbeitsplatzes auf der anderen Seite. Auf Seiten des Arbeitnehmers sind dabei u. a. Art, Häufigkeit und Schwere seines Fehlverhaltens, aber auch die Dauer seiner Betriebszugehörigkeit, sein früheres Verhalten und ein etwaiges Mitverschulden des Arbeitgebers zu berücksichtigen. Weiter sind sein Lebensalter, seine Unterhaltsverpflichtungen und Arbeitsmarktchancen[87] sowie weitere, eine besondere soziale Schutzbedürftigkeit begründende Merkmale zu berücksichtigen. Auf Seiten des Arbeitgebers können dagegen Betriebsablaufstörungen, ein etwaiger Vermögensschaden, Wiederholungsgefahr, die Arbeits- und Betriebsdisziplin, ein Ansehensschaden und der Schutz der Belegschaft Berücksichtigung finden.[88] Je geringer die Verfehlung des Arbeitnehmers ist, je länger er ohne Beanstandung dem Betrieb angehört und je weiter eine vorherige Abmahnung zurückliegt, desto eher wird aus dem Grundsatz der Verhältnismäßigkeit zu folgern sein, dass der Arbeitgeber den Arbeitnehmer zunächst ein weiteres Mal abzumahnen hat, bevor eine Kündigung als ultima ratio gerechtfertigt ist. Sofern allerdings wegen der Schwere der Verfehlung schon eine vorherige Abmahnung ausnahmsweise entbehrlich ist, wird auch die Interessenabwägung nur in Ausnahmefällen zugunsten des Arbeitnehmers ausfallen.

2.1.5   Die außerordentliche (fristlose) Kündigung

Einen Sonderfall stellt die außerordentliche Kündigung nach § 626 BGB dar.

Eine außerordentliche Kündigung kann im Grundsatz zwar sowohl auf innerbetrieblichen Gründen als auch auf Gründen in der Person des Beschäftigten beruhen, knüpft aber in der Regel gleichwohl an ein **besonders vorwerfbares Verhalten** des Arbeitnehmers an. Erforderlich sind in jedem Fall Tatsachen, aufgrund derer die Fortsetzung des Arbeitsverhältnisses bis zum Ende der regulären Kündigungsfrist dem Kündigenden auch unter Berücksichtigung der Interessen des zu Kündigenden nicht zugemutet werden kann. Die Kündigung ist schließlich nach § 626 Abs. 2 BGB nur zulässig, sofern sie innerhalb von zwei Wochen ab Kenntniserlangung der entsprechenden Tatsachen erfolgt. Allerdings kann eine unwirksame fristlose Kündigung oftmals in eine (u. U. wirk-

---

87 LAG Hamm vom 30. 5. 1996 – 4 Sa 2342/95, NZA 1997, 1056.
88 LAG Hamm vom 30. 5. 1996, a. a. O.

same) ordentliche Kündigung umgedeutet werden, sofern sich aus der Kündigung ergibt, dass der Arbeitgeber für den Fall der Unwirksamkeit der außerordentlichen Kündigung jedenfalls eine ordentliche Kündigung gewollt und ausgesprochen hätte.[89]

Der wichtige Grund muss derart schwerwiegend sein, dass es dem Arbeitgeber auch unter Berücksichtigung der Interessen des Arbeitnehmers nicht zugemutet werden kann, das Arbeitsverhältnis bis zum Ablauf der Kündigungsfrist fortzusetzen. Es ist demnach eine umfassende Prüfung des konkreten Einzelfalles am Maßstab des Verhältnismäßigkeitsgrundsatzes vorzunehmen: Selbst wenn der wichtige Grund an sich eine Kündigung rechtfertigen könnte, so ist eine außerordentliche Kündigung dennoch nur zulässig, wenn sie auch erforderlich ist. Das ist sie nur, wenn es kein milderes und gleichfalls angemessenes Mittel gibt. Es ist demnach zu prüfen, ob nicht auch eine ordentliche Kündigung oder sogar nur eine Abmahnung dem gerügten Verhalten unter Berücksichtigung der Interessen des Betroffenen ausgereicht hätten. Dabei ist zu unterscheiden: Kommt man zum Ergebnis, dass eine Abmahnung ausreichend wäre, so schließt dies in der Regel bereits einen wichtigen Grund aus. Hauptsächlich wird es daher um eine Abwägung des Interesses des Arbeitgebers einerseits, das Arbeitsverhältnis **sofort** und nicht erst mit Ablauf der Kündigungsfrist zu beenden und das Interesse des Arbeitnehmers andererseits an der Fortsetzung des Arbeitsverhältnisses **bis zum Ablauf der Kündigungsfrist** gehen.

2.1.6 Sonderfall: Die Änderungskündigung

Einen Sonderfall der arbeitgeberseitigen Kündigung stellt die Änderungskündigung dar. Eine Änderungskündigung nach § 2 KSchG ist vom Grundsatz her eine unbedingte Kündigung des gesamten Arbeitsvertrages, verbunden mit dem Angebot, das Arbeitsverhältnis zu geänderten Bedingungen fortzusetzen.[90] Eine Änderungskündigung ist sowohl als betriebs- wie als personenbedingte Änderungskündigung denkbar.[91] Betriebsbedingt ist die Änderungskündigung, wenn der bisherige Arbeitsplatz des Betroffenen weggefallen ist, er aber auf einem anderen Ar-

---

89 BAG vom 13. 8. 1987 – 2 AZR 599/86, NZA 1988, 129.
90 HK-ArbR/Manske, § 2 KSchG Rn. 28.
91 In Ausnahmefällen kommt allerdings auch eine verhaltensbedingte Änderungskündigung in Betracht.

beitsplatz weiterbeschäftigt werden könnte. Eine personenbedingte Änderungskündigung liegt vor, wenn der Arbeitnehmer z. B. aufgrund von Krankheit seinen bisherigen Arbeitsplatz nicht mehr ausfüllen kann, es aber einen anderen freien Arbeitsplatz gibt, an welchem er seine bisherige oder andere Tätigkeit trotz seiner Krankheit fortsetzen könnte. Eine Änderungskündigung setzt dabei voraus, dass der Arbeitgeber den Arbeitnehmer nicht auf den jeweiligen anderen Arbeitsplatz versetzen kann, weil insoweit das aus dem Arbeitsvertrag abgeleitete Direktionsrecht hierfür nicht ausreicht.

2.1.6.1 Unabweisbarkeit der Änderung

Voraussetzung einer Änderungskündigung ist zunächst, dass die Änderung der Arbeitsbedingungen unabweisbar ist. Bei einer betriebsbedingten Änderungskündigung setzt dies einerseits voraus, dass der bisherige Arbeitsplatz des Betroffenen weggefallen ist bzw. zwar sein konkreter Arbeitsplatz noch erhalten bleibt, aber insgesamt so viele Arbeitsplätze wegfallen, dass ihm nach erfolgter Sozialauswahl zu kündigen wäre (zur Sozialauswahl bei der betriebsbedingten Kündigung vgl. Seite 51 f.). Bei der personenbedingten Änderungskündigung muss der Arbeitnehmer aufgrund von Gründen, die in seiner Person liegen, dauerhaft nicht mehr in der Lage sein, seinen bisherigen Arbeitsverpflichtungen nachzukommen (siehe oben). Insoweit entspricht die Änderungskündigung vom Grundsatz zunächst den entsprechenden Beendigungskündigungen. Allerdings wird hier von der Rechtsprechung i. d. R. ein anderer – milderer – Prüfungsmaßstab verwendet, in welchem nicht geprüft wird, ob die (Beendigungs-) **Kündigung** sozial gerechtfertigt ist, sondern ob dies für die **Änderung** der Arbeitsbedingungen zutrifft.[92] So soll eine betriebsbedingte Änderungskündigung bereits dann hinzunehmen sein, wenn die geplanten Änderungen der Arbeitsbedingungen auf derart dringenden betrieblichen Erfordernissen beruhen, dass diese Gründe unter einer Abwägung der gegenseitigen Interessen (Änderungsinteresse des Arbeitgebers und Bestandsschutzinteresse des Arbeitnehmers) es als **billigenswert und angemessen** erscheinen lassen, dass dadurch das gesamte Arbeitsverhältnis gefährdet und u. U. zu beenden wäre.[93] Dabei gilt die wichtige Einschränkung, dass der Arbeitgeber nur solche Änderungen vorschlagen darf, wie sie zur Anpassung an die geänderten Beschäfti-

---

92 KSchR-Zwanziger, § 2 KSchG, Rn. 144; HK-ArbR/Manske, § 2 KSchG Rn. 63 ff.
93 Vgl. BAG vom 12. 1. 1961 – 2 AZR 171/59, NJW 1961, 939.

gungsmöglichkeiten erforderlich sind, wobei alle Elemente des Änderungsangebots (sowohl der veränderte Arbeitsinhalt als auch die gewünschte Vergütung) – für sich genommen – am Grundsatz der Verhältnismäßigkeit zu messen sind.[94] So ist z. B. eine Änderungskündigung unzulässig, die dem Arbeitnehmer abverlangt, schon vor Ablauf seiner individuellen Kündigungsfrist zu schlechteren Arbeitsbedingungen weiterzuarbeiten.[95]

2.1.6.2 Zumutbarkeit der Änderung für den Arbeitnehmer

Auch wenn die Änderung an sich unabweisbar ist, wird eine ausgesprochene (betriebsbedingte) Änderungskündigung dann unwirksam, wenn der Arbeitnehmer die ihm angebotenen veränderten Arbeitsbedingungen nicht hinnehmen muss.[96] Auch hier wird anhand der konkreten Umstände des Einzelfalls zu entscheiden sein, wobei unter anderem Alter, Betriebszugehörigkeit und Unterhaltsverpflichtungen des Arbeitnehmers und die betrieblichen Erfordernisse gegeneinander abgewogen werden müssen.

2.1.6.3 Änderungskündigung als Pflicht des Arbeitgebers

Vor Ausspruch einer Beendigungskündigung muss der Arbeitgeber von sich aus dem Arbeitnehmer eine objektiv mögliche und ggf. zumutbare Beschäftigung auf einem freien Arbeitsplatz zu veränderten, d. h. in der Regel zu meist verschlechterten Arbeitsbedingungen anbieten.[97] Wurde ein solches Angebot bereits im Vorfeld unterbreitet, ist selbst dann eine Änderungskündigung nur entbehrlich, wenn der Arbeitnehmer definitiv zum Ausdruck gebracht hat, dass er unter keinerlei Umständen bereit ist, zu den angebotenen Bedingungen zu arbeiten.[98] Nur in Extremfällen[99] darf also die Änderungskündigung unterbleiben, wenn nämlich eine Annahme des Änderungsangebots vernünftigerweise nicht in Frage kommt, z. B. Angebot einer Pförtnerstelle an den bisherigen Personalleiter.

---

94 BAG vom 23.6.2005 – 2 AZR 642/04, NZA 2006, 92.
95 BAG vom 21.9.2006 – 2 AZR 120/06, NZA 2007, 435.
96 BAG vom 12.11.1998 – 2 AZR 91/98, NZA 1999, 471.
97 BAG vom 21.4.2005 – 2 AZR 132/04, 2 AZR 244/04, NZA 2005, 1289 ff., 1294 ff.
98 BAG vom 21.4.2005, a.a.O.
99 KR-Rost/Kreft, § 2 KSchG Rn. 18 f.

2.1.6.4 Reaktion des Arbeitnehmers – Annahme unter Vorbehalt

Die Besonderheit der Änderungskündigung liegt darin, dass dem Arbeitnehmer mehrere Reaktionsmöglichkeiten zur Verfügung stehen: Zunächst kann er das Änderungsangebot vorbehaltlos annehmen mit der Folge, dass das Arbeitsverhältnis nunmehr zu den geänderten und im Zweifel verschlechterten Bedingungen fortbesteht. Er kann das Änderungsangebot aber auch unter dem (**ausdrücklich zu erklärenden!**) Vorbehalt annehmen, dass die **Änderung** der Arbeitsbedingungen **sozial ungerechtfertigt** ist und anschließend Klage vor dem Arbeitsgericht gegen die Änderungskündigung erheben. Erweist sich die Änderungskündigung vor Gericht als sozial ungerechtfertigt, so ist der Arbeitnehmer zu den vorherigen Arbeitsbedingungen weiterzubeschäftigen. Verliert der Arbeitnehmer aber den Prozess, so bleibt ihm wenigstens der Arbeitsplatz mit den geänderten Arbeitsbedingungen erhalten. Schließlich kann der Arbeitnehmer das Änderungsangebot auch ausdrücklich oder konkludent ablehnen und sich dann gegen die verbliebene Beendigung seines Arbeitsverhältnisses gerichtlich wehren. Im Falle eines Obsiegens ist er zu den alten Bedingungen weiter zu beschäftigen. Sofern er aber verliert, ist das Arbeitsverhältnis beendet.

2.2 Die Unwirksamkeit von Kündigungen außerhalb des Kündigungsschutzgesetzes; Kündigung im Kleinbetrieb

Sofern das Arbeitsverhältnis nicht dem KSchG unterfällt, ist der Arbeitgeber grundsätzlich frei in seiner Entscheidung, dem Beschäftigten zu kündigen. Insbesondere in Kleinbetrieben mit nicht mehr als zehn Beschäftigten (siehe unter 2.1.1., hier sind auch die Ausnahmen dargestellt für die bis zum 31. 12. 2003 eingestellten Arbeitnehmer) sollen die Kündigungsmöglichkeiten im Hinblick auf die (notwendigerweise) engen persönlichen Beziehungen zwischen Arbeitgeber und Arbeitnehmer einerseits und der geringeren verwaltungsmäßigen und wirtschaftlichen Belastbarkeit kleinerer Unternehmen[100] andererseits für den Arbeitgeber erleichtert werden. Gleichwohl gibt es auch hier Grenzen, in denen eine Kündigung trotzdem unwirksam sein kann.

---

100 BAG vom 19. 4. 1990 – 2 AZR 487/89, NZA 1990, 724.

2.2.1 Fälle treuwidriger Kündigungen

Eine Kündigung kann – unter engen Voraussetzungen – auch wegen eines Verstoßes gegen Treu und Glauben nach § 242 BGB nichtig sein. Dabei ist allerdings zu beachten, dass eine Kündigung nicht bereits dann nach § 242 BGB unwirksam ist, wenn sie nach § 1 KSchG – dessen Geltung vorausgesetzt – sozial ungerechtfertigt wäre[101]: In diesem Falle würde die gesetzgeberische Entscheidung, bestimmte Arbeitsverhältnisse nicht dem Schutz des KSchG zu unterstellen, unterlaufen. Als treuwidrig und damit nichtig kommt aber eine Kündigung dann in Betracht, wenn durch sie sonstige berechtigte Interessen des Arbeitnehmers grob verletzt werden, indem die Kündigung absichtlich oder aufgrund einer auf Missachtung der Persönlichkeit des Arbeitnehmers beruhenden Geschmacklosigkeit zu einem Zeitpunkt erfolgt, der den Arbeitnehmer besonders beeinträchtigt.[102] Eine treuwidrige Kündigung kann auch in Fällen widersprüchlichen Verhaltens vorliegen, wenn der Arbeitgeber z. B. zunächst zu erkennen gibt, ein bestimmtes Verhalten nicht als Kündigungsgrund anzusehen, um dann aber später eben wegen dieses Verhaltens doch zu kündigen. Soziale Gesichtspunkte dürfen im Übrigen auch in Kleinbetrieben nicht völlig ignoriert werden. Fehlt jegliche soziale Rücksichtnahme insbesondere gegenüber älteren Arbeitnehmern, kann ausnahmsweise auch im Kleinbetrieb eine Kündigung treuwidrig sein.[103]

2.2.2 Sittenwidrige Kündigung

In besonderen Fällen kann eine Kündigung schließlich auch wegen Verstoßes gegen die guten Sitten nach § 138 BGB nichtig sein. Dies ist dann der Fall, wenn sie den allgemeinen Wertvorstellungen derart krass widerspricht, dass sie nicht einmal ein »ethisches Minimum« enthält,[104] so z. B. wenn ein Arbeitgeber das Arbeitsverhältnis mit einer Arbeitnehmerin deswegen kündigt, weil diese sich weigert, mit ihm eine Beziehung

---

101 BAG vom 24. 4. 1997 – 2 AZR 268/96, NZA 1998, 145.
102 KR-Friedrich, § 242 BGB Rn. 33.
103 BAG vom 21. 2. 2001 – 2 AZR 15/00, NZA 2001, 833 (ein 52-jähriger Lackierer hat mit Erfolg darauf verwiesen, dass an seiner Stelle zwei andere, jüngere und zudem ledige Arbeitnehmer hätten entlassen werden können).
104 BAG vom 2. 4. 1987 – 2 AZR 227/86, NZA 1988, 18.

einzugehen.[105] Eine solche Kündigung ist allerdings ohne weiteres auch aus den o.g. Gründen unwirksam. So ist eine Kündigung wegen Homosexualität nach § 138 BGB sittenwidrig und damit nichtig.[106]

2.3   Diskriminierung nach AGG

Durch das Allgemeine Gleichbehandlungsgesetz (AGG) vom 14.8.2006[107], mit dem diverse Europäische Richtlinien in innerdeutsches Recht umgesetzt wurden, besteht ein Schutz vor Diskriminierungen wegen der Merkmale Rasse, ethnische Herkunft, Religion und Weltanschauung, Behinderung, Alter, sexuelle Identität und Geschlecht. Dieser Schutz gilt auch im Bereich Beschäftigung und Beruf, soll sich aber nach § 2 Abs. 4 AGG nicht auf Kündigungen auswirken, für die ausschließlich die Bestimmungen des allgemeinen und besonderen Kündigungsschutzes gelten sollen. Diese Einschränkung dürfte europarechtswidrig sein.[108] Dies unterstellt, wird für die juristische Praxis insbesondere die Diskriminierung wegen Alters größere Bedeutung gewinnen. Alter meint dabei jedes Alter, nicht nur das hohe Alter.[109] Angesichts einer fehlenden Abstimmung zwischen AGG und Kündigungsschutzgesetz bleibt bezogen auf die Frage des Alters offen, wie sich zukünftig das Kriterium Alter im Hinblick auf mögliche Diskriminierungen auswirken wird. Insbesondere dürften jüngere Arbeitnehmer verstärkt den meist stärkeren Kündigungsschutz älterer Arbeitnehmer als diskriminierend angreifen.

Als europarechtswidrig hat sich bereits erwiesen, dass bei der Berechnung der Kündigungsfrist nach § 622 Abs. 2 Satz 2 BGB Beschäftigungszeiten vor dem 25. Lebensjahr nicht mitgerechnet werden.[110] Kommt

---

105 Beispiel nach Berkowsky, Die personen- und verhaltensbedingte Kündigung, § 3 Rn. 19.
106 Vgl. BAG vom 23.6.1994 – 2 AZR 617/93, NZA 1994, 1080.
107 BGBl. I S. 1897.
108 Vgl. ErfK-Schlachter, § 2 AGG Rn. 17; KR-Treber, § 2 AGG Rn. 11; vgl. auch den Überblick zum Meinungsstand bei Hjort/Richter, AR-Blattei, Gleichbehandlung im Arbeitsrecht I AGG, 2007, Rz. 209ff.; so jetzt auch BAG vom 12.12.2013 – 8 AZR 838/12: Bei diskriminierender Kündigung ist der Anspruch auf Ersatz immaterieller Schäden möglich.
109 Kittner/Zwanziger/Deinert-Zwanziger, § 92 Rn. 116.
110 EuGH vom 22.11.2005 – C 144/04, NZA 2005, 1345; EuGH vom 19.1.2010 – Rs. C 555/07, NZA 2010, 85.

eine Verletzung der in § 1 AGG aufgezählten Merkmale in Betracht, ist auch bei Kündigungen und anderen betrieblich nachteiligen Maßnahmen sorgfältig zu prüfen, welche rechtlichen Abwehr- und Sanktionsmöglichkeiten sich aufzeigen.

2.4 Sonderfälle des Kündigungsschutzes

Für bestimmte Personengruppen gibt es dann einen weitergehenden Kündigungsschutz, der noch über das KSchG hinausgeht bzw. diesen ergänzt. Gemeinsam ist den nachfolgenden Schutzbestimmungen, dass sie auch dann Anwendung finden, wenn das KSchG nicht gilt.

2.4.1 Schwerbehinderte

Nach § 85 SGB IX muss der Arbeitgeber vor der Kündigung eines schwerbehinderten Arbeitnehmers, dessen Arbeitsverhältnis nach § 90 SGB IX mindestens sechs Monate bestanden hat, die **Zustimmung des Integrationsamtes** einholen. Ohne vorherige Zustimmung ist die Kündigung nichtig. Diese Nichtigkeit kann und muss vom Gekündigten gerichtlich geltend gemacht werden, und zwar innerhalb einer Frist von drei Wochen, der üblichen Klagefrist des § 4 KSchG. Eine Kündigung ohne vorherige Zustimmung des Integrationsamtes ist selbst dann unwirksam, wenn der Arbeitgeber von der Schwerbehinderung seines Beschäftigten nichts wusste, sofern dieser sie ihm innerhalb einer Frist von drei Wochen nach Zugang der Kündigung mitteilt.[111] Voraussetzung der Anwendung des SGB IX ist allerdings nicht nur, dass der Arbeitnehmer tatsächlich schwerbehindert ist, sondern auch, dass zum Zeitpunkt der Kündigung entweder bereits ein anerkennender Feststellungsbescheid vorliegt oder zumindest bereits ein entsprechender Antrag gestellt wurde. Dieser Antrag muss vor Zugang der Kündigung mindestens drei bzw. bei der Erforderlichkeit der Beibringung medizinischer Gutachten sieben Wochen vorher gestellt worden sein, wie sich aus der veränderten Vorschrift des § 90 Abs. 2a SGB IX ergibt. Sind diese Fristen eingehal-

---

111 BAG vom 12. 1. 2006 – 2 AZR 539/05, NZA 2006, 1035. Achtung: Die früher laut BAG geltende Monatsfrist ist damit aufgehoben!

ten, führt auch eine erst nach Kündigungszugang erfolgte Feststellung der Schwerbehinderteneigenschaft rückwirkend zum Sonderkündigungsschutz, allerdings nur unter der Voraussetzung, dass rechtzeitig Klage erhoben wurde und der Arbeitnehmer sich auf den Sonderkündigungsschutz berufen hat.

Zu beachten ist, dass gegen die Entscheidung des Integrationsamtes Klage vor dem Verwaltungsgericht erhoben werden kann. Die Klagerhebung vor dem Verwaltungsgericht durch den Arbeitnehmer gegen die Erteilung der Zustimmung zur Kündigung ist jedoch unabhängig von der Erhebung der Kündigungsschutzklage vor dem Arbeitsgericht und unterbricht insbesondere nicht die Frist des § 3 KSchG, weswegen im Zweifelsfall vor beiden Gerichten parallel geklagt werden muss.

2.4.2 Mandatsträger, insbesondere Betriebsratsmitglieder

Ein weiterer spezialgesetzlicher Schutz besteht nach § 15 KSchG i.V.m. § 103 BetrVG für die betrieblichen Interessenvertreter der Belegschaft, insbesondere die Mitglieder des Betriebsrates.[112] Nach § 15 KSchG ist die Kündigung eines Betriebsratsmitgliedes unzulässig, es sei denn, dass der Arbeitgeber auch zu einer außerordentlichen Kündigung berechtigt wäre und die nach § 103 BetrVG erforderliche Zustimmung des Betriebsrates vorliegt oder durch gerichtliche Entscheidung ersetzt wurde. Auch nach Beendigung der Betriebsratstätigkeit darf eine Kündigung noch für ein weiteres Jahr danach[113] nur ausgesprochen werden, wenn der Arbeitgeber auch zu einer außerordentlichen Kündigung berechtigt gewesen wäre; der Zustimmung des Betriebsrates nach § 103 BetrVG bedarf es in diesem Fall allerdings nicht mehr. Das übliche Anhörungsverfahren nach § 102 BetrVG ist allerdings – wie immer – durchzuführen.

---

112 Ein vergleichbares Schutzniveau ist dort auch für die Mitglieder von Jugend- und Auszubildendenvertretungen, Bordvertretungen und – mit Abstrichen – Seebetriebsräten vorgesehen. Entsprechendes gilt unter gewissen Umständen für die Ersatzmitglieder des Betriebsrates und nach § 15 Abs. 2 KSchG auch für Personalräte. Über § 15 Abs. 3 KSchG genießen auch die Mitglieder eines Wahlvorstandes bzw. die Wahlbewerber Schutz. Für Vertrauenspersonen der Schwerbehinderten gilt der gleiche Kündigungsschutz wie bei Betriebsräten; vgl. § 96 Abs. 3 SGB IX.

113 Für Mitglieder einer Bordvertretung nur sechs Monate. Dies gilt allerdings nicht, wenn die Beendigung der Mitgliedschaft auf einer gerichtlichen Entscheidung beruht, vgl. § 15 Abs. 1 Satz 2 a. E. KSchG.

Eine verhaltensbedingte Kündigung von besonders geschützten Mandatsträgern setzt voraus, dass sie gegen ihre Pflichten aus dem Arbeitsvertrag verstoßen haben – eine Pflichtverletzung allein im Rahmen der Betriebsratstätigkeit reicht nicht aus.[114] Das Zustimmungserfordernis nach § 103 BetrVG verlangt darüber hinaus, dass der Arbeitgeber vor Ausspruch der Kündigung die Zustimmung des Betriebsrates eingeholt hat oder – sofern diese verweigert wurde – sie durch das Arbeitsgericht ersetzen lassen muss. Erst wenn dieses rechtskräftig (!) die Zustimmung ersetzt hat, darf gekündigt werden.

2.4.3 Mütter und Elternzeitberechtigte

Nach § 9 Abs. 1 Mutterschutzgesetz (MuSchG) ist eine Kündigung gegenüber einer Frau während der Schwangerschaft und bis zum Ablauf von vier Monaten nach der Entbindung unzulässig, sofern dem Arbeitgeber die Schwangerschaft bekannt war oder ihm binnen zwei Wochen nach der Kündigung mitgeteilt wurde. Nach § 9 Abs. 3 MuSchG kann die mit Gründen versehene Kündigung in besonderen Fällen von der für den Arbeitsschutz zuständigen obersten Arbeitsbehörde ausnahmsweise für zulässig erklärt werden, wenn sie nicht mit dem Zustand einer Frau während der Schwangerschaft oder ihrer Lage bis zum Ablauf von vier Monaten nach der Entbindung im Zusammenhang stehen. Der Arbeitgeber darf das Arbeitsverhältnis ferner nach § 18 Abs. 1 BEEG ab dem Zeitpunkt, in welchem Elternzeit beantragt wurde, höchstens jedoch sechs Wochen vor Beginn der Elternzeit, und während der Elternzeit nicht kündigen, sofern sie nicht ausnahmsweise von der für den Arbeitsschutz zuständigen obersten Arbeitsbehörde für zulässig erklärt wurde.

2.4.4 Kündigungsschutz bei Pflegezeiten

Sind pflegebedürftige Angehörige im häuslichen Rahmen zu pflegen, so kommt das 2008 in Kraft getretene Gesetz über die Pflegezeit[115] zur Anwendung. Wenn in solchen Fällen von dem Recht kurzzeitiger – allerdings unentgeltlicher – Arbeitsverhinderung (von bis zu zehn Tagen) oder der bis zu sechsmonatigen Pflegezeit Gebrauch gemacht wird, darf

---

114 BAG vom 22. 8. 1974 – 2 ABR 17/74, NJW 1975, 181.
115 PflegeZG vom 28. 5. 2008, BGBl. I S. 874.

von der Ankündigung bis zur Beendigung nicht gekündigt werden (vgl. § 5 PflegeZG). Bei dem seit 2012 wirksamen Gesetz über die Familienpflegezeit (FPfZG), dessen Wahrnehmung stets eine nur einvernehmlich mögliche Vereinbarung mit dem Arbeitgeber voraussetzt, kann die Arbeitszeit für längstens 24 Monate zu Pflegezwecken herabgesetzt werden. Die Entgelteinbußen können über staatliche Darlehen kompensiert werden. Der Kündigungsschutz setzt hier wohl erst ein, wenn die Verringerung der Arbeitszeit tatsächlich greift, so dass es sich empfiehlt, gleichzeitig mit dem Wunsch auf Abschluss einer Familienpflegezeitvereinbarung vorsorglich Pflegezeit vor und ggf. auch nach der beabsichtigten Familienpflegezeit anzukündigen.[116]

2.4.5 Wehrpflichtige und Zivildienstleistende

Nach § 2 ArbPlSchG besteht für Wehrpflichtige ein grundsätzliches Kündigungsverbot, welches bereits mit der Zustellung des Einberufungsbefehls beginnt. Diese Bestimmung findet ferner gemäß § 78 Abs. 1 Nr. 1 ZDG auch auf Zivildienstleistende Anwendung.

2.4.6 Tariflich unkündbare Arbeitnehmer

Durch Tarifvertrag kann das Recht des Arbeitgebers zur ordentlichen Kündigung schließlich eingeschränkt oder ausgeschlossen werden, was insbesondere für ältere Arbeitnehmer auch praktiziert wird. Insofern empfiehlt sich jedenfalls ein Blick in den entsprechenden Tarifvertrag oder eine Anfrage an die zuständige Gewerkschaft.

2.5 Formelle Mängel der Kündigung

Die Kündigung kann aus verschiedenen Gründen bereits formell unwirksam sein:

---

116 HK-ArbR/Klein, § 9 FPfZG Rn. 4; KSchR-Brecht-Heitzmann, § 9 FPFZG Rn. 17ff. m.w.N.

2.5.1 Schriftform

Nach § 623 BGB bedarf die Kündigung eines Arbeitsverhältnisses der Schriftform, d. h. sie muss schriftlich erfolgen und vom Arbeitgeber bzw. einer hierzu berechtigten Person unterschrieben sein. Eine Kündigung, die diesen Anforderungen nicht genügt, ist unwirksam.

2.5.2 Fehlende Bevollmächtigung

Oft lässt sich der Arbeitgeber bei Ausspruch der Kündigung vertreten. Eine solche Vertretung ist aber nur wirksam, wenn der Bevollmächtigte mit der Kündigung eine entsprechende **Vollmachtsurkunde** vorlegt. Ist dies nicht der Fall und weist der Arbeitnehmer deswegen die Kündigung zurück, ist die Kündigung nach § 174 Satz 1 BGB unwirksam. Dies muss unverzüglich geschehen, d. h. ohne schuldhaftes Zögern gem. § 121 Abs. 1 Satz 1 BGB. Dazu ist schnelles Handeln geboten, da eine Zurückweisung nach drei bis vier Tagen noch rechtzeitig, nach neun bis zehn Tagen aber wohl verspätet sein dürfte.[117] Die Vorlage einer Vollmacht ist allerdings nach § 174 Satz 2 BGB dann entbehrlich, wenn der Arbeitnehmer vorab von der Bevollmächtigung wusste oder der im Auftrag des Arbeitgebers kündigende Vertreter nach seiner Stellung, z. B. als Personalleiter, üblicherweise zum Ausspruch von Kündigungen berechtigt ist.

2.5.3 Betriebsratsanhörung

Der Betriebsrat ist vor Ausspruch einer Kündigung nach § 102 Abs. 1 BetrVG zwingend anzuhören. **Eine unterbliebene oder fehlerhafte Anhörung des Betriebsrates führt zur Unwirksamkeit der Kündigung.**[118] Der Arbeitgeber hat dem Betriebsrat dabei alle diejenigen Gründe, die für seinen Kündigungsentschluss maßgeblich sind, derart vollständig[119] und detailliert darzulegen, dass sich der Betriebsrat ein Bild über die Stichhaltigkeit machen kann.

---

117 Maßgebend sind die Umstände des Einzelfalls: BAG vom 30. 5. 1978 – 2 AZR 633/76, DB 1978, 2082; ein Überblick über die Rechtsprechung findet sich in HK-ArbR/Fiebig, vor § 1 KSchG Rn. 38.
118 ErfK-Kania, § 102 BetrVG Rn. 29.
119 BAG vom 11. 7. 1991 – 2 AZR 119/91, NZA 1992, 38.

Auch wenn der Betriebsrat die Zustimmung ausdrücklich verweigert oder er sich nicht binnen der gesetzlichen Frist äußert (eine Woche bei einer ordentlichen, drei Tage bei einer außerordentlichen Kündigung) und die Zustimmung deshalb kraft Gesetzes nach § 102 Abs. 2 BetrVG als erteilt gilt, hindert das zunächst den Ausspruch der Kündigung grundsätzlich nicht.[120]

Die Anhörung des Betriebsrates ist dennoch von großer Bedeutung, da der Arbeitgeber die Kündigung im Kündigungsschutzprozess nur auf die Kündigungsart und die Gründe stützen darf, zu welcher er den Betriebsrat auch angehört hat. So ist z. B. eine fristlose Kündigung unwirksam, wenn der Betriebsrat zu einer ordentlichen Kündigung gehört wurde[121] oder wenn der Betriebsrat nur zu einer Verdachtskündigung gehört wurde, an ihrer Stelle aber eine Tatkündigung ausgesprochen wurde. Ferner hat ein Widerspruch des Betriebsrats Auswirkungen auf einen **Weiterbeschäftigungsanspruch** zumindest bis zum rechtskräftigen Ende des Kündigungsschutzverfahrens (siehe unter 2.1.5). Aber auch wenn der Betriebsrat der Kündigung zustimmt, heißt das nicht, dass ein Kündigungsschutzprozess deswegen aussichtslos oder gar unzulässig wäre, da das Arbeitsgericht an die Entscheidung des Betriebsrates nicht gebunden ist.

2.6   Der (Weiter-)Beschäftigungsanspruch

Für die Situation des Arbeitnehmers insbesondere im Kündigungsschutzprozess kann es von ausschlaggebender Bedeutung sein, ob er trotz Kündigung Anspruch hat, auch nach Ablauf der Kündigungsfrist weiterbeschäftigt zu werden.

---

120 Anders bei der Kündigung eines Betriebsratsmitgliedes, wo der Arbeitgeber vor Ausspruch der Kündigung gegebenenfalls die Zustimmung des Betriebsrates durch das Arbeitsgericht nach § 103 BetrVG ersetzen lassen muss; siehe auch oben 2.4.2.

121 BAG vom 16. 3. 1978 – 2 AZR 424/76, NJW 1979, 76. Dies gilt auch für eine ordentliche Kündigung, in die die ausgesprochene fristlose Kündigung umgedeutet werden soll, es sei denn, der Betriebsrat wurde vorsorglich auch zur ordentlichen Kündigung bzw. zur Umdeutungsmöglichkeit angehört; vgl. KR-Etzel, § 102 BetrVG Rn. 182 ff.

2.6.1 Der betriebsverfassungsrechtliche Weiterbeschäftigungsanspruch aus § 102 Abs. 5 BetrVG

Besteht im Betrieb des Arbeitnehmers ein Betriebsrat, so ist dieser bei ordentlichen Kündigungen anzuhören. Der Betriebsrat kann dies auch nutzen, um innerhalb der Wochenfrist mit den Gründen, die sich aus § 102 Abs. 3 BetrVG ergeben, schriftlich der Kündigung zu widersprechen. Liegt ein dementsprechend qualifizierter, d. h. vom Betriebsrat auch spezifisch begründeter, schriftlicher Widerspruch vor, hat der Arbeitnehmer die Wahlmöglichkeit, ob er neben der Erhebung der Kündigungsschutzklage zusätzlich seine vorläufige Weiterbeschäftigung verlangt. Grundsätzlich soll dadurch die unterbrechungslose, d. h. durchgehende Beschäftigung des Arbeitnehmers im Betrieb ermöglicht werden, wofür allerdings Voraussetzung ist, dass der Arbeitnehmer sein Weiterbeschäftigungsverlangen jedenfalls noch innerhalb der laufenden Kündigungsfrist gegenüber dem Arbeitgeber anmeldet.[122] Verweigert der Arbeitgeber die Weiterbeschäftigung, kann der Arbeitnehmer beim Arbeitsgericht den Erlass einer einstweiligen Verfügung beantragen.[123] Dabei muss der Arbeitnehmer nur die allgemeinen anspruchsbegründenden Tatsachen für den Weiterbeschäftigungsanspruch glaubhaft machen, insbesondere eine ordnungsgemäße Beschlussfassung des Betriebsrats über den von ihm erhobenen Widerspruch. Eine darüber hinausgehende Darlegung von Gründen, warum im Eilverfahren über die Weiterbeschäftigung entschieden werden muss (so genannter Verfügungsgrund) ist entbehrlich.[124]

Der Weiterbeschäftigungsanspruch, der so durch einstweilige Verfügung gesichert wurde, kann im Rahmen der Zwangsvollstreckung auch im laufenden Kündigungsschutzverfahren durchgesetzt werden durch Verhängung von Zwangsgeld bzw. Zwanghaft gegen den Arbeitgeber, der sich weigert, den entsprechenden Arbeitsplatz zuzuweisen.

In besonderen Fällen kann allerdings auch der Arbeitgeber dem Weiterbeschäftigungsbegehren dadurch begegnen, dass er seinerseits eine einstweilige Verfügung beantragt mit dem Ziel, von der Weiterbeschäftigung nach § 102 Abs. 5 Satz 1 BetrVG entbunden zu werden. Dazu ist

---

122 Vgl. APS-Koch, § 102 BetrVG Rn. 206 f.
123 Vgl. LAG Hamburg vom 25. 1. 1994 – 3 Sa 113/93, LAGE Nr. 21 zu § 102 BetrVG 1972 Beschäftigungspflicht; LAG München vom 16. 8. 1995 – 9 Sa 543/95, LAGE Nr. 22 zu § 102 BetrVG 1972 Beschäftigungspflicht.
124 LAG Hamburg, a. a. O.; LAG München, a. a. O.; APS-Koch, § 102 BetrVG Rn. 213 m. w. N.

seitens des Arbeitgebers darzulegen, dass die vom Arbeitnehmer erhobene Kündigungsschutzklage keine hinreichende Aussicht auf Erfolg bietet und mutwillig erscheint. Weitere Gründe für einen entsprechenden Entbindungsantrag können unzumutbare wirtschaftliche Belastungen gerade durch die Weiterbeschäftigung sein. Die Berufung hierauf ist allerdings ausgeschlossen, wenn der Arbeitgeber durch die Beschäftigung des Arbeitnehmers jedenfalls eine wirtschaftliche Gegenleistung erhält. Ferner kann ein solcher Antrag auf Entbindung von der Weiterbeschäftigung dann erfolgreich sein, wenn es sich um einen offensichtlich unbegründeten oder formell nicht ordnungsgemäß erhobenen Widerspruch des Betriebsrates handelt.

Auch die Entbindung von der Weiterbeschäftigung erfolgt in einem Verfahren der einstweiligen Verfügung, über den das Arbeitsgericht im Urteilsverfahren zu entscheiden hat und zwar in aller Regel aufgrund einer mündlichen Verhandlung, die entsprechend mit rechtskundiger Hilfe vorzubereiten ist.

2.6.2 Der allgemeine Weiterbeschäftigungsanspruch im laufenden Arbeitsverhältnis

Der Arbeitnehmer hat einen Anspruch auf Beschäftigung beruhend auf dem allgemeinen Persönlichkeitsrecht, welches auch im bestehenden Arbeitsverhältnis zu beachten ist.[125] Wann dieser Beschäftigungsanspruch nach Ausspruch einer arbeitgeberseitigen Kündigung wirksam durchgesetzt werden kann, war lange sehr umstritten. Hierzu hat das BAG entschieden, dass ein solcher Beschäftigungsanspruch während eines Kündigungsschutzverfahrens erst dann geltend gemacht werden kann, wenn es sich entweder um eine offensichtlich unwirksame Kündigung handelt oder wenn das Gericht in erster Instanz der Kündigungsschutzklage stattgegeben hat und nicht die Interessen des Arbeitgebers an der Nichtbeschäftigung des Arbeitnehmers im Einzelfall überwiegen.[126]

Da eine offensichtlich unwirksame Kündigung in der Regel nur dann vorliegt, wenn beispielsweise der Betriebsrat nicht angehört wurde oder bei einem anerkannt schwerbehinderten Menschen das Verfahren vor

---

125 BAG vom 10.11.1955 – 2 AZR 591/54, AP Nr. 2 zu § 611 BGB Beschäftigungspflicht.
126 BAG (Großer Senat) vom 27.2.1985 – GS 1/84, AP Nr. 14 zu § 611 BGB Beschäftigungspflicht.

dem Integrationsamt versäumt wurde, wird in aller Regel der allgemeine Weiterbeschäftigungsanspruch erst dann greifen, wenn in erster Instanz ein für den Arbeitnehmer obsiegendes Urteil erstritten wurde. Deshalb sollte im Rahmen der Kündigungsschutzklage nicht nur die Wirksamkeit der Kündigung angegriffen, sondern auch stets der Weiterbeschäftigungsantrag gestellt werden, spätestens nach gescheitertem Gütetermin.

2.6.3 Der Wiedereinstellungsanspruch

Aus dem Arbeitsverhältnis resultiert die Pflicht des Arbeitgebers, auf die berechtigten Belange des Arbeitnehmers Rücksicht zu nehmen. Hieraus ist abzuleiten, dass der Arbeitgeber nach einer veränderten betrieblichen Situation von sich aus an den gekündigten Arbeitnehmer herantreten muss, wenn die Voraussetzungen der Kündigung nicht mehr vorliegen, um ihm die Wiedereinstellung anzubieten.[127] Dabei beschränkt die Rechtsprechung des BAG allerdings den Wiedereinstellungsanspruch auf die Fälle, wo sich noch innerhalb der Kündigungsfrist herausstellt, dass die Prognose des Arbeitgebers, dass er zukünftig den Arbeitnehmer nicht mehr weiterbeschäftigen kann, sich als falsch erweist.[128] Nach Ablauf der Kündigungsfrist soll eine Abweichung des tatsächlichen Verlaufs von der bei Ausspruch der Kündigung zugrunde gelegten Prognose unschädlich sein.

Wichtig ist, dass ein Wiedereinstellungsanspruch auch dann besteht, wenn der Betrieb entgegen der geäußerten Absicht nicht stillgelegt, sondern auf einen Erwerber übertragen wird und hier die Voraussetzungen für einen Betriebsübergang nach § 613a BGB erfüllt sind.[129]

Dabei hat der Arbeitnehmer seinen Anspruch auf Fortsetzung des Arbeitsverhältnisses unverzüglich gegenüber dem Betriebserwerber zu erklären.[130] Weigert sich der Arbeitgeber, den Arbeitnehmer wieder einzustellen, ist hier analog der Kündigungsschutzklage eine Dreiwochenfrist zu beachten, die mit dem Zeitpunkt beginnt, mit welchem der Arbeitgeber bzw. ein Dritter, der den Betrieb übernommen hat, die Einstellung ablehnt.[131]

---

127 Vgl. APS-Kiel, § 1 KSchG Rn. 843.
128 Vgl. BAG vom 27.2.1997 – 2 AZR 160/96, NZA 1997, 757.
129 EuGH vom 11.3.1997 – Rs. C-95/13, NZA 1997, 433.
130 BAG vom 12.11.1998 – 8 AZR 282/97, AP Nr. 186 zu § 613a BGB.
131 Vgl. APS-Kiel, § 1 KSchG Rn. 848.

Ob eine Wiedereinstellung auch nach Abschluss eines Aufhebungsvertrages in Betracht kommt, wird in Kapitel 10.5 näher ausgeführt.

2.7 Die geltenden Kündigungsfristen

Schließlich ist noch zu beachten, welche Kündigungsfrist der Arbeitgeber im Falle einer Kündigung einzuhalten hat. Die Kündigungsfrist kann sich dabei sowohl aus dem Gesetz, aus einem Tarifvertrag als auch aus einer einzelvertraglichen Regelung ergeben.

2.7.1 Aus dem Gesetz

Nach § 622 Abs. 1 BGB kann ein Arbeitsverhältnis mit einer Frist von vier Wochen zum Fünfzehnten oder zum Ende eines Kalendermonats gekündigt werden. Nach Abs. 2 verlängert sich diese Frist bei Kündigungen durch den Arbeitgeber für den Fall, dass das Arbeitsverhältnis zwei Jahre bestanden hat, auf einen Monat zum Ende des Kalendermonats und anschließend in mehreren Schritten bis auf sieben Monate zum Ende eines Kalendermonats, sofern das Arbeitsverhältnis 20 Jahre bestanden hat.

Die Einschränkung, dass Zeiten der Betriebszugehörigkeit, die vor dem 25. Lebensjahr zurückgelegt wurden, nicht mitzählen, ist als europarechtswidrig aufgehoben worden (vgl. unter 2.3, Seite 71 f.). Daran ändert sich auch dadurch nichts, dass der Gesetzgeber sich trotz inzwischen längeren Zeitablaufs »weigert«, das Gesetz an die verbindliche EuGH-Rechtsprechung anzupassen.

2.7.2 Aus tariflichen Regelungen

Häufig finden sich in Tarifverträgen vom Gesetz abweichende längere Fristen bei Kündigungen durch den Arbeitgeber, an welcher dieser sich dann – bei gegenseitiger Tarifgebundenheit – zu halten hat. Sofern ein älterer Tarifvertrag jedoch nur die günstigere frühere Gesetzeslage wörtlich wiedergibt, ist zu überprüfen, ob es sich überhaupt um eine eigenständige Regelung und nicht nur auf einen Verweis auf (damals) geltendes Recht handelt.

2.7.3 Aus einzelvertraglichen Vereinbarungen

Schließlich können sich abweichende Regelungen noch aus einzelvertraglichen Vereinbarungen ergeben. Sofern längere und damit günstigere Fristen als in Gesetz und Tarifvertrag vereinbart wurden, gelten diese. Kürzere Fristen als in § 622 Abs. 1 BGB dürfen jedoch nach § 622 Abs. 5 BGB nur vereinbart werden, wenn es sich um ein Aushilfsarbeitsverhältnis handelt oder der Arbeitgeber nicht mehr als zwanzig Arbeitnehmer ausschließlich der Auszubildenden beschäftigt und die Kündigungsfrist vier Wochen nicht unterschreitet.

2.8 Der Ablauf eines Kündigungsschutzprozesses

Nur wenn der von einer Kündigung betroffene Arbeitnehmer sich gegen die Erklärung der Kündigung durch den Arbeitgeber wehrt, wird diese nicht unanfechtbar. Es hilft eben nichts, nur »Recht zu haben«, sondern dieses Recht muss auch durchgesetzt werden. Dazu ist es erforderlich, dass ein gekündigter Arbeitnehmer beim örtlich zuständigen Arbeitsgericht Kündigungsschutzklage einreicht. Diese muss innerhalb von drei Wochen nach Erhalt der Kündigungserklärung beim Arbeitsgericht eingegangen sein (vgl. § 4 KSchG).

2.8.1 Erste Instanz – Güte- und Kammertermin

Geht die Klage rechtzeitig beim Arbeitsgericht ein, wird das zuständige Gericht kurzfristig zu einer **Güteverhandlung** einladen. Gerade bei Kündigungsschutzklagen besteht eine besondere Prozessförderungspflicht des Arbeitsgerichts. Die Güteverhandlung soll nämlich innerhalb von zwei Wochen nach Klagerhebung stattfinden (vgl. § 61a Abs. 2 ArbGG).

In der Güteverhandlung, die der Arbeitsrichter allein – ohne ehrenamtliche Richter – leitet, soll nach Möglichkeit eine gütliche Einigung erzielt werden mit der Folge, dass es dann einer gerichtlichen Entscheidung über die Kündigungsschutzklage nicht bedarf. Hat das Arbeitsgericht mit seinen Bemühungen, die beiden Streitparteien auf eine gemeinsame Linie zu bewegen, Erfolg, wird ein Vergleich geschlossen, der dann nach Protokollierung und Genehmigung der Beteiligten das Verfahren insgesamt beendet. Auch kann es Ergebnis eines Gütetermins sein, dass die Parteien sich zunächst darauf verständigen, das Verfahren nicht streitig durchzuführen, sondern außergerichtlich sich die erforderliche Zeit zu nehmen, die Bedingungen eines Aufhebungsvertrages oder in Ausnahmefällen auch für eine anderweitige Weiterbeschäftigung auszuhandeln. Dies ist insbesondere dann ein tragbares Zwischenergebnis, wenn die einzelnen zwischen den Beteiligten zu klärenden Punkte so vielschichtig sind, dass diese im Rahmen einer in der Regel nur 15 Minuten dauernden Güteverhandlung nicht befriedigend zu klären sind.

Können sich Arbeitnehmer und Arbeitgeber nicht im Rahmen der Güteverhandlung verständigen, ist vom Arbeitsgericht eine streitige Verhandlung zu terminieren, die dann oft mehrere Monate nach gescheiterter Güteverhandlung stattfindet. Diese weitere – streitige – Verhandlung wird als **Kammertermin** bezeichnet, d. h., neben dem schon im Gütetermin zuständigen Arbeitsrichter werden zur Verhandlung jeweils ein Beisitzer aus dem Arbeitnehmerlager und ein Beisitzer aus dem Arbeitgeberlager hinzugezogen. Nur in dieser Besetzung von drei Richtern (ein Berufsrichter, zwei ehrenamtliche Richter) kann dann auch ein Urteil gefällt werden.

Zur Vorbereitung der streitigen Verhandlung werden die Parteien aufgefordert, ihren gesamten Vortrag abschließend dem Gericht in schriftlicher Form zuzuleiten und für die streitigen Tatsachenbehauptungen Beweis, z. B. durch Zeugen und Dokumente anzubieten.

Dabei obliegt dem Arbeitgeber die Beweislast dafür, dass die Kündigung gerechtfertigt ist, während der Arbeitnehmer beweisen muss, dass die Voraussetzungen des Kündigungsschutzes (Betriebsgröße, Erfüllung der Wartezeit usw.) erfüllt sind. Auch muss er im Rahmen der Sozialauswahl darlegen, warum nicht er, sondern ggf. ein anderer Arbeitnehmer sozial weniger schutzbedürftig gewesen wäre.

2.8.2 Zweite Instanz – Landesarbeitsgericht

Nach einem Urteil 1. Instanz können beide Seiten, wenn sie das ergangene Urteil nicht akzeptieren, Berufung zum Landesarbeitsgericht einlegen. Dabei hat das Landesarbeitsgericht sämtliche vorgetragenen Tatsachen erneut zu prüfen und ggf. zu ermitteln. Es kann aufgrund anderer Würdigung der Tatsachen zu einer abweichenden Entscheidung kommen und beispielsweise feststellen, dass die Kündigung gerechtfertigt war oder nicht. Durch das Berufungsurteil wird das Arbeitsgerichtsurteil ersetzt.

In aller Regel endet durch das Berufungsurteil die juristische Überprüfungsmöglichkeit. So wird die große Mehrzahl der Urteile der Landesarbeitsgerichte in Kündigungsschutzsachen rechtskräftig.

2.8.3 Dritte Instanz – Bundesarbeitsgericht

Eine Ausnahme gilt jedoch dann, wenn – z. B. in grundsätzlichen Angelegenheiten – das Landesarbeitsgericht die Revision ausdrücklich zugelassen hat. Dann kann die unterlegene Partei Revision zum Bundesarbeitsgericht in Erfurt einlegen.

Ein besonderes, allerdings nur in seltenen Fällen erfolgreiches Rechtsmittel steht zur Verfügung, falls das Landesarbeitsgericht die Revision nicht zugelassen hat. Es kann dann nämlich unter besonders engen Voraussetzungen eine so genannte Nichtzulassungsbeschwerde nach § 72a ArbGG eingelegt werden, über die das Bundesarbeitsgericht in einem schriftlichen Verfahren entscheidet. Eine solche Beschwerde hat insbesondere nur dann Erfolg, wenn im Urteil 2. Instanz rechtliche Erwägungen angestellt wurden, die der obergerichtlichen Rechtsprechung insbesondere des Bundesarbeitsgerichts widersprechen und die Entscheidung auch auf dieser Abweichung beruht.

Im Revisionsverfahren selbst kann das Bundesarbeitsgericht durch Urteil selbst entscheiden oder aber auch die Sache zur erneuten Verhandlung an das Landesarbeitsgericht zurückverweisen, etwa weil noch weitere Tatsachen aufgeklärt werden müssen.

Grundsätzlich prüft das Bundesarbeitsgericht im Revisionsverfahren aber nur, ob dem Landesarbeitsgericht bei seiner Entscheidung Rechtsfehler unterlaufen sind. Der Tatsachenvortrag aus den Vorinstanzen wird übernommen, ohne dass es möglich wäre, neue Tatsachen im Revisionsverfahren vorzutragen, die versäumt wurden, in den Sachvortrag der Vorinstanzen aufzunehmen.

Trifft das Bundesarbeitsgericht eine Revisionsentscheidung, ist der Rechtsstreit endgültig beendet, sieht man von der außerordentlich seltenen Möglichkeit einer Verfassungsbeschwerde zum Bundesverfassungsgericht ab. In Einzelfällen kann aber auch eine Überprüfung anhand der Europäischen Menschenrechtskonvention und der Europäischen Sozialcharta angezeigt sein.

2.8.4   Dauer von Kündigungsschutzprozessen

Allgemein gültige Fristen für die **Dauer von Arbeitsgerichtsverfahren** können naturgemäß nicht benannt werden. Gelingt es nicht, die Sache im Gütetermin oder im zeitlichen Zusammenhang damit zu einem gemeinsamen Ergebnis zu bringen, muss jedoch für das Verfahren 1. Instanz von einem Zeitraum von sechs bis zwölf Monaten ausgegangen werden, in besonders komplexen Angelegenheiten mit umfangreicher Beweisaufnahme kann dieser Zeitraum auch überschritten werden. Für das Verfahren vor dem Landesarbeitsgericht ist ebenfalls ein Zeitraum von rund einem Jahr zu veranschlagen. Je nach Geschäftslage beim Bundesarbeitsgericht ist für die Revisionsinstanz auch ein Zeitraum von ca. einem Jahr zu veranschlagen, so dass bis zur Rechtskraft einer Entscheidung viele Monate bzw. zwei bis drei Jahre ins Land gehen können.

Wird aber nach gewonnenem Kündigungsschutzprozess der Weiterbeschäftigungsanspruch rechtskräftig, hat der Arbeitgeber für den gesamten Zeitraum des Kündigungsschutzprozesses aufgelaufene Gehaltsansprüche zu bedienen und gegenüber der Arbeitsagentur das Arbeitslosengeld zu erstatten.

3. Die Bedeutung psychologischer Einflussgrößen beim Aufhebungsvertrag

3.1 Fallbeispiele

Fallbeispiel 1
Marion S. aus W., 38 Jahre alt, zwölf Jahre im Betrieb tätig. Ihr Arbeitgeber, ein bekanntes Kaufhausunternehmen, will mit Rücksicht auf die Gewinnerwartungen der Konzernmutter zahlreiche Arbeitsplätze in der Verwaltung, darunter ihre Stelle als Sachbearbeiterin im Einkauf, wegrationalisieren. Es gibt einen – was die Abfindung anbetrifft – allerdings eher mäßig dotierten Sozialplan.

Fallbeispiel 2
Eckhard M. aus M., 59 Jahre alt, 36 Jahre Betriebszugehörigkeit. Der Zeitschriftenverbund, bei dem er Layoutchef ist, wird an einen anderen Verlag veräußert. Die dortige Verlegerin äußert, dass sie keine alten Männer um sich haben wolle und es eigentlich für Herrn M. keine Weiterbeschäftigungsperspektiven gäbe.

Fallbeispiel 3
Norbert K. aus L., 45 Jahre alt, 2½ Jahre Betriebszugehörigkeit. Angestellter Berater in einer kleinen Unternehmensberatungsfirma, einziger Mitarbeiter an einem auswärtigen Standort. Der Hauptgesellschafter kürzt die Finanzmittel. Gegenüber Norbert K. wird eine betriebsbedingte Kündigung ausgesprochen.

Fallbeispiel 4
Gerald W. aus S., 49 Jahre alt, 27 Jahre Betriebszugehörigkeit. Sein Arbeitgeber, eine Laborfirma, wird von einem größeren Konkurrenten geschluckt. In der Folge wird der Status von Herrn W. als Laborleiter in Frage gestellt. Bisher selbstverständliche Sozialleistungen und Gratifikationen werden eingestellt bzw. gekürzt. Herr W. wird von Kunden auf die auch fachlich im Niveau gesunkenen Leistungen der Firma angesprochen. Er überlegt, sich selbständig zu machen und versucht, seinen Arbeitgeber zu überzeugen, ihn gegen Abfindung aus dem Arbeitsverhältnis zu entlassen.

Fallbeispiel 5
Monique A. aus H., 35 Jahre alt, acht Jahre Betriebszugehörigkeit, Buchhalterin mit einem 30-Stunden-Vertrag. Ihr Arbeitgeber verübelt ihr, dass sie wegen ihrer Kinder nicht bereit ist, 40 Stunden wöchentlich zu arbeiten. Eine schon in Aus-

sicht genommene Beförderung scheitert nun, vielmehr wird sie überwiegend mit einfacheren Tätigkeiten befasst. Gespräche über eine Abfindungsvereinbarung scheitern, da Frau A. am Arbeitsplatz festhalten will. Konsequenz: Der Arbeitgeber verteilt Abmahnungen und kontrolliert die Beschäftigte hinsichtlich jedes Details ihrer Tätigkeit.

Fallbeispiel 6
Susanne G. aus D., 52 Jahre alt, neun Jahre Betriebszugehörigkeit, Sicherheitsbeauftragte. Ihr Arbeitgeber eröffnet ihr nach einer längeren Krankheitsphase, dass die ihr unterstellten Mitarbeiter wegen »Mobbings« nicht mehr mit ihr zusammenarbeiten wollten. Frau G. reagiert mit der spontanen Bemerkung, dann werde sie wohl gehen müssen. Gespräche über eine außergerichtliche Abfindungslösung scheitern.

Solche Fälle, die so oder ähnlich jeden Tag in Deutschland passieren, weisen einen gemeinsamen Nenner auf: Das Arbeitsverhältnis befindet sich in einer Krisensituation. Jede Krisensituation fordert ein aktives Krisenmanagement. Dazu gehört, dass jeder Beteiligte für sich – neben der selbstverständlichen Prüfung der Rechtslage – möglichst genau die maßgebenden psychologischen Einflussfaktoren in seine Betrachtung einbezieht.

3.2   Wahrnehmungen aus Arbeitgebersicht

Arbeitgeber bzw. ihre verantwortlichen Vertreter im Unternehmen sind dem eigentlichen Krisengeschehen, das den Arbeitnehmer trifft, oft um einen oder mehrere Schritte voraus. Im Fallbeispiel 1 ist es der Arbeitgeber, der die Betriebsänderung geplant und in diesem Zusammenhang ausgewählt hat, wen die Rationalisierung treffen soll. Schon früh konnten Kündigungsszenarien auch mit Hilfe externer Berater durchgespielt werden. Fällt dann die Entscheidung, muss der hierfür zuständige Manager ganz oft auch persönlich die Verantwortung dafür übernehmen, dass die personelle Maßnahme erfolgreich – im Sinne des Unternehmens – durchgesetzt wird. Der Beschluss, sich von einem oder mehreren Mitarbeitern trennen zu wollen, wird mithin flankiert von einem entsprechenden Trennungswillen. So lag es auch im Fallbeispiel 3, wo es angesichts der geringen Größe der Firma für den Geschäftsführer zu einer echten »Überlebensfrage« für ihn selbst werden konnte, wenn es ihm nicht gelingt, den auch noch gut verdienenden »Mitarbeiter« loszuwerden.
    Betriebswirtschaftliche Logik wird so zu einem persönlichen Bewusstseinsmoment, die erfolgreiche Kündigung des Mitarbeiters zu einer Frage

der eigenen Durchsetzungsfähigkeit. Auch werden Führungskräfte oft mit finanziellen Anreizen (»verzielt«) zur Durchsetzungsstärke animiert.

3.2.1 Trennungswille

Noch deutlicher wird der Trennungswille, wenn subjektiv gefärbte Momente hinzutreten. Die Verlegerin im Fallbeispiel 2 hat wirklich keine »Lust«, mit einem älteren »gestandenen« Mann zusammenzuarbeiten, sei es, weil sie niemanden dabei haben möchte, der ihr an Lebenserfahrung voraus ist, sei es, weil sie aus »optischen« Gründen nur von »jungen« Menschen, die in die Hochglanzmagazine ihres Verlages hineinpassen, umgeben sein möchte.

Der Trennungswille hier ist also vorrangig keine Frage einer vorgeblich objektiven, weil betriebswirtschaftlich begründeten Logik, sondern folgt subjektiven Vorgaben. Es ist dann oft eine Frage des Temperaments der handelnden Akteure, ob dieses Moment überhand nimmt und der Konflikt lautstark eskalierend oder mit subtileren Mitteln im Betrieb ausgetragen wird.

Im Fallbeispiel 5 hat der Arbeitgeber bereits innerlich mit dem Gedanken an eine Fortführung des Arbeitsverhältnisses gebrochen. Sein Problem, dass er dies kündigungsrechtlich vermutlich nicht durchsetzen kann, löst heftige Aktivitäten aus. Abmahnungen und mobbing-ähnliche Verhaltensweisen unterstreichen die Trennungsabsicht.

3.2.2 Zeigen von Stärke

Unabhängig davon, ob der Entschluss, sich von bestimmten Mitarbeitern zu trennen, nun die Konsequenz strategischer Planungen ist oder dies einer mehr emotionalen Motivation entspringt, die ganz große Mehrzahl der kündigungsberechtigten Führungskräfte ist auf Autorität bedacht. Ihre Beschlüsse sind umzusetzen und die betriebliche Erfahrung der Mitarbeiter soll so sein, dass es möglichst zwecklos ist, sich den unternehmerischen Vorgaben zu widersetzen. Es wird Stärke gezeigt.

Dieses »Platzhirsch«-Verhalten steht regelmäßig in einem direkten Widerspruch zu der Ausprägung sozialer Kompetenz, zu deren Wesensmerkmalen es u. a. gehört, den Ausgleich mit den betroffenen Mitarbeitern zu suchen und Rücksicht auf deren soziale Betroffenheit, ausgelöst durch den bevorstehenden Arbeitsplatzverlust, zu nehmen.

Auch wenn im Fallbeispiel 1 der Arbeitgeber letztlich die Erkenntnis gewinnen sollte, dass der abgeschlossene Sozialplan nur eine ungenügende Abmilderung des Arbeitsplatzverlustes für Frau S. beinhaltet, so gilt es schon deshalb Stärke zu zeigen, da das Abweichen von der vorgezeichneten Linie aus der Sicht des Arbeitgebers die Gefahr heraufbeschwört, dass nicht nur Frau S., sondern auch andere Betroffene motiviert werden, sich gegen eine drohende Kündigung zur Wehr zu setzen. Man fürchtet das Beispiel des erfolgreichen Widerstands.

3.2.3   Anderweitige Zusagen

Auch »einsichtige« Führungskräfte befinden sich oft in einem Korsett unternehmerischer Vorgaben. Wenngleich möglicherweise sozialen Gesichtspunkten nicht abgeneigt, sind sie dergestalt in die unternehmerischen Absichten eingebunden, dass sie nur sehr schwer hiervon abweichend agieren können. Besonders einengend wird dieses vorgezeichnete Handlungsmuster, wenn nicht nur die Gesellschafter aufgrund der Unternehmensbeschlüsse ihr Verhalten bestimmen, sondern parallel dazu anderen Beschäftigten bereits Zusagen gemacht wurden im Hinblick auf die Arbeitsstelle des Betroffenen. So ist im Fallbeispiel 2 bereits ein Nachfolger als Layoutchef »ausgeguckt« und angesprochen worden. Was sollen wohl dieser und der Rest seiner Kolleginnen und Kollegen davon halten, wenn es nun mit dem Karrieresprung nichts wird, weil Herr M. erfolgreich an seinem Arbeitsplatz festhält?
Eine solche »Auflehnung« beschäftigt auch den Geschäftsführer im Fallbeispiel 5. Auch hier waren mit der entsprechenden Abteilung bereits Pläne für den Zeitpunkt nach dem Ausscheiden von Frau A. geschmiedet worden, die sich nun angesichts ihrer Weigerung, gegen Abfindung aus dem Unternehmen auszuscheiden, so nicht mehr einfach umsetzen lassen. Es dauerte denn nach dem Scheitern der Abfindungsverhandlungen auch nur knapp eine Woche, bis Frau A. die erste Abmahnung in den Händen hielt.

3.2.4   Fehlende Souveränität

Nicht alle Führungskräfte und Arbeitgebervertreter sind zudem so souverän, dass sie mit widerstrebenden Arbeitnehmern und deren Gegenargumenten sachlich umgehen können. Gerade in kleineren Unternehmen,

89

wo der Chef gleichzeitig Inhaber ist oder auf mittleren Managementebenen findet sich häufig der Typus des Autokraten, der Widerspruch nicht duldet und auch den Ratschlägen seiner Berater hinsichtlich der Risiken einer denkbaren Kündigung nichts abgewinnen kann. Solche »Starrköpfigkeit« hat meist zur Folge, dass jedenfalls eine außergerichtliche Einigung scheitert oder nur unter unzulänglichen Bedingungen für den Beschäftigten möglich wäre. Hier bedarf es oft ebenso einfühlsamer wie aber auch direkter Ansprache eines Gerichts im Kündigungsschutzprozess, damit vorgegebene Denkschemata überwunden werden können, die einer einvernehmlichen Beendigung gegenüberstehen.

3.3   Wahrnehmungen aus Arbeitnehmersicht

Für den betroffenen Arbeitnehmer ist die Krisensituation, in die das Arbeitsverhältnis gerät, ganz selten von langer Hand erkennbar. Oft fehlt es auch an der Möglichkeit, betriebswirtschaftliche Situationen einzuschätzen, zumal Unternehmen selten bereit sind, ihre ökonomischen Kennziffern offen darzulegen. So hätte – objektiv gesehen – Herr W. im Fallbeispiel 4 wesentlich früher auf die sich abzeichnende wirtschaftliche Krisensituation seines Arbeitgebers reagieren sollen. Hätte er eher den Konflikt gesucht und sich auf ein Ausscheiden gegen Zahlung einer Abfindung orientiert, etwa indem er sich entschlossen gegen die Kürzung seiner Sozialleistungen zur Wehr gesetzt hätte, wäre voraussichtlich ein für ihn besseres Ergebnis zu erzielen gewesen, als nunmehr »wenige Minuten vor 12« von sich aus Aufhebungsverhandlungen einzuleiten, die aufgrund der dann offenliegenden Motivlage kaum auf eine auskömmlich dotierte Abfindung hinauslaufen können.

Rationalisierungsvorhaben finden oft aber auch in wirtschaftlich völlig gesunden Betrieben statt. Insbesondere Unternehmensübernahmen werden hinter völlig verschlossenen Türen verhandelt, so dass der Inhaberwechsel manchmal über Nacht passiert. Rechtzeitige Vorsorge ist für Beschäftigte da schlicht nicht möglich.

Aber auch wenn außerökonomische Gründe das Arbeitsverhältnis gefährden, kommt dies für den Arbeitnehmer meist überraschend. Woher sollte Monique A. (Fallbeispiel 5) denn ahnen, dass sie völlig »unten durch« ist, nachdem sie aus Gründen, die aus ihrer Sicht völlig plausibel sind (Kinderbetreuung), die Verlängerung ihrer individuellen Arbeitszeit abgelehnt hat und ihre Arbeit vorher immer positiv bewertet wurde?

Auch für Eckhard M. (Fallbeispiel 2), der sich fachlich mit 59 Jahren topfit fühlt und jede Menge Überstunden angehäuft hatte, um über viele Jahre das pünktliche und qualitativ hochwertige Erscheinen der Verlagsjournale zu gewährleisten, ist es kaum zu fassen, dass er nun zum »alten Eisen« gezählt wird. Dies betrifft aber auch die Arbeitnehmerin, die, wie im Fallbeispiel 1, aus möglicherweise völlig einleuchtenden wirtschaftlichen Gründen ihren Arbeitsplatz verlieren soll. Hatte auch sie nicht bis zuletzt alle Hände voll zu tun? Wer soll denn ihre Arbeit erledigen, wenn sie nicht mehr da ist? Warum trifft es ausgerechnet sie, obwohl sie doch immer einsatzbereit und fleißig war und sich manches Mal noch zur Arbeit bewegt hatte, obwohl sie sich krankheitsbedingt »hundeelend« fühlte? Die Frage der Betroffenen lautet denn auch oft, ob es denn keine »Gerechtigkeit« gäbe.

3.3.1 Kränkung

Das vorherrschende Gefühl in solchen Situationen ist regelmäßig das einer persönlichen Kränkung. Jeder Beschäftigte verbringt schließlich einen Großteil des aktiven Lebens am Arbeitsplatz. Dieser verschafft ihm nicht nur den zum Lebensunterhalt erforderlichen Verdienst, sondern er definiert auch ganz oft neben Familie und Freundes- und Bekanntenkreis den persönlichen Lebensmittelpunkt. Dieser soll ihm nun entzogen werden. Zwar wird »die Arbeit« oft als belastend und anstrengend empfunden, gleichwohl sind die meisten Arbeitnehmer mit ihrem Job als solchem nicht unzufrieden und haben sich mit dessen Gegebenheiten arrangiert. Der Arbeitsplatz spielt eine zentrale Rolle als Ort persönlicher Anerkennung. Die damit verbundene »Wertschätzung«, ob sie nun objektiv nachvollziehbar, also vom Arbeitgeber, von Vorgesetzten oder Kollegen ausgesprochen oder auch nur subjektiv im Rahmen des Arbeitsverhältnisses empfunden wurde, geht mit dem vom Arbeitgeber geäußerten Trennungswunsch ersatzlos verloren. Es ist eine Situation, die sich umschreiben lässt mit plötzlichem Liebesentzug: Eine ausgesprochen deprimierende Erfahrung.

Wer sich so gekränkt fühlt, reagiert nicht nur verärgert und »schnappt ein«. Ganz oft beginnt jetzt eine Fehlersuche: »Habe ich auch wirklich alles getan, um in der Vergangenheit meine Vorgesetzten von meinen Qualitäten zu überzeugen?« – »Hätte ich bei der letzten Grippe lieber in den Betrieb kommen sollen?« – »Bin ich zu alt und zu ›unattraktiv‹?« – »Habe ich die ›Zeichen der Zeit‹ verschlafen?«.

Die/der Betroffene fängt an zu grübeln. Zwischen Rechtfertigungsversuchen und harter Fehlerkritik gegenüber der eigenen Person geht oft verloren, was den eigentlichen Ausgangspunkt der Trennungsabsichten des Arbeitgebers bildet, nämlich dessen ökonomische oder betriebspolitische Interessen am Weggang dieses und ggf. weiterer Beschäftigter.

So kann während dieser Phase der tiefsitzenden Kränkung ein fataler psychologischer Kreislauf eintreten. Der wegen der Kündigung »Zurückgesetzte« sucht die Schuld bei sich selbst. Er wird so zum doppelten »Opfer«. Zum einen trifft ihn die Kündigung wegen des in der Regel unerwarteten und natürlich auch unerwünschten Arbeitsplatzverlustes. Zum anderen macht er hierfür nicht den Arbeitgeber, sondern sich selbst zum »Hauptschuldigen«.

Es ist ein Gebot der ersten Stunde(n) nach dem Erhalt der Kündigung, die oft sehr tiefgehende Kränkung nicht als persönlichen Angriff auf die eigene Person zu sehen, sondern in der Regel als schlichten Ausdruck scheinbar ökonomischer, jedenfalls aber hierarchisch bedingter Umstände und Interessensgegensätze zu begreifen. Nur so kann die in Kündigungsfällen notwendige Handlungssouveränität erlangt werden.

3.3.2 Mobbing

Kränkung wird oft auch durch Mobbing verursacht. Hinter diesem sehr vielschichtigen Phänomen stehen eine Vielzahl unehrenhafter, »unsozialer« Verhaltensweisen, mit denen Einzelne im betrieblichen Gefüge isoliert und an den Rand gedrängt werden. Dies kann »von oben« veranlasst sein, z. B. durch heftige Schelte von Vorgesetzten, die insbesondere vor den Augen der Kollegen über möglicherweise fachlich berechtigte Kritik weit hinausreicht, durch das Hinausdrängen aus betrieblichen Kommunikationsprozessen, die Zuweisung unbeliebter Arbeitsaufgaben, sich äußernde oft ironisch daherkommender Herabsetzungen usw. Leider kommt es immer wieder vor, dass Mitarbeiterinnen und Mitarbeiter in ein solches »Bossing« mit einstimmen und durch allerlei Verhaltensweisen dazu beitragen, dass die betreffende Kollegin/der betreffende Kollege noch stärker ausgegrenzt wird. Manches Mobbing-Opfer ist natürlich auch in dem Sinne »empfänglich«, dass es diese Missachtung seiner Person hinnimmt und nicht in der Lage ist zu kontern. Durch das »Hineinfressen« der so zum Ausdruck gekommenen Missachtung findet ein Prozess psychologischen Zurückweichens statt, der das Mobbing weiter fördert.

Eine Kündigung kann dann sogar – trotz des Arbeitsplatzverlustes! – als Ausweg aus einer solchen emotional sehr belastenden Situation empfunden werden.

Auch Monique A. (Fallbeispiel 5) musste erst lernen, mit der neuen schwierigen Situation fertig zu werden. Viele Gespräche im Familienkreise sowie eine umfangreiche arbeitsrechtliche Beratung haben ihr geholfen. Sie sucht jetzt Bündnispartner im Betrieb, die verhindern, dass sie aus der betrieblichen Kommunikation ausgeschlossen wird. Sie notiert die Anweisungen ihres Arbeitgebers und bestätigt sie in Zweifelsfällen schriftlich, damit es hinterher mit der Art und Weise der Ausführung keine »Missverständnisse« geben kann. Gegen jede Abmahnung reicht sie eine mit ihrem Anwalt abgestimmte Gegendarstellung zur Akte. So ist sie jetzt zwar nicht sicher vor den nächsten Angriffen, die bis zu einer Kündigung reichen können. Sie ist aber – vor allem auch psychologisch – gewappnet.

Bei Eckhard M. (Fallbeispiel 2) brach zunächst eine Welt zusammen, als ihm gedanklich gesehen »der Stuhl vor die Tür« gesetzt wurde. Auch hier halfen viele Gespräche weiter, nicht vor den Angriffen auf seine persönliche Integrität zurückzuweichen, sondern gegenzuhalten. Nicht in eine etwaige Krankheit zu flüchten, sondern ganz bewusst betriebliche Präsenz zu demonstrieren, war sein Einstieg in dann im Ergebnis sehr erfolgreiche Abfindungsverhandlungen.

Schwierig wird es nämlich, wenn wie im Falle der Susanne G. (Fallbeispiel 6) die heftige Kritik an ihrem Sozial- und Arbeitsverhalten dazu führt, betrieblich nicht mehr in Erscheinung zu treten. Ob der Arbeitgeber nun ein Konzept hat, wie er Frau G. loswerden will, oder nicht, durch ihre selbst erklärte »Freistellung« hat sie zumindest psychologisch schon den Anspruch auf »ihren« Arbeitsplatz vorläufig geräumt. Erst die dann gescheiterten Gespräche über eine Abfindungslösung ließen Frau G. erkennen, dass ihre als nobel zu bezeichnende Geste von der Arbeitgeberseite als Schwäche und von den kritisch eingestellten Kollegen als Eingeständnis empfunden wurde.

So verständlich es ist, vor Druck zurückzuweichen – und Kündigungen bzw. entsprechende Ankündigungen enthalten ein ganz massives Bedrohungspotenzial –, so wichtig ist es, jedenfalls den Versuch zu unternehmen, Gegendruck zu entwickeln und aus der »Defensive« herauszukommen.

3.3.3 Soziale Ängste – Prestigeverlust

Die im Falle einer Kündigung sich ausbreitende Sorge um das, was passiert, wenn die Kündigung durchgreift, umfasst nahezu alle Bereiche menschlichen Seins. Für den Fall der Arbeitslosigkeit wird gerade bei älteren Arbeitnehmern, die noch nicht zu den rentennahen Jahrgängen zählen, ein tiefer sozialer Einschnitt befürchtet mit weitgehenden Einbußen im Lebensstandard. Dies gilt aber auch für diejenigen, die bereits in wenigen Jahren nach der Kündigung sich verrenten lassen können, weil sie von Rentenkürzungen betroffen sind (geringere Anwartschaften aufgrund kürzerer Beitragszeiten, lineare Kürzung der Rentenbezüge um 0,3 % für jeden Monat früheren Rentenbeginns vor dem jeweiligen Regelalter). Auch bei jüngeren Arbeitnehmern, insbesondere solchen, die nur über eine eingeschränkte berufliche Qualifikation verfügen oder bereits gesundheitliche Probleme aufweisen, besteht die Befürchtung, keine angemessene Anschlussbeschäftigung finden zu können.

Solche sozialen Ängste mischen sich mit dem befürchteten Verlust an Prestige: Was werden Familie, Nachbarn und Bekannte darüber denken, wenn der Arbeitsplatz verloren gegangen ist?

Selbst bei einer Sockelarbeitslosigkeit, die auch in Zeiten verbesserter Konjunktur bei immer noch zwischen 6 und 7 %[1] der Erwerbstätigen liegt, ist erstaunlicherweise in Teilen der Gesellschaft immer noch der Glaube verbreitet, dass es oft nur an der Person des betroffenen Bürgers liege, arbeitslos zu werden. Schließlich könne jeder – wenn er denn nur wolle – Arbeit finden, so ein noch immer weit verbreitetes Vorurteil.

Natürlich gibt es Fälle selbst verschuldeter Arbeitslosigkeit. In der Mehrzahl der Fälle, insbesondere bei betriebsbedingten Kündigungen, aber auch häufig bei scheinbar personen- und verhaltensbedingten Kündigungen ist es der Arbeitgeber, der die Beendigung des Arbeitsverhältnisses betreibt.

Unbeschadet dessen, in wessen Sphäre die Ursache für den Arbeitsplatzverlust liegt, wird mit dessen Eintreten manifestiert, dass der Betroffene jedenfalls an seinem bisherigen Arbeitsplatz nicht mehr gebraucht wird.

---

1 Vgl. Arbeitsmarktstatistik der Bundesagentur für Arbeit unter: www.statistik. arbeitsagentur.de (Stand: Mai 2014).

3.3.4 Versagensängste

Neben den oft nachvollziehbaren Zukunftsängsten kommt die Sorge, ob dem durch die Kündigung im Betrieb entstehende Druck, der sich insbesondere noch erhöht, wenn die/der Betroffene um ihren/seinen Arbeitsplatz kämpft, standgehalten werden kann.

Manche Arbeitgeber wissen um diese tief sitzende Sorge. So kommt es vor, dass schon früh in zweifelhaften Kündigungsfällen sehr niedrig dotierte Abfindungsangebote unterbreitet werden, die dann nur unter der Bedingung angenommen werden können, dass keine Kündigungsschutzklage erhoben wird. Meist wird dies mit der Ankündigung verbunden, dass im Fall der Einleitung eines Prozesses überhaupt keine Abfindung gezahlt werde.

Hier kann nur eine fundierte juristische Beratung weiterhelfen, die die rechtlichen Chancen auslotet für den Fall, dass das – schlecht dotierte – außergerichtliche Angebot ausgeschlagen wird.

Die rechtzeitige und sachkundige Beratung ist umso wichtiger, als es immer wieder passiert, dass Arbeitgeber Gespräche über eine Abfindungslösung anbieten, die notwendige Übereinkunft aber durch vorgeschobene Terminschwierigkeiten sich immer weiter verzögert, um dann später, wenn die für eine Kündigungsschutzklage zu beachtende Dreiwochenfrist nach Ausspruch der Kündigung abgelaufen ist, wegen eines angeblich veränderten Meinungsbildes jede Abfindungszahlung zu verweigern. Leider kommt es immer wieder vor, dass Beschäftigte auf so ein durchsichtiges Spiel hereinfallen.

Auch bei dem Gefühl, dem innerbetrieblichen Druck nicht standhalten zu können, hilft zunächst eine möglichst objektive Betrachtung der Situation. Die Familie und der Freundeskreis sollten dabei nicht »draußen« gehalten und die durch die Kündigungsdrohung eingetretene Krisensituation verheimlicht werden, sondern im Gegenteil, die Gespräche im persönlichen Umfeld sollten gesucht und dessen Unterstützung eingefordert werden. Auch im Betrieb ist es nützlich, sich um Hilfe zu bemühen. Es sollte der Betriebsrat aufgesucht und um seine kollegiale Unterstützung gebeten werden. Oft sind auch die Informationen des Betriebsrates über die Hintergründe der Kündigung für das weitere Verfahren von nicht zu unterschätzender Bedeutung. Betriebsratsmitglieder sollten auch hinzugezogen werden, wenn es um Gespräche beim »Chef« geht, der dann sehr genau und meist recht ultimativ wissen will, wie es denn nun nach der Kündigung weitergehen solle und warum z. B. der neben der Kündigung vorgelegte Aufhebungs- oder Abwicklungsvertrag (mit geringer Abfindung) noch nicht unterschrieben sei. Ein hinzugezogenes Betriebsratsmitglied bei solchen oder ähnlichen den Bestand des Arbeitsverhältnisses berührenden Gesprächen ist auch als Zeuge ggf. wertvoll, wenn es z. B. im Kündigungsschutzprozess später um die Aufklärung entsprechender Gesprächsinhalte geht. Mit der Hinzuziehung eines Mitarbeiters, dem man Vertrauen schenken kann, erfolgt zudem eine psychologische Rückenstärkung, die genutzt werden sollte.

Natürlich gibt es kein für alle Fälle gültiges Rezept, wie mit den in einer Krisensituation notgedrungen entstehenden Ängsten umzugehen ist. Es gilt aber die alte Weisheit, dass der, der gar nicht kämpft, bereits verloren hat, während der, der sich aufmacht, sich zu wehren, zwar auch verlieren, aber immerhin auch gewinnen kann.

4. Das Ringen um die Abfindung

4.1 Fehlender Rechtsanspruch auf Abfindung

Wer gekündigt wird, glaubt oft, dass er nur seinen Anspruch anmelden müsse, um eine Abfindung zu erhalten. Der hierzu dann aufgesuchte Jurist muss dann in der Beratung dem gekündigten Arbeitnehmer erklären, dass es nicht zulässig ist, im Kündigungsschutzprozess einfach nur einen Antrag auf Zahlung einer Abfindung zu stellen. Das einzig mögliche Klageziel lautet, die Unwirksamkeit der Kündigung feststellen zu lassen mit dem Ergebnis, dass der gekündigte Arbeitnehmer weiterbeschäftigt wird, wenn das Urteil im Prozess zu seinen Gunsten ausgeht. Die Abfindung kann daher nur das Ergebnis einer bestimmten Prozesssituation sein, wenn nämlich darüber eine Einigung zwischen den Beteiligten herbeigeführt wird. Juristisch geht es bei Kündigungsschutzprozessen hingegen darum, für die Weiterbeschäftigung zu streiten.

4.1.1 Ausnahme: § 1a KSchG

Nach der 2003 eingeführten Vorschrift des § 1a KSchG kann der Arbeitnehmer bei einer betriebsbedingten Kündigung allerdings eine Abfindung von 0,5 Monatsverdiensten je Beschäftigungsjahr verlangen, wenn er keine Kündigungsschutzklage erhebt und – als **Anspruchsvoraussetzung entscheidend** – der Arbeitgeber im Kündigungsschreiben die Zahlung dieser Abfindung zugesagt hat. Die Abfindung ist dann gem. § 1a Abs. 2 KSchG **limitiert auf ein halbes Gehalt pro Jahr der Beschäftigung.** Diese überwiegend als gesetzlicher Anspruch verstandene Rechtsfolge führt dazu, dass sich der Arbeitnehmer noch innerhalb der Dreiwochenfrist, die für die Klagerhebung besteht, entscheiden muss, ob er die Kündigung wegen einer fehlenden sozialen Rechtfertigung gerichtlich angreift oder ob er die »Schmalspurlösung« eines halben Gehalts pro Beschäftigungsjahr akzeptiert. Entscheidet er sich für die Klage, kann bei negativem Prozessausgang jede Abfindung entfallen. Unterlässt er die Klage, verliert der Arbeitnehmer die Option, auch höhere Abfindungen bzw. seine Weiterbeschäftigung durchzusetzen.

Das erfordert eine gründliche Beratung, die noch dadurch erschwert ist, dass in diesem frühen Stadium noch längst nicht alle Fakten auf dem Tisch liegen, die für die Beurteilung der Rechtmäßigkeit der Kündigung relevant sind. Zwar kann der oben (siehe unter 2.1.2.5) bereits dargestellte **Auskunftsanspruch zu den Gründen der Sozialauswahl** auch schon vor Klagerhebung geltend gemacht werden; da der Arbeitgeber sich aber nur in Ausnahmefällen schadensersatzpflichtig macht, wenn er verspätet Auskunft erteilt,[1] wird mit einer Auskunft vor Ablauf der Klagfrist nicht zu rechnen sein. Insbesondere führt der Verstoß gegen die Auskunftspflicht nicht zur Unwirksamkeit der Kündigung.

Bei der Prüfung, ob das im Kündigungsschreiben aufgenommene Angebot einer Abfindung besser anzunehmen ist, kommt es auf den genauen Wortlaut des Schreibens an. Erfüllt dieses die Voraussetzungen des § 1 KSchG (insbesondere den Hinweis auf die Betriebsbedingtheit der Kündigung und die Folgen des Verstreichenlassens der Klagefrist), entsteht der Abfindungsanspruch auch dann in voller Höhe, wenn der angegebene Abfindungsbetrag zu niedrig berechnet wurde. Der betroffene Arbeitnehmer kann dann auch statt die Kündigung anzugreifen, den fehlenden Differenzbetrag einklagen.[2]

Wird ein zu hoher Abfindungsbetrag im Kündigungsschreiben benannt, sollte sich der Arbeitnehmer nicht damit zufrieden geben, die Klagefrist einfach nur verstreichen zu lassen, sondern ausdrücklich das im Kündigungsschreiben enthaltene Abfindungsangebot annehmen (es sei denn, er verspricht sich im Falle einer gerichtlichen Auseinandersetzung eine noch höhere Abfindung). Mit der Annahme auf das Angebot im Kündigungsschreiben entsteht dann im Zweifelsfall auch ein vertraglicher Anspruch auf die Abfindung, die über dem Wert des § 1a KSchG liegt.

Die Hinnahme einer Kündigung nach § 1a KSchG hat allerdings den Vorteil, dass bei Verstreichen der Frist keine Prüfungspflichten der Arbeitsverwaltung ausgelöst werden. Diese unterstellt vielmehr regelhaft, dass bei einer Abwicklung nach § 1a KSchG die Rechtfertigung der

---

1 Vgl. HK-ArbR/Schubert, § 1 KSchG Rn. 602.
2 Vgl. BAG vom 19. 6. 2007 – 1 AZR 340/06, NZA 2007, 1357.

Kündigung nicht mehr zu überprüfen ist, so dass eine Sperrzeit beim Bezug des Arbeitslosengeldes ausscheidet.[3]

4.1.2 Ausnahme Sozialplan

Einen Rechtsanspruch auf Abfindung hat der Beschäftigte allerdings, wenn in seinem Betrieb im Rahmen eines Sozialplans Arbeitgeber und Betriebsrat vereinbart haben, dass bei betriebsbedingten Kündigungen oder Aufhebungsverträgen im Fall einer Betriebsänderung Abfindungen zu zahlen sind. Solche Sozialpläne beruhen oft auf langwierigen Auseinandersetzungen der Betriebsparteien über die Dotierung des Sozialplans. Die Abfindungshöhe ist meist abhängig von der wirtschaftlichen Stärke des Unternehmens aber auch von der Verhandlungsstärke und dem Geschick des Betriebsrats. Recht oft vereinbaren die Betriebsparteien einen so genannten Rahmensozialplan,[4] unter dessen Schutz während seiner Laufzeit alle betriebsbedingten Kündigungen fallen. Beschäftigte erhalten also auch dann eine Abfindung, wenn sie unter eine zukünftige Betriebsänderung fallen, die für die Betriebsparteien bei Abschluss des Sozialplans noch gar nicht absehbar war. Auch gibt es solche vorsorglichen Sozialpläne, die generell Abfindungslösungen bei jeder betriebsbedingten Kündigung vorsehen. Das BAG hat solche vorsorglichen Sozialpläne ausdrücklich juristisch anerkannt.[5]

4.1.3 Rationalisierungsschutztarifverträge

Mit ähnlicher Wirkung gibt es in einzelnen Branchen auch Rationalisierungsschutztarifverträge, die Abfindungen bei betriebsbedingten Kündigungen oder entsprechenden Aufhebungsvereinbarungen vorsehen. Solche Tarifverträge kommen u. a. vor im Bereich des öffentlichen Dienstes,[6]

---

3 So Durchführungsanweisung der BA zu § 159 SGB III 159.103; zu den Folgen für Aufhebungs- und Abwicklungsverträge siehe unter 8.4, Seite 223 f.
4 Bezeichnung in der Praxis auch oft: Rationalisierungsschutzabkommen, Strukturwandelvereinbarung etc.
5 BAG vom 26. 8. 1997 – 1 ABR 12/97, NZA 1998, 216 ff.
6 Tarifvertrag zur sozialen Absicherung vom 6. 7. 1992 i. d. F vom 31. 3. 2003; dort § 4: gilt allerdings nur für Gewerkschaftsmitglieder, so OLG Brandenburg vom 5. 11. 2009 – 12 U 91/09, NZA-RR 2010, 251.

im Versicherungsgewerbe[7] oder in der chemischen Industrie.[8] Meist sind hier jedoch relativ niedrige Abfindungsbeträge vorgesehen.

In jüngster Zeit werden vermehrt Auseinandersetzungen über Standortsicherungstarifverträge geführt, die als Firmentarifverträge abgeschlossen werden. Dabei werden auch oft Sozialplan-Tarifverträge gefordert, die Abfindungsleistungen enthalten können. Solche Tarifverträge sind zulässig,[9] wenngleich umstritten ist, ob deren Inhalt so weit reichen darf, dass die unternehmerische Entscheidung zur Standortschließung selbst eingeschränkt bzw. verhindert wird.[10]

4.1.4 Auflösungsantrag im Kündigungsschutzprozess

Eine weitere Ausnahme bilden die §§ 9, 10 KSchG. Die Anwendung dieser Vorschriften setzt voraus, dass der Arbeitnehmer den Kündigungsschutzprozess gewinnt, also über einen Rechtsanspruch auf Weiterbeschäftigung verfügt. Wenn es in einer solchen Situation aber für den Beschäftigten oder für den Arbeitgeber nicht mehr zumutbar ist, weiterhin zusammenzuarbeiten, so kann das Arbeitsgericht durch Urteil die **Auflösung** des Arbeitsverhältnisses **gegen Zahlung einer Abfindung** feststellen.

Das geht aber nur, wenn im Kündigungsschutzprozess eine der Prozessparteien einen entsprechenden Antrag stellt und das Gericht aus dessen Begründung entnehmen kann, dass das Arbeitsverhältnis tatsächlich zerrüttet ist, etwa weil sich die Parteien persönlich beleidigt oder sonst sich gegeneinander auf so rüde Weise verhalten haben, dass eine gedeihliche Zusammenarbeit in der Zukunft ausgeschlossen werden kann.

4.1.5 Auflösungsantrag bei leitenden Angestellten

Eine besondere Bedeutung gewinnt – wie oben unter 1.8 dargestellt (siehe Seite 38 f.) – die Möglichkeit des Auflösungsantrages bei bestimmten leitenden Angestellten. Hier braucht der Arbeitgeber seinen Auflösungsan-

---

7 Rationalisierungsschutzabkommen für das private Versicherungsgewerbe vom 1.5.1983, i. d. F vom 4.12.2003.
8 Manteltarifvertrag für die chemische Industrie vom 24.6.1992, § 13.
9 BAG vom 6.12.2006 – 4 AZR 798/05, NZA 2007, 821; BAG vom 24.4.2007 – 1 AZR 252/06, NZA 2007, 987; ErfK-Franzen, § 1 TVG Rn. 74.
10 Dafür: Kühling/Bertelsmann, NZA 2005, 1017ff.; Paschke/Ritschel, AuR 2007, 110ff.

trag nicht zu begründen und zu einer etwaigen Unzumutbarkeit der Weiterbeschäftigung Näheres auszuführen, sondern kann beantragen, dass trotz des durch den leitenden Angestellten gewonnenen Kündigungsschutzprozesses das Arbeitsverhältnis gegen Abfindung aufgelöst wird (vgl. § 14 Abs. 2 Satz 2 KSchG).

Deshalb gilt bei den leitenden Angestellten im Kündigungsfalle das Motto »Dulde und liquidiere«.

Von diesen vorstehend beschrieben Ausnahmen abgesehen, gilt für alle anderen Kündigungsfälle, dass es **keinen Rechtsanspruch** auf Abfindung gibt.

4.2 Abfindung als Preis für die Aufgabe des Kündigungsschutzes

Allerdings verwundert es nicht, wenn sich die Annahme, dass bei einer Kündigung eine Abfindung zu beanspruchen ist, fest im Bewusstsein weiter Bevölkerungskreise verankert hat.

Zwar gibt es für diese Auffassung keine Stütze in den rechtlichen Grundlagen, sie findet jedoch ihre Erklärung in dem, was die Öffentlichkeit als **Rechtswirklichkeit** wahrnimmt.

Diese sieht so aus, dass die große Mehrzahl der Kündigungsschutzprozesse mit der Zahlung einer Abfindung endet. Empirische Untersuchungen hierzu gibt es zwar wenige, aber die Einschätzung ist zulässig, dass weit mehr als die Hälfte aller Kündigungsschutzprozesse mit einem Abfindungsvergleich endet.[11]

Sieht man es als die eigentliche Aufgabe des Kündigungsschutzes an, den Arbeitsplatz zu erhalten und für Weiterbeschäftigung zu sorgen, kann diese Rechtswirklichkeit durchaus kritisch bewertet werden. Ihr Ergebnis ist nämlich die Entwertung des Kündigungsschutzes im Sinne einer zu erstreitenden Weiterbeschäftigung zugunsten eines durch Abfindung lediglich abgemilderten Verlustes des Arbeitsplatzes. Das mag dort angehen, wo eine Anschlussbeschäftigung zu vernünftigen Bedingungen in Aussicht steht oder auch die/der Beschäftigte es nicht länger aushalten würde, weiter im Betrieb tätig zu sein. Aber sonst? Keine Abfindung – und sei sie noch so hoch – kann jahrelange Arbeitslosigkeit ausgleichen, ganz abgesehen von dem Verlust sozialer Beziehungen und angeschlage-

---

11 Vgl. die Nachweise bei APS-Preis, Grundlagen B, Rn. 20 ff.

nem Selbstwertgefühl. Jedem Betroffenen sollte in der Konsequenz klar sein, dass die an ihn gezahlte **Abfindung** der **Preis für den Verlust des Arbeitsplatzes** ist. Die Annahme der Abfindung bedeutet den endgültigen Verzicht auf die weitere Geltendmachung des Kündigungsschutzes. Das soll in jedem Einzelfall wohl überlegt sein.

4.3 Bemessungsgrößen für die Abfindung in der Praxis

Für die Bewertung einer Abfindungslösung ist natürlich entscheidend, welche Geldbeträge als Abfindung fließen oder um mit dem früheren Bundeskanzler Kohl zu sprechen: Entscheidend ist, was hinten herauskommt.[12]

4.3.1 Die so genannte »Regelabfindung«

Gesetzliche Maßstäbe für die Festlegung einer Abfindung gibt es nicht.

4.3.1.1 Vorgaben durch §§ 9, 10 KSchG?

Auch die §§ 9, 10 KSchG, die für den Fall einer Auflösung des Arbeitsverhältnisses bei gewonnenem Kündigungsschutzprozess gelten, enthalten keine festen Maßstäbe, sondern nur **Obergrenzen**. Danach regelt § 10 Abs. 1 KSchG, dass eine Abfindung in Höhe bis zu zwölf Monatsverdiensten festzusetzen ist. § 10 Abs. 2 KSchG bestimmt, dass bei Arbeitnehmern, die das 50. Lebensjahr vollendet und die mindestens 15 Jahre in einem Arbeitsverhältnis standen, eine Obergrenze von bis zu 15 Monatsverdiensten gilt, während bei Arbeitnehmern, die das 55. Lebensjahr vollendet und deren Arbeitsverhältnis mindestens 20 Jahre bestanden hat, ein Betrag von bis zu 18 Monatsverdiensten festgesetzt werden darf.

§ 10 Abs. 3 KSchG definiert schließlich, was als Monatsverdienst gilt, nämlich das, was dem Arbeitnehmer bei der für ihn maßgebenden regelmäßigen Arbeitszeit in dem Monat, in dem das Arbeitsverhältnis endet,

---

12 Wie die Erkenntnisse der Spendenaffäre zeigen, wusste der Altbundeskanzler den Wert des Geldes als Faktor in der Politik zu schätzen.

an Geld und Sachbezügen zusteht. Weder diese Obergrenzen noch diese Definition des Monatsverdienstes binden die Parteien des Kündigungsschutzprozesses; ebenso nicht Überlegungen des Gerichts, wenn es Vorschläge zur Abfindung unterbreitet.[13]

4.3.1.2 Die »Faustformel«

Weit verbreitet ist aber die Anwendung der Formel, dass bei Verlust des Arbeitsplatzes eine **Abfindung in Höhe von einem halben Gehalt pro Beschäftigungsjahr** gezahlt wird.

Nach einer Umfrage sollen ca. 75 % der befragten Arbeitsgerichte diese Formel verwenden.[14] Betrachtet man die Ergebnisse dieser Umfrage genauer, ergibt sich aber ein erheblich differenziertes Bild:

So werden laut Aussage vieler Gerichte durchaus Abschläge, aber auch Zuschläge gemacht, je nach Art der Kündigung. Bei verhaltensbedingten Kündigungen kommen eher **Abschläge** in Betracht, während bei personenbedingten Kündigungen – wo es ja in der Regel nicht auf zurechenbares Verhalten des betreffenden Arbeitnehmers ankommt (vgl. die Ausführungen unter 2.1.3, Seite 51 ff.), oft **Zuschläge** vorgeschlagen werden, die eine höhere Abfindung als ein halbes Gehalt pro Beschäftigungsjahr zum Inhalt haben.[15]

Auch wird bei betriebsbedingten Kündigungen, also solchen, die ihre Ursache allein in der Sphäre des Arbeitgebers haben, offenbar bei einer Reihe von Gerichten eine **höhere Abfindung** als angemessen erachtet. Ferner gibt es Gerichte, die bei älteren Arbeitnehmern – angesichts der schwereren Vermittelbarkeit auf dem Arbeitsmarkt – deutlich höhere Abfindungen als angemessen erachten (bis zum 1,5-fachen eines Bruttomonatsgehalts pro Beschäftigungsjahr). Auch bei relativ kurzen Beschäftigungsverhältnissen, deren Beendigung für den betroffenen Arbeitnehmer oft mit einem besonderen Imageverlust verbunden ist (wie soll bei einem Bewerbungsgespräch erläutert werden, warum die/der Betroffene schon nach so kurzer Zeit den Arbeitsplatz wechseln muss: Mangelnde Zufriedenheit? Eingliederungsprobleme? Fehlende Akzeptanz? ...), werden im Einzelfall höhere Abfindungen für angemessen erachtet.

---

13 Gesetzliche Einschränkungen bestehen nicht; vgl. KR-Spilger, § 10 KSchG Rn. 78.
14 Vgl. Hümmerich, NZA 1999, 342 ff.
15 Hümmerich, NZA 1999, 345.

Auch gibt es Gerichte, die – verständlicherweise – berücksichtigen, wenn es um **besonders geschützte Personenkreise** wie Schwerbehinderte oder Schwangere geht. Bei anderen Gerichten wird vor allem bei kleineren Unternehmen eher Rücksicht auf die konkrete wirtschaftliche Situation genommen.[16]

So ergibt sich doch ein sehr differenziertes Bild, was die Anwendung der so genannten Faustformel betrifft.[17]

Nach der empirischen Untersuchung von Höland/Kahl/Zeibig ergibt sich ferner, dass der Durchschnitt der Abfindungszahlungen bereits in erster Instanz die so genannte Faustformel überschreitet,[18] während in zweiter Instanz regelmäßig noch höhere Werte erzielt werden.[19]

Für eine Aufstockung der Faustformel spricht darüber hinaus der Umstand, dass durch den Wegfall der Steuerprivilegierung mit Wirkung ab 1.1.2006[20] der **Nettowert einer Abfindung** sich erheblich geschmälert hat.[21] Jedenfalls bei wirtschaftlich leistungsfähigeren Unternehmen läge eine Aufbesserung der Beträge eigentlich auf der Hand,[22] wenngleich der Verfasser aus seiner forensischen und beratenden Praxis die Tendenz beobachtet, dass die seit 1999 fortlaufende Verschlechterung der steuerlichen Rahmenbedingungen sich nicht in einer veränderten, d.h. »großzügigeren« Vorschlagspraxis der Arbeitsgerichte niedergeschlagen hat.

Es kommt also in der Regel darauf an, wie die **Erfolgsaussichten** der Kündigungsschutzklage sind, welcher **Lebenssachverhalt** den Kündigungsgrund bildet, welche **sozialen Probleme** die Kündigung auslösen und ob und in welchem Umfang der Arbeitgeber zahlungsfähig ist. Umfragen, die dies zu stark generalisieren und damit die Tendenz haben, sich vom Einzelfall und dessen konkreter Betrachtung zu weit zu entfernen, bergen zugleich die Gefahr in sich, dass es sich Arbeitsrichter zu einfach machen und Vorschläge nur nach »Schema F« unterbreiten. Wenn der Gekündigte weiß, dass im Kündigungsschutzprozess mit solchen standardisierten, wenig einzelfallbezogenen Vorstellungen des Ge-

---

16 Hümmerich, a.a.O.
17 So auch die Ergebnisse der von Schubert 1998 und 2003 nochmals durchgeführten Umfrage: vgl. ders., § 12 Rn. 42.
18 Höland/Kahl/Zeibig, S. 160ff. (0,57 Gehälter pro Jahr der Beschäftigung).
19 Ebenda (0,89 Gehälter pro Beschäftigungsjahr).
20 Hier Wegfall der Steuerfreibeträge durch Gesetz vom 22.12.2005, BGBl. I S. 3682.
21 Pauly, AuR 2007, 155, 158; Hümmerich, NZA 1999, 348; KSchR-Däubler, Anh. zu § 623 BGB: Aufhebungsvertrag Rn. 27.
22 Pauly, a.a.O.

richts zu rechnen ist und die Prozesssituation nicht völlig hoffnungslos erscheint, sollte daher auf keinen Fall auf den Vorschlag des Gerichts gewartet, sondern vielmehr das eigene **Verhandlungsgeschick** eingesetzt werden.

Zu dessen Gelingen bedarf es aber nicht nur subjektiver Momente, sondern hierzu gehören auch eine Reihe objektiver Voraussetzungen.

4.3.2 Die Bedeutung des Rechtsschutzes

Zu den wichtigsten Aufgaben, wenn sich eine Kündigung abzeichnet oder ein Aufhebungsvertrag abgeschlossen werden soll, gehört die Organisierung von Rechtsschutz.

Es gilt die Erkenntnis, dass in eigener Sache jeder ein schlechter Anwalt ist. Die im Vorfeld einer Kündigung oft zugespitzte Situation, die subjektive Bedrohung, die im Zusammenhang mit Kündigungen nur allzu gut nachvollziehbar ist und weitere emotionale Faktoren führen fast zwangsläufig dazu, dass bei eigener Betroffenheit der Mut und manchmal auch der Überblick fehlt, die eigenen Interessen nachhaltig und ggf. im offenen Widerspruch zur Vorgehensweise der anderen Seite zu artikulieren. Daneben und von mindestens gleicher Gewichtung ist die Tatsache, dass es fundierter Rechtskenntnisse bedarf, um die oft komplizierte arbeitsrechtliche Situation einschätzen zu können und dabei sowohl die sozialversicherungsrechtlichen Folgen als auch die steuerlichen Gestaltungsmöglichkeiten im Blick zu haben.

Gerade ein Arbeitnehmer, der nicht wie sein Arbeitgeber auf eine eigene Rechtsabteilung oder einen in Rechtsfragen vertrauten Führungsstab zurückgreifen kann, wird ohne die Hinzuziehung eines sachkundigen Vertreters ganz schnell an Boden verlieren.

4.3.2.1 Anwaltliche Unterstützung

Der Beschäftigte ist daher im eigenen Interesse gehalten, so früh wie möglich einen **arbeitsrechtlich versierten Rechtsanwalt** zu konsultieren. Dies gilt auch im **Vorfeld** einer Kündigung, wenn sich die betriebliche Situation merklich zuspitzt. Zwar kann es in solchen Fällen durchaus opportun sein, den Anwalt noch nicht »offiziell« auftreten zu lassen, wenn eingeschätzt wird, dass sein Hinzutreten die möglicherweise als günstig eingeschätzte Gesprächsatmosphäre und sich andeutende Vergleichsregelungen gefährden könnte.

105

Aber Vorsicht: Falsche Rücksichtnahme auf »klimatische Umstände« wäre es, auf einen eigenen Anwalt zu verzichten, obwohl die andere Seite fachlich sehr wohl von ihrer eigenen Rechts- oder Personalabteilung oder durch externe Juristen wie Anwälte oder Vertreter von Arbeitgeberverbänden unterstützt wird und in entsprechender Begleitung in den Gesprächen auftaucht bzw. diese vorbereiten lässt.

Geht es zudem um komplizierte Gesprächssituationen, wo auch Erklärungen zu vergangenem Verhalten (etwa bei drohenden verhaltensbedingten Kündigungen) abverlangt werden oder wenn es um die Zustimmung zur Auflösung des Arbeitsverhältnisses unter bestimmten Bedingungen geht, ist die Teilnahme einer weiteren Person auf der eigenen Seite ein dringendes Gebot. Der Beschäftigte kann später, wenn es um den Gang dieser Gespräche und deren Inhalte geht, hierzu nicht als Zeuge vor Gericht vernommen werden. Eine so genannte **Parteivernehmung** ist in aller Regel nur zulässig, wenn die andere Seite dem zustimmt (vgl. § 447 ZPO). Der Arbeitgeber wird in solchen Gesprächen aber oft nicht selbst präsent sein,[23] so dass seine Gesprächsteilnehmer später ohne Einschränkungen als Zeugen im Streitfall vor Gericht auftreten können.

Deshalb sollte bei solchen innerbetrieblichen Gesprächen jedenfalls in einer Krisensituation an die spätere Beweissituation gedacht und daher wenigstens für einen Zeugen gesorgt werden.

Das kann neben dem eigenen Anwalt typischerweise auch ein Betriebsratsmitglied sein. Jeder Beschäftigte hat das Recht, in nahezu jeder Lage ein von ihm bestimmtes **Betriebsratsmitglied** zu solchen Gesprächen zu seiner Unterstützung hinzuzuziehen. Dies gilt jedenfalls dann, wenn es nicht nur um die technischen Modalitäten des Ausscheidens geht, sondern der Arbeitnehmer auch wissen will, ob und warum er sich überhaupt auf eine Aufhebung einlassen soll, also z.B. auch noch die Beurteilung seiner Leistung und alternative Beschäftigungsmöglichkeiten im Betrieb zur Debatte stehen.[24]

Dabei unterliegt das Betriebsratsmitglied einer sehr weitgehenden Verschwiegenheitspflicht. Wenn nicht der Betroffene das Betriebsratsmitglied von der Schweigepflicht entbindet, hat dieses über Inhalte der Verhandlungen Stillschweigen zu bewahren.[25]

---

23 Dies ist nur gegeben, wenn bei juristischen Personen die gesetzlichen Vertreter, z.B. Geschäftsführer (bei der GmbH) oder Vorstandsmitglieder (bei der AG) die Verhandlungen unmittelbar führen.
24 BAG vom 16.11.2004 – 1 ABR 53/03, NZA 2005, 416 f.
25 Fitting, § 79 Rn. 33.

Die Teilnahme eines Betriebsratsmitglieds darf der Arbeitgeber nicht ablehnen. Dieses kann aktiv an dem Gespräch teilnehmen und Fragen sowie z. B. Lösungsvorschläge unterbreiten.[26] Die Funktion übt das Betriebsratsmitglied aber als Repräsentant der gesamten Belegschaft aus, es ist dabei auch in dieser konkreten Funktion als Teilnehmer (und Zeuge) solcher Gespräche nicht abhängig vom Willen des betroffenen Arbeitnehmers.[27]

Rechtsgeschäftlicher Vertreter und damit abhängig von den Weisungen des Beschäftigten ist aber ein hinzugezogener Anwalt, dessen Handeln als Parteivertreter ausschließlich auf die Interessenwahrnehmung seines Mandanten gerichtet ist.

Es besteht der Grundsatz freier Anwaltswahl. In der Arbeitsgerichtsbarkeit, in der schon traditionell keine örtlichen Postulationsbeschränkungen bestanden, kann im Falle des Kündigungsschutzprozesses jeder Anwalt vor jedem deutschen Arbeitsgericht und in allen Instanzen auftreten.

Es ist sinnvoll, sich vor der Beauftragung eines Anwalts möglichst umfangreich zu erkundigen.

Neben der Vertrautheit mit den örtlichen Verhältnissen sollte dabei ein ganz wichtiges Kriterium dessen fachliche Qualifikation darstellen, die am ehesten ausgewiesen ist durch die von den Rechtsanwaltskammern erteilte Erlaubnis, sich als »Fachanwalt für Arbeitsrecht« zu bezeichnen. Diese Zusatzbezeichnung darf nach der Fachanwaltsordnung nur derjenige führen, der besondere Qualifikationen auf dem Gebiet des Arbeitsrechts (meist erworben in mehrwöchigen Seminaren mit entsprechenden Klausuren) vorweisen kann und auch über entsprechende Fallzahlen im Arbeitsrecht verfügt.

Kritischer sollte man sein, wenn ein Anwalt in seiner eigenen Außendarstellung »Arbeitsrecht« nur als Interessen- oder Tätigkeitsschwerpunkt anpreist. Hier bedarf es keinerlei überprüfter Zusatzqualifikation, sondern es wird zentral auf die eigene Selbsteinschätzung des Anwalts abgestellt. Dies gilt natürlich erst recht, wenn im Profil des in Betracht gezogenen Anwalts Arbeitsrecht als Fachgebiet völlig fehlt. Wie bei der Wahl des Arztes sollte daher auf die spezielle Qualifikation Wert gelegt werden.

Informationen einholen kann der Betroffene beispielsweise über den Betriebsrat seiner Firma, um sich dort zu erkundigen, ob bestimmte An-

---

26 Fitting, § 82 Rn. 12 f.
27 Fitting, § 1 Rn. 188 ff.

wälte empfohlen werden. Auch kann sich der Betroffene an aktive Kolleginnen und Kollegen im Bekannten- und Freundeskreis zu wenden, die möglicherweise über eigene Erfahrungen mit ihnen bekannten Anwälten verfügen. Hilft auch das nicht weiter, ist es möglich, sich an örtliche Anwaltsvereine oder Anwaltskammern bzw. spezielle Auskunftsdienste zu wenden, die auch teilweise über das Internet angesprochen werden können.

Ein heikles Thema bei der Auswahl des »richtigen« Anwalts ist, ob der in Erwägung gezogene Rechtsanwalt einen besonderen Ruf als Vertreter der einen oder der anderen Seite aufweisen sollte. So gibt es in großen Wirtschaftskanzleien viele Arbeitsrechtler, die in der Regel als Interessenvertreter für Unternehmen tätig sind. Andere Anwälte sind mal für die eine, mal für die andere Seite tätig, während es wiederum Arbeitsrechtskanzleien bzw. Anwälte gibt, die praktisch ausschließlich auf die Vertretung von Arbeitnehmern spezialisiert sind. Immer bedarf es neben der fachlichen Kompetenz eines persönlichen Engagements und Interesses an der Sache beim angefragten Anwalt. Eine klare Ausrichtung auf die Arbeitnehmervertretung dürfte da ein wichtiges Indiz für eine konsequente Interessenwahrnehmung darstellen.

4.3.2.2 Rechtsschutzsekretär

Insbesondere diejenigen, die keine Rechtsschutzversicherung abgeschlossen haben, entscheiden sich bei der Interessenwahrnehmung oft für einen Vertreter ihres Verbandes. Die Gewerkschaften des DGB haben mittlerweile die DGB-Rechtsschutz GmbH gegründet, die in der Regel für die gerichtliche Interessenvertretung zuständig ist. Ähnlich wie bei der Einschätzung von Anwälten gibt es auch im gewerkschaftlichen Rechtsschutz große regionale Unterschiede. Auch hier sollten Empfehlungen aktiver und erfahrener (Gewerkschafts-) Kolleginnen und Kollegen eingeholt und darauf geachtet werden, dass möglichst ein persönlicher Kontakt zum Prozessvertreter hergestellt und Strategie und Taktik des Vorgehens ausführlich gemeinsam besprochen werden können.

4.3.2.3 Kosten eines Kündigungsschutzprozesses unter Einschaltung eines eigenen Anwalts

Wer nicht Gewerkschaftsmitglied ist und daher nicht auf den gewerkschaftlichen Rechtsschutz zurückgreifen kann, muss sich über das gegebene Prozesskostenrisiko informieren.

4.3.2.3.1 Rechtsschutzversicherung

Das gilt vor allem, wenn kein Rechtsschutzversicherungsvertrag abgeschlossen wurde. Es nützt auch nichts, im Konfliktfalle noch eine solche Versicherung abzuschließen. § 4 Abs. 1 Satz 3 ARB 2010[28] regelt, dass Rechtsschutz nur in solchen Fällen gewährt wird, die drei Monate **nach** Beitritt zur Versicherung **entstanden** sind.[29]

Für den risikobewussten und -bereiten Arbeitnehmer sollte daher rechtzeitige **Vorsorge** durch Abschluss einer **Rechtsschutzversicherung** getroffen werden. Ohne Rechtsschutz kann nämlich sowohl ein Kündigungsschutzprozess als auch die außergerichtliche Interessenvertretung teuer werden.

4.3.2.3.2 Berechnung nach Streitwert

Die Höhe der Anwaltskosten orientiert sich am so genannten **Streitwert** (auch Gegenstandswert genannt). Dieser richtet sich im Falle einer Kündigung nach den durchschnittlichen **Bruttomonatsbezügen** des gekündigten Arbeitnehmers, die dieser **innerhalb von drei Monaten** erzielt.[30] Nur bei sehr kurzen Beschäftigungszeiten von weniger als einem Jahr weichen einige Arbeitsgerichte von diesem Streitwert nach unten ab.

Bei einem Bruttomonatseinkommen von z. B. € 2500,00 (Beispiel 1) beträgt der Streitwert mithin € 7500,00 (Beispiel 2: Bruttomonatseinkommen € 3500,00, Streitwert: € 10 500,00).

Wird nun ein **Kündigungsschutzprozess** geführt, entsteht zunächst eine **Verfahrensgebühr,** die sich in diesem Fall nach Nr. 3100 VV[31] (Vergütungsverzeichnis zum RVG = Rechtsanwaltsvergütungsgesetz) erstinstanzlich auf das 1,3-fache beläuft. Dies sind im Beispiel 1 € 592,80 bzw. in Beispiel 2 € 785,20. Hinzu kommt noch eine **Terminsgebühr,** die anfällt für die Wahrnehmung gerichtlicher Termine aber auch bei Besprechungen der Anwälte außerhalb des Gerichts. Die Terminsgebühr

---

28 Vgl. ARB =Allgemeine Bedingungen für die Rechtsschutzversicherungen; ebenso an gleicher Stelle in den ARB 94; deckungsgleiche Vorschrift in § 14 Abs. 3 ARB 75.

29 Vgl. zu den Einzelheiten Looschelders/Paffenholz, § 4 ARB 2010 Rn. 51 ff. m. w. N., dort insbesondere zu den Besonderheiten bei der Wartezeit im sog. Arbeits-Rechtsschutz.

30 Siehe § 42 Abs. 4 GKG: »Für die Wertberechnung bei Rechtsstreitigkeiten vor den Gerichten für Arbeitssachen über das Bestehen, das Nichtbestehen oder die Kündigung eines Arbeitsverhältnisses ist höchstens der Betrag des für die Dauer eines Vierteljahres zu leistenden Arbeitsentgelts maßgebend«.

31 Ein Ausschnitt aus der Gebührentabelle zum RVG ist im Anhang unter B 7. abgedruckt.

beträgt nach Nr. 3104 VV das 1,2-fache. Das bedeutet in Beispiel 1 weitere € 547,20 bzw. in Beispiel 2 weitere € 724,80. Mit einer Terminsgebühr ist auch eine eventuelle Beweisaufnahme im Prozess oder die früher nach der BRAGO noch übliche Erörterungsgebühr abgedeckt.

Endet der Prozess – z. B. bei Zahlung einer Abfindung – durch **Vergleich**, entsteht eine weitere, die so genannte **Einigungsgebühr** in Höhe des 1,0-fachen nach Nr. 1003 VV. Das sind in Beispiel 1 € 456,00 bzw. in Beispiel 2 € 604,00. Hinzu kommt nach Nr. 7002 VV eine Auslagenpauschale von € 20,00. Auf die Gebühren hat der Anwalt schließlich noch die Mehrwertsteuer in der jeweils gesetzlichen Höhe zu erheben.[32]

Das bedeutet, dass im hier gewählten Beispielsfall folgendes Anwaltshonorar auszugleichen wäre:

Beispiel 1:

Gegenstandswert: € 7500,00	
Gebühr gem. Nr. 3100 VV	€ 592,80
Gebühr gem. Nr. 3104 VV	€ 547,20
Gebühr gem. Nr. 1003 VV	€ 456,00
Auslagen gem. Nr. 7002 VV	€ 20,00
19 % MWSt.	€ 307,04
Summe	€ 1923,04

Beispiel 2:

Gegenstandswert: € 10 500,00	
Gebühr gem. Nr. 3100 VV	€ 785,20
Gebühr gem. Nr. 3104 VV	€ 724,80
Gebühr gem. Nr. 1003 VV	€ 604,00
Auslagen gem. Nr. 7002 VV	€ 20,00
19 % MWSt.	€ 405,46
Summe	€ 2539,46

Die Vergleichsgebühr entsteht natürlich nur, wenn eine Prozessbeendigung im gemeinsamen Interesse zustande gekommen ist, also beide Seiten ausdrücklich ihre Zustimmung hierzu erteilt haben. Der Arbeitnehmer wird eine solche Lösung in aller Regel aber nur dann akzeptieren, wenn damit eine für ihn (wirtschaftlich) vernünftige Vergleichslösung verbunden ist. Wird der Prozess hingegen durch Urteil beendet, so entstehen in aller Regel nur zwei Gebühren, nämlich die erwähnte Verfahrens- und Terminsgebühr.

---

32 Bei Redaktionsschluss waren dies 19 %.

4.3.2.3.3 Gerichtskosten

Schließlich entstehen Gerichtskosten. Im Falle eines Vergleiches entfallen diese allerdings bzw. reduzieren sich auf bereits entstandene Auslagen für Zeugen usw. Bei Verfahrensbeendigung durch Urteil entstehen **Gerichtsgebühren**, die ebenfalls nach Streitwerten gestaffelt sind. Im Beispiel 1 (Gegenstandswert € 7 500,00 beträgt die Gerichtsgebühr € 609,00, im Beispiel 2 (Gegenstandswert € 10 500,00) € 801,00.[33]

Im Verfahren vor dem Landes- und Bundesarbeitsgericht erhöhen sich die Gebühren (jeweils unterstellt, das Verfahren endet in der entsprechenden Instanz durch Urteil) auf € 812,00 (Beispiel 1) bzw. € 1068,00 (Beispiel 2) beim LAG. Beim BAG werden sogar Gerichtsgebühren von € 1015,00 (Beispiel 1) bzw. von € 1335,00 (Beispiel 2) erhoben.

Nach § 12 Abs. 4 ArbGG werden die Gerichtskosten aber erst fällig, wenn das Verfahren in dem jeweiligen Rechtszug beendet worden ist. Im Unterschied zum normalen Zivilprozess werden Kostenvorschüsse nicht erhoben.

4.3.2.3.4 Streitwerterhöhende Maßnahmen

Die oben erläuterten Kostenbeispiele beruhen auf einem Streitwert, der sich nach den in drei Monaten bezogenen Bruttogehältern bemisst. Dieser Streitwert kann sich allerdings erhöhen, wenn **weitere Gegenstände** in den Prozess einbezogen werden, seien es **ausstehende Gehälter, Schadensersatzleistungen** (z. B. wegen Entzug des Dienstfahrzeugs o. Ä.), Ausstellung eines **Zeugnis**ses, nicht beglichene Spesenabrechnungen usw. Solche streitwert- und damit kostenerhöhende Schritte sollten daher in der Regel zwischen Anwalt und Mandant vorab abgesprochen werden. So wird z. B. ein Streit, ob und mit welchem Inhalt ein Zeugnis ausgefüllt werden soll, mit einem Bruttomonatsgehalt bewertet. In unserem Beispiel 1 würde sich der Streitwert nunmehr auf € 10 000,00 (€ 14 000,00 in Beispiel 2) belaufen.

Wegen der sich erhöhenden Kostenrisiken ist also bei weiteren Klaganträgen eine vorherige Abstimmung mit dem eingeschalteten Anwalt geboten.

In 2. und 3. Instanz erhöht sich die Verfahrensgebühr auf das 1,6-fache.[34]

---

33 Vgl. Anlage 2 zu § 34 GKG (die Gebührentabelle findet sich auszugsweise im Anhang unter B 6.), auf Gerichtsgebühren wird keine Mehrwertsteuer erhoben.
34 Bei einem Streitwert von € 7 500,00 beträgt dann eine Anwaltsgebühr € 729,60 bzw. € 966,40 bei einem Streitwert von € 10 500,00.

4.3.2.3.5 Abfindung und Gebühren

In allen Instanzen gilt der Grundsatz, dass eine **Abfindung,** wie hoch sie auch ausfallen mag, **keinen Einfluss auf den Streitwert** hat, somit also die Gebührenhöhe **nicht** beeinflusst. In § 42 Abs. 4 S. 1 GKG ist ausdrücklich bestimmt, dass bei der Wertberechnung »eine Abfindung ... nicht hinzugerechnet« wird.

Dies ist ein bedeutsamer gesetzlicher Schutz für solche Mandanten, deren Anwälte möglicherweise nur ihr Gebührenaufkommen im Blick haben.

4.3.2.3.6 Verbot von Erfolgshonorar

Ein nicht minder wichtiger Schutz für betroffene Arbeitnehmer im Kündigungsfalle sind die derzeit noch geltenden Einschränkungen, ein Erfolgshonorar zu vereinbaren.[35] Von der Höhe einer auszuhandelnden Abfindung darf also das Honorar in einer schriftlichen Honorarvereinbarung in der Regel nicht abhängig gemacht werden, ebenso wenig wie es zulässig wäre, sich – wie im amerikanischen Rechtsraum – vorab einen Teil des zu erstreitenden Betrages als Honorar abtreten zu lassen. Eine unter Umgehung der engen Voraussetzungen des § 4a RVG und der Formvorschriften des § 3a RVG abgeschlossene Honorarvereinbarung ist unwirksam und begründet keinen Honoraranspruch des Anwalts.[36] Ausgerechnet dann, wenn die Voraussetzungen für die Bewilligung von Beratungs- und Prozesskostenhilfe erfüllt sind, kann ab 1.1.2014 im Einzelfall ein Erfolgshonorar dann vereinbart werden, wenn der Auftraggeber anderenfalls »von der Rechtsverfolgung abgehalten würde« (vgl. § 4a Abs. 1 RVG). Bei Prozessverlust ist dann keine oder nur eine geringere als die gesetzliche Vergütung geschuldet.

Allerdings kann generell vereinbart werden, dass höhere als die eigentlich einschlägigen Streitwerte zugrunde gelegt werden oder dass die Angelegenheit auf der Basis von Zeithonorar (z. B. auf der Basis bestimmter Stundensätze) oder mit einem Pauschalbetrag abgerechnet wird. Eine solche Regelung kann mit dem Anwalt aber nur bei Einhaltung der Textform, getrennt vom Vollmachtsformular und außerhalb anderer Vereinbarungen – zudem verbunden mit bestimmten Belehrungen und Hinweisen (vgl. § 3a Abs. 1 RVG) – wirksam abgeschlossen werden.

---

35 Vgl. BVerfG vom 12. 12. 2006 – 1 BvR 2576/04, NJW 2007, 979.
36 Vgl. ausführlich Mayer/Kroiß-Teubel, § 4b RVG Rn. 5 ff.

4.3.2.3.7 Ausschluss der Kostenerstattung

Neben diesen eher seltenen und in der Praxis argwöhnisch zu prüfenden Auswüchsen von Honorarwünschen besteht im Arbeitsgerichtsverfahren die Besonderheit, dass in 1. Instanz keine Seite den Anspruch hat (im Falle eines Prozessgewinns), die eigenen Anwaltskosten erstattet zu bekommen.

Das bedeutet, dass in 1. Instanz jede Seite ihre eigenen Anwaltskosten nicht nur dann tragen muss, wenn der Prozess verloren geht – was auch im Zivilprozess selbstverständlich ist –, sondern auch dann, wenn der Prozess gewonnen oder durch Vergleich beendet wird. Auf diesen **Ausschluss der Kostenerstattung** hat der Anwalt gem. § 12a Abs. 1 Satz 2 ArbGG den Mandanten ausdrücklich hinzuweisen – am besten in Form einer schriftlichen Belehrung. Diese Sonderregelung hat aber zugleich den Vorteil, dass auch bei verlorenem Prozess in der I. Instanz der gegnerischen Partei keinerlei Kosten erstattet werden müssen.

Ein Abweichen hiervon ist nur möglich, wenn sich beide Prozessparteien darauf verständigen, dass eine Seite sämtliche Kosten übernimmt. Dies geschieht gelegentlich in der Weise, dass der Arbeitgeber die Anwaltskosten der Arbeitnehmerseite ausdrücklich »wirtschaftlich« als Teil einer Abfindungslösung übernimmt.

4.3.2.3.8 Prozesskostenhilfe

Ist eine Partei nach ihren persönlichen und wirtschaftlichen Verhältnissen nicht in der Lage, die Prozesskosten ganz oder teilweise zu übernehmen, so kann auf Antrag **Prozesskostenhilfe** gem. § 114 Abs. 1 ZPO bewilligt werden. Dazu müssen bestimmte Einkommensgrenzen beachtet werden, die je nach Familienstand, Unterhaltpflichten, Mietkosten und Berücksichtigung von Kreditverpflichtungen variieren. Prozesskostenhilfe wird nach § 11a ArbGG aber nur bewilligt, wenn dem Arbeitnehmer **kein** gewerkschaftlicher Rechtsschutz zur Seite steht.

Voraussetzung für die Bewilligung von Prozesskostenhilfe ist ferner, dass die beabsichtigte Rechtsverfolgung nach § 114 ZPO hinreichende **Aussicht auf Erfolg** bietet und nicht mutwillig erscheint. Gerade bei einem Arbeitnehmer, der sich gegen eine (typischerweise) betriebsbedingte Kündigung wendet, wird an den Voraussetzungen im Hinblick auf eine Erfolgsaussicht kaum je zu zweifeln sein, zumal das Gericht zu Beginn des Kündigungsschutzprozesses ohnehin nicht alle Einzelheiten des Falles überblicken und daher in aller Regel auch den Sachverhalt erst gründlich aufklären muss.

Ohne Prüfung der Erfolgsaussicht kann allerdings auch dann ein Anwalt dem Arbeitnehmer beigeordnet werden, wenn die Gegenseite anwaltlich vertreten ist. Auch in diesem Fall müssen allerdings die Einkommensgrenzen des § 115 ZPO berücksichtigt werden.

Üblicherweise wird ein für die Kündigungsschutzklage gestellter Antrag auf Prozesskostenhilfe auch auf die später noch in den Prozess eingeführten Ansprüche zu erweitern sein.

Dafür ist es jedoch erforderlich, im Prozess jeweils bei weiteren Anträgen zu beantragen, die Prozesskostenhilfe auch hierfür zu bewilligen. Es empfiehlt sich, vorsorglich auch bei Abschluss eines Vergleichs dafür Sorge zu tragen, dass das Gericht erklärt, dass die Prozesskostenhilfe auch den Abschluss des Vergleiches umfasst.[37]

Eine erzielte Abfindung kann nach einer Entscheidung des BAG allerdings als Vermögenswert des antragstellenden Arbeitnehmers zu bewerten sein mit dem Ergebnis, dass die Abfindungssumme nach § 120 Abs. 4 ZPO einzusetzen ist, wenn der entsprechende Geldbetrag tatsächlich zugeflossen ist.[38] In der gleichen Entscheidung hat das BAG aber eingeräumt, dass neben dem so genannten Notgroschen (€ 2600,00 für den Antragsteller, weitere Beträge für Familienangehörige sind aufstockend zu berücksichtigen – vgl. § 90 Abs. 2 Nr. 9 SGB XII) auch weitere Freibeträge ggf. beim PKH-Berechtigten verbleiben müssen. Für solche Kosten, die sich aus dem Verlust des Arbeitsplatzes ergeben, z. B. für Bewerbungen, Fahrten, u. U. auch für Qualifikationsmaßnahmen und Umzug, schlägt das BAG vor, hier nochmals den Schonbetrag von € 2600,00 einzusetzen.[39]

4.3.2.4 Kosten der anwaltlichen Inanspruchnahme bei außergerichtlichem Tätigwerden

Anwaltsgebühren entstehen aber nicht nur im Falle eines Rechtsstreits, sondern auch wenn der Anwalt außergerichtlich zur Beratung aufgesucht wird.

4.3.2.4.1 Begrenzung der Gebühr bei der Erstberatung

Zum Schutz des rechtsuchenden Publikums ist in das Rechtsanwaltsvergütungsgesetz für die so genannte **Erstberatung** eine Begrenzung auf € 190,00 (zzgl. Mehrwertsteuer und ggf. Auslagen) eingeführt worden

---

37 Schubert, § 3 Rn. 45.
38 BAG vom 24.4.2006 – 3 AZB 12/05, NZA 2006, 751.
39 BAG vom 24.4.2006, a.a.O.

(siehe § 34 Abs. 1 Satz 3 RVG). Eine Erstberatung liegt in aller Regel aber nur dann vor, wenn die Sache in einer einmaligen Besprechung beim Anwalt behandelt wird, dieser keine zusätzlichen Recherchen anstellt und in der Regel nur die Erfolgsaussichten einer eventuellen juristischen Gegenwehr besprochen werden. Die rechtsuchende Partei sollte in diesem Zusammenhang den aufgesuchten Anwalt ausdrücklich darum bitten, vorab zu erläutern, wann für diesen der Bereich der Erstberatung verlassen wird. Wesentlicher Inhalt einer Erstberatung dürfte im Übrigen sein, dass das Kostenrisiko für das Verfahren im Einzelnen vom Anwalt erläutert wird, damit der Arbeitnehmer weiß, was schlimmstenfalls auf ihn zukommen kann.

4.3.2.4.2 Außergerichtliche Tätigkeit

Entschließt sich der Arbeitnehmer nun, weiter beraten zu werden, so beträgt die Gebühr für den typischen Arbeitnehmer (der qua Definition gleichzeitig Verbraucher ist) maximal € 250,00 zzgl. MwSt., es sei denn, er hat mit dem Anwalt eine schriftliche Vereinbarung über eine darüber hinausgehende Vergütung getroffen (vgl. § 34 RVG). Wird mit dem Anwalt vereinbart, dass dieser für ihn außergerichtlich tätig wird, entstehen Gebühren, die ebenso wie im Falle eines Rechtsstreits sich nach dem Streitwert beziffern. Im Unterschied zu den Prozessgebühren, die unmittelbar festgelegt sind, ist bei außergerichtlichem Tätigwerden eine Gebührenbestimmung durch den Anwalt möglich zwischen dem 0,5- bis 2,5-fachen einer Geschäftsgebühr (Nr. 2300 VV). Üblicherweise wird, wenn die Sache keine besonderen Schwierigkeiten in tatsächlicher oder rechtlicher Hinsicht aufweist, eine so genannte Mittelgebühr berechnet. Diese 1,5-fache Gebühr beläuft sich in unserem Beispiel 1 (Streitwert € 7500,00) auf € 684,00 (zzgl. Auslagen und Mehrwertsteuer), in Beispiel 2 mit € 10 500,00 Streitwert auf € 906,00. Werden im Rahmen des außergerichtlichen Tätigwerdens des Anwalts Verhandlungen mit der Gegenseite aufgenommen, entstehen dafür keine weiteren Gebührentatbestände. Die Führung außergerichtlicher Verhandlungen kann aber im Rahmen der Bemessung der Gebührenhöhe entsprechend berücksichtigt werden.

Gegenstandswert:	Beispiel 1 (€ 7500,00)	Beispiel 2 (€ 10500,00)
Gebühr gem. Nr. 2300 VV	€ 684,00	€ 906,00
Auslagen gem. Nr. 7002 VV	€ 20,00	€ 20,00
19 % MWSt.	€ 133,76	€ 175,94
Summe	€ 837,76	€ 1101,94

4.3.2.4.3 Besonderheiten beim Vergleich

Zur Entlastung der Gerichte hat der Gesetzgeber dafür gesorgt, dass das außergerichtliche Zustandekommen eines Vergleichs belohnt wird. Im Unterschied zu einem gerichtlichen Vergleich belaufen sich die Kosten für einen außergerichtlichen Vergleich auf eine so genannte 1,5-Gebühr, also das $1^1/_2$-fache des in einem Gerichtsverfahren entstehenden Gebührenwerts. Kommt also ein außergerichtlicher Vergleich nach Verhandlungen mit der Gegenseite zustande, entsteht bei Ansatz der 1,5-fachen Mittelgebühr also insgesamt mit der Vergleichsgebühr das 3,0-fache der Gebühr.

4.3.2.4.4 Anrechnung der Gebühren im Falle eines Prozesses

Der Rat suchende Bürger, der zunächst seinen Anwalt bittet, außergerichtlich für ihn tätig zu werden, um etwa im Falle der Kündigung eine interessengerechte Abfindungsvereinbarung durchzusetzen, muss allerdings nicht befürchten, nun vollständig doppelt bezahlen zu müssen. Ist vielmehr in der gleichen Sache eine Geschäftsgebühr für außergerichtliche Aktivitäten entstanden, ist diese Gebühr zur Hälfte, jedoch höchstens mit einem Gebührensatz von 0,75 auf die Verfahrensgebühr des gerichtlichen Verfahrens anzurechnen.

Da die nachfolgenden gerichtlichen Schritte nun regelmäßig nur dann erfolgen, wenn nicht zuvor eine außergerichtliche Einigung zustande gekommen ist, wird also auch keine Einigungsgebühr entstanden sein. Fazit: In dieser Konstellation ist in aller Regel also nur die »halbe« Geschäftsgebühr geschuldet.

4.3.2.4.5 Begrenzung des Streitwerts auf den Dreimonatsbezug auch bei außergerichtlicher Einigung

Es war lange umstritten, ob die Wertbegrenzung auf drei Bruttomonatsgehälter als Streitwert auch für das außergerichtliche Tätigwerden von Anwälten gilt. So gab es einige Anwälte, die bei außergerichtlichem Vergleich die Abfindung streitwertmäßig mit den drei üblichen Bruttomonatsgehältern addierten. Dieser Hinzurechnung der Abfindung hat das Bundesarbeitsgericht ein Ende bereitet und entschieden, dass auch bei einem außergerichtlich ausgehandelten Aufhebungsvertrag die Gebührenforderung sich ausschließlich an den gerichtlichen Wertvorschriften, die jetzt in § 42 Abs. 4 GKG zu finden sind, ausrichtet.[40]

---

40 Vgl. BAG vom 16.5.2000 – 9 AZR 279/99, NZA 2000, 1246ff.

Das dürfte in vielen Fällen das Kostenrisiko erheblich überschaubarer gestalten, gerade wenn es um hohe Abfindungssummen geht.

4.3.2.4.6 Übernahme der Kosten durch die Rechtsschutzversicherung

Besteht eine Rechtsschutzversicherung, ist diese im Falle einer Kündigung auch dann verpflichtet, die anwaltlichen Kosten zu übernehmen, wenn es nicht zu einem Prozess kommt. Sehr unterschiedlich ist allerdings die Praxis, wenn mit anwaltlicher Hilfe über eine Aufhebungsvereinbarung verhandelt und diese zum Abschluss gebracht wird, **ohne** dass eine Kündigung offiziell in schriftlicher Form (vgl. § 623 BGB) ausgesprochen wurde. Hier ziehen sich eine Reihe von Rechtsschutzversicherungen darauf zurück, dass es an einem Rechtsverstoß des Arbeitgebers fehle, was aber Voraussetzung für das Eintreten eines Versicherungsfalles und damit für die Erteilung der Deckungszusage wäre. Es liegt dann an dem Arbeitnehmer bzw. seinem Anwalt, darzulegen, dass die Gespräche über den Aufhebungsvertrag nicht »im luftleeren Raum« entstanden oder auf Initiative des Arbeitnehmers eingeleitet worden sind, sondern dass der Arbeitgeber das Arbeitsverhältnis auf jeden Fall beenden wolle, sei es mit oder ohne Aufhebungsvereinbarung. Die konkrete Drohung mit einer Kündigung, eine angedrohte oder bereits umgesetzte Herabgruppierung bzw. Versetzung auf einen anderen, u. U. nicht adäquaten Arbeitsplatz, diverse Abmahnungen, die unverlangte und möglicherweise noch mit Reaktionsfristen versehene Zuleitung von Aufhebungsangeboten etc. sind solche Schritte, die erkennen lassen, dass der Arbeitgeber nicht am Vertrag mit dem Arbeitnehmer festhalten will. Dies indiziert den Rechtsverstoß. Kann also der mutmaßliche Rechtsverstoß mit konkreten Tatsachen untermauert werden, ist nach richtiger Auffassung die Rechtsschutzversicherung verpflichtet, Deckungszusage zu erteilen.

Für einen Rechtsverstoß im Sinne der Rechtsschutzversicherungsbedingungen (ARB) genügt jeder tatsächliche, objektiv feststellbare Vorgang, der die Anbahnung eines Rechtskonflikts in sich trägt. Dies ist auch bei Androhung einer betriebsbedingten Kündigung der Fall.[41] Dabei beschränkt sich der Versicherungsschutz nicht nur auf die Kosten, die unmittelbar durch die angedrohte Kündigung ausgelöst werden, sondern umfasst – nach allerdings umstrittener Auffassung – auch die Positionen eines Aufhebungsvertrages, die nicht im Streit stehen (etwa

---

41 OLG Saarbrücken vom 19. 7. 2006 – 5 U 719/05, NJW 2006, 3730.

die Zeugniserteilung). Die notwendige und gebotene Interessenswahrnehmung durch den Anwalt erstreckt sich »gerade auch darauf, besonders günstige Möglichkeiten für die Aufhebung des Arbeitsverhältnisses auszuhandeln«.[42] Dies wäre mittlerweile auch höchstrichterlich durch den Bundesgerichtshof so entschieden worden, wenn nicht in der Revisionsverhandlung in einem entsprechend gelagerten Fall die verklagte Rechtsschutzversicherung kurzerhand den Anspruch anerkannt hätte.[43]

Weitere Versuche zur Einschränkung der Gebührenansprüche unternehmen die Rechtsschutzversicherungen – mit viel Einsatz – im Zusammenhang mit dem Abschluss von Aufhebungsverträgen und -vergleichen, wenn weitere über die Auflösung und Abfindung hinausgehende Themen miterledigt werden und dies zu einer Erhöhung der Streitwerte führt. Immer dann, wenn die Erledigung dieser zusätzlichen Punkte (z. B. Zeugnis, Freistellung, Dienstwagennutzung, Boni) geeignet ist, weiteren Streit (damit weitere Rechtsschutzfälle) und weitere Kosten zu vermeiden, und diese Tätigkeit mit dem eigentlichen Streitgegenstand (Auflösung des Arbeitsverhältnisses) im rechtlichen Zusammenhang steht, sind jedoch die Rechtsschutzversicherungen eintrittspflichtig.[44] Um dies zugunsten des Auftraggebers möglichst optimal zu lösen, sollten rechtzeitig die im Vergleich zu regelnden Themen auch offensiv in die Interessensvertretung einbezogen werden (etwa mit den typischen Fragestellungen: Freistellung bzw. Weiterbeschäftigung, Zeugnis, ausstehende Gratifikationen etc.) und dies verbunden mit der Forderung nach Deckungszusage gegenüber den Rechtschutzversicherungen kommuniziert werden.

Ggf. kann auch im Rahmen der Abfindungsverhandlungen darauf hingewirkt werden, dass wegen der eventuell nicht oder nicht vollständig von der Rechtsschutzversicherung übernommenen Kosten dieser Gesichtspunkt bei der Abfindungshöhe entsprechend kompensiert werden. Hinweise dazu dürfen aber erst zu einem Zeitpunkt gegenüber der Gegenseite erfolgen, wenn die Hauptthemen der Aufhebung bereits geeint sind und keine prozessualen Stressmomente mehr zu erwarten sind – sonst wäre der Hinweis auf einen »schwachen« Rechtsschutz ein Eigentor!

---

42 OLG Saarbrücken vom 19.7.2006, a.a.O.; eine Zusammenstellung weiterer in die gleiche Richtung gehender Entscheidungen findet sich bei Kallenbach, AnwBl. 2009, 784.
43 BGH, Hinweis im Verfahren zum Az. IV ZR 352/07, zitiert nach Kallenbach, a.a.O.
44 Grundlegend BGH vom 14.9.2005 – IV ZR 145/04, NZA 2006, 229.

4.4 Überlegungen zur Verhandlungsstrategie

Ist die Frage des Rechtsschutzes geklärt oder nimmt die betreffende Partei es in Kauf, die Anwaltskosten selbst zu tragen, geht es darum, möglichst frühzeitig gemeinsam mit dem eigenen Interessenvertreter eine Verhandlungsstrategie zu entwickeln.

4.4.1 Einschätzung der Rechtslage

Gerade zu Beginn eines Kündigungsschutzverfahrens, wenn der Arbeitgeber beispielsweise noch nicht auf die eingereichte Klage im Rahmen seiner Darlegungs- und Nachweispflicht zur Rechtfertigung der Kündigung vorgetragen hat, bestehen naturgemäß große Unwägbarkeiten, die eine abschließende Einschätzung der Prozessaussichten erschweren. Andererseits sind neben der Kündigung oft Informationen bekannt geworden, aus denen etwa hervorgeht, auf welche Gründe z. B. eine betriebsbedingte Kündigung gestützt werden dürfte. Geht es um Vorwürfe im Verhaltensbereich, sind diese in aller Regel vorher Thema entsprechender Gespräche gewesen. Ist bei der Kündigung ein Betriebsrat im Rahmen von § 102 BetrVG angehört worden, so sind die zur Begründung der Kündigung dort vorgetragenen Argumente des Arbeitgebers zu überprüfen. Lässt die Einschätzung der Rechtslage erkennen, dass voraussichtlich eine Kündigungsschutzklage Erfolg haben könnte, rechtfertigt dies naturgemäß eine offensivere Strategie bei den Abfindungsverhandlungen, als wenn das Verfahren eher als schwierig bis aussichtslos zu bewerten ist.

Je nach Prozesslage ist regelmäßig zwischen Partei und Rechtsvertretung zu überprüfen, ob die ursprünglich eingenommene Rechtsposition noch Bestand hat, um dann ggf. den eingeschlagenen Weg zu modifizieren.

4.4.2 Einschätzung der Interessenlage

Nicht minder wichtig wie die Beurteilung der rechtlichen Situation ist die Einschätzung der eigenen Interessenlage.

Gerade zu Beginn, wenn die Kündigung eben ausgesprochen oder noch unterwegs ist, wird vom Arbeitnehmer die zentrale Fragestellung zu beantworten sein, ob er – ggf. um jeden Preis – an seinem Arbeitsplatz festhalten will oder ob für ihn die Möglichkeit einer Beendigung des Arbeitsverhältnisses gegen Zahlung einer angemessenen Abfindung in Betracht kommt. Das Beharren auf dem Arbeitsplatz – das eigentliche Ziel des Kündigungsschutzes – ist vor allem dort nachvollziehbar, wo die Arbeitsmarktlage voraussichtlich keine Anschlussbeschäftigung, jedenfalls nicht zu annähernd vergleichbaren Bedingungen wie bisher, gewährleistet. Auch bei älteren Arbeitnehmern ist dieser Gedanke oft vorherrschend, da besonders sie Schwierigkeiten haben, wieder einen neuen Arbeitsplatz zu finden. Ein solcher steht zudem oft nur zu deutlich schlechteren Konditionen zur Verfügung.

Demgegenüber macht es aber wenig Sinn, die Verteidigung des Arbeitsplatzes als einzige Alternative zu verfolgen, wenn die juristischen Chancen eines Kündigungsschutzprozesses als eher bedenklich einzustufen sind. Hier kann am Ende weder das eine noch das andere erreicht worden sein: Wird der Kündigungsschutzprozess verloren, wird das Arbeitsverhältnis beendet – ohne dass eine Abfindung gezahlt wird. Andere Beschäftigte hingegen favorisieren von vornherein die Abfindungslösung ohne ggf. zu bedenken, dass der Arbeitgeber, wenn er dies erkennt, in jedem Stadium des Kündigungsschutzprozesses seine Kündigung zurücknehmen kann und damit ärgerlicherweise dem Arbeitnehmer zumutet, beim gleichen Arbeitgeber weiterzuarbeiten, obwohl gerade dies nicht (mehr) gewollt ist.

Es bedarf also durchaus gründlicher Analyse der eigenen Interessenlage und gleichzeitiger Reflektion dessen, was voraussichtlich die Rechtsposition hergibt. Hat sich ein Arbeitnehmer in einer solchen Gemengelage mit seinem Rechtsvertreter zu einer gemeinsamen Strategie entschlossen, sollte diese dann aber auch konsequent eingehalten werden.

4.4.3 Durchhaltevermögen

Bei allen strategischen und taktischen Überlegungen zum weiteren Vorgehen muss zudem der **Zeitfaktor** berücksichtigt werden und dies in mehrfacher Hinsicht:

4.4.3.1 In finanzieller Hinsicht

Zeit bedeutet Geld. Neben der Frage, ob der Rechtsschutz gewährleistet ist (vgl. oben 4.3.2, Seite 105), muss auch damit gerechnet werden, dass der Kündigungsschutzprozess üblicherweise nicht innerhalb der normalen Kündigungsfrist beendet werden kann. Selbst Arbeitnehmer, die länger als 20 Jahre im Beschäftigungsverhältnis standen und demnach über eine gesetzliche Kündigungsfrist von sieben Monaten zum Ende eines Kalendermonats gem. § 622 Abs. 2 Nr. 7 BGB verfügen, können nicht in diesem Zeitraum mit einem Urteil auch nur in 1. Instanz rechnen. Beschäftigte müssen sich also darauf einstellen, wenn es nicht gelingt, einen Weiterbeschäftigungsanspruch durchzusetzen, dass sie nach Ablauf der Kündigungsfrist vorläufig Arbeitslosengeld beziehen müssen, wodurch der Lebensstandard deutliche Einbußen erleidet. Das Arbeitslosengeld beträgt gem. § 149 Nr. 2 SGB III in der Regel 60 % des letzten Nettogehalts, bei denen, die Unterhaltsverpflichtungen haben, gem. § 149 Nr. 1 SGB III 67 %. Bestehen beispielsweise in einem solchen Fall hohe Abzahlungsverbindlichkeiten, sollte schon frühzeitig geprüft werden, ob sich solche Zahlungsverpflichtungen ggf. strecken oder stunden lassen, damit über den Beschäftigten nicht ein finanzielles Fiasko hereinbricht.

4.4.3.2 In psychologischer Hinsicht

Durchhaltevermögen hat neben der finanziellen Dimension auch einen psychologischen Hintergrund. Das Führen eines längeren Prozesses verlangt viel Geduld und die Fähigkeit, sich gründlich (und sachlich) mit den möglicherweise unsinnigsten – und gelegentlich auch z. B. die Einsatzbereitschaft und fachliche Kompetenz des betroffenen Kollegen außerordentlich herabwürdigenden – Behauptungen der Gegenseite auseinanderzusetzen, um den eigenen Vortrag im Kündigungsschutzprozess zu optimieren. Dabei kann es je nach Prozesssituation ein Auf und Ab des jeweiligen Gefühlslebens geben, womit nicht jeder so einfach umgehen kann. Es bedarf daher auch psychologisch eines »langen Atems«, um ggf. trotz Anfeindungen und Stimmungsmache sich durchzusetzen und um ein persönlich angemessenes Ergebnis zu erreichen.

Streiten will gelernt sein, wobei natürlich nicht vernachlässigt werden darf, dass der Streit vor Gericht im Wesentlichen durch die Rechtsvertreter ausgetragen wird, so dass jedenfalls insoweit eine Entlastung auch in psychologischer Hinsicht zu erwarten ist. Zudem ist es oft so, dass im Laufe eines Verfahrens die Fähigkeit wächst, sich zu wehren.

4.4.4 Gründe für eine schnelle Lösung

Neben der finanziellen und psychologischen Dimension kann es auch sehr handfeste Gründe geben, auf eine schnelle Lösung zur Auflösung des Arbeitsverhältnisses zu drängen. Dies ist beispielsweise dort sinnvoll, wo sich abzeichnet, dass der Arbeitnehmer bereits kurzfristig ein neues Arbeitsverhältnis zu vernünftigen Bedingungen eingehen kann, wobei ein neuer Arbeitsvertrag ggf. blockiert sein könnte, solange der Kündigungsschutzprozess noch über längere Strecken läuft. Zwar gibt es nach gewonnenem Kündigungsschutzprozess eine Wahlmöglichkeit, ob nämlich das alte Arbeitsverhältnis fortgesetzt oder aber wegen des Antritts einer neuen Stelle verweigert wird.[45]

Das Bekanntwerden eines neuen Arbeitsverhältnisses wird in aller Regel aber die Vergleichsbereitschaft des Arbeitgebers zur Zahlung einer angemessenen Abfindung deutlich reduzieren. Das Suchen nach einer Abfindungslösung schon im frühen Stadium kann auch sinnvoll sein, wenn beispielsweise nach länger andauernder Erkrankung der Eintritt einer Berufs- oder Erwerbsunfähigkeit droht. Kaum ein Arbeitgeber wird nachvollziehbar bereit sein, einem Arbeitnehmer noch eine Abfindung zu zahlen, wenn eine Weiterbeschäftigung schon faktisch ausscheidet, weil der Arbeitnehmer hierzu gesundheitlich nicht mehr in der Lage ist.

Auch bei drohender Insolvenz des Arbeitgebers ist es angezeigt, den Versuch zu unternehmen, noch vor dem Eintritt der Zahlungsunfähigkeit eine Abfindungslösung nicht nur zu vereinbaren, sondern nach Möglichkeit auch die rasche Auszahlung der Abfindung – ggf. gesichert durch eine Bankbürgschaft – durchzusetzen.

4.4.5 Nachhaltige Interessenvertretung

Besteht keine Bereitschaft auf der anderen Seite, eine Abfindungslösung zu akzeptieren oder kommen Verhandlungen hierüber gar nicht erst in Gang, muss sich insbesondere der Arbeitnehmer auf eine längere Verfahrensdauer einrichten. Oft ist es dem Arbeitnehmer unangenehm, bis zum Ablauf der Kündigungsfrist oder sogar noch danach bei erfolgreich durchgesetztem Weiterbeschäftigungsanspruch weiter tagtäglich den Betrieb aufzusuchen. Der offen oder verdeckt geführte Streit über den

---

45 Vgl. dazu KSchR-Deinert, § 12 KSchG Rn. 1 ff.

Bestand des Arbeitsverhältnisses kann sich dann sogar zu einer so gravierenden psychischen Beeinträchtigung auswirken, dass Arbeitsunfähigkeit eintritt.

4.4.5.1 Präsenz im Betrieb

Medizinische Indikationen lassen sich nicht vom konkreten Einzelfall lösen und es ist daher unangebracht, vorschnell eine Bewertung vorzunehmen, wonach dies die bequemste Lösung für den Arbeitnehmer ist, dem Konflikt im Betrieb aus dem Weg zu gehen. Dies gilt umso mehr, als Krankheit (oder bösartig formuliert: die Flucht in die Krankheit) auch für den Arbeitgeber oft eine durchaus wünschenswerte Alternative darstellt, da er nach Ablauf von sechs Wochen keine Entgeltfortzahlung mehr leisten muss und dann die Krankenversicherung den Arbeitnehmer finanziert. Je länger die Krankheit währt, desto schwieriger wird es auch, wieder in den Betrieb zurückzukehren, z. B. im Falle des gewonnenen Kündigungsschutzprozesses. In der Zwischenzeit können sich viele tatsächliche Veränderungen im Betrieb aber auch emotionale Hemmnisse ergeben haben, die eine unbefangene Arbeitsaufnahme erschweren.

Sofern es vom Gesundheitszustand vertretbar ist, sollte sich der Arbeitnehmer daher nicht auf die vermeintlich bequemste Möglichkeit zurückziehen, sondern auch durch seine persönliche Präsenz im Arbeitsprozess allen Beteiligten deutlich machen, dass er sich nicht freiwillig aus dem Betrieb drängen lassen will.

Gerade gegenüber dem nicht verhandlungsbereiten Arbeitgeber wäre es in einer solchen Phase auch kontraproduktiv, den – meist sehr nachvollziehbaren – Wunsch auf Freistellung anzumelden. Ein solches Verlangen wird in der Praxis oft als Bekenntnis dafür gewertet, dass auch arbeitnehmerseitig eine Rückkehr in den Betrieb ausgeschlossen wird. Damit kann einem ansonsten engagiert geführten Kündigungsschutzprozess psychologisch gesehen der erforderliche Druck genommen werden, der u. U. nötig wäre, um eine angemessene Abfindungsvereinbarung durchzusetzen.

Mit dem Kündigungsschutzverfahren will der Arbeitnehmer gerade dokumentieren, dass er am Arbeitsverhältnis festhalten will. Durch den Arbeitsvertrag ist aber ein Austauschverhältnis geschaffen worden, in dem der Arbeitnehmer seine Arbeitsleistung, der Arbeitgeber hingegen die entsprechende Vergütung schuldet. Um dessen Fortsetzung geht es.

4.4.5.2 Das Annahmeverzugsrisiko

Diese Vergütung schuldet der Arbeitgeber aber nicht nur bis zum Ende der Kündigungsfrist, sondern auch für den Zeitraum danach, wenn später das Gericht die Kündigung für unwirksam hält und demzufolge feststellt, dass das Arbeitsverhältnis fortzusetzen ist. Regelmäßig befindet sich der Arbeitgeber nämlich während der Dauer des Kündigungsschutzprozesses im so genannten Annahmeverzug gem. § 615 Satz 1 BGB. Die gesamten bis zum Urteil auflaufenden Gehälter sind deshalb nachzuzahlen. Soweit der Arbeitnehmer Arbeitslosengeld in Anspruch genommen hat, ist ein gesetzlicher Forderungsübergang eingetreten. In Höhe des gezahlten Arbeitslosengeldes, das der Arbeitnehmer dann selbstverständlich behält, geht sein Anspruch gegen den Arbeitgeber gem. § 115 SGB X auf die Bundesagentur für Arbeit über. Darüber hinaus sind die weitergehenden Gehaltsansprüche, die zwischenzeitlich aufgelaufen sind, auszugleichen.

Gerade bei langer Verfahrensdauer können so erhebliche Beträge an geschuldeter Vergütung zusammenkommen. Bei ökonomischer Würdigung des Prozessrisikos könnte sich der Arbeitgeber, wenn er die ernsthaften gerichtlichen Schritte des Arbeitnehmers erkennt, eher geneigt zeigen, entgegen seinen möglicherweise ursprünglich anders ausgerichteten Intentionen doch eine Abfindung zu zahlen, um dem Annahmeverzugsrisiko zu entgegen.

4.4.5.3 Ausschöpfung prozessualer Möglichkeiten

Die Bemühungen des Arbeitnehmers, seien sie nun gerichtet auf den Erhalt des Arbeitsplatzes oder mit dem Ziel einer Abfindungsvereinbarung, sollten bei steigender Verfahrensdauer zudem mit den zur Verfügung stehenden prozessualen Möglichkeiten flankiert werden.

4.4.5.3.1 Antrag auf Weiterbeschäftigung; Zeugnis

Hierzu zählt der Antrag auf Weiterbeschäftigung. Dieser Anspruch ist insbesondere dann besonders effektiv, wenn auf der Grundlage eines auf die Gründe des § 102 Abs. 2 BetrVG gestützten Widerspruchs des Betriebsrats ein so genannter betriebsverfassungsrechtlicher Weiterbeschäftigungsanspruch besteht, der dann auch bereits vor Abschluss der 1. Instanz im laufenden Verfahren geltend gemacht und ggf. per einstweiliger Verfügung durchgesetzt werden kann (vgl. die Erläuterungen unter 2.6.1, Seite 78 f.). Demgegenüber ist der allgemeine Weiterbeschäftigungsanspruch in der Regel davon abhängig, dass die 1. Instanz des Arbeitsgerichts durch positives Urteil zugunsten des Arbeitnehmers das Bestehen des Arbeitsverhältnisses feststellt (vgl. die Erläuterungen unter 2.6.2, Seite 79).

Auch empfiehlt es sich frühzeitig, zunächst außergerichtlich die Erteilung eines Zeugnisses bzw. eines Zwischenzeugnisses einzufordern und – sofern dies nicht geschieht – **gerichtlich** den Anspruch auf Aushändigung eines qualifizierten und berufsfördernden **Zwischen- bzw. Schlusszeugnisses** geltend zu machen. Häufig geht es dabei dann um den Inhalt des Zeugnisses. Auch dieser Streit ist vor Gericht auszutragen.

4.4.5.3.2 Geltendmachung finanzieller Ansprüche

Gleiches gilt für die Durchsetzung ausstehender Gehalts- und Schadensersatzansprüche. Letztere kommen insbesondere in Betracht, wenn beispielsweise der auch zur privaten Nutzung zur Verfügung gestellte Firmen-Pkw ersatzlos entzogen wurde.[46] Zumindest die Vorteile, die der Arbeitnehmer aus der Privatnutzung ziehen konnte, sind dann Schadenspositionen, die mit gerichtlicher Hilfe durchgesetzt werden können.[47]

4.4.5.3.3 Offene Urlaubsansprüche

Nicht zu vergessen sind auch offene Urlaubsansprüche. Diese haben besondere Bedeutung gewonnen, nachdem das Bundesarbeitsgericht entschieden hat, dass die Erhebung einer **Kündigungsschutzklage** regelmäßig nicht die **Geltendmachung von Urlaubs- oder Urlaubsabgeltungsansprüchen** zum Inhalt hat.[48] Mit der Beendigung des Arbeitsverhältnisses wandelt sich ein bis dahin noch nicht erfüllter Urlaubsanspruch automatisch in einen so genannten Abgeltungsanspruch um. Haben sich beide Parteien in einem Vergleich nach Einreichung einer Kündigungsschutzklage über eine rückwirkende Auflösung des Arbeitsverhältnisses verständigt, ist der Abgeltungsanspruch bereits mit dem vereinbarten Ende des Arbeitsverhältnisses entstanden. Befand sich der Arbeitgeber nicht mit der Gewährung des Urlaubs in Verzug, bestehen auch keine Schadensersatzansprüche des Arbeitnehmers wegen

---

46 Der einseitige Widerruf der Privatnutzung auf der Grundlage eines Formulararbeitsvertrages ist in aller Regel unzulässig, so BAG vom 19.12.2006 – 9 AZR 294/06, NZA 2007, 809.

47 Laut BAG vom 19.12.2006 (a.a.O.) ist dabei die Berechnung der Entschädigung mit monatlich 1 % des Listenpreises des Firmenwagens nicht zu beanstanden.

48 Vgl. BAG vom 21.9.1999 – 9 AZR 705/98, AP Nr. 77 zu § 7 BUrlG Abgeltung.

des infolge Fristablaufs erloschenen Urlaubsabgeltungsanspruchs. In jedem Fall muss also der Arbeitnehmer, ob es sich nun um ein ungekündigtes oder gekündigtes Arbeitsverhältnis handelt, den Arbeitgeber durch die Forderung der Urlaubsgewährung im Urlaubsjahr oder spätestens im Übertragungszeitraum (bis 31. März des Folgejahres) in Verzug setzen, wenn er den Arbeitgeber auf Schadensersatz für den eingetretenen Verfall seines Urlaubsanspruchs zu einem späteren Zeitpunkt haftbar machen will.

Besondere Bedeutung erlangen die Urlaubs- und Urlaubsabgeltungsansprüche bei länger andauernder Arbeitsunfähigkeit vor Auslaufen der Kündigungsfrist. Nach verschiedenen Entscheidungen des EuGH[49] verfallen solche wegen Krankheit nicht genommenen Urlaubszeiten nach Ablauf von 15 Monaten – also nicht schon nach Ende des in § 7 Abs. 3 BUrlG geregelten Übertragungszeitraums (bis Ende des ersten Quartals des Folgejahres), sondern erst zwölf Monate später. Das BAG hat sich dieser Rechtsprechung angeschlossen.[50] Dabei gilt die verlängerte Frist für die Verfallbarkeit auf jeden Fall für den gesetzlichen Urlaubanspruch, der laut § 3 BUrlG 24 Werktage umfasst. Dies sind verteilt auf die Tage von Montag bis Freitag 20 Urlaubstage. Ob auch der weitergehende, oft 30 Arbeitstage umfassende Urlaubsanspruch der verlängerten Frist unterfällt, hängt vom Wortlaut des Tarifvertrages ab.[51]

Konnte der Urlaub insbesondere wegen Krankheit bis zum Auslaufen des Arbeitsverhältnisses nicht realisiert werden, entsteht ein Urlaubsabgeltungsanspruch, der dann aber z. B. tariflichen Ausschlussfristen unterliegt.[52] Wer also nach Ablauf der Kündigungsfrist noch über offene Urlaubsansprüche verfügt, sollte dringend daran denken, die daraus resultierenden Abgeltungsansprüche rechtzeitig geltend zu machen.

Die Rechtsprechung des BAG, dass bei Tod des Arbeitnehmers der Urlaubsanspruch erlischt und auch kein Abgeltungsanspruch entsteht, ist mittlerweile durch eine neue Entscheidung des EuGH überholt.[53]

---

49 EuGH vom 20.1.2009 – C-350/06, C-520/06, NZA 2009, 135; vom 22.11.2011 – C-214/10, NZA 2011, 1333.
50 BAG vom 7.8.2012 – 9 AZR 353/10, DB 2012, 2462.
51 Vgl. BAG v. 23.3.2010 – 9 AZR 128/09, NZA 2010, 810.
52 Vgl. BAG vom 9.8.2011 – 9 AZR 365/10, NZA 2011, 1421.
53 So bislang BAG v. 12.3.2013 – 9 AZR 532/11, NZA 2013, 678; siehe nunmehr EuGH vom 12.6.2014 – C-118/13, BeckRS 2014, 80975.

4.4.5.3.4 Fazit

Konsequentes außergerichtliches und prozessuales Vorgehen verhindert also nicht nur den ggf. eintretenden Verfall von Ansprüchen, sondern kann auch am ehesten eine Blockade durchbrechen, die bis dahin den Abschluss einer angemessenen vergleichsweisen Lösung, d. h. Ausscheiden aus dem Arbeitsverhältnis gegen Zahlung einer Abfindung, entgegenstanden.

Eine gewisse Hartnäckigkeit kann nicht schaden, insbesondere wenn sie gleichzeitig flankiert wird durch Gesprächsbereitschaft, an für beide Seiten angemessenen Lösungen mitzuwirken.

5. Kernpunkte eines Aufhebungsvertrages

Haben sich Arbeitnehmer und Arbeitgeber auf eine Aufhebung des Arbeitsverhältnisses zu bestimmten Bedingungen – sei es ohne oder vor bzw. nach einer Kündigung – geeinigt und dabei auch Einvernehmen über die materiellen Ausgleichsregelungen erzielt, muss zwischen den Parteien ein Aufhebungsvertrag geschlossen werden. Dies hat entsprechend der gesetzlichen Regelung in § 623 BGB schriftlich zu geschehen. Unter den folgenden Anmerkungen sind die gebräuchlichsten Klauseln eines Aufhebungsvertrages dargestellt, ergänzt in Kapitel 6 mit weiteren, in der Regel nur gelegentlich vorkommenden Fallgestaltungen.[1]

5.1 Zeitpunkt und Grund der Beendigung

Grundsätzlich kann im Rahmen der Vertragsfreiheit in einem Aufhebungsvertrag der Zeitpunkt der rechtlichen Beendigung des Arbeitsverhältnisses frei gewählt werden.

Wird allerdings kein ausdrücklicher Beendigungszeitpunkt aufgenommen, so gilt im Zweifelsfall, wenn es keine anderen Anhaltspunkte gibt, die sofortige Aufhebung des Arbeitsverhältnisses als vereinbart.[2]

Zulässig ist also die Beendigung mit einem x-beliebigen Datum in der Zukunft, während eine Rückwirkung meist unzulässig ist.[3]

---

1 Dabei ist der Katalog an angebotenen Klauseln in den Kapiteln 5 und 6 nicht abschließend, da in der Praxis immer wieder neue Fallgestaltungen auftreten, die besonderen Regelungsbedarf erfordern.
2 Bauer, Kapitel A Teil I Rn.1; KSchR-Däubler, Anh. zu § 623 BGB: Aufhebungsvertrag Rn. 5.
3 APS-Rolfs, AufhebVtr Rn. 39; Ausnahme möglich, wenn Arbeitsverhältnis nicht aufgenommen oder wieder außer Vollzug gesetzt wurde; BAG vom 10.12.1998 – 8 AZR 324/97, NZA 1999, 422 und vom 17.12.2009 – 6 AZR 242/09, NZA 2010, 273.

Achtung: Jede nicht der konkreten Kündigungsfrist des Arbeitnehmers – sei es aus Vertrag, Gesetz oder Tarifvertrag – entsprechende Wahl eines kürzeren Beendigungszeitpunktes löst umfangreiche negative Folgen im Bereich der Arbeitsförderung aus (z. B. Sperrzeit). Wie im Kapitel 8 im Einzelnen erläutert wird, verursacht eine Auflösung des Arbeitsverhältnisses vor Ablauf der jeweils gültigen Kündigungsfrist gem. § 159 SGB III eine **Sperrzeit** für den Bezug von Arbeitslosengeld mit einer Dauer von (im Regelfall) zwölf Wochen. Bei Zahlung einer Abfindung kann in einem solchen Fall als weitere Sanktion ein **Ruhenstatbestand** eingreifen; vgl. § 158 SGB III. Hier kann es zu einer sehr unerfreulichen faktischen Anrechnung der Abfindung auf das Arbeitslosengeld kommen.

Vorsicht ist auch geboten bei einer rückdatierten Aufhebungsvereinbarung, die scheinbar die vorgesehene Kündigungsfrist berücksichtigt. Abgesehen davon, dass eine solche vertragliche Vereinbarung ohnehin nur dort in Betracht kommt, wo sich beide Vertragsparteien kennen und sich gegenseitig vertrauen und darüber hinaus um die Risiken einer solchen Regelung wissen, führt eine immerhin denkbare spätere Aufdeckung der Rückdatierung durch die Arbeitsagentur nicht etwa automatisch zur Nichtigkeit einer entsprechenden Vereinbarung. Wenn nämlich nur eine der beiden Parteien nicht vordergründig die Arbeitsagentur täuschen wollte, sondern primär das Ziel verfolgte, das Arbeitsverhältnis auch tatsächlich zu beenden, führt dies nicht zu einer Sittenwidrigkeit der rückdatierten Vereinbarung.[4] Wenn allerdings beide Parteien den Vertrag so abgefasst haben, dass dem Arbeitnehmer in auffälliger Weise beim Bezug von Arbeitslosengeld »geholfen« werden sollte, kann im Einzelfall sogar der gesamte Aufhebungsvertrag nichtig sein.[5]

Achtung: Alle etwaigen Überlegungen zu einer Rückdatierung stoßen auf ein weiteres Problem. Durch die Hartz-Gesetze ist eine **Pflicht zur unverzüglichen Meldung** bereits vor Beendigung des Arbeitsverhältnisses eingeführt worden. Nach § 38 Abs. 1 SGB III müssen sich Arbeitnehmer nach Zugang der Kündigung, nach Abschluss eines Aufhebungsvertrages oder bei Auslaufen einer Befristung spätestens drei Monate vor

---

4 Vgl. LAG Baden-Württemberg vom 25. 4. 1991 – 13 Sa 115/90, LAGE Nr. 5 zu § 611 BGB Aufhebungsvertrag, ebenso die Entscheidung des gleichen Gerichts vom 22. 5. 1991 – 12 Sa 160/90, LAGE Nr. 4 zu § 611 BGB Aufhebungsvertrag.
5 Vgl. LAG Hamm vom 27. 11. 1997 – 8 Sa 1263/97, LAGE Nr. 22 zu § 611 BGB Aufhebungsvertrag: Allerdings hier besondere Fallkonstellation durch Vorspiegelung eines betriebsbedingten Beendigungstatbestands und Ausfertigung einer ausschließlich für das Arbeitsamt bestimmten Vertragsurkunde.

der Beendigung persönlich bei der Agentur für Arbeit oder, wenn Leistungen nach dem SGB II in Frage kommen, beim so genannten Jobcenter als arbeitsuchend melden.

Liegen zwischen der Kenntnis des Beendigungszeitpunkts und dessen Eintreten weniger als drei Monate, so hat die Meldung bei der Arbeitsagentur innerhalb von drei Tagen zu erfolgen. Zur **Fristwahrung** reicht es allerdings aus, die persönlichen Daten und den Beendigungszeitpunkt zunächst (etwa telefonisch oder per Mail) anzuzeigen, wenn die persönliche Meldung nach entsprechender terminlicher Vereinbarung nachgeholt wird.

Hält sich der Arbeitnehmer nicht an diese Meldepflicht, tritt eine einwöchige Sperrfrist nach § 159 Abs. 6 SGB III ein.

Die Minderung des Arbeitslosengeldes tritt selbst dann ein, wenn sich der Arbeitnehmer im Rahmen einer Kündigungsschutzklage gegen die Kündigung zur Wehr setzt. Hintergrund der Regelung ist die gesetzgeberisch verfolgte Absicht, schon die Kündigungsfrist für Vermittlungsbemühungen zu nutzen, damit es gar nicht erst zum Eintritt der Arbeitslosigkeit kommt.

Der Arbeitnehmer wird in aller Regel bei Verhängung einer Sperrfrist wegen Nichteinhaltung der Kündigungsfrist oder bei Minderung des Arbeitslosengeldes wegen nicht möglicher rechtzeitiger Meldung bei der Agentur für Arbeit meist nicht durchsetzen können, dass die Abfindung den dadurch verschlechterten Rahmenbedingungen für das Ausscheiden angepasst wird. Vielmehr wird die Arbeitsverwaltung auf Kosten des Arbeitnehmers aufgrund der aufgedeckten Rückdatierung vom tatsächlichen Zeitpunkt des Abschlusses der Vereinbarung ausgehen und entsprechende Sanktionen wegen fehlender Berücksichtigung der Kündigungsfrist nach § 158 SGB III verhängen.[6] Hinzu kommt die Sanktion des § 159 Abs. 6 SGB III wegen ggf. nicht rechtzeitig erfolgter Anzeige der Beendigung (siehe oben).

Allenfalls kann sich eine nachträgliche Anpassungspflicht daraus ergeben, wenn der Arbeitgeber jeglichen Hinweis auf drohende sozialversicherungsrechtliche Folgen unterließ[7] und auch keine Haftungsfreistellung des Arbeitgebers durch den Verzicht auf Aufklärungspflichten im Wege einer entsprechenden Vertragsklausel im Aufhebungsvertrag

---

6 Vgl. LAG Baden-Württemberg vom 25. 5. 1991, a. a. O.
7 Vgl. LAG Hamburg vom 20. 8. 1992 – 2 Sa 16/92, LAGE Nr. 9 zu § 611 BGB Aufhebungsvertrag (sehr streitig).

formuliert wurde.[8] Ferner kann nachträglich das Beendigungsdatum korrigiert werden, wenn beide Seiten versehentlich ein der richtigen arbeitsvertraglichen Kündigungsfrist nicht entsprechendes Enddatum zugrunde gelegt haben.[9] Der Arbeitgeber, der aus betriebsbedingten Gründen eine Auflösung des Arbeitsverhältnisses initiierte, handelt nämlich treuwidrig, wenn er den Arbeitnehmer an einer irrtümlich zu kurz festgelegten Kündigungsfrist festhalten will.[10]

Achtung: Im Regelfall gilt allerdings der **Grundsatz**, dass sich jede Seite beim Abschluss von Aufhebungsverträgen selbst um die Folgen zu kümmern hat,[11] so dass Schadensersatzansprüche wegen unterlassener Aufklärung über die Konsequenz der Nichteinhaltung von Kündigungsfristen praktisch kaum durchsetzungsfähig sind.

Grundsätzlich ist also darauf zu achten, dass bei Aufhebungsvereinbarungen die gültigen Kündigungsfristen tatsächlich eingehalten werden.

Neben dem Zeitpunkt sollte auch der Grund der Beendigung angegeben werden.

Handelt es sich um einen Aufhebungsvertrag im Zusammenhang mit einer Kündigung ist zu empfehlen, dies in den Wortlaut aufzunehmen, etwa durch folgende Formulierung:

> Das Arbeitsverhältnis der Parteien endet aufgrund fristgerechter, ordentlicher Kündigung mit Schreiben des Arbeitgebers vom 27.12.2015 zum 30.6.2016.

In dieser Formulierung wird eine sechsmonatige Kündigungsfrist unterstellt bzw. eingehalten, wie sie etwa gilt nach mindestens 15-jähriger Betriebszugehörigkeit gem. § 622 Abs. 2 Nr. 6 BGB.

Im Gegensatz zur Verkürzung der Kündigungsfrist z.B. im Falle der Rückdatierung ist aber jede Beendigung, die **nach Ablauf** der eigentlich maßgebenden Kündigungsfrist liegt, also zur Verlängerung des Arbeitsverhältnisses führt, unschädlich. Wenn also in dem oben erwähnten Fall der 30.9.2016 als Beendigungsdatum gewählt würde, hätte die Arbeitsverwaltung hier keine Beanstandungsmöglichkeiten.

Liegt allerdings keine Kündigung vor und wird auch keine im Vorfeld eines abzuschließenden Aufhebungsvertrages ausgesprochen, könnte die Formulierung sinngemäß wie folgt lauten:

---

8 Bauer, A VI Rn. 177 m.w.N.
9 Vgl. LAG Berlin vom 28.4.2000 – 6 Sa 329/00, NZA-RR 2001, 85.
10 LAG Berlin vom 28.4.2000, a.a.O.
11 BAG vom 11.12.2001 – 3 AZR 339/00, NZA 2002, 1150.

> Die Parteien sind sich einig, dass das Arbeitsverhältnis einvernehmlich unter Einhaltung der ordentlichen Kündigungsfrist[12] auf Veranlassung des Arbeitgebers zum 30.6.2016 enden wird.

Zur Erläuterung des Beendigungstatbestandes im Aufhebungsvertrag gehört nicht nur die Frage, ob dieser nach vorheriger Kündigung oder ausschließlich statt einer Kündigung aufgrund einvernehmlich zu Ende geführter Aufhebungsverhandlungen zustande gekommen ist. Hierher gehört möglichst auch die Angabe des Kündigungsgrundes im engeren Sinne. So lässt sich bei der betriebsbedingten Kündigung die Klausel noch wie folgt ergänzen:

> Das Arbeitsverhältnis der Parteien endet aufgrund fristgerechter, ordentlicher Kündigung aus betriebsbedingten Gründen mit Schreiben des Arbeitgebers vom 27.12.2015 zum 30.6.2016.

Oder wenn bei vergleichbarer Sachlage keine Kündigungserklärung abgegeben wird:

> Die Parteien sind sich einig, dass das Arbeitsverhältnis einvernehmlich unter Einhaltung der ordentlichen Kündigungsfrist[13] auf Veranlassung des Arbeitgebers aus betriebsbedingten Gründen zum 30.6.2016 enden wird.

Wollen die Parteien darüber hinaus besonders unterstreichen, dass der Aufhebungsvertrag nur deshalb abgeschlossen wurde, um einer Kündigung zum gleichen Zeitpunkt zuvorzukommen, sollte auch dies unbedingt in der zuletzt erwähnten Klausel aufgenommen werden. Solche Konstellationen treten z.B. ein, wenn es etwa für den Arbeitnehmer sinnvoller ist, das Arbeitsverhältnis durch Aufhebungsvertrag zu beenden, weil dies bei weiteren Bewerbungen generell als die für den Arbeitnehmer günstigere Variante wahrgenommen wird und dadurch eine entsprechend erwünschte Beendigungsklausel im Arbeitszeugnis ermöglicht wird. Die Klausel würde sodann lauten:

> Die Parteien sind sich einig, dass das Arbeitsverhältnis zur Vermeidung einer ansonsten unumgänglichen betriebsbedingten Kündigung, die zum gleichen Zeitpunkt wirksam geworden wäre, einvernehmlich unter Einhaltung der ordentlichen Kündigungsfrist[14] auf Veranlassung des Arbeitgebers zum 30.6.2016 enden wird.

---

12 Hier könnte auch stattdessen die Formulierung »fristgerecht« verwendet werden.
13 Hier könnte auch stattdessen die Formulierung »fristgerecht« verwendet werden.
14 Hier könnte auch stattdessen die Formulierung »fristgerecht« verwendet werden.

Bei Abschluss eines Aufhebungsvertrages ohne Kündigung kann es ferner ratsam sein, die betriebsbedingten Gründe näher festzulegen. Zwar ist eine solche **Konkretisierung der betriebsbedingten Gründe** nicht zwingend erforderlich. Dies kann indes bei späteren Nachfragen z. B. der Arbeitsagentur über den Grund des Ausscheidens insoweit nützlich sein und der Klarheit dienen, wenn aus der Sicht beider Seiten der Lebenssachverhalt, der zur Vertragsauflösung geführt hat, schriftlich im Aufhebungsvertrag festgehalten und damit späterem Streit entzogen wird.

Ein solches **Festhalten** des zur Aufhebung führenden **Lebenssachverhalts** bereits im Aufhebungsvertrag kann dokumentieren, dass ein wichtiger Grund für die Aufhebung des Arbeitsverhältnisses gegeben war. § 159 Abs. 1 Satz 2 SGB III verlangt, dass der/die Arbeitslose die für die Beurteilung eines wichtigen Grundes maßgebenden Tatsachen darzulegen und nachzuweisen hat »wenn diese Tatsachen in ihrer Sphäre oder in ihrem Verantwortungsbereich liegen.« Gleiches soll gelten, wenn sich der bzw. die Arbeitslose später auf Gründe beruft, die zu überprüfen die Arbeitsagentur zunächst keine Veranlassung hat.[15] Ein solcher Nachweis wird durch eine entsprechende Dokumentation bereits im Aufhebungsvertrag geführt oder jedenfalls deutlich erleichtert werden können.

Eine entsprechende ergänzende Formulierung könnte lauten:

> Der Arbeitsplatz fällt aufgrund notwendiger Umstrukturierungsmaßnahmen ersatzlos weg. Andere vergleichbare und freie Arbeitsplätze kann der Arbeitgeber nicht zur Verfügung stellen. Auch eine Sozialauswahl war nicht durchzuführen, da keine vergleichbaren Arbeitsplätze vorhanden sind.

Dabei gilt der Grundsatz, dass je mehr die betrieblichen Verhältnisse dafür hergeben, umso konkreter der Lebenssachverhalt geschildert werden sollte.

Oder zur Untermauerung, dass die Grundsätze der Sozialauswahl auch ohne Kündigung beachtet wurden:

> Auch bei Durchführung einer Sozialauswahl musste das Arbeitsverhältnis beendet werden, da alle anderen vergleichbaren Arbeitnehmer schutzwürdiger sind.

Sind verhaltens- oder personenbedingte Gründe der Anlass für die Beendigung des Arbeitsverhältnisses, kann es aus Arbeitnehmersicht, wenn gleichzeitig eine Aufhebung gegen Zahlung einer Abfindung stattfindet,

---

15 Vgl. Bauer/Krets, NJW 2003, 537, 542.

schädlich sein, Hinweise hierauf in die Vereinbarung oder in sonstige Papiere aufzunehmen. Insbesondere bei verhaltensbedingten Gründen kann dies von der Agentur für Arbeit als Anlass für eine vom Arbeitnehmer verschuldete Beendigung des Arbeitsverhältnisses gewertet werden mit der möglichen Folge der Verhängung einer Sperrfrist. Zumindest die ohne Ausspruch einer z.B. betriebsbedingten Kündigung einvernehmlich zustande gekommene Aufhebungsvereinbarung dürfte dann auch nicht durch einen wichtigen Grund i.S.v. § 159 Abs. 1 SGB III gerechtfertigt sein (siehe Kapitel 8, Seite 214ff.).

In solchen Fällen muss also stets mit negativen arbeitsförderungsrechtlichen Konsequenzen von Seiten der Arbeitsagentur gerechnet werden. Besteht parallel allerdings ein möglicher betrieblicher Hintergrund für die Aufhebung des Arbeitsverhältnisses, ist es aus der Perspektive des Arbeitnehmers sachgerecht, darauf als Beendigungstatbestand zu rekurrieren. Darüber hinaus sollte hier auf die Abfindungshöhe besonders geachtet werden. Soweit diese die in § 1 Abs. 2 KSchG definierte Höhe (0,5 Monatsgehalt pro Beschäftigungsjahr) nicht überschreitet und der Ausspruch einer betriebsbedingten Kündigung vom Arbeitgeber konkret in Aussicht gestellt wurde, wird wie bei § 1a KSchG keine Sperrzeit verhängt.[16]

5.2   Festlegungen zur Abfindung

Haben sich die Parteien auf eine Abfindung geeinigt, ist der entsprechende Betrag in der Aufhebungsvereinbarung festzuhalten. Wollen die Parteien dem Arbeitnehmer dabei die steuerlichen Vorteile zufließen lassen, ist anzuraten bei einer Aufhebungsvereinbarung die bereits oben erwähnte Formulierung »auf Veranlassung des Arbeitgebers« aufzunehmen.[17] Damit kann sich der Arbeitnehmer die nach Wegfall der Freibeträge noch verbliebenen steuerlichen Vorteile, insbesondere die Anwendung der so genannten Fünftelungsregelung nach §§ 24, 34 EStG sichern (siehe dazu unter 7.2, Seite 195ff. mit Berechnungsbeispielen).

---

16 BSG vom 12.7.2006 – B 11a AL 47/05, NZA 2006, 1359 – zu weiteren möglichen Überlegungen in diesem Zusammenhang siehe unter 8.4, Seite 123ff.; siehe im Übrigen die entsprechend geänderte Durchführungsanweisung (DA) der Bundesagentur für Arbeit zu § 159 SGB III, 159.103.
17 Bei einer vorliegenden schriftlichen Kündigung des Arbeitgebers ist dies naturgemäß entbehrlich.

5.2.1 Netto und Brutto

Wird keine eindeutige anders lautende Regelung getroffen, handelt es sich bei der Abfindung in jedem Fall um einen **Bruttobetrag**.[18] Hintergrund dessen ist der Umstand, dass der **Arbeitnehmer Steuerschuldner** auch der Abfindung ist (vgl. § 38 Abs. 2 EStG). Auch eine im Aufhebungsvertrag aufgenommene Klausel »brutto = netto« oder »brutto für netto«, die sich gelegentlich in Aufhebungsverträgen findet, hilft da nicht weiter. Nach Auffassung des BAG kann selbst einer solchen Formulierung nicht zweifelsfrei entnommen werden, ob der Arbeitgeber oder der Arbeitnehmer die fälligen Steuern zu tragen hat, so dass es bei dem gesetzlichen Prinzip bleibt, dass der Arbeitnehmer die entsprechende Einkommensteuer zu tragen hat.[19] Eine typische Formulierung hierzu lautet:

> Für den Verlust des Arbeitsplatzes zahlt der Arbeitgeber an den Arbeitnehmer in entsprechender Anwendung der §§ 9, 10 KSchG eine Abfindung in Höhe von € 20 000,00 (i.W.: Euro zwanzigtausend).

Nur wenn völlig unzweifelhaft eine Nettoabrede getroffen wurde, kann die Steuerschuld auf den Arbeitgeber übergewälzt werden. Wenn dies als Teil der Verständigung gewollt wird, wäre es daher ratsam, neben dem Zusatz »netto« diese Rechtsfolge ausdrücklich in die Vereinbarung aufzunehmen, etwa durch folgende Formulierung:

> Für den Verlust des Arbeitsplatzes zahlt der Arbeitgeber an den Arbeitnehmer in entsprechender Anwendung der §§ 9, 10 KSchG eine Abfindung in Höhe von € ... netto ohne Abzüge, wobei der Arbeitgeber die anfallenden Steuern übernimmt und diese an das Finanzamt abführt.

In der Praxis kommen solche Nettovereinbarungen erfahrungsgemäß selten vor. Der Grund dafür ist, dass die Unternehmen Abfindungen nach dem Umfang ihrer wirtschaftlichen Belastung einkalkulieren und sich bei Übernahme der Steuerlast, die abhängig ist von den jeweiligen persönlichen Kennziffern des Arbeitnehmers (Steuersatz, Steuerklasse) die zu übernehmende Zahlungsverpflichtung nicht genau taxieren lässt. Auch Abfindungen in Sozialplänen sind durchweg als Bruttobeträge

---

18 So LAG Berlin vom 21.2.1994 – 9 Sa 126/93, LAGE Nr. 14 zu § 611 BGB Aufhebungsvertrag m.w.N.
19 Vgl. BAG vom 21.11.1985 – 2 AZR 6/85, RzK I 9 j Nr. 2.

ausgewiesen. Die steuerlichen Folgen einer Brutto-Abfindung sind im Übrigen in Kapitel 7 erläutert.

5.2.2 Vererblichkeit

Für viele insbesondere ältere Arbeitnehmer stellt sich die Frage, ob die Abfindung an die Erben weitergeht, wenn der begünstigte Arbeitnehmer den Zeitpunkt des in der Aufhebungsvereinbarung festgelegten Auszahlungszeitpunkts nicht mehr erlebt. Das BAG hat dies verneint, wenn der Arbeitnehmer zum Zeitpunkt des vertraglich vereinbarten Endes des Arbeitsverhältnisses bereits gestorben ist.[20] Zur Begründung hat es darauf verwiesen, dass sich die mit einem Aufhebungsvertrag verbundenen Risiken allein nach den vereinbarten Vertragsbedingungen beurteilen.[21] Diese Auffassung ist kritisch zu hinterfragen, wenn die Abfindung vor allem den Verlust des Arbeitsplatzes entschädigen und einen etwa entstehenden zukünftigen Verdienstausfall zumindest teilweise ausgleichen soll.[22] Zu empfehlen ist vor dem Hintergrund dieser Rechtsprechung dringend eine **ausdrückliche Regelung für die Absicherung** dieses Risikos in die Aufhebungsvereinbarung aufzunehmen, die lauten könnte:

> Der Anspruch auf die vereinbarte Abfindung entsteht mit Abschluss dieser Vereinbarung und ist vererblich.

5.2.3 Fälligkeit

Üblicherweise wird angenommen, dass der Abfindungsanspruch des Arbeitnehmers zum Beendigungsdatum fällig wird.[23] Dies ist allerdings keineswegs zwingend. Das Gesetz bestimmt in § 271 BGB, dass eine Leistung sofort fällig ist, wenn kein besonderer Fälligkeitszeitpunkt vereinbart ist. Einigkeit besteht allerdings darüber, dass die Parteien des Aufhebungsvertrages frei entscheiden können, ob die Abfindung sofort oder erst zum Zeitpunkt des Ausscheidens – so die übliche Praxis – fällig

---

20 Vgl. BAG vom 16.5.2000 – 9 AZR 277/99, NZA 2000, 1236; vom 26.8.1997, NZA 1998, 643; vom 22.5.2003 – 2 AZR 250/02, BB 2004, 894 ff.
21 Ebenda.
22 Boemke/Danko, DB 2006, 2461 f.
23 BAG vom 15.7.2004 – 2 AZR 630/03, NZA 2005, 292.

wird.[24] Auch hier besteht also Regelungsbedarf, der durch folgenden Satz erfüllt wird:

> Die Abfindung ist fällig zum 30.6.2016 und wird zu diesem Zeitpunkt an den Arbeitnehmer[25] ausgezahlt (es folgt ggf. die Angabe der Kontoverbindung).

5.3 Die Fortzahlung der Vergütung

Auch wenn es eine Selbstverständlichkeit ist, dass bis zum vorgesehenen Beendigungszeitpunkt alle Vergütungsbestandteile weiterzuzahlen sind, empfiehlt sich doch eine entsprechende Festlegung im Aufhebungsvertrag. Dabei sollte darauf geachtet werden, dass im Aufhebungsvertrag alle Vergütungsfragen geregelt werden, insbesondere solche, die streitig werden könnten, wie z.B. Zusatzvergütungen, Jahresleistungen, Tantiemen, Boni, Provisionen etc.

5.3.1 Laufende Leistungen

Hinsichtlich der laufenden regelmäßigen Leistungen können folgende Klauseln verwendet werden

> Das Arbeitsverhältnis wird bis zum Beendigungszeitpunkt ordnungsgemäß abgerechnet und die sich daraus ergebenden Nettobeträge an den Arbeitnehmer ausgezahlt.

Oder

> Bis zum Beendigungszeitpunkt werden dem Arbeitnehmer die vertragsgemäßen Bezüge ausgezahlt.

Solche Klauseln, die die ordnungsgemäße Abwicklung des Arbeitsverhältnisses bis zum vereinbarten Beendigungszeitpunkt zum Inhalt haben, enthalten allerdings aus sich heraus keinen vollstreckungsfähigen Inhalt. Sie dienen aber dazu, denkbare Einwendungen gegen die noch

---

24 Vgl. BAG vom 26.8.1997 – 9 AZR 227/96, NZA 1998, 643.
25 Statt des Arbeitnehmers kann auch dessen Bevollmächtigter angegeben werden, was beispielsweise sinnvoll ist, wenn dieser die pünktliche Auszahlung und Abrechnung kontrollieren soll.

bis zum Vertragsschluss bestehenden Ansprüche des Arbeitnehmers abzuschneiden.[26]

5.3.2 Einmal- und Sonderzahlungen

Ein besonderes Regelungsbedürfnis besteht oft bei Einmalzahlungen. Hierunter versteht man Zuwendungen, die zusätzlich zum laufenden Gehalt zu bestimmten Anlässen gezahlt werden.

5.3.2.1 Gratifikationen

Hierzu zählen vor allem Gratifikationen wie Urlaubs- und Weihnachtsgeld, Jubiläumszahlungen, Gewinnbeteiligungen, 13. und 14. Gehälter usw.

Bei solchen Zahlungen, deren Rechtsgrund sich nicht aus dem Gesetz, sondern aus Tarifvertrag, Betriebsvereinbarung, aber auch aus dem Arbeitsvertrag, einer betrieblichen Übung oder einer Gesamtzusage ergeben kann, ist genau zu prüfen, ob sie im Falle der Beendigung des Arbeitsverhältnisses ganz oder anteilig geschuldet sind. So sind beispielsweise Urlaubsgeldzahlungen regelmäßig zum 31. Mai eines Jahres, Weihnachtsgelder zum 30. November eines Jahres fällig. Was, wenn der Arbeitnehmer aufgrund einer Kündigung und/oder eines Aufhebungsvertrages vor diesem Termin ausscheidet?

Hier muss durch Auslegung ermittelt werden, was mit der Einmalzahlung gewollt ist. Hängt der Anspruch davon ab, dass das Arbeitsverhältnis während des gesamten Bezugszeitraums besteht, kann der Anspruch bei vorherigem Ausscheiden des Arbeitnehmers wegfallen. Dies muss auch nicht in jedem Fall einen Verstoß gegen den Gleichbehandlungsgrundsatz darstellen.[27] Auch ist umstritten, ob Gratifikationen nicht sogar rückzahlbar sein können, wenn der Arbeitnehmer in einer bestimmten Zeit nach ihrer Auszahlung aus dem Arbeitsverhältnis ausscheidet und der Arbeitsvertrag entsprechende Rückzahlungsklauseln enthält. Nach der Rechtsprechung soll es zulässig sein, bei Gratifikationen über € 100,00 bis unter ein Brutto-Monatsgehalt[28] durch spezielle vertrag-

---

26 Zutreffend Hümmerich, Arbeitsrecht 4, Rn. 641f.
27 Vgl. BAG vom 8.3.1995 – 10 AZR 208/94, NZA 1996, 418f.
28 BAG vom 9.6.1993 – 10 AZR 529/92, NZA 1993, 935.

liche oder tarifvertragliche Regelungen eine Bindung derart vorzunehmen, dass bei vorzeitiger Beendigung des Arbeitsverhältnisses sogar bis zum 31. März des Folgejahres eine Rückzahlung erfolgt,[29] bei Gratifikationen, die die Höhe eines Monatsgehalts erreichen bzw. übersteigen, sogar bis zum 30. Juni des Folgejahres.[30] In solchen Fällen ist es dann Verhandlungssache, ob trotz einer wegen der Beendigung nicht mehr einhaltbaren Bindungsdauer gleichwohl die Zahlung der entsprechenden Gratifikation erfolgen soll, d.h. im Aufhebungsvertrag vereinbart werden soll oder nicht. Gleiches gilt für einen etwaigen Verzicht auf die Rückzahlung. Auch kann – gedanklich-rechnerisch – der Verlust der Gratifikation aufgrund eines Ausscheidens vor dem Fälligkeitszeitpunkt als Argument für eine entsprechende Anhebung der Abfindungssumme genutzt werden.

Bei der ersten Alternative könnte der Passus im Aufhebungsvertrag beispielsweise lauten:

> Das Weihnachtsgeld[31] für das Jahr 20.. wird ungekürzt ausgezahlt zusammen mit der letzten fälligen Gehaltszahlung.[32]

Und für den Fall des Verzichts auf die Rückzahlung:

> Trotz des Ausscheidens vor dem Stichtag wird auf eine Rückzahlung des Weihnachtsgeldes/Bonus/Gratifikation verzichtet.

Typischerweise wird in solchen Fällen aber auch eine so genannte **ratierliche Kürzung der Gratifikation** entsprechend dem Beendigungszeitpunkt vorgenommen. Scheidet beispielsweise der Arbeitnehmer zum 30. September eines Jahres aus, kann ihm dann entsprechend die Jahresleistung in Höhe von $^9/_{12}$ der Gesamtleistung zugesagt werden. Die Klausel würde dann lauten:

---

29 BAG vom 09.06.1993 – 10 AZR 529/92, NZA 1993, 935; BAG vom 28.04.2004 – 10 AZR 356/03, NZA 2004,925.
30 BAG vom 24.10.2007 – 10 AZR 825/06, NZA 2008, 40; vgl. zusammenhängend HK-ArbR/Boemke/Ulrici, Anh. zu §§ 307–309 BGB Rn. 51ff.
31 Weihnachtsgeld ist hier nur als Beispiel angeführt – es kann sich auch um jede andere Art der Gratifikation oder Bonifikation handeln.
32 Als Fälligkeitszeitpunkt kann natürlich auch der Zeitpunkt der regulären Fälligkeit des Weihnachtsgeldes gewählt werden, in der Regel der 30. November eines Jahres.

Das Weihnachtsgeld[33] für das Jahr 20.. wird zu $^9/_{12}$ mit der letzten fälligen Gehaltszahlung ausgezahlt.[34]

Wird vereinbart, dass ungeachtet der vorzeitigen Beendigung die **Gratifikation** voll ausgezahlt werden soll, ist Folgendes zu formulieren:

Das Weihnachtsgeld[35] für das Jahr 20.. wird ungekürzt mit der letzten fälligen Gehaltszahlung ausgezahlt.[36]

Eine Klausel gleichen Wortlauts empfiehlt sich zur **Klarstellung** auch dort, wo dem Arbeitnehmer das Weihnachtsgeld, das 13. Gehalt oder eine andere Gratifikation ausschließlich als zusätzliche Vergütung für die bislang erbrachte Arbeit, also als Rechtsanspruch und Gegenleistung für erbrachte Arbeitsleistung zusteht.[37] Ergibt die Auslegung einen solchen Charakter der Gratifikationsleistung – anders bewertet werden nach neuerer Rechtsprechung allein solche Sonderzuwendungen, die keinerlei Entgeltcharakter haben, also mit denen nur die **zukünftige** »**Betriebstreue**« belohnt und die als Anreiz für weiteres Andauern des Beschäftigungsverhältnisses dienen sollen –[38], so bleibt in jedem Fall diese zusätzliche Vergütung trotz Beendigung für das Jahr des Ausscheidens weiter geschuldet und zwar entsprechend dem Verhältnis der tatsächlichen Arbeitsleistung zur Gesamtdauer des Bezugszeitraums (in der Regel ein volles Kalenderjahr) in Form einer Zwölftelung.[39]

Dann ist die obige Regelung dazu geeignet, diesen Rechtsanspruch klarzustellen und damit einem etwaig sich später anschließenden Streit zu entziehen – dies ist schließlich die Funktion vertraglicher Regelungen, eindeutige Rechtsfolgen herbeizuführen.

Im umgekehrten Fall eines fehlenden Rechtsanspruches auf die Gratifikation schadet es daher auch nicht Folgendes klarzustellen:

---

33 Siehe Fußnote 31.
34 Statt der Quote kann es sich zur Vermeidung von Streitigkeiten auch empfehlen, den bei ihrer Anwendung genau errechneten Euro-Betrag in die Vereinbarung einzufügen.
35 Siehe Fußnote 31.
36 Statt der Quote kann es sich zur Vermeidung von Streitigkeiten auch empfehlen, den bei ihrer Anwendung genau errechneten Euro-Betrag in die Vereinbarung einzufügen.
37 Vgl. BAG vom 18.1.2012 – 10 AZR 612/10, NZA 2012, 561.
38 Vgl. BAG vom 7.11.1991 – 6 AZR 489/89, BB 1992, 142; vom 18.1.2012 – 10 AZR 612/10, NZA 2012, 561.
39 Vgl. BAG vom 8.11.1978 – 5 AZR 358/77, AP Nr. 100 zu § 611 BGB Gratifikation.

Die Gratifikation[40] ist für das Jahr ... wegen des Ausscheidens aus dem Arbeitsverhältnis nicht geschuldet.

Vorsicht: Werden – ggf. anteilig – zu beanspruchende Gratifikationen oder andere Gehaltsansprüche in die eigentliche Abfindungszahlung mit eingebunden, entsteht ein zusätzliches, sowohl steuerliches als auch sozialversicherungsrechtliches Risiko. Es handelt sich dann steuerrechtlich um die Abgeltung »erdienter« Ansprüche, so dass jedenfalls die darauf entfallenden Beträge voll der üblichen Lohnsteuer unterliegen und vor allem auch Sozialversicherungsbeiträge geschuldet sind.

Sozialversicherungsrechtlich nicht beitragsfrei sind solche Abfindungen (bzw. deren Bestandteile), die lediglich zustehendes Arbeitsentgelt umfassen bzw. abgelten. Sie unterliegen ganz normal der Beitragspflicht zur Renten-, Kranken- und Arbeitslosenversicherung.[41] Es ist insoweit u.U. eine Abtrennung des eigentlichen Abfindungsbetrages von dem verdeckten, der Beitragspflicht unterliegenden Arbeitsentgelt vorzunehmen.[42]

Dass eine solche »Umwandlung« von eigentlichen (echten) Gehaltsansprüchen in Abfindungsbeträge gewählt wurde, wird insbesondere für die Steuerbehörden, aber auch für die Sozialversicherungsträger möglicherweise dann offenkundig, wenn im Zusammenhang mit der Abfindung über eine übliche allgemeine Erledigungsklausel (siehe dazu im Einzelnen unter 5.8, Seite 162f.) hinaus gesondert ein Verzicht erklärt wird, etwa durch Formulierungen wie:

Der Arbeitnehmer verzichtet für das laufende Jahr auf das anteilige/volle 13. Gehalt/Jubiläumsgeld/andere Gratifikation o.Ä.

Auch wenn solche »Umwandlungen« scheinbar der Optimierung der Abfindung dienen, ist von solchen »Deals« eher abzuraten, da sie für den Arbeitnehmer Risiken in sich bergen, die sich meist erst längere Zeit nach Abschluss des Aufhebungsvertrages realisieren und die dann von ihm allein zu bewältigen sind (nachträglich ungünstigere Versteuerung, zusätzliche Verbeitragung in der Sozialversicherung).

Vereinzelt wurde sogar entschieden, dass die »Einarbeitung« von Gehaltsbestandteilen in eine Abfindung rechtswidrig ist und daher dem be-

---

40 Um welche Gratifikation es sich konkret handelt, ist dabei anzugeben.
41 Vgl. BSG vom 21.2.1990 – 12 RK 65/87, BB 1990, 1704.
42 Siehe Küttner-Voelzke, Abfindung, Rn. 52.

troffenen Arbeitnehmer trotz der erhöhten Abfindung die vorenthaltenen Sonderzahlungen zu leisten sind.[43]

5.3.2.2 Jahresabschlussvergütungen

Ähnlich wie bei den Gratifikationen ist die Rechtslage bei den so genannten Jahresabschlussvergütungen. Handelt es sich um eine echte Gewinnbeteiligung (Tantieme), so bleibt der Anspruch hierauf bestehen, auch wenn der Arbeitnehmer vor Beendigung des Referenzzeitraums – in der Regel definiert durch die Festlegung des Geschäftsjahres – ausscheidet, es sei denn, die Parteien des Arbeitsvertrages haben wirksam, z. B. bereits im Arbeitsvertrag vereinbart, dass bei vorzeitigem Ausscheiden der Anspruch entfällt.[44] Um die Gewinnbeteiligung zu sichern, könnte folgende Klausel verwendet werden:

> Der für das laufende Jahr nach den betrieblichen Regeln/Vereinbarungen bestehende Anspruch auf Gewinnbeteiligung besteht trotz vorzeitigen Ausscheidens des Arbeitnehmers in voller Höhe. Die Auszahlung ist spätestens drei Monate nach Feststellung der Bilanz vorzunehmen.

Noch besser wäre es allerdings, wenn eine solche Tantieme bereits betragsmäßig im Zuge der Verhandlungen über die Aufhebung festgelegt würde, da dann spätere Auseinandersetzungen über die Grundlagen der Berechnung der Gewinnbeteiligung vermieden werden. Eine Schätzung des Tantiemeanspruchs könnte sich beispielsweise orientieren am Durchschnitt der Tantiemen der letzten Jahre, wobei hier ein Zeitraum von drei bis fünf Jahren zugrunde gelegt werden kann, um einen repräsentativen Durchschnitt zu ermitteln. Darüber wäre dann in den Verhandlungen Einigkeit zu erzielen. Tritt dies ein, könnte eine Klausel wie folgt lauten:

> Die Tantieme/Gewinnbeteiligung für das Jahr 20.. wird festgelegt auf € … brutto. Angesichts dieser Regelung verzichtet der Arbeitnehmer für diesen Zeitraum auf eine weitere Abrechnung der Tantieme/Gewinnbeteiligung.

Will der Arbeitgeber sichergehen, dass im Zweifelsfall auch keine weitergehenden Beträge nach Offenlegung der Bilanz geltend gemacht werden können, kann dem noch hinzugefügt werden:

---

43 So ArbG Frankfurt vom 27. 10. 1999 – 7 Ca 2961/99, FA 2000, 95.
44 Vgl. BAG vom 27. 4. 1982 – 3 AZR 814/79, AP Nr. 16 zu § 620 BGB Probearbeitsverhältnis; BAG vom 4. 9. 1985 – 5 AZR 655/84, NZA 1986, 225; BAG vom 25. 4. 1991 – 6 AZR 532/89, NZA 1991, 763 f.

Auf ggf. weitergehende Tantiemeansprüche/Gewinnbeteiligungsansprüche verzichtet der Arbeitnehmer, der Arbeitgeber nimmt diesen Verzicht an.

Fehlt es an einer solchen »aufstockenden« Einigung, ist die Gewinnbeteiligung ratierlich nach dem auf den Zeitraum der Beschäftigung entfallenden Gewinnanteil zu kürzen.[45]
Eine dies klarstellende Klausel könnte dann lauten:

> Der für das laufende Jahr in Höhe von ... % des Jahresgewinns bestehende Anspruch auf Gewinnbeteiligung wird wegen vorzeitigen Ausscheidens zum ... zu .../12 ausbezahlt. Die Auszahlung ist spätestens drei Monate nach Feststellung der Bilanz vorzunehmen.

Da der Arbeitgeber verpflichtet ist, Auskunft zu erteilen über den Umfang des Anspruchs,[46] ist es sinnvoll diese Verpflichtung im Aufhebungsvertrag im Anschluss an eine der beiden zuletzt genannten Klauseln wie folgt festzuhalten:

> Die Bilanz[47] ist dem Arbeitnehmer unverzüglich nach ihrer Feststellung unaufgefordert zur Verfügung zu stellen.

So wird von vornherein abgesichert, dass die Höhe der auszuzahlenden Gewinnbeteiligung auch überprüft werden kann.

Handelt es sich um eine Jahresabschlussvergütung, die lediglich als Pauschalbetrag gewährt wird, und die unabhängig von der jeweiligen Arbeitsleistung mehr oder weniger in das Ermessen der Geschäftsleitung gestellt ist, können Arbeitnehmer, die vor dem regulären Auszahlungszeitpunkt ausscheiden, wirksam vom Bezug dieser Sondervergütung ausgeschlossen oder sogar zur Rückzahlung bei späterem Ausscheiden bis zu einem bestimmten Stichtag verpflichtet werden. Bei solchen Konstellationen ist dieser Gesichtspunkt in die Verhandlungen um die Höhe der Abfindung einzubeziehen oder der Betrag als – gesonderte – Pauschalsumme im Aufhebungsvertrag festzulegen (so die Empfehlung des Autors).

---

45 Küttner-Griese, Einmalzahlungen, Rn. 10.
46 Vgl. Küttner-Kreitner, Auskunftspflichten Arbeitgeber, Rn. 5 für den Fall der Umsatzbeteiligung etc.
47 Bzw. hier Hinweis aufnehmen auf andere zur Berechnung des Anspruchs erforderliche Unterlagen bzw. Auskünfte.

5.3.2.3 Umsatzbeteiligungen und Provisionen

Diese Grundsätze gelten allerdings nicht bei reinen Umsatzbeteiligungen, die nach der Rechtsprechung des BAG wie Provisionen zu beurteilen sind.[48] Hier handelt es sich um Arbeitsentgelt im engeren Sinne, welches nicht nachträglich einseitig entzogen werden kann. Bei Provisionen ist zusätzlich zu berücksichtigen, dass auch bei Beendigung des Arbeitsverhältnisses noch Provisionsansprüche entstehen können, die auf Geschäften beruhen, die der Arbeitnehmer vor seinem Ausscheiden abgeschlossen, vermittelt oder eingeleitet und so vorbereitet hat, dass sie noch auf seine Tätigkeit zurückzuführen sind. Kommen solche Geschäfte innerhalb einer angemessenen Frist[49] nach Beendigung des Vertragsverhältnisses zustande, so steht dem Arbeitnehmer die Provision nach der Vorschrift des § 87 Abs. 3 HGB gleichwohl zu.

Aufgrund der Tatsache, dass es hier möglich ist, abweichende Regelungen vertraglich zu vereinbaren, deren Inhalt oft erst durch Auslegung ermittelt werden kann, ist es im Interesse beider Seiten geboten, für Klarstellung im Aufhebungsvertrag zu sorgen, bis zu welchem Zeitpunkt Provisionserlöse abgerechnet und dem Arbeitnehmer zufließen werden. Eine entsprechende Klausel könnte lauten:

> Die bis zum Zeitpunkt der Beendigung des Arbeitsverhältnisses aufgrund zustande gekommener Geschäfte mit den vom Arbeitnehmer betreuten Kunden entstandenen Provisionsansprüche stehen dem Arbeitnehmer auch dann zu, wenn der Provisionsanspruch erst nach dem Beendigungszeitpunkt fällig geworden ist. Bei nach dem Beendigungszeitpunkt bis zum ... 2016[50] mit bisher vom Arbeitnehmer betreuten Kunden zustande gekommenen Geschäften wird aufgrund der vermuteten Mitwirkung des Arbeitnehmers an deren Zustandekommen ein Provisionsanteil in Höhe von 50 %[51] ausgezahlt.

Alternativ wäre es denkbar, einen kürzeren Zeitraum für nachlaufende Provisionsansprüche zu wählen, dann aber diese in Anwendung des Grundgedankens des § 87 Abs. 3 HGB zu 100 % dem ausgeschiedenen

---

48 Vgl. BAG vom 12.1.1973 – 3 AZR 211/72, AP Nr. 4 zu § 87a HGB.
49 Eine Frist kann in Einzelfällen bis zur Dauer von zwei Jahren noch »angemessen« sein: vgl. v. Gamm, NJW 1979, 2489, 2492 unter Hinweis auf BGH vom 30.1.1964 – VII ZR 83/62.
50 Zeitpunkt nach Beendigung des Arbeitsverhältnisses verhandelbar, z.B. für einen Zeitraum von zwölf Monaten danach.
51 Die andere Hälfte könnte dann z.B. an den Nachfolger des Arbeitnehmers fließen; vgl. § 87 Abs. 3 HGB.

Arbeitnehmer zugute kommen zu lassen, weil dieser maßgeblich durch seine Akquisitionstätigkeit für das Zustandekommen des Geschäfts gesorgt hat.

In beiden Fällen sollte der Abrechnungsanspruch gegenüber dem Arbeitgeber wie folgt im Aufhebungsvertrag durch einen ergänzenden Passus abgesichert werden.

> Der Arbeitgeber rechnet über die entstehende Provision auch nach Beendigung des Arbeitsverhältnisses monatlich ab und erteilt gem. § 87c Abs. 2 HGB für alle provisionspflichtigen Geschäfte gleichzeitig einen Buchauszug.

Sind regelmäßig Aufwendungen z. B. für Reisen geltend zu machen (= Spesen), und werden hierfür ggf. Spesenvorschüsse gezahlt, so sollte Folgendes geregelt werden:

> Zum Zeitpunkt bis zur Beendigung noch ausstehende Reisekosten/Spesen sind bis spätestens zum ... abzurechnen. Ein dann noch bestehender Reisekosten-/Spesenvorschuss muss bis spätestens zum ... zurückbezahlt werden.

5.4 Freistellung

Das Wesen des Arbeitsverhältnisses besteht darin, dass der Arbeitnehmer seine Arbeitskraft zur Verfügung stellen muss, wofür der Arbeitgeber verpflichtet ist, die vereinbarte Vergütung zu entrichten. Oft wird aber von den Arbeitsvertragsparteien gewünscht, dass etwa im Falle der Kündigung und/oder des Abschlusses eines Aufhebungsvertrages der Arbeitnehmer von seiner Arbeitspflicht suspendiert wird. Es handelt sich dann um eine so genannte Freistellung.

Grundsätzlich hat der Arbeitnehmer bis zur rechtlichen Beendigung des Arbeitsverhältnisses **keinen Rechtsanspruch auf bezahlte Freistellung** – auch nicht nach einer Kündigung oder dem Abschluss eines Aufhebungsvertrages. In aller Regel hat auch der Arbeitgeber seiner **Beschäftigungspflicht** nachzukommen.[52] Meist besteht aber auf beiden

---

52 Nur in Ausnahmefällen entfällt der Beschäftigungsanspruch des Arbeitnehmers, so etwa bei Vorliegen eines besonderen berechtigten Interesses auf Arbeitgeberseite, etwa bei Ausspruch einer außerordentlichen Kündigung wegen des Verdachts strafbarer Handlungen; vgl. BAG vom 15.6.1972 – 2 AZR 345/71, AP Nr. 7 zu § 628 BGB.

Seiten der Wunsch, insbesondere wenn dem Aufhebungsvertrag streitige Auseinandersetzungen vorausgegangen sind, die Begegnungen im Betrieb auf Null zu reduzieren.

5.4.1 Einvernehmen über unwiderrufliche Freistellung

Achtung: Angesichts dieser Interessenlage liegt es nahe, sich im Aufhebungsvertrag auf eine unwiderrufliche Freistellung bis zum Beendigungszeitpunkt festzulegen.

Die Spitzenorganisationen der Sozialversicherung hatten ursprünglich im Jahr 2005 festgelegt, dass die vertraglich vereinbarte unwiderrufliche Freistellung nach den Maßstäben des Sozialversicherungsrechts das Ende des Beschäftigungsverhältnisses bedeutet.[53] Ausgangspunkt dafür bildete die Rechtsprechung des Bundessozialgerichts, wonach die tatsächliche Beschäftigung maßgebend ist, an der es jedenfalls dann fehlt, wenn der Arbeitgeber durch die unwiderrufliche Freistellung auf sein Weisungsrecht verzichtet und der Arbeitnehmer demzufolge auch nicht mehr weisungsgebunden ist – unabhängig von der Fortzahlung der Arbeitsvergütung.[54] Mit Wegfall des Beschäftigungsverhältnisses entfällt aber auch die Versicherungspflicht in der Sozialversicherung, so dass nach Ablauf eines Monats der Schutz der gesetzlichen Krankenversicherung bei dieser Konstellation entfällt. Auch werden dann eigentlich keine Beiträge mehr für die Renten- und Arbeitslosenversicherung geschuldet.[55] Dadurch wurden die erwünschten Regelungen über eine unwiderrufliche Freistellung erheblich erschwert.

Diese für die Praxis außerordentlich unbefriedigende Rechtssituation ist mittlerweile überwunden. Das Bundessozialgericht hat in zwei Entscheidungen Klarheit geschaffen. Die eine Entscheidung betrifft eine einvernehmliche Freistellung bis zu einem über die Kündigungsfrist hinaus verlängerten Beendigungszeitpunkt.[56] Das zweite Urteil betraf eine Freistellung während der Aktivphase der Altersteilzeit (»Altersteilzeit null«).[57] In beiden Konstellationen wurde das Fortbestehen eines beitragspflichtigen Beschäftigungsverhältnisses angenommen, wenn nur –

---

53 Beschluss der Spitzenverbände der Sozialversicherungsträger am 5./6.7.2005.
54 BSG vom 25.4.2002 – B 11 AL 65/01 R, NZA-RR 2003, 105.
55 Gabke, AiB 2005, 575.
56 BSG vom 24.9.2008 – B 12 KR 22/07 R, NZA-RR 2009, 272.
57 BSG vom 24.9.2008 – B 12 KR 27/07 R, NZA-RR 2009, 269.

wie dies üblicherweise während der Freistellung der Fall ist – das Entgelt fortgezahlt wird.[58]

Dem haben sich auch die Sozialversicherungsträger angeschlossen.[59] Damit ist es also weiterhin möglich, im Zusammenhang mit der Aufhebung des Arbeitsverhältnisses die **unwiderrufliche Freistellung** zu vereinbaren. Dafür bietet sich folgende Klausel an:

> Die Parteien sind sich einig, dass der Arbeitnehmer bis zum Beendigungszeitpunkt unwiderruflich von der Erbringung der Arbeitsleistung freigestellt wird.

Dabei sind aber noch folgende Probleme zu lösen:

5.4.1.1 Anrechnung anderweitigen Verdienstes bei unwiderruflicher Freistellung

Der Arbeitnehmer hat bei unwiderruflicher Freistellung zwar gegenüber dem Arbeitgeber keine Verpflichtung zur Arbeitsleistung mehr, muss sich aber nach § 615 Satz 2 BGB dann etwas anrechnen lassen, wenn er im Rahmen einer anderweitigen Verwendung seiner Arbeitskraft tatsächlich Einkommen erwirbt oder das Erzielen solcher Einnahmen böswillig unterlässt. Von der letzteren Alternative werden allerdings nur die Ausnahmefälle erfasst, bei denen der Arbeitnehmer trotz Kenntnis einer zumutbaren Arbeitsmöglichkeit diese grundlos ablehnt oder vorsätzlich verhindert, dass ihm überhaupt zumutbare Arbeit angeboten wird.[60] Dabei soll es dem Arbeitnehmer nach bisherigem Verständnis nicht einmal zum Nachteil gereichen, wenn er es unterlassen hat, sich bei der Arbeitsagentur als Arbeitsuchender zur Verfügung zu stellen.[61] Der Arbeitnehmer ist grundsätzlich auch nicht verpflichtet, eine anders geartete oder geringer bewertete Tätigkeit aufzunehmen.[62] Jede Böswilligkeit entfällt ferner, wenn der Arbeitnehmer sich während dieser Periode um Weiterbildungsmaßnahmen, ein Studium oder um andere berufsvorbereitende Tätigkeiten kümmert.[63] Erfolgt eine unwiderruf-

---

58 Vgl. BSG vom 24.9.2008, a.a.O.
59 Besprechungsergebnis der Sozialversicherungsträger vom 30./31.3.2009 (TOP 2), zu finden unter
   www.deutsche-rentenversicherung-bund.de.
60 Vgl. BAG vom 16.5.2000 – 9 AZR 203/99, NZA 2001, 26 f.
61 Ebenda.
62 Vgl. BAG vom 3.12.1980 – 5 AZR 477/78, BB 1981, 1399; BAG vom 27.1.1994, BB 1994, 1714.
63 Küttner-Griese, Annahmeverzug, Rn. 17.

liche Freistellung unter dem Vorbehalt der Anrechnung etwaigen anderweitig erzielten Verdienstes kann davon ausgegangen werden, dass der Arbeitnehmer nunmehr nicht an ein vertragliches Wettbewerbsverbot gebunden ist, da er nun nach der Erklärung des Arbeitgebers frei ist, wie er seine Arbeitsleistung verwerten kann.[64] Hält der Arbeitgeber jedoch trotz Freistellung durch ausdrückliche Erklärung am Wettbewerbsverbot fest oder soll die Anrechnung anderweitigen Verdienstes gerade nicht erfolgen, ist dies dahingehend auszulegen, dass eine Wettbewerbstätigkeit weiterhin untersagt bleibt.[65]

5.4.1.2 Urlaubsabgeltung

Möglich und üblich ist die unwiderrufliche Freistellung des Arbeitnehmers unter Anrechnung auf noch bestehende Urlaubsansprüche. Voraussetzung hierfür ist, dass neben der unwiderruflichen Freistellung dies mit der entsprechenden Erklärung zur Urlaubsanrechnung verbunden wird. Wird vom Arbeitgeber im Zusammenhang mit der Freistellung hierzu nichts erklärt, so könnte dies zur Folge haben, dass sich die Freistellung nicht auf den Urlaubsanspruch auswirkt, also insoweit keine Anrechnung erfolgt.[66]

In diesem Fall soll es auch keine Verpflichtung des Arbeitnehmers geben, sich bei einer ihm gegenüber erfolgten Freistellung um Urlaubserteilung zu bemühen. Allerdings wird hierzu auch vertreten, dass bei unwiderruflicher Freistellung und einer Klausel im Beendigungsvergleich, dass »der Urlaub in natura gewährt wurde«, dieser und auch sonstige Ansprüche z. B. solche aus Überstunden-Freizeitausgleich erfasst sind.[67]

Das BAG hat entschieden, dass die im Zuge einer einseitigen Freistellung verordnete Abnahme des Urlaubs in der Kündigungsfrist allerdings unwirksam wird, wenn der Arbeitnehmer daraufhin unverzüglich widerspricht und z. B. einen anderweitigen Wunsch zur zeitlichen Festlegung des Urlaubs äußert. Dies sei die Folge daraus, dass der Arbeitgeber gem. § 7 Abs. 1 Satz 1 BUrlG die Urlaubswünsche des Arbeitnehmers zu berücksichtigen hat.[68] Ob dies allerdings auch gilt, wenn der Arbeitnehmer einen Urlaubswunsch äußert, der nach Ablauf der Kündigungsfrist

---

64 BAG vom 6. 9. 2006 – 5 AZR 703/05, NZA 2007, 36, Rn. 22.
65 Ebenda, Rn. 23.
66 Vgl. BAG vom 31. 5. 1990 – 8 AZR 132/89, DB 1991, 392; BAG vom 9. 6. 1998 – 9 AZR 43/97, NZA 1999, 80.
67 Vgl. LAG Köln vom 9. 3. 2001 – 4 Sa 2/01, MDR 2001, 1065.
68 Vgl. BAG vom 23. 1. 2001 – 9 AZR 26/00, NZA 2001, 597.

liegt, hat das BAG nicht mitentschieden, ist aber konsequent, wenn der Arbeitnehmer geltend macht, dass er im Vertrauen auf den Fortbestand des Arbeitsverhältnisses Urlaub für einen späteren Zeitpunkt geplant habe.[69]

Vereinbaren beide Parteien eine unwiderrufliche Freistellung, sollte angesichts der dargestellten Regelungsnotwendigkeiten die Klausel wie folgt aussehen:

> Der Arbeitnehmer wird ab sofort/nach Erledigung der (ggf. näher zu beschreibenden) Restarbeiten ab … von der Verpflichtung zur Arbeitsleistung unter Fortzahlung der Vergütung unter Anrechnung etwaiger ihm noch zustehender (Rest-)Urlaubsansprüche bzw. Freizeitausgleichsansprüche[70] unwiderruflich freigestellt.

Sollen ferner die möglichen Probleme um die Anrechnung anderweitiger Einkünfte und wegen des ggf. weiter bestehenden Wettbewerbsverbots mitgelöst werden, kann ergänzend folgende Klausel Verwendung finden und zwar in beiden in Frage kommenden Varianten alternativ:

> Während der Freistellung ist anderweitiger Verdienst (nicht) anzurechnen. Das vereinbarte Wettbewerbsverbot ist zu beachten/wird mit Abschluss dieser Vereinbarung aufgehoben.

Soll unbedingt unwiderruflich freigestellt werden, kann dies allerdings auch einseitig erfolgen, etwa in einem Begleitschreiben des Arbeitgebers oder in der Kündigungserklärung, z. B. mit folgender Formulierung:

> Bis zur Beendigung des Arbeitsverhältnisses werden Sie hiermit ab sofort/ab einem bestimmten Zeitpunkt von der Verpflichtung zur Arbeitsleistung unter Fortzahlung der Vergütung unter Anrechnung Ihnen noch zustehender (Rest-)Urlaubsansprüche bzw. Freizeitausgleichsansprüche[71] unwiderruflich freigestellt.

5.4.2 Einseitige Freistellung durch den Arbeitgeber

Eine Freistellung kann also auch einseitig ausgesprochen werden. Ob der Arbeitgeber dann widerruflich oder unwiderruflich von der Arbeitsleistung suspendiert, ist im Zweifelsfall durch Auslegung zu ermitteln. Wird eine Freistellungserklärung ohne nähere Konkretisierung ausge-

---

69 ErfK-Dörner, § 7 BUrlG Rn. 15.
70 Freizeitausgleichsansprüche können etwa bestehen aufgrund eines Arbeitszeitguthabens wegen geleisteter Mehrarbeit oder aus einem Gleitzeitkonto.
71 Siehe Fußnote 70.

sprochen, wird angenommen, dass es sich grundsätzlich um eine widerrufliche handelt.[72]

Wird dem Arbeitnehmer seitens des Arbeitgebers erklärt, dass er ihn von der Arbeit freistellt, ist der Arbeitnehmer frei von der Pflicht zur weiteren Erbringung der Arbeitsleistung und behält seinen Vergütungsanspruch.[73] Er hat ferner Anspruch auf Entgeltfortzahlung im Krankheitsfall und ist bei Gehaltsanhebungen, die – etwa auf der Grundlage einer aktuellen Tariferhöhung – in der Freistellungsperiode eintreten, zu berücksichtigen. Eine einseitige Erklärung zur unwiderruflichen Freistellung könnte wie folgt lauten:

> Bis zur Beendigung des Arbeitsverhältnisses werden Sie hiermit ab sofort/ab einem bestimmten Zeitpunkt von der Verpflichtung zur Arbeitsleistung unter Fortzahlung der Vergütung unter Anrechnung Ihnen noch zustehender (Rest-)Urlaubsansprüche bzw. Freizeitausgleichsansprüche unwiderruflich freigestellt.

5.4.2.1 Widerrufliche Freistellung

Wird der Arbeitnehmer nur widerruflich freigestellt, kann hierdurch der Urlaubsanspruch des Arbeitnehmers nicht erfüllt werden; dies gilt selbst dann, wenn ein Vorbehalt zur Anrechnung von Urlaubsansprüchen ausdrücklich durch den Arbeitgeber erklärt wird.[74]

Auch eine Anrechnung anderweitigen Verdienstes kommt nach überwiegender Auffassung dann nicht in Betracht, da in dieser Konstellation die Voraussetzungen für den Annahmeverzug des Arbeitgebers nach § 615 Satz 1 BGB fehlen und auch § 615 Satz 2 BGB mit der dort geregelten Pflicht zur Anrechnung anderweitiger Arbeitseinkünfte nicht zum Tragen kommt.[75] Auch auf ein Wettbewerbsverbot wird naturgemäß bei widerruflicher Freistellung nicht wirksam verzichtet werden können.

Bei einer nur widerruflich gewollten Freistellung könnte eine entsprechende Klausel lauten:

---

72 Panzer, NJW 2010, 11, 12 m. w. N.
73 Ein Widerspruch gegen die Freistellung macht im Falle einer Kündigung nur Sinn, wenn die Durchsetzung des Beschäftigungsanspruchs Anhaltspunkte verspricht, die Sach- und Rechtslage im Kündigungsschutzprozess zu Gunsten des Arbeitnehmers zu verbessern.
74 BAG vom 9.6.1998 – 9 AZR 43/97, NZA 1999, 80; BAG vom 14.3.2006 – 9 AZR 11/05, AP Nr. 32 zu § 7 BUrlG.
75 BAG vom 19.3.2002 – 9 AZR 16/01, FA 2002, 321; Hümmerich, Arbeitsrecht 4, Rn. 513.

Der Arbeitnehmer wird ab sofort bis zum Beendigungszeitpunkt widerruflich unter Fortzahlung der Vergütung von der Verpflichtung zur Arbeitsleistung freigestellt. Der Arbeitgeber behält sich vor, den Arbeitnehmer während der Restlaufzeit zeitweilig oder fortdauernd an seinem Arbeitsplatz zu beschäftigen.

5.4.2.2 Kombination widerrufliche/unwiderrufliche Freistellung

Bei einseitiger Freistellung kann auch eine Kombination zwischen widerruflicher und unwiderruflicher Freistellung wie folgt erfolgen:

Bis zur Beendigung des Arbeitsverhältnisses werden Sie ab sofort/ab einem bestimmten Zeitpunkt von der Verpflichtung zur Arbeitsleistung freigestellt. Diese Freistellung ist bezogen auf die Dauer noch zustehender (Rest-)Urlaubsansprüche bzw. Freizeitausgleichsansprüche[76] unwiderruflich, sodann bis zum Beendigungszeitpunkt widerruflich, jeweils unter Fortzahlung der Vergütung. Nach dem Ablauf der unwiderruflichen Freistellung behalten wir uns als Arbeitgeber vor, Sie im Rahmen der Restlaufzeit des Vertrages zeitweilig oder fortdauernd an ihrem Arbeitsplatz zu beschäftigen.

Sowohl während der widerruflichen als auch der unwiderruflichen Freistellung ist die Vergütung fortzuzahlen.

Im Rahmen einer solchen Klausel sollte ferner daran gedacht werden, den verbliebenen Teil der Urlaubs- bzw. Freizeitausgleichsansprüche konkret zu beziffern, damit ein späterer Streit hierum vermieden wird. Auch könnte für die Phase der widerruflichen Freistellung daran gedacht werden, denkbare Gründe für den Widerruf der Freistellung konkret zu benennen, etwa extreme Arbeitsspitzen oder plötzlicher Vertretungsbedarf durch Krankheit o.Ä., und gewisse Ankündigungsfristen festzulegen, damit der freigestellte Arbeitnehmer auch disponieren kann. Dabei sollte jedenfalls die Ankündigungsfrist aus § 12 Abs. 2 TzBfG von vier Tagen beachtet werden.[77]

Sind sich die Parteien einig, eine Kombination von widerruflicher und unwiderruflicher Freistellung zu vereinbaren, sollen aber über die offenen während der unwiderruflichen Phase abgegoltenen Urlaubszeiten und über den Umfang der sonstigen Freizeitausgleichsansprüche Einvernehmen erzielt werden und zugleich erreicht werden, dass nicht zu Lasten des Arbeitnehmers ohne jede Einschränkung eine Rücknahme der

---

76 Freizeitausgleichsansprüche können etwa bestehen aufgrund eines Arbeitszeitguthabens wegen geleisteter Mehrarbeit oder aus einem Gleitzeitkonto.
77 Hümmerich, Arbeitsrecht 4, Rn. 553, 554.

widerruflich vereinbarten Freistellung erfolgen kann, bietet sich folgende Klausel an:

> Die Parteien sind sich einig, dass der Arbeitnehmer bis zum Beendigungszeitpunkt unter Fortzahlung der Vergütung von der Verpflichtung zur Arbeitsleistung freigestellt wird. Diese Freistellung erfolgt unwiderruflich für die Dauer des noch offenen Resturlaubs von 20 Tagen sowie für die restlichen aus dem Gleitzeitguthaben sich ergebenden Stunden im Umfang von ...[78] Im Anschluss daran ist die Freistellung widerruflich, wobei sich der Widerruf auf Fälle außerordentlicher Arbeitsbelastung oder zusätzlichen Vertretungsbedarfs aufgrund unvorhergesehener Krankheitsfälle beschränkt. Für den Fall des Widerrufs ist eine Ankündigungsfrist von mindestens vier Arbeitstagen bis zur Aufnahme des Arbeitsbeginns einzuhalten.

5.5 Freizeit zur Stellungssuche und Arbeitsvermittlung

Von der vertraglich geregelten oder einseitig durch den Arbeitgeber verkündeten Freistellung zu unterscheiden ist der Anspruch des Arbeitnehmers auf Gewährung von Freizeit zur Stellungssuche. Dieser Anspruch entsteht nach § 629 BGB bei Kündigung des Arbeitsverhältnisses, wobei es auf die Art der Kündigung und des Vorliegens eines Kündigungsgrundes nicht ankommt. Die Vorschrift gilt auch beim Abschluss von Aufhebungsverträgen.[79]

Der Anspruch beinhaltet, dass der Arbeitgeber die vereinbarte Vergütung fortzuzahlen hat. Voraussetzung hierfür ist, dass der Arbeitnehmer rechtzeitig um Gewährung entsprechender Freizeit gebeten hat. Der Arbeitgeber darf dies nicht verweigern, es sei denn, gerade durch die Abwesenheit zum Zeitpunkt des gewünschten Termins würden relevante Störungen im Betriebsablauf eintreten. Auch darf der Arbeitgeber den Arbeitnehmer insoweit nicht auf ggf. noch offene Urlaubsansprüche verweisen.[80]

Der Anspruch umfasst die im zeitlichen Umfang angemessene Wahrnehmung von Vorstellungsterminen in anderen Unternehmen ein-

---

78 Beide Positionen konkret nach Lage der Dinge ausfüllen.
79 Vgl. BAG vom 11.6.1957 – 2 AZR 15/57, AP Nr. 1 zu § 629 BGB; BAG vom 13.11.1969 – 4 AZR 35/69, AP Nr. 41 zu § 616 BGB.
80 Vgl. BAG vom 26.10.1956 – 1 AZR 184/56, DB 1957, 192.

schließlich der dafür notwendigerweise aufzubringenden Fahrtzeiten. In den Anwendungsbereich fallen aber auch Besuche bei der Agentur für Arbeit, die Wahrnehmung von Eignungstests und medizinischen Untersuchungen. Einer Regelung dieses Freizeitanspruchs im Aufhebungsvertrag bedarf es nicht, da er unabdingbar ist. Dies hätte hier allenfalls Klarstellungsfunktion.

Achtung: Unter § 629 BGB fällt auch die verschärfte Pflicht, sich unmittelbar nach Kenntnis der Beendigung eines laufenden Arbeitsverhältnisses um eine Vermittlung durch die Arbeitsagentur zu bemühen. Deshalb muss der Arbeitgeber den Arbeitnehmer auch für die erforderlichen Besuche bei der Arbeitsagentur freistellen.[81] Schon vor dessen Beendigung kann die Agentur für Arbeit berufliche Eingliederungsmaßnahmen z. B. zur zusätzlichen Qualifizierung anordnen bzw. mit dem zukünftig Arbeitslosen vereinbaren, für die dann entsprechend auch der Freistellungsanspruch des § 629 BGB i. V. m. § 2 Abs. 2 Nr. 3 SGB III gilt.

5.6   Urlaubsansprüche

Erfolgt keine Freistellung des Arbeitnehmers oder wird in einem solchen Fall keine Anrechnung auf den restlichen noch bestehenden Urlaub geregelt, bleibt zu klären, was aus dem verbleibenden Urlaubsanspruch wird. Ein solcher Klärungsbedarf besteht auch, wenn die Kündigungsfrist bzw. die dem möglichst entsprechende Restlaufzeit des Vertrages kürzer ist als der Umfang des verbliebenen Urlaubsanspruchs.

Urlaub soll tatsächlich genommen werden. Deshalb hat der Gesetzgeber in § 13 Abs. 1 Satz 1 BUrlG ausdrücklich geregelt, dass der Mindesturlaubsanspruch, der gem. § 3 BUrlG 24 Werktage[82] beträgt, unabdingbar ist.

Weder durch einen Aufhebungsvertrag noch durch einen gerichtlichen Vergleich oder ein anderes Rechtsgeschäft kann daher auf den gesetzlichen Mindesturlaubsanspruch wirksam verzichtet oder eine Abgeltung in finanzieller Form vereinbart werden.[83]

---

81 ErfK-Müller-Glöge, § 629 BGB Rn. 6.
82 Da § 3 Abs. 2 BUrlG als Werktage alle Kalendertage außer Sonn- und gesetzlichen Feiertagen zählt, bedeutet dies einen gesetzlich garantierten Mindesturlaub von vier Wochen pro Jahr.
83 Vgl. BAG vom 31.5.1990 – 8 AZR 132/89, NZA 1990, 935; BAG vom 20.1.1998 – 9 AZR 812/96, NZA 1998, 816.

Auch zwischen beiderseits tarifgebundenen Vertragsparteien gilt, dass auf den tariflichen Jahresurlaub, der stets mehr Urlaubstage als der gesetzliche Mindestanspruch umfasst, nur mit Zustimmung der Tarifvertragsparteien gem. § 4 Abs. 4 TVG verzichtet werden kann. Die Möglichkeit, dass Gewerkschaft und Arbeitgeberverband im Einzelfall eine solche Erklärung abgeben, ist praktisch ausgeschlossen, so dass der tarifliche Urlaubsanspruch (Regelfall: 30 Arbeitstage) ebenfalls gesichert ist.

Besteht daher noch ein Urlaubsanspruch, der bis zum Beendigungszeitpunkt nicht oder nicht vollständig genommen werden konnte, wandelt sich dieser Urlaubsanspruch gem. § 7 Abs. 4 BUrlG in einen Abgeltungsanspruch um.

Achtung: Auch der Abgeltungsanspruch unterliegt den gleichen Voraussetzungen wie der eigentliche Urlaubsanspruch, an dessen Stelle er tritt. Er ist ebenfalls unabdingbar und kann daher nicht wirksam in die Abfindung eingerechnet werden. Für ihn gelten die gleichen Fristen wie für den Urlaubsanspruch. Das heißt, auch die Abgeltung muss im laufenden Kalenderjahr gefordert werden. Nur unter ganz bestimmten Voraussetzungen ist eine Übertragung des Urlaubs in das Folgejahr und dann auch nur bis zum 31.3. des Folgejahres gem. § 7 Abs. 3 Satz 3 BUrlG möglich, so dass bis zu diesem Zeitpunkt nicht genommener Urlaub verfällt. Da sich der Arbeitnehmer bis zu diesem Zeitpunkt konkret um Urlaub bemüht haben muss,[84] bedeutet dies für den Abgeltungsanspruch: Der Arbeitnehmer muss sich bis zum Jahresende bzw. bis zum Auslaufen seines Vertrages tatsächlich um Gewährung seines Urlaubs bemüht haben, den Arbeitgeber also bei mangelnder Reaktion durch Mahnung in Verzug gesetzt haben. Dies geschieht **nicht** mit Erhebung der Kündigungsschutzklage, sondern muss gesondert und fristgerecht erfolgen.[85]

In das Urlaubsrecht ist aber Bewegung geraten.

Grundsätzlich gilt, dass dann, wenn z.B. wegen Arbeitsunfähigkeit eine tatsächliche Urlaubsabnahme bis 31. Dezember nicht möglich war, der Urlaub dann bis spätestens 31. März des Folgejahres zu nehmen bzw. der unter diesen Voraussetzungen entstandene Urlaubsabgeltungs-

---

84 Vgl. BAG vom 27.8.1986 – 8 AZR 582/83, NZA 1987, 313.
85 Vgl. BAG vom 17.1.1995 – 9 AZR 664/93, NZA 1995, 531; BAG vom 21.9.1999 – 9 AZR 705/98, AP Nr. 77 zu § 7 BUrlG Abgeltung.

anspruch aufgrund der Beendigung des Arbeitsverhältnisses geltend zu machen ist.[86]

Nach Ablauf des Übertragungszeitraums war nach dem bisherigen Verständnis dann auch der Urlaubsanspruch für dauerhaft erkrankte Arbeitnehmer verfallen und damit auch der Urlaubsabgeltungsanspruch, der an dessen Stelle tritt. Nach der Entscheidung des EuGH vom 20.1.2009[87] ist dies als unvereinbar mit der Europäischen Arbeitszeitrichtlinie verworfen worden. Der Urlaubssenat des BAG hat sich dem angeschlossen.[88] Damit ist klargestellt, dass der Anspruch auf Abgeltung von Urlaubsansprüchen nicht erlischt, wenn der Beschäftigte bis zum Ende des Urlaubsjahres und/oder des Übertragungszeitraums erkrankt und deshalb wegen Arbeitsunfähigkeit an der Abnahme des Urlaubs gehindert war. Vielmehr verlängert sich diese Frist nach den obigen Ausführungen um 15 Monate nach Ablauf des auf das Urlaubsjahr nachfolgenden Jahres.[89] Allerdings bezieht sich dies automatisch nur auf gesetzliche Urlaubsansprüche, ob sich dies auch auf die weitergehenden etwa auf Tarifvertrag beruhenden Urlaubstage (meist 30 Arbeitstage als Urlaubsanspruch) erstreckt, ist durch Auslegung zu ermitteln.[90]

Wegen des höchstpersönlichen Charakters des Urlaubs – nur der konkrete Arbeitnehmer kann und soll sich erholen – war eine Vererblichkeit von bis zum Tod nicht genommenen Urlaubsansprüchen nach bundesdeutschem Rechtsverständnis ausgeschlossen. Nach Meinung des EuGH ist dies jedoch anders: Für den nicht genommenen Urlaub entsteht ein Abgeltungsanspruch, der auch nicht davon abhängt, dass der Betroffene im Vorfeld einen entsprechenden Antrag gestellt hat.[91]

Um Probleme mit Urlaub und Urlaubsabgeltung zu vermeiden, ist es nützlich, auch hierzu klarstellende Regelungen im Aufhebungsvertrag zu treffen. Falls Urlaubsabnahme noch bis zum Beendigungszeitpunkt möglich ist:

---

86 Vgl. BAG vom 21.9.1999, a.a.O.: Das BAG führt aus, dass auch ein entsprechender Schadensersatzanspruch für den erloschenen Anspruch auf Urlaubsabgeltung voraussetzt, dass der Arbeitnehmer den Arbeitgeber rechtzeitig dadurch in Verzug setzt, dass er ihm gegenüber seine konkreten Urlaubswünsche anmeldet – dies gilt auch im gekündigten Arbeitsverhältnis!
87 EuGH vom 20.1.2009 – C 350/06, C 520/06, NZA 2009, 135.
88 BAG vom 24.3.2009 – 9 AZR 983/07, NZA 2009, 538.
89 BAG vom 24.3.2009, a.a.O.
90 BAG vom 24.3.2009, a.a.O.
91 Vgl. EuGH vom 12.6.2014 – C-118/13, NZA 2014, 651ff.; positiv bewertend Schmidt, NZA 2014, 701ff.

> Der Arbeitnehmer wird den ihm im Umfang von ... Arbeitstagen noch zustehenden Urlaub in der Zeit vom ... bis ... nehmen.

Falls demgegenüber der Urlaub schon zur Gänze genommen wurde, ist es sinnvoll Folgendes aufzunehmen:

> Wegen der bereits erfolgten Gewährung von Urlaub bestehen keine restlichen Urlaubsansprüche mehr.[92]

Konnte der Urlaub ganz oder teilweise nicht während der Restlaufzeit des Arbeitsverhältnisses genommen werden, bietet sich folgende Regelung an:

> Der Arbeitnehmer hat noch einen Urlaubsanspruch von ... Arbeitstagen, der bis zur Beendigung des Arbeitsverhältnisses nicht erfüllt werden konnte. Hierfür zahlt der Arbeitgeber eine Urlaubsabgeltung in Höhe von € ..., fällig am ...[93]

Diese Regelung ist auch dann empfehlenswert, wenn nunmehr nach lange andauernder Arbeitsunfähigkeit Ansprüche auf Urlaubsabgeltung verblieben sind.

Erhält der Arbeitnehmer nämlich eine Urlaubsabgeltung, die sich nach dem Entgelt, das der Arbeitnehmer während der Dauer des abzugeltenden Urlaubs zu beanspruchen hätte, bemisst, führt dies bei nachfolgender Arbeitslosigkeit dazu, dass für den abzugeltenden Zeitraum der Anspruch auf Arbeitslosengeld gem. § 143 Abs. 2 SGB III ruht. Das gilt auch, wenn die Urlaubsabgeltung tatsächlich nicht ausgezahlt wird, sondern hierauf nur ein Anspruch besteht. Das Ruhen des Arbeitslosengeldes tritt selbst dann ein, wenn der Arbeitnehmer seinen Abgeltungsanspruch nicht gegenüber dem Arbeitgeber – z.B. aus Unkenntnis – erhoben hat. Deswegen dürfte es im Regelfall unklug sein, die Urlaubsabgeltungsansprüche in die Abfindung einzurechnen. Vielmehr sollten sie gesondert abgerechnet und ausgezahlt werden.

Tipp:
Sozialversicherungspflicht für Urlaubsabgeltungsansprüche nach länger andauernder Arbeitsunfähigkeit kann vermieden werden, wenn der betroffene Beschäftigte weder im laufenden noch im vorangegangenen Kalenderjahr laufendes

---

92 Dies ist auch als so genannter Tatsachenvergleich (wenn z.B. die Zahl der bereits genommenen Urlaubstage strittig ist) möglich: vgl. BAG vom 27.7.1967 – 5 AZR 112/67, AP Nr. 2 zu § 7 BUrlG Abgeltung.
93 Fälligkeitszeitpunkt ist hier sinnvollerweise gleichzeitig der Beendigungszeitpunkt bzw. der Zeitpunkt der letzten Gehaltszahlung.

Arbeitsentgelt bezogen hat, sondern nur auf Krankengeldbeträge angewiesen bzw. bereits »ausgesteuert« war. Insoweit kann auch eine Verlegung des Fälligkeitszeitpunkts für die Auszahlung der Urlaubsabgeltung in bestimmten Fällen eine Beitragspflicht vermeiden helfen, da diese regelmäßig erst dann entsteht, wenn entsprechende Beträge tatsächlich fließen.[94]

5.7 Zeugnis und Zwischenzeugnis

Nach § 109 GewO kann ein Arbeitnehmer bei der Beendigung des Arbeitsverhältnisses ein Zeugnis verlangen, das sich auch auf Führung und Leistung erstreckt (so genanntes qualifiziertes Zeugnis).[95] Dieser Anspruch besteht auch dann, wenn der Arbeitnehmer die aus seiner Sicht unwirksame Kündigung mit der Kündigungsschutzklage angreift, also seine Weiterbeschäftigung mit gerichtlicher Hilfe durchsetzen will. Dies beruht darauf, dass das Zeugnis schon »bei« und nicht erst »nach« Beendigung des Arbeitsverhältnisses verlangt werden kann und zwar nicht nur als Zwischen- sondern auch als Endzeugnis.[96]

Dabei kommt es nicht auf die Art der Beendigung an, sondern darauf, dass selbstverständlich auch bei Abschluss eines einvernehmlichen Aufhebungsvertrages der Anspruch auf Zeugniserteilung besteht.

Grundsätzlich ist der Zeugnisanspruch aber geltend zu machen, da es sich regelmäßig um eine so genannte Holschuld handelt.[97]

Liegt zwischen Kündigung und/oder Abschluss des Aufhebungsvertrages und dem eigentlichen Beendigungszeitpunkt ein längerer Zeitraum, in welchem noch Arbeitsleistungen zu erbringen sind, ist es sinnvoll, vorab ein Zwischenzeugnis zu verlangen.[98]

Zu unterscheiden ist das so genannte einfache Zeugnis, das sich auf Dauer und Art des Beschäftigungsverhältnisses bezieht und das die vom Arbeitnehmer abgeleisteten Tätigkeiten vollständig und genau zu beschreiben hat und das so genannte qualifizierte Zeugnis, das sich da-

---

94 Kern, ArbRAktuell 2010, 161.
95 Rechtsgrundlage für den Zeugnisanspruch ist seit 1.1.2003 § 109 GewO, während § 630 BGB nur noch für Dienstverhältnisse gilt, die keine Arbeitsverhältnisse sind; vgl. ErfK-Müller-Glöge, § 630 BGB Rn. 2.
96 Vgl. BAG vom 27.2.1987 – 5 AZR 710/85, NZA 1987, 628 f.
97 Vgl. BAG vom 8.3.1995 – 5 AZR 848/93, NZA 1995, 671.
98 Ähnlich wie dies anerkannt ist beim Ausscheiden eines langjährigen Vorgesetzten: vgl. BAG vom 1.10.1998 – 6 AZR 176/97, NZA 1999, 894.

rüber hinaus auch auf Führung und Leistung erstreckt.[99] Das qualifizierte Zeugnis ist zur Regel geworden und bildet den Ausgangspunkt mannigfaltiger – bei den Arbeitsgerichten sehr unbeliebter – Streitigkeiten. Während die Beschreibung der abgeleisteten Tätigkeiten meist noch einvernehmlich ermittelt werden kann, unterliegt die Führung und Leistung eines Arbeitnehmers einer subjektiven Bewertung, wofür dem Arbeitgeber ein Beurteilungsspielraum zur Verfügung steht.[100]

Der Arbeitgeber ist dabei einerseits an die Wahrheitspflicht gebunden, muss sich aber andererseits um eine objektivierende Darstellung bemühen, die zugleich wohlwollend und damit berufsfördernd zu sein hat.[101]

Auch besteht Einigkeit darüber, dass die Angaben im Zeugnis über die Art der Beendigung des Arbeitsverhältnisses, z. B. einvernehmliches Ausscheiden durch Aufhebungsvertrag, nur auf Wunsch des Arbeitnehmers in das Zeugnis aufzunehmen sind.

Streit entsteht in der Regel vor allem um die so genannte »Benotung«, wobei ein »befriedigend« eine nur unterdurchschnittliche Leistung zum Ausdruck bringt.[102] Die bestmögliche Bewertung enthält das Sprachungetüm »stets zur vollsten Zufriedenheit«, welches als Benotung »sehr gut« meint.[103] Dabei haben sich alle Beteiligten darauf einzustellen, dass die Zeugnissprache mittlerweile so »diplomatisch« angelegt ist, dass schon Auslassungen sonst üblicher Benotungen, z. B. über das betriebliche Zusammenwirken mit Vorgesetzten und Kollegen als so genanntes »beredtes Schweigen« gewertet wird[104] und damit Rückschlüsse auf Fehlverhalten oder diesbezüglich kritisch zu beurteilenden Eigenschaften zulassen soll. Auch gibt es so genannte »verdeckte Codes« in Zeugnissen, die einem kundigen Leser eine negative Einschätzung über den zu beurteilenden Arbeitnehmer insgeheim vermitteln können. Am bekanntesten ist noch die Wendung »hat sich bemüht«, die im Klartext zum Ausdruck bringt, dass erhebliche bis gravierende Mängel im Leistungsverhalten vorliegen.[105] Bestimmte Formulierungen sollen verdeckt Ein-

---

99 Vgl. ErfK-Müller-Glöge, § 109 GewO Rn. 5.
100 Küttner-Reinecke, Zeugnis, Rn. 28.
101 Vgl. ErfK-Müller-Glöge, § 109 GewO Rn. 27 m. w. N.
102 Vgl. LAG Frankfurt vom 10. 9. 1987 – 12/13 Sa 1766/86, LAGE Nr. 3 zu § 630 BGB.
103 Vgl. LAG Hamm vom 27. 2. 1997 – 4 Sa 1691/96, NZA-RR 1998, 151, 157.
104 Vgl. LAG Hamm, a. a. O., m. w. N.
105 Siewert, S. 119.

schätzungen über persönliche Charaktereigenschaften bis hin zur sexuellen Orientierung zulassen.[106]

Solche Codes sind unzulässig.[107] Es gilt aber, ihnen überhaupt auf die Spur zu kommen, was einem ungeübten Zeugnisbetrachter oft nicht leicht fällt.

Es sollte daher vermieden werden, den Inhalt des Zeugnisses allein von der mehr oder weniger zufälligen Bewertung einer Seite abhängig zu machen. Nach Möglichkeit sollte daher das Zeugnis selbst zum Gegenstand der Vereinbarungen über einen Aufhebungsvertrag gemacht werden. Besteht dabei gegenüber den für die Abfassung des Zeugnisses zuständigen Vorgesetzten ein solches Vertrauen, dass das Zeugnis angemessen formuliert wird, kann es reichen, im Aufhebungsvertrag folgende Klausel zu vereinbaren:

> Der Arbeitnehmer erhält ein wohlwollendes, berufsförderndes Zeugnis, das sich auf Führung und Leistung erstreckt.

Wenn es bei der Bewertung der Arbeitsleistung unterschiedliche Einschätzungen geben kann, ist es ggf. sinnvoll, die Benotung vorab festzulegen. Dies kann dann durch folgende Klausel geschehen:

> Der Arbeitnehmer erhält ein wohlwollendes, berufsförderndes Zeugnis, das sich auf Führung und Leistung erstreckt und das Prädikat »stets zu unserer vollen[108] Zufriedenheit« ausweist.

Da § 109 GewO den Arbeitgeber nur verpflichtet, Angaben zu Art und Dauer der Tätigkeit und auf Wunsch dies um Angaben zu Leistung und Verhalten zu ergänzen, gehört eine freundlich gestaltete Schlussformel nicht zum notwendigen Zeugnisinhalt. Gibt es also Streit um die vom Arbeitgeber formulierte Schlussformel – enthält sie beispielsweise keine Danksagung –, so fehlt es an der Möglichkeit, eine ergänzende Umformulierung zu verlangen. Vielmehr besteht dann nur Anspruch auf Erteilung eines Zeugnisses ohne Schlussformel.[109] Da positive Schlusssätze durchaus wichtig sind, wenn es um die durch ein entsprechendes Zeugnis vermittelten Bewerbungschancen geht, sollte die obige Formulierung

---

106 Siewert, S. 123f.
107 ErfK-Müller-Glöge, § 109 GewO Rn. 36ff.
108 Dies entspricht in der Zeugnissprache einem »gut«.
109 Vgl. BAG vom 11.12.2012 – 9 AZR 227/11, NZA 2013, 324ff.

um eine entsprechende Verpflichtung für eine umfassende Schlussformel ergänzt werden:

> Der Arbeitnehmer erhält ein wohlwollendes, berufsförderndes Zeugnis, das sich auf Führung und Leistung erstreckt und das Prädikat »stets zu unserer vollen[110] Zufriedenheit« ausweist. Das Zeugnis wird ferner mit einer dieser Note entsprechenden Bedauerns-, Dankes- und Wünscheformel versehen.

Optimal ist es, wenn es gelingt, den gesamten Zeugnistext gemeinsam abzustimmen. Dies verhindert jeden späteren unerquicklichen Streit. Ist erst der Aufhebungsvertrag unterschrieben, ohne dass der Zeugnisinhalt konkret festgelegt wurde, ist »die Luft raus«. Eine Handhabe für eine möglichst wohlwollende Formulierung hat der Arbeitnehmer dann nicht mehr, vielmehr ist er dann in vielen Fällen auf ein langwieriges Zeugnisberichtigungsverfahren vor dem Arbeitsgericht angewiesen. Da kein Anspruch auf bestimmte »positive« Formulierungen besteht[111] und der Beurteilungsspielraum des Arbeitgebers nicht durch das Arbeitsgericht ersetzt werden kann, ist der Ausgang entsprechender Verfahren eher ungewiss.

Deshalb ist es zur Sicherung eines wohlwollend abgefassten Zeugnistextes, der bereits vorliegt, sinnvoll, im Aufhebungsvertrag Folgendes festzuhalten:

> Der Arbeitnehmer erhält das als Anlage beigefügte qualifizierte und berufsfördernde Zeugnis.

Auch kann zunächst – was sich insbesondere bei längeren Kündigungsfristen wegen der Notwendigkeit frühzeitiger qualifizierter Bewerbungen anbietet – ein sprachlich im Präsens abzufassendes Zwischenzeugnis und sodann ein zum Beendigungsdatum fälliges, dann in der Vergangenheitsform vorzulegendes (Schluss-)Zeugnis vereinbart werden mit folgender Formulierung.

> Der Arbeitnehmer erhält das als Anlage beigefügte qualifizierte und berufsfördernde Zwischenzeugnis und sodann unter dem Datum des Ausscheidens ein darauf beruhendes (Schluss-)Zeugnis, das zusätzlich versehen ist mit einer Schlussformel, die wie folgt lautet: »Das Arbeitsverhältnis wird im beiderseitigen

---

110 Dies entspricht in der Zeugnissprache einem »gut«.
111 ErfK-Müller-Glöge, § 109 GewO Rn. 30.

Einvernehmen beendet.[112] Wir bedauern das Ausscheiden von Frau .../Herrn ... und bedanken uns bei ihr/ihm für die geleisteten Dienste und wünschen ihr/ihm für ihre/seine persönliche und berufliche Zukunft alles Gute.«[113]

Das Zeugnis sowohl als Zwischen- oder auch bereits als (Schluss-)Zeugnis wäre in einem solchen Falle dem Aufhebungsvertrag als Anlage beizufügen und möglichst – sofern es sich noch um einen Entwurf handelt – von beiden Seiten zu unterschreiben.

Reicht die Zeit allerdings für eine gelegentlich langwierige Abstimmung über den Inhalt des Zeugnisses nicht, weil der Vergleich über die Aufhebung des Arbeitsverhältnisses unter zeitlich knapp bemessenen Umständen zustande kommen muss, kann das Problem aber auch so gelöst werden, dass vereinbart wird, dass das spätere Zeugnis auf einem vom Arbeitnehmer noch zu liefernden Entwurf beruhen soll. Dann hat es der Arbeitnehmer in der Hand, eine wahrheitsgemäße, aber dennoch positive Zeugnisfassung zu entwerfen, die der Arbeitgeber dann entsprechend der vertraglichen Verpflichtung im Aufhebungsvertrag übernimmt und unter dem Briefkopf seines Unternehmens ausstellt. Ein solcher Passus lautet:

> Der Arbeitnehmer erhält ein wohlwollendes, qualifiziertes Zeugnis gemäß seinem Entwurf.

Will sich der Arbeitgeber insoweit nicht unwiderruflich jeglicher Zeugnisentwurfsfassung unterwerfen, etwa weil er befürchtet, dass er dann auch nicht wahrheitsgemäße Aussagen in das Zeugnis zu übernehmen hätte, kann der Passus noch durch folgenden Halbsatz ergänzt werden:

> Der Arbeitnehmer erhält ein wohlwollendes, qualifiziertes Zeugnis gemäß seinem Entwurf, von dem der Arbeitgeber nur aus wichtigem Grund abweichen wird.

---

112 Regelmäßig ist nur auf Wunsch des Arbeitnehmers eine Angabe über Grund und Art des Ausscheidens in das Zeugnis aufzunehmen; vgl. ErfK-Müller-Glöge, § 109 GewO Rn. 25. m. w. N.

113 Auch wenn eine Schlussformel üblich ist, besteht kein Anspruch auf den Ausspruch des Bedauerns, des Dankes und der guten Wünsche für die persönliche und berufliche Zukunft: vgl. BAG vom 11. 12. 2012 – 9 AZR 227/11, NZA 2013, 324 ff.

5.8 Erledigungsklausel

Mit Aufhebungsverträgen verfolgen üblicherweise beide Seiten das Ziel, eine abschließende Regelung zu treffen. Die Praxis bedient sich dazu so genannter Erledigungsklauseln (auch als Ausgleichs- oder Generalklauseln bezeichnet).

Eine typische Formulierung einer solchen am Schluss eines Aufhebungsvertrages aufzuführenden Erledigungsklausel lautet wie folgt:

> Mit der Erfüllung dieser Vereinbarung sind alle Ansprüche aus dem Anstellungsverhältnis und seiner Beendigung, gleich aus welchem Rechtsgrund erledigt.

Bevor eine solche Klausel unbesehen in einen Aufhebungsvertrag übernommen wird, sollte genau geprüft werden, ob dies den beiderseitigen Interessenlagen entspricht.

5.8.1 Unverzichtbare Ansprüche

Zunächst muss bedacht werden, dass eine Reihe von Ansprüchen durch eine solche Klausel gar nicht berührt, also nicht »erledigt« werden können.

Wie bereits dargelegt, ist ein Verzicht auf bis zum Abschluss des Beschäftigungsverhältnisses entstehende Urlaubsansprüche ebenso wenig möglich wie der auf den darauf beruhenden Urlaubsabgeltungsanspruch (siehe unter 5.6, Seite 153 ff.).

Grundsätzlich gilt, dass darüber hinaus ein Verzicht auf bereits entstandene Rechte aus einem Tarifvertrag nur zulässig ist, wenn die Tarifvertragsparteien dem zustimmen.

Dort wo Betriebsvereinbarungen Arbeitnehmern unmittelbar, d. h. normativ Rechte einräumen, ist ein Verzicht nur mit Zustimmung des Betriebsrats gem. § 77 Abs. 4 Satz 2 BetrVG zulässig.

Etwas anderes gilt bei Rechten aus Tarifvertrag oder Betriebsvereinbarung, wenn die Parteien sich über die tatsächlichen Voraussetzungen eines solchen Anspruchs gestritten haben, z. B. über den Umfang von Mehrarbeit, die Zahl der so genannten Freizeittage zum Ausgleich von Arbeitszeitverkürzungen usw. Hierüber kann ein so genannter Tatsachenvergleich geschlossen werden, der den Streit oder die Ungewissheit über die tatsächlichen Voraussetzungen eines unabdingbaren gesetzlichen bzw. auf Tarifvertrag oder Betriebsvereinbarung beruhenden Anspruchs beendet.[114]

Es kann also beispielsweise mit der Erledigungsklausel nicht vorab auf den gesetzlichen Urlaubsanspruch verzichtet werden. Möglich wäre aber ein Vergleich über die Tatsache, in welchem Umfang Urlaub bereits gewährt worden sein soll.

Im Aufhebungsvertrag müsste sodann zum Ausdruck kommen, um welchen Anspruch es geht, etwa dergestalt:

> Die Parteien sind sich einig, dass der Arbeitnehmer im laufenden Jahr bereits 30 Urlaubstage erhalten hat, so dass der Urlaubsanspruch vollständig erfüllt ist.

Mit der allgemeinen Erledigungsklausel könnte diese Rechtswirkung nicht herbeigeführt werden.

Weiterhin ist es durch eine allgemeine Erledigungsklausel auch nicht möglich, auf die Geltendmachung des Kündigungsschutzes zu verzichten. Allerdings ist es nach bereits erfolgter Kündigung und Erhebung der Kündigungsschutzklage zulässig, dass sich der Arbeitnehmer im Rahmen des dann abgeschlossenen Aufhebungsvertrages verpflichtet, die nunmehr entbehrlich gewordene Klage zurückzunehmen.

Ferner erfasst die allgemeine Erledigungsklausel keine Ansprüche aus der betrieblichen Altersversorgung. Es gilt die Auslegungsregel, wonach Ausgleichs- bzw. Erledigungsklauseln nicht die Ansprüche auf betriebliche Altersversorgung umfassen.[115] Grundsätzlich erfasst eine allgemeine Ausgleichsklausel keine Versorgungsansprüche eines vorzeitig ausscheidenden Arbeitnehmers, die erst in Zukunft fällig werden.[116] Unverfallbare Versorgungsanwartschaften sind im Übrigen nach der Regelung des § 3 BetrAVG besonders geschützt. Nur unter ganz präzise im Gesetz bestimmten Bedingungen kann überhaupt eine dann gesondert

---

114 BAG vom 5.11.1997 – 4 AZR 682/95, NZA 1998, 434, 435 m.w.N.; BAG vom 21.12.1972 – 5 AZR 319/72, BB 1973, 427; BAG vom 23.8.1994 – 3 AZR 825/93, NZA 1995, 421.

115 Vgl. BAG vom 27.2.1990 – 3 AZR 213/88, NZA 1990, 689; BAG vom 17.10.2000 – 3 AZR 69/99, NZA 2001, 203: Danach gilt dieser Grundsatz auch dann, wenn im Wege des Schadensersatzes Versorgungsansprüche eingeklagt werden; siehe ebenso BAG vom 20.4.2010 – 3 AZR 225/08, NZA 2010, 883.

116 Vgl. LAG Köln vom 28.4.2000 – 11 Sa 143/00, NZA-RR 2000, 655.

zu ermittelnde Abfindung solcher unverfallbaren Anwartschaften bei Beendigung des Arbeitsverhältnisses in Betracht kommen.[117]

Hat der Arbeitnehmer etwa ein Darlehen des Arbeitgebers erhalten und sind zum Zeitpunkt des Abschlusses des Aufhebungsvertrages noch nicht alle Rückzahlungsraten entrichtet worden, entfällt der Rückzahlungsanspruch grundsätzlich nicht.[118]

Auch der Zeugnisanspruch und der Anspruch auf Entgeltfortzahlung im Krankheitsfall zählen zu den Rechten, auf die mit einer allgemeinen Erledigungsklausel nicht wirksam verzichtet werden kann.

5.8.2 Verzichtbare Ansprüche

Auf alle anderen Ansprüche aus dem Arbeitsverhältnis kann aber wirksam verzichtet werden.

So erfasst die allgemeine Erledigungsklausel in aller Regel bis dahin entstandene Schadensersatzansprüche.[119]

Darüber hinaus kann die Erledigungsklausel auch bereits entstandene Ansprüche z. B. auf Spesenersatz oder zurückliegende Ansprüche, z. B. auf zusätzliches Urlaubsgeld oder eine Tantieme o. Ä. erfassen, es sei denn, es handelt sich hierbei um durch Tarifvertrag oder Betriebsvereinbarung abgesicherte Ansprüche.

Das BAG hat in Abkehr von seiner früheren Rechtsprechung entschieden, dass eine solche Erledigungs- bzw. Ausgleichsklausel grundsätzlich auch Ansprüche aus einem Wettbewerbsverbot umfassen kann und zwar sowohl hinsichtlich der Frage, ob das Wettbewerbsverbot fortbesteht als auch hinsichtlich der Frage, ob noch Ansprüche auf so genannte Karenzentschädigung geltend gemacht werden können. Jedenfalls gibt es insoweit eine Vermutung für die Miterledigung auch dann,

---

117 Vgl. BGH vom 15. 7. 2002 – II ZR 192/00, NJW 2002, 3632: Jede Abfindung, die nicht dem Barwert der späteren Versorgungsleistung entspricht, ist unwirksam, auch wenn sie in einem Prozessvergleich getroffen wurde.

118 Vgl. BAG vom 19. 1. 2011 – 10 AZR 873/08, NZA 2011, 1159: anders, wenn durch die konkrete Ausgestaltung des Darlehens eine besonders enge Verknüpfung zum Arbeitsverhältnis besteht; vgl. ausführlich Bauer, C 476.

119 Anders LAG Düsseldorf vom 28. 8. 2001 – 16 Sa 610/01, MDR 2002, 160 –, wenn sich nach Abschluss der Aufhebungsvereinbarung herausstellt, dass der Arbeitnehmer in größerem Stil Betrugsdelikte auch zu Lasten des Arbeitgebers (Schaden ca. DM 180 000,00) begangen hat. Hier soll es eine Treu und Glauben widersprechende unzulässige Rechtsausübung darstellen, wenn sich der Arbeitnehmer auf die Erledigungsklausel beruft.

wenn beide Seiten das Thema im Zusammenhang mit den Aufhebungsverhandlungen schlicht übersehen haben.[120]

Auf eine alles umfassende Erledigungsklausel sollte auch dort verzichtet werden, wo die nachträgliche Erstattung von Arbeitslosengeld aufgrund eines Forderungsübergangs auf die Bundesanstalt für Arbeit in Rede steht, es sei denn hierzu wurde eine spezifische Vereinbarung mit dem Arbeitgeber im Rahmen der Aufhebungsvereinbarung getroffen (siehe dazu im Einzelnen unter 6.11, Seite 187 ff.).

Vor Abschluss eines Aufhebungsvertrages ist daher genau zu prüfen, ob noch beiderseitige Ansprüche unerfüllt sind. Entweder sind dann diese noch offenen Punkte im Aufhebungsvertrag gesondert anzusprechen oder beide Seiten sollten auf die nach alledem nicht ungefährliche Erledigungsklausel verzichten.

5.8.3 Widerrufsrecht

Zeitweilig war umstritten, ob durch die so genannte Schuldrechtsmodernisierung durch Gesetz vom 26. 11. 2001[121] auch für Aufhebungsverträge ein Widerrufsrecht besteht. Da sich seit der Schuldrechtsreform der Verbraucherbegriff auch auf Arbeitnehmer und das Arbeitsrecht erstreckt, wäre dies nur konsequent. Das BAG hat sich aber anders entschieden und lehnt höchstrichterlich die Anwendung dieser im Verbraucherrecht so wichtigen Schutzvorschrift auf Aufhebungsvereinbarungen ab.[122]

Das schließt natürlich nicht aus, ggf. ein vertragliches Rücktrittsrecht zu vereinbaren, wobei eine entsprechende Klausel lauten könnte:

> Von dieser Vereinbarung kann jede Seite innerhalb einer Frist von zwei Wochen[123] nach deren Abschluss zurücktreten. Ein entsprechender Widerruf ist schriftlich gegenüber der anderen Seite zu erklären. Für die Rechtzeitigkeit der Erklärung kommt es auf den Zugang bei der anderen Seite (alternativ: auf den Nachweis der rechtzeitigen Absendung) an.

---

120 Vgl. BAG vom 31.7.2002 – 10 AZR 558/01, NZA 2003, S. 101; BAG vom
     19.11.2003 – 10 AZR 174/03, AP Nr. 50 zu § 611 BGB Konkurrenzklausel.
121 BGBl. I. S. 3138.
122 BAG vom 27.11.2003 – 2 AZR 135/03, NZA 2004, 597; vgl. im Übrigen die
     Ausführungen unter 10.6.
123 Die vorgeschlagene Frist ist nur beispielhaft – sowohl eine längere als auch eine
     kürzere Frist können vertraglich festgelegt werden.

Natürlich kann das vertraglich eingeräumte Rücktrittsrecht bzw. das Recht zum Widerruf auch nur einer der beiden Vertragsparteien zugestanden werden, wie dies z. B. bei gerichtlichen Vergleichen durchaus nicht unüblich ist, wenn eine Seite im Gerichtstermin nicht persönlich anwesend, sondern nur durch einen Bevollmächtigten vertreten war.

6. Weitere Regelungspunkte in Aufhebungsverträgen

In vielen Aufhebungsverträgen sind neben den Kernpunkten weitere spezifische Fragen klärungsbedürftig, die entsprechender vertraglicher Regelung bedürfen.

6.1 Insolvenzrisiko

Durch die neue Insolvenzordnung vom 5.10.1994, die am 1.1.1999 in Kraft getreten ist, haben sich die Risiken für Arbeitnehmer bei Abschluss von Aufhebungsverträgen und anschließend eintretender Insolvenz erheblich verschärft.

Beruht die Abfindungsforderung auf einem vor Eröffnung des Insolvenzverfahrens abgeschlossenen Aufhebungsvertrag, Prozessvergleich oder einem Auflösungsurteil nach §§ 9, 10 KSchG, handelt es sich um so genannte einfache Insolvenzforderungen gem. § 38 InsO. Auf diese entfällt in aller Regel nur eine ganz geringe Quote. Oft bleibt nach dem Ausgleich der Masseschulden gar nichts für die »einfachen« Insolvenzgläubiger übrig.

Ausgenommen hiervon sind lediglich Abfindungsansprüche aus einem Sozialplan, der mit dem Insolvenzverwalter selbst oder in einem Zeitraum von drei Monaten vor Stellung des Insolvenzantrages aufgestellt worden ist, wenn der Insolvenzverwalter (oder der Betriebsrat) diesen Sozialplan nicht widerrufen hat, wobei in der Praxis der Widerruf die Regel ist.

Wird in der Insolvenz zwischen Betriebsrat und Insolvenzverwalter ein Sozialplan aufgestellt, gilt eine summenmäßige Beschränkung der Abfindungshöhe auf durchschnittlich 2,5 Monatsverdienste pro betroffenen Arbeitnehmer. Noch einschneidender wird das Volumen des Sozialplans in der Insolvenz aber dadurch eingeschränkt, dass es höchstens ein Drittel der zur Verteilung verfügbaren Insolvenzmasse umfassen darf.

Ein Sozialplan, der in einem Zeitraum aufgestellt wurde, der mehr als drei Monate vor dem Zeitpunkt des Insolvenzantrages liegt, führt bezüglich daraus resultierender Abfindungen ebenfalls dazu, dass es sich (nur) um einfache Insolvenzforderungen handelt.

Es ist also ein durchaus großes Interesse an Absicherung vorhanden, wenn der Arbeitnehmer den Eindruck hat, sein Arbeitgeber könne schon in Kürze den Gang zum Konkurs- (bzw. Insolvenz-)Richter antreten. Die Insolvenz hätte dann zur Konsequenz, dass aufgrund des Aufhebungsvertrages das Arbeitsverhältnis unwiderruflich beendet wurde, die dafür als Ausgleich zu zahlende Abfindung aber als einfache Insolvenzforderung untergeht. Um dies zu vermeiden, kann im Aufhebungsvertrag zwischen den Parteien eine so genannte auflösende Bedingung vereinbart werden. Eine solche Klausel ist in den Anfangstext des Aufhebungsvergleiches nach den Ziff. 1 und 2 aufzunehmen (siehe Seite 131 ff. und 134 ff.).

> Sollte die vereinbarte Abfindung nicht bis zum … sowohl abgerechnet als auch der sich nach Abzug der anfallenden Steuern ergebende Betrag dem Arbeitnehmer unwiderruflich zugeflossen sein, gilt der Aufhebungsvertrag als nicht geschlossen. Das Arbeitsverhältnis wird sodann ungekündigt zu den zum jetzigen Zeitpunkt bestehenden vertraglichen Bedingungen fortgesetzt.

Das ist aber auch die einzige Chance, noch etwas »zu retten«. Wird nämlich nach Eintritt der Insolvenz der Aufhebungsvertrag oder auch der Prozessvergleich nicht erfüllt, lehnt das BAG ein Rücktrittsrecht ab. Begründung dafür ist, dass die Durchsetzbarkeit der Forderung – z.B. auf Zahlung der vereinbarten Abfindung – nicht mehr gegeben ist bzw. nach den Bestimmungen der Insolvenzordnung anfechtbar wäre.[1]

Die Variante mit der vorab geregelten auflösenden Bedingung bzw. dem vertraglich eingeräumten Rücktrittsrecht hat allerdings den Nachteil, dass der Arbeitnehmer im Falle der Nichtzahlung das Arbeitsverhältnis fortsetzen muss, was für ihn wenig interessant ist, wenn inzwischen eine Tätigkeit bei einem anderen (hoffentlich nicht krisengeschüttelten) Arbeitgeber aufgenommen werden konnte. Dann ist es vielmehr sinnvoller, die Abfindungsforderung z.B. durch eine Bankbürgschaft abzusichern. Zwar kann hier nicht völlig ausgeschlossen werden, dass ein späterer Insolvenzverwalter das Bürgschaftsgeschäft einer Anfechtung unterzieht. Dies ist jedoch nur möglich, wenn gerade durch den Abschluss dieses Geschäfts andere Gläubiger des in Insolvenz gegange-

---

1 BAG vom 10.11.2011 – 6 AZR 357/10, NZA 2012, 205; BAG vom 11.7.2012 – 2 AZR 42/11, NZA 2012, 1316.

nen Unternehmens benachteiligt werden, was nicht ohne weiteres zutreffen muss.

Eine Bankbürgschaft oder auch eine Bürgschaftserklärung eines persönlich haftenden Gesellschafters o.Ä. wäre in einer gesonderten Erklärung außerhalb des Aufhebungsertrages festzuhalten. Die Bürgschaft bedarf zu ihrer Wirksamkeit der Schriftform und muss außer der Absicht, für eine fremde Schuld einzustehen, den Gläubiger (hier: der Arbeitnehmer), den Hauptschuldner (hier: der Arbeitgeber) und die verbürgte Hauptschuld (Abfindung) bezeichnen. Die Bürgschaft sollte als so genannte selbstschuldnerische Verpflichtung abgegeben werden, um dem Gläubiger im Falle der Nichtzahlung zu ersparen, zunächst gegen den Hauptschuldner gerichtlich vorzugehen.

Oft wird es bei Abschluss der Aufhebungsvereinbarung aus zeitlichen Gründen noch nicht gelungen sein, eine solche Bürgschaftserklärung z.B. einer Bank oder Sparkasse einzuholen. Dann ist es sinnvoll, in die Vereinbarung ein gesondertes Rücktrittsrecht einzubauen, falls nicht innerhalb einer bestimmten Frist die ordnungsgemäße Vorlage einer Bürgschaft nachgewiesen wird. Eine entsprechende Klausel würde lauten:

> Der Arbeitgeber verpflichtet sich, für die Zahlung der Abfindung eine selbstschuldnerische Bürgschaft (einer Bank oder Sparkasse) beizubringen. Sollte eine entsprechende Bürgschaftsurkunde nicht bis zum … dem Arbeitnehmer im Original vorgelegt werden, ist der Arbeitnehmer berechtigt, vom Vertrag zurückzutreten. Das Arbeitsverhältnis wird dann unverändert fortgesetzt.

Möglich wäre auch die Formulierung einer aufschiebenden Bedingung:

> Der Arbeitgeber verpflichtet sich, für die Zahlung der Abfindung eine selbstschuldnerische Bürgschaft (einer Bank oder Sparkasse) beizubringen. Der Aufhebungsvertrag tritt nur in Kraft, wenn der Arbeitgeber bis zum … dem Arbeitnehmer eine entsprechende Bürgschaftsurkunde im Original vorlegt. Ist dies nicht der Fall, wird das Arbeitsverhältnis unverändert fortgesetzt.

6.2 Betriebliche Altersversorgung

Rechte aus betrieblicher Altersversorgung bedürfen nicht zwingend einer Einbeziehung in den Aufhebungsvertrag. Es empfiehlt sich aber bei Bestehen einer Versorgungszusage vorsorglich für den Fall, dass eine allgemeine Erledigungsklausel (siehe die Ausführungen unter 5.8.1, Seite 162 f.) vereinbart wird, Folgendes festzuhalten:

Durch diese Vereinbarung werden die Ansprüche und Anwartschaften des Arbeitnehmers aus der betrieblichen Altersversorgung nicht berührt.

Besteht bereits eine unverfallbare Anwartschaft, kann das gem. § 2 Abs. 6 BetrAVG gesetzlich bestehende Auskunftsrecht deklaratorisch im Aufhebungsvertrag wie folgt festgehalten werden:

Alsbald nach Beendigung des Arbeitsverhältnisses wird der Arbeitgeber dem Arbeitnehmer eine schriftliche Bestätigung darüber erteilen, ob für ihn die Voraussetzungen einer unverfallbaren betrieblichen Altersversorgung erfüllt sind und in welcher Höhe Versorgungsleistungen bei Erreichen der in der Versorgungsordnung vorgesehenen Altersgrenze beansprucht werden können.

Solche Regelungen sind nur deklaratorischer Art, d. h. sie bestätigen nur ohnehin bestehende Verpflichtungen, so dass es den Parteien des Aufhebungsvertrages überlassen bleibt, der Vollständigkeit halber solche Klauseln hinzuzufügen.

Echter Regelungsbedarf besteht allerdings dann, wenn es um die Behandlung noch nicht unverfallbar gewordener Anwartschaften im Rahmen einer Aufhebungsvereinbarung geht.

Das ist der Fall, wenn der Arbeitnehmer nach § 1 b BetrAVG zum Zeitpunkt seines Ausscheidens das 30. Lebensjahr noch nicht vollendet hat und die Versorgungszusage für ihn noch keine fünf Jahre bestanden hat.

Hier können die Parteien vereinbaren, dass abweichend von § 1 b BetrAVG unverfallbare Ansprüche bzw. Anwartschaften auf eine betriebliche Altersversorgung begründet werden.

Eine solche Vereinbarung bewirkt aber keinen Schutz bei Insolvenz des Arbeitgebers. Der zur Absicherung der Altersversorgungen gebildete Pensions-Sicherungs-Verein ist an solche Vereinbarungen nicht gebunden,[2] wohl aber der Arbeitgeber.

Fehlen also beispielsweise dem Arbeitnehmer an dem Erreichen der Unverfallbarkeitsgrenze von fünf Jahren nur wenige Monate, so kann – gegenüber dem Arbeitgeber wirksam – Folgendes vereinbart werden:

Hinsichtlich der betrieblichen Altersversorgung wird der Arbeitnehmer so gestellt, dass diesbezüglich von einer Beendigung des Arbeitsverhältnisses mit Ablauf des 31. 12. 2016[3] ausgegangen wird.

---

2 BAG vom 19. 7. 1983 – 3 AZR 397/81, DB 1983, 2255.
3 Obwohl das Arbeitsverhältnis tatsächlich schon Monate vorher beendet wurde.

Alternativ wäre es regelungsfähig, nur den Anspruch als unverfallbar auszugestalten, ohne – wie im vorigen Beispiel – bei der Errechnung der Anwartschaften die insoweit verlängerte Beschäftigungszeit mit zu berücksichtigen:

> Abweichend von § 1 b BetrAVG sind sich die Parteien einig, dass zu Gunsten des Arbeitnehmers eine unverfallbare Anwartschaft auf betriebliche Altersversorgung besteht.

Der finanzielle Wert solcher Regelungen dürfte aber durchaus zweifelhaft sein. Bloße Anwartschaften, um deren Unverfallbarkeit es hier geht, unterliegen nicht der Anpassung an die Inflationsentwicklung. Je länger die Zeit bis zur gesetzlichen Altersgrenze im konkreten Einzelfall noch währt, desto geringer sind daher die Anwartschaften zu bewerten. In den meisten Fällen dürfte es sinnvoller sein, den Gesichtspunkt des drohenden Verlustes in der betrieblichen Altersversorgung durch eine besser dotierte Abfindung auszugleichen, also diesen Aspekt als Argument für deren Anhebung zu nutzen.

6.3 Anrechnung anderweitigen Verdienstes; Wettbewerbsverbot

Grundsätzlich gilt, dass sich der Arbeitnehmer während des Bestehens seines Arbeitsverhältnisses anderweitig erzielten Verdienst anrechnen lassen muss, es sei denn, es handelt sich um Einkünfte aus einer bloßen Nebenbeschäftigung.

Diese **Anrechnung** ist auch während einer **Freistellungsphase** vorzunehmen, die sich an eine Kündigung oder den Abschluss eines Aufhebungsvertrages anschließt. Zwar wird vertreten, dass bei einvernehmlicher unwiderruflicher Freistellung auf eine Anrechnung stillschweigend verzichtet wird, weil der Arbeitgeber damit seine Gläubigerstellung aufgegeben hat, wenn gleichzeitig eine umfassende Erledigungsklausel vereinbart wurde.[4] Wie oben (vgl. die Ausführungen zu 5.4, Seite 145 ff.) ausführlich dargelegt, kommen hier allerdings diverse rechtliche Varianten in Betracht.

---

4 So LAG Hamm vom 27.2.1991 – 2 Sa 1289/90, DB 1991, 1577.

Es ist daher in jedem Fall anzuraten, eine klare Regelung zu treffen, wenn der Arbeitnehmer ohne Anrechnung während der Freistellungsphase hinzuverdienen darf. Im Anschluss an die Freistellungsklausel könnte eine solche Regelung wie folgt lauten:

> Anderweitig während der Freistellung erzielte Einkünfte des Arbeitnehmers werden auf bis zum Beendigungszeitpunkt fällige Gehaltsbezüge nicht angerechnet.

Ferner ist zu beachten, dass fraglich ist, ob der Arbeitnehmer bei unwiderruflicher Freistellung bis zur Beendigung des Arbeitsverhältnisses berechtigt ist, eine Wettbewerbstätigkeit auszuüben (vgl. § 60 HGB). Auch hier sollte durch den Vertrag denkbaren rechtlichen Unklarheiten begegnet werden.

Die oben aufgeführte Klausel könnte dazu noch um den nachfolgenden Satz ergänzt werden:

> Der Arbeitgeber verzichtet dabei auf die Einrede des Wettbewerbsverbots gem. § 60 HGB.

Will hingegen der Arbeitgeber den **Bestand des Wettbewerbsverbots** trotz ansonsten unbeschränkter Hinzuverdienstmöglichkeiten zweifelsfrei aufrechterhalten, wäre stattdessen folgende Formulierung anzubringen:

> Unberührt hiervon besteht das Wettbewerbsverbot gem. § 60 HGB fort.

6.4 Vorzeitiges Ausscheiden und Anhebung der Abfindung/Hydraulikklausel

Die vorstehend möglichen Regelungen zum anrechnungsfreien Hinzuverdienst bei Freistellung unter gleichzeitigem Verzicht auf das während des Arbeitsverhältnisses bestehende Wettbewerbsverbot sind nicht nur relativ umständlich, sie haben auch den Nachteil, dass die Vertragspartei, die auf die Aufnahme solcher Regelungen in den Aufhebungsvertrag nachdrücklich beharrt, damit zugleich signalisiert, dass bereits eine andere (Haupt-)Erwerbsquelle zur Verfügung stehen dürfte. Dies birgt wiederum die Gefahr in sich, dass sich der Arbeitgeber ggf. veranlasst sehen könnte, die weitere Entwicklung bis hin zur Auflösung des Arbeitsverhältnisses ohne Vereinbarung einfach »auszusitzen«, jedenfalls aber deutlich schlechtere Abfindungsangebote zu unterbreiten.

Das Gleiche könnte eintreten, wenn der Arbeitnehmer von sich aus auf eine **vorzeitige Beendigung** seines Arbeitsverhältnisses drängt, ohne dass ihm dies vom Arbeitgeber explizit angeboten wurde, etwa im Anschluss an eine bereits angedrohte oder ausgesprochene fristgerechte Kündigung aus betriebsbedingten Gründen. Zwar wäre eine vorzeitige Beendigung steuerlich unproblematisch. Selbst dann, wenn die Verkürzung zu einer – in der Summe nicht notwendigerweise offen zu legenden – Erhöhung der Abfindung führt, löst dieser Gesichtspunkt keine zusätzlichen steuerlichen Belastungen aus.[5] Auch wäre in einem solchen Fall der erhöhte Abfindungsbetrag nicht der Sozialversicherungspflicht unterworfen, da es sich nach Beendigung des Arbeitsverhältnisses nicht um entgangenes Arbeitsentgelt handelt.[6]

Eine vorzeitige Beendigung unter Missachtung der für das Arbeitsverhältnis gültigen Kündigungsfristen führt allerdings im Hinblick auf das Arbeitslosengeld zu Sperr- und Ruhenszeiten (siehe dazu ausführlich unter 8.9.2, Seite 230 ff.). Ein verständiger Arbeitnehmer wird deshalb die vorzeitige Beendigung in aller Regel nur dann in Kauf nehmen oder von sich aus in die Abfindungsverhandlungen einführen, wenn eine anderweitige Beschäftigung entweder nahtlos gesichert ist oder jedenfalls als sehr wahrscheinlich gelten kann.

In solchen Fällen ist es daher eher ratsam, einen anderen Weg einzuschlagen, der auch aus Sicht beider Vertragsparteien interessengerecht sein dürfte, nämlich die fristgerechte Beendigung zu den geltenden Kündigungsfristen mit der **Option** zu verbinden, dass der Arbeitnehmer nach Abschluss des Aufhebungsvertrages vorzeitig, d. h. vor Ablauf der geltenden Kündigungsfrist **mit kurzer Ankündigungsfrist aus dem Arbeitsverhältnis ausscheiden** kann.

Aus der Sicht des Arbeitnehmers ist dies stets sinnvoll, wenn bereits ein anderer Arbeitgeber gefunden wurde oder aber die Aussichten auf dem Arbeitsmarkt als nicht ungünstig eingeschätzt werden. Für den Arbeitgeber schließlich ist eine solche Regelung durchaus attraktiv, da sich dadurch die Möglichkeit eröffnet, schon vor Ablauf der Kündigungsfrist ein »Personalproblem« endgültig lösen zu können. Als Anreiz für einen vorzeitigen Ausstieg wird daher in solchen Fällen regelmäßig vereinbart,

---

5 Dies ist jedenfalls dann zu unterstellen, wenn durch den Aufhebungsvertrag als Ganzes deutlich wird, dass die Beendigung (auch die vorzeitige) vom Arbeitgeber gewollt und damit steuerrechtlich veranlasst ist; vgl. Hümmerich, 4, Rn. 618.
6 Vgl. BSG vom 28.1.1999 – B 12 KR 14/98 R, NZS 1999, 358; BSG vom 21.2.1990 – 12 RK 20/88, NZA 1990, 751, 752.

dass die durch das vorzeitige Ausscheiden bis zum Beendigungszeitpunkt »ersparten« Gehaltsbezüge der Abfindung hinzugerechnet werden. In welchem Umfang dies geschieht, ist dann wiederum **Verhandlungssache.** Eine bloße Erhöhung um die mutmaßlichen Nettogehälter ist wenig nachvollziehbar, da mittlerweile auch Abfindungen normal zu versteuern sind. Selbst bei der üblichen Abrechnung der »ersparten« Gehälter auf der Basis der reinen Bruttovergütung bliebe unberücksichtigt, dass der Arbeitgeber für den Zeitraum der vorzeitigen Beendigung die Arbeitgeberanteile zur Sozialversicherung nicht mehr abführen muss, die er bei fristgerechter Auflösung noch an die Sozialversicherungsträger hätte entrichten müssen.

Die Belastung des Arbeitgebers mit diesen Arbeitgeberanteilen zu Sozialversicherungen wird je nach Einzelfall zwischen 20 und 25 % des vereinbarten Bruttogehalts taxiert. Diese Ersparnis könnte es mithin sogar argumentativ rechtfertigen, die zusätzliche Abfindung bei vorzeitigem Ausscheiden um einen etwas über den eingesparten Bruttogehältern liegenden Betrag zu erhöhen, üblich ist allerdings die Berücksichtigung in Höhe der eingesparten Bruttogehälter 1:1.

Unabhängig von diesen im Rahmen von Verhandlungen zu erörternden Positionen könnte daher die **Option des vorzeitigen Ausscheidens** wie folgt vertraglich geregelt werden und zwar im Anschluss an die übliche Klausel der fristgerechten arbeitgeberseitigen veranlassten Beendigung (siehe auch unter 5.1, Seite 118 ff.):

Der Arbeitnehmer ist berechtigt, das Arbeitsverhältnis vorzeitig durch einseitige schriftliche Erklärung gegenüber dem Arbeitgeber mit einer Ankündigung von einer/zwei Woche(n) zum jeweiligen Monatsende zu beenden. Die in Ziff. ... (siehe hierzu unter 5.2.1, Seite 135 f.) vereinbarte Abfindung erhöht sich für jeden Monat der vorzeitigen Beendigung um die hierauf entfallende Bruttovergütung (Alternative: zzgl. 10 %).[7] Bei vorzeitiger Beendigung wird die Gesamtabfindung in dem Monat fällig, der dem Beendigungsmonat nachfolgt.[8]

---

7 10 % sind ein Beispiel, es kann natürlich auch eine andere Größenordnung ausgehandelt werden.

8 Bei dieser Regelung des vorzeitigen Ausscheidens ist es sinnvoll, die Fälligkeitsregelung zu modifizieren und die Auszahlung nicht wie üblich zusammen mit dem letzten zu zahlenden Gehalt zu verbinden. Bei einer so kurzen Ankündigungsfrist dürfte es »technisch« oft nicht realisierbar sein, eine Abrechnung und Auszahlung zum Monatsende auch tatsächlich zu gewährleisten.

6.5 Outplacement

Ein Anreiz zum vorzeitigen Ausscheiden kann auch dadurch geschaffen werden, dass in die Aufhebungsverhandlungen die Möglichkeit eines so genannten Outplacements für den betroffenen Arbeitnehmer einbezogen wird.

Unter diesen Begriff fällt die Beauftragung eines Arbeitsvermittlers bzw. eines Personalberaters mit dem Ziel, dem Arbeitnehmer qualifizierte Hilfe bei der Jobsuche anzubieten. Das Leistungsspektrum von Outplacement-Beratern reicht von der Erstellung eines Persönlichkeits- und Bewerbungsprofils bis hin zur Erarbeitung qualifizierter Bewerbungsunterlagen, dem »Coachen« bei und nach Bewerbungsgesprächen, der Vermittlung von Kontakten zu Arbeitskräfte suchenden Arbeitgebern usw. Gegenüber den oft sehr standardisierten Vermittlungsbemühungen der Arbeitsagentur steht hier also eine individuelle Hilfestellung im Vordergrund, die eine relativ hohe Erfolgsquote aufweisen soll. Allerdings hat Outplacement seinen Preis. Soll es sich um eine qualifizierte Personalberatung handeln, werden Kosten zwischen € 10 000,00 und € 20 000,00 (zzgl. MwSt.) und mehr veranschlagt.

Früher war es vor allem bei Führungskräften der Arbeitgeber, der mit der Beauftragung eines Outplacement-Beraters das Ziel verfolgte, eine adäquate und vor allem nahtlose Weiterbeschäftigung für den betroffenen Mitarbeiter zu finden, um eine »sanfte« Auflösung des Arbeitsverhältnisses in Form eines von allen Beteiligten getragenen Wechsel des Arbeitsplatzes zu ermöglichen. Nunmehr wird Outplacement zunehmend auch bei »normalen« Beschäftigungsverhältnissen als Erfolg versprechende Arbeitsvermittlung bemüht.

Übernimmt der Arbeitgeber – üblicherweise – die Kosten der Outplacement-Beratung, kann er die Aufwendungen hierfür als Betriebsausgaben geltend machen und von der Vorsteuerabzugsberechtigung Gebrauch machen. Erfolgt im umgekehrten Fall die Beauftragung durch den Arbeitnehmer, kann dieser zwar nicht die Möglichkeit des Vorsteuerabzuges nutzen,[9] die bei ihm anfallenden Rechnungsbeträge können aber als Werbungskosten im Rahmen des Lohnsteuerjahresausgleiches geltend gemacht werden.[10] Nach § 39a Abs. 1 Nr. 1 EStG könnte sogar vorab ein entsprechender Freibetrag auf der Lohnsteuerkarte eingetra-

---

9 Arbeitnehmer als Privatpersonen sind nicht vorsteuerabzugsberechtigt.
10 Als Werbungskosten gelten Aufwendungen des Arbeitnehmers zum Erwerb, zur Sicherung und Erhaltung seiner Einnahmen, § 9 Abs. 1 Satz 1 EStG.

gen werden, was eine entsprechende Antragstellung beim zuständigen Finanzamt voraussetzt.

Die Vereinbarung über ein Outplacement kann wie folgt lauten:

> Der Arbeitgeber stellt dem Arbeitnehmer auf seine Kosten eine Outplacement-Beratung bei der Beratungsfirma … zur Verfügung (ggf. befristet bis …).

Damit auch eine qualitativ gute und zeitlich möglichst bis zum Vermittlungserfolg geführte Beratung finanziell abgesichert ist, kann alternativ der Kostenrahmen bestimmt oder auf ein konkretes Leistungsverzeichnis eines bestimmten Outplacement-Beraters zurückgegriffen werden. Die vorstehende Formulierung wäre dann wie folgt (alternativ zu ergänzen):

> Dabei werden Beratungskosten bis zur Höhe von € 25 000,00 (Beispiel) netto übernommen.

bzw. alternativ:

> Der Beratungsumfang ergibt sich aus dem Leistungsverzeichnis/Angebot der Beratungsfirma XY vom … (genaues Datum zur Konkretisierung anführen).

Ist der Arbeitnehmer Auftraggeber, könnte die Klausel auch wie folgt lauten:

> Der Arbeitnehmer wird bei einer Outplacement-Beratungsfirma seiner Wahl deren Beratungstätigkeit in Anspruch nehmen. Der dafür entstehende Aufwand wird vom Arbeitgeber nach Vorlage entsprechender Rechnungen ausgeglichen (bis zu einem Betrag von – z. B. – € 15 000,00 zzgl. gesetzlicher Mehrwertsteuer).

Die eigene Beauftragung durch den Arbeitnehmer ist dann vorteilhaft, wenn der Arbeitnehmer ganz eigene Vorstellungen hat, wie und mit wem die Outplacement-Beratung zur Optimierung seiner Arbeitsplatzsuche gestaltet werden soll. Oft wird ein Arbeitnehmer aber zur Übernahme der doch hohen Kosten nur bereit sein, wenn hierfür der Arbeitgeber einzustehen bereit ist. Geschieht dies durch direkte Auftragserteilung des Arbeitgebers gegenüber dem Outplacement-Berater, besteht allerdings die zusätzliche Gefahr, dass steuerliche Nachteile beim Arbeitnehmer eintreten können, weil diese Kostenübernahme durch den Arbeitgeber für ihn als geldwerter Vorteil gewertet werden könnte.

Dies ist zwar höchstrichterlich noch nicht abschließend geklärt, es ist jedoch sowohl vertretbar, diese Maßnahme als überwiegend im Interesse des Arbeitnehmers liegend (nämlich als Hilfe zu dessen Suche nach einem Arbeitsplatz) zu bewerten,[11] als auch das Interesse des Arbeitgebers in den Vordergrund zu stellen, ohne »harte« Entlassungen durch eine private Vermittlung das Firmenimage in einem guten Licht erscheinen zu lassen und damit das Betriebsklima nicht zu gefährden.[12] Um hervorzuheben, dass das Outplacement im Interesse des Arbeitgebers liegt, könnte zur Minimierung steuerlicher Risiken noch Folgendes im Vertrag hinzugefügt werden:

> Ohne die vorstehend vereinbarte Outplacement-Lösung wäre der Aufhebungsvertrag seitens des Arbeitnehmers nicht abgeschlossen worden.

Wird vom Arbeitgeber eine Outplacement-Beratung übernommen, indem dem Arbeitnehmer das Geld hierfür gezahlt wird, hängt die steuerliche Beurteilung davon ab, ob die Beratung auch tatsächlich in Anspruch genommen wird. Dann handelt es sich um eine aus Gründen der sozialen Fürsorge erbrachte Zusatzleistung des Arbeitgebers. Wird dagegen der dafür vorgesehene Betrag vom Arbeitnehmer finanziell ohne Beratungsleistung vereinnahmt, so führt dies zur Versteuerung analog zur Abfindungsleistung und kann, wenn die entsprechende Entschädigungszahlung sich auf mehrere Veranlagungszeiträume erstrecken sollte, sogar den Wegfall der tarifbegünstigten Versteuerung der Abfindung zur Folge haben.[13]

Zur Vermeidung von Risiken ist in solchen Fällen anzuraten, dass der Arbeitgeber über eine so genannte Lohnsteueranrufungsauskunft beim Finanzamt abklärt, ob der Arbeitnehmer ggf. mit einer zusätzlichen Besteuerung rechnen muss. Eine andere Möglichkeit dürfte darin bestehen, das Outplacement arbeitgeberseits einzubinden in eine ggf. ohnehin schon länger eingeplante betrieblich veranlasste Bildungsmaßnahme, die unabhängig vom Aufhebungsvertrag und dessen Modalitäten konzipiert und gesondert vertraglich festgehalten wurde. Einzelheiten hierüber sollten zwischen den Vertragsparteien des Aufhebungsvertrages direkt abgeklärt werden.

---

11 So Küttner-Voelzke, Arbeitsvermittlung (private), Rn. 11.
12 Ablehnend Bauer, C 444.
13 Vgl. BFH vom 14.8.2001 – XI R 22/00, DStR 2002, S. 257 (im Beispielsfall zahlte der Arbeitgeber für die Outplacement-Beratung DM 50 000,00 zzgl. MwSt.).

6.6 Nachvertragliches Wettbewerbsverbot

Sobald ein Arbeitsverhältnis beendet ist, darf ein Arbeitnehmer Wettbewerbstätigkeit entfalten. Dies gilt selbst dann, wenn ein Arbeitnehmer der vorzeitigen Beendigung seines Arbeitsverhältnisses unter erheblicher Aufstockung seiner Versorgungsbezüge zugestimmt hat. Ist in einem solchen Fall kein wirksames nachvertragliches Wettbewerbsverbot vereinbart, ist der Arbeitnehmer frei, seine Kenntnisse und Erfahrungen ggf. im direkten Wettbewerb mit seinem früheren Arbeitgeber zu verwerten,[14] solange er dabei nicht die Verschwiegenheitspflicht verletzt.[15] Gestattet ist jede Form von Konkurrenztätigkeit, auch wenn sie den Arbeitgeber schwer treffen sollte.[16]

Um dies zu unterbinden, besteht die Möglichkeit, ein so genanntes nachvertragliches Wettbewerbsverbot zu vereinbaren. Dies geschieht oft zusammen mit der Eingehung des Arbeitsverhältnisses. Ein nachvertragliches Wettbewerbsverbot ist allerdings nur dann wirksam, wenn bestimmte Formvorschriften eingehalten und die gesetzlichen Mindestbedingungen garantiert sind.

Solche Vereinbarungen unterliegen der Schriftform, d. h. sie bedürfen der Unterschrift beider Vertragsparteien, und zwar unabhängig davon, ob das Wettbewerbsverbot nun im Arbeitsvertrag enthalten oder in einem gesonderten Dokument festgeschrieben ist.

Oft ist eine solche Vereinbarung unabhängig von der Einhaltung der Schriftform aber unwirksam, so dass sie auch im Falle eines Aufhebungsvertrages keine Wirkung entfaltet. So ist vor allem dann von der Nichtigkeit einer Wettbewerbsabrede auszugehen, wenn überhaupt keine finanzielle Entschädigung (so genannte Karenzentschädigung) für die Dauer des Wettbewerbsverbots vorgesehen ist. Das gilt auch, wenn erst mehrere Monate vor Beendigung des Arbeitsverhältnisses in einem Aufhebungsvertrag ein Wettbewerbsverbot vereinbart wurde. Eine für

---

14 BAG vom 15. 6. 1993 – 9 AZR 558/91, NZA 1994, 502, 505.
15 Betriebs- und Geschäftsgeheimnisse (dazu zählen beispielsweise auch Kundenlisten) unterliegen auch nachvertraglich einem Verschwiegenheitsgebot: vgl. BAG vom 15. 12. 1987, DB 1988, 1020; BAG vom 15. 6. 1993, a. a. O.
16 BAG vom 15. 6. 1993, a. a. O.; BAG vom 19. 5. 1998 – 9 AZR 394/97, NZA 1999, 200.

den Verlust des Arbeitsplatzes gezahlte Abfindung ist jedenfalls keine Karenzentschädigung i. S. v. § 74 Abs. 2 HGB.[17]

Grundsätzlich gilt nämlich, dass der Arbeitgeber für die Dauer des Wettbewerbsverbots, welches höchstens zwei Jahre umfassen darf, eine Entschädigung zahlen muss, die mindestens die Hälfte der vom Arbeitnehmer zuletzt erhaltenen Vergütungen ausmacht, vgl. § 74 Abs. 2 HGB. Eine Vereinbarung, die hinter diesem gesetzlichen Standard zurückbleibt, ist unverbindlich. In einem solchen Fall erwächst dem Arbeitnehmer ein **Wahlrecht**, ob er es bei der unverbindlichen Regelung belässt, also die Unterlassung von Wettbewerb gegen Zahlung einer untergesetzlichen Entschädigung akzeptiert oder ob er sich einseitig vom Wettbewerbsverbot lossagt, dann aber jeden Entschädigungsanspruch verliert.[18]

Bei wirksam vereinbarten Wettbewerbsverboten kann im Übrigen der Arbeitgeber durch schriftliche Erklärung gegenüber dem Arbeitnehmer hierauf verzichten. Das hat zur Konsequenz, dass der Arbeitnehmer sofort vom nachvertraglichen Wettbewerbsverbot befreit ist, der Arbeitgeber allerdings noch bis zum Ablauf eines Jahres nach Zugang seiner Erklärung beim Arbeitnehmer zur Zahlung von Wettbewerbsentschädigung verpflichtet ist. Erst nach Ablauf dieses Jahres ist er auch insoweit frei.[19]

Beträgt der Zeitraum bis zur Beendigung des Arbeitsverhältnisses mehr als ein Jahr, können die Parteien das Wettbewerbsverbot ohne Folgewirkungen nur dann beenden, wenn sie sich hierüber einig sind. Eine einvernehmliche Aufhebung des Wettbewerbsverbots ist jederzeit zulässig und bedarf keiner Schriftform.[20] Also **Vorsicht**: Das Wettbewerbsverbot kann bereits durch eine allgemeine Erledigungsklausel (wonach durch den Aufhebungsvertrag alle übrigen Ansprüche abgegolten sind) im Aufhebungsvertrag beseitigt werden.[21] Zur Vermeidung von Auslegungsstreitigkeiten sollte aber stets eine gesonderte ausdrückliche Vereinbarung getroffen werden. Eine entsprechende Klausel könnte hier lauten:

Mit dieser Vereinbarung wird das nachvertragliche Wettbewerbsverbot aufgehoben.

---

17 Vgl. BAG vom 3. 5. 1994 – 9 AZR 606/92, NZA 1995, 72.
18 Vgl. BAG vom 22. 5. 1990 – 3 AZR 647/88, NZA 1991, 263.
19 Vgl. ArbG Stuttgart vom 30. 11. 1995 – 5 Ca 7609/95, NZA-RR 1996, 165.
20 Vgl. BAG vom 10. 1. 1989 – 3 AZR 460/87, NZA 1989, 797.
21 BAG vom 31. 7. 2002 – 10 AZR 558/01, NZA 2003, 101, wobei allerdings aus den Umständen vor oder bei Abschluss des Vergleichs oder dem Verhalten der Parteien danach auch eine andere Auslegung nicht ausgeschlossen ist; a. A. LAG Baden-Württemberg vom 22. 9. 1995 – 5 Sa 28/95, NZA-RR 1996, 163; siehe oben unter 5.4, Seite 148.

Fehlt es an einer solchen Abrede, ist es bei unklarer Erledigungsklausel und/oder widersprüchlichem Verhalten auch möglich, dass das Wettbewerbsverbot bestehen bleibt. Sollte dies gewollt sein, muss für den Aufhebungsvertrag empfohlen werden, sich folgender Klausel zu bedienen:

> Das vereinbarte nachvertragliche Wettbewerbsverbot wird durch den Abschluss dieses Aufhebungsvertrages nicht berührt.

Steuerliche Konsequenzen kann es allerdings haben, wenn ein Arbeitnehmer beim Ausscheiden aus dem Unternehmen bei gleichzeitiger Vereinbarung eines Wettbewerbsverbots hierfür eine Abfindung erhält. Insoweit handelt es sich dann bei der hierauf bezogenen Leistung nicht um eine Entlassungsentschädigung i. S. v. § 24 Nr. 1 EStG, sondern um eine wie üblich zu versteuernde Leistung i. S. v. § 22 Nr. 3 EStG.[22]

Zudem sind bei der steuerlichen Bewertung einer solchen Leistung alle Umstände im Rahmen einer Gesamtwürdigung einzubeziehen; ob nämlich eine im Aufhebungsvertrag vereinbarte Abfindung als Entschädigung für das Wettbewerbsverbot anzusehen ist oder ob diese nur die Gelegenheit bieten sollte, das Wettbewerbsverbot abzugelten.[23]

6.7 Rückzahlungsverpflichtungen bei vorangegangener Aus- und Fortbildung

Haben Arbeitgeber und Arbeitnehmer ausdrücklich vereinbart, dass Kosten für eine durchlaufene Aus- oder Fortbildungsmaßnahme bei vorzeitiger Beendigung des Arbeitsverhältnisses zurückzuzahlen sind, muss von der grundsätzlichen Zulässigkeit solcher Abreden ausgegangen werden.

Allerdings kann eine solche Vereinbarung auch zu einer übermäßigen Beeinträchtigung des Grundrechts des Arbeitnehmers auf freie Wahl seines Arbeitsplatzes gem. Art. 12 Abs. 1 Satz 1 GG führen, etwa wenn für die Abwendung der Rückzahlungsverpflichtung nach Beendigung der Ausbildung übermäßig lange Fristen gelten sollen. Nach der Rechtsprechung des BAG betragen die Bindungsfristen bei solchen Ausbildungsmaßnahmen, die auch für den Arbeitnehmer einen echten geldwerten,

---

22 So BFH vom 21. 9. 1982 – VIII R 140/79, BStBl. II 1983, 289.
23 Zu den Einzelheiten vgl. Küttner-Thomas, Wettbewerbsverbot, Rn. 49 m. w. N.

d. h. beruflich nutzbaren Vorteil bieten und die nicht ausschließlich auf betriebliche Bedürfnisse ausgerichtet sind,[24] längstens 36 Monate (bei einer Lehrgangsdauer von sechs Monaten bis zu einem Jahr).[25] Es bedarf somit stets der genauen Prüfung des Einzelfalles, ob eine konkrete Rückzahlungsklausel gegen Treu und Glauben verstößt, also unwirksam ist oder nicht. Wegen zu langer Bindungsfrist unzulässige Klauseln können nach Inkrafttreten der Schuldrechtsreform nicht mehr auf das rechtlich noch erlaubte Maß zurückgeführt werden.[26]

Nunmehr sind solche unwirksamen Klauseln nicht mehr anzuwenden, so dass bei unzulässiger Klausel eine Rückzahlungsverpflichtung entfällt.[27] Auch eine Teilung von Vertragsklauseln in einen noch zulässigen und einen klar unzulässigen Teil scheidet in aller Regel aus.[28]

Die Rückzahlungspflicht selbst entsteht – bei wirksamer Klausel – nicht nur durch Kündigung des Arbeitnehmers, sondern auch, wenn ausschließlich auf dessen Wunsch ein Aufhebungsvertrag in seinem Interesse zustande kommt.[29] Die Rückzahlung entfällt dagegen, wenn der Arbeitgeber betriebsbedingt kündigt oder der Arbeitnehmer aus wichtigem Grund berechtigt ist, das Arbeitsverhältnis fristlos zu kündigen, wobei die Gründe hierfür aus der Sphäre des Arbeitgebers stammen müssen.[30]

Das bedeutet, dass Arbeitnehmer für den Fall der Aufnahme von Aufhebungsverhandlungen zunächst juristisch klären sollten, ob die Rückzahlungsklausel überhaupt wirksam ist. Kommt es dann zum erfolgreichen Abschluss einer Aufhebungsvereinbarung mit allgemeiner Erledigungsklausel, ist es dem Arbeitgeber im Nachhinein verwehrt, seinen Rückzahlungsanspruch noch geltend zu machen. Hat der Arbeitgeber dies indes bedacht, wird er vermutlich die Rückzahlungsverpflichtung als Argument benutzen, Abfindungswünsche des Arbeitnehmers der Höhe nach zu begrenzen. Kommt es trotz dieser gegenläufigen Interessen zu einer abschließenden Verständigung, ist es sinnvoll, den Wegfall der Rückzahlungsverpflichtung auch vertraglich festzuhalten:

---

24 Vgl. BAG vom 30. 11. 1994 – 5 AZR 715/93, AP Nr. 20 zu § 611 BGB Ausbildungsbeihilfe; Küttner-Reinecke, Rückzahlungsklausel, Rn. 6.
25 Vgl. BAG vom 6. 9. 1995 – 5 AZR 174/94, AP Nr. 22 und 23 zu § 611 BGB Ausbildungsbeihilfe.
26 So genannte geltungserhaltende Reduktion: vgl. BAG vom 6. 9. 1995, AP Nr. 23 zu § 611 BGB Ausbildungsbeihilfe (betraf die frühere Rechtslage).
27 BAG vom 11. 4. 2006 – 9 AZR 610/05, NZA 2006, 1042.
28 BAG vom 11. 4. 2006, a. a. O.
29 Vgl. LAG Köln vom 10. 9. 1992 – 5 Sa 476/92, BB 1993, 223.
30 ErfK-Preis, § 611 BGB Rn. 436.

Die Rückzahlungsverpflichtung des Arbeitnehmers aus der Ausbildungsvereinbarung vom ... entfällt mit Abschluss dieses Aufhebungsvertrages.

6.8 Dienstwagen

Insbesondere Außendienstmitarbeitern und Kundendiensttechnikern wird oft ein Dienstwagen zur Verfügung gestellt. Auch Führungskräfte und andere mit Leitungsfunktionen versehene Mitarbeiter werden häufiger mit Firmenfahrzeugen ausgestattet. In diesen Fällen ist typischerweise meist auch die private Nutzung des Kraftfahrzeugs gestattet. Dann wird die für private Zwecke mögliche Nutzung des Fahrzeuges Teil der geschuldeten Vergütung und zwar in Form einer so genannten Naturalentlohnung.[31]

Zu prüfen ist, was aus dem Dienstwagen wird, wenn im Vorfeld von Aufhebungsverhandlungen das Arbeitsverhältnis in die Krise gerät. Es ist davon auszugehen, dass bei entsprechendem arbeitgeberseitigem Verlangen die Herausgabe des Dienstfahrzeugs generell trotz Streits über die Kündigung auch vor dem Beendigungsdatum erfolgen muss, es sei denn, die Kündigung ist offensichtlich unwirksam und ein Urteil 1. Instanz zur Unwirksamkeit der Kündigung liegt vor.[32] Hat sich der Arbeitgeber die entschädigungslose Rückgabe für den Fall der Freistellung von den dienstlichen Verpflichtungen im Arbeitsvertrag vorbehalten, wird eine solche Klausel für wirksam erachtet.[33] Nach der Schuldrechtsmodernisierung ist der **Widerruf der Privatnutzung** aber nur noch zulässig, wenn die Widerrufsgründe im Arbeitsvertrag selbst angegeben sind.[34] Fehlt es an einer wirksamen Regelung, so ist die Naturalvergütung weiterhin auch für den Fall der Freistellung geschuldet. Wollen beide Parteien auf dieser Grundlage das Nutzungsrecht bestehen lassen, bietet sich folgende Formulierung an:

Der Arbeitnehmer kann das ihm überlassene Dienstfahrzeug weiterhin – auch während der Dauer der Freistellung – privat nutzen. Er ist verpflichtet, das Fahrzeug mit sämtlichen Papieren, Schlüsseln und sonstigem Zubehör – sowie eine

---

31 Vgl. BAG vom 23.6.1994 – 8 AZR 537/92, NJW 1995, 348.
32 So ausdrücklich LAG München vom 11.9.2002 – 9 Sa 315/02, NZA-RR 2002, 636.
33 Vgl. ErfK-Preis, § 611 BGB Rn. 522.
34 LAG Niedersachsen vom 17.1.2006 – 13 Sa 1176/05, NZA-RR 2006, 289.

ggf. überlassene Tankkarte am Tag der Beendigung des Arbeitsverhältnisses zurückzugeben.

Entzieht der Arbeitgeber dennoch dem Arbeitnehmer die Möglichkeit der – auch privaten Nutzung – des Dienstwagens, macht er sich schadensersatzpflichtig. Bei der Rückgabe des Fahrzeugs, die vom Arbeitgeber meist parallel zum Ausspruch einer Kündigung gefordert wird, sollte der Arbeitnehmer daher vorsorglich, wenn er den Wagen übergibt, dem Arbeitgeber gegenüber eine schriftliche Erklärung abgeben mit dem Inhalt, dass er sich deswegen entsprechende Ersatzansprüche vorbehält. Bei Entzug der Privatnutzung ist hierfür eine **Nutzungsentschädigung** zu leisten. Deren Höhe soll sich nach der wohl maßgeblichen Entscheidung des BAG[35] auf den Geldbetrag beschränken, der in der Gehaltsabrechnung üblicherweise als Posten für die steuerliche Bewertung der privaten Nutzungsmöglichkeit ausgewiesen ist. Damit entfallen Abrechnungsmöglichkeiten auf der Basis der Tabellen Sanden/Danner/Küppersbusch oder der ADAC-Tabelle,[36] es sei denn, dem Arbeitnehmer gelingt es, einen höheren Schaden auch tatsächlich konkret zu beziffern und im Bestreitensfalle beweisen zu können.

Beschränkt sich der Ersatzanspruch des Arbeitnehmers nach der BAG-Rechtsprechung auf die steuerrechtlichen Pauschalwerte, so wird die so genannte **1 %-Methode** angewendet.[37] Das bedeutet, dass der Arbeitnehmer 1 % des inländischen Listenpreises des Dienstwagens zugrunde legen kann, der sich nach dem Listenpreis des Kfz im Zeitpunkt der Erstzulassung zzgl. etwaiger Aufwendungen für Sonderausstattungen (jeweils inkl. MWSt.) bemisst. Diese 1 %-Neuwert und Listenpreis-Regelung gilt auch bei gebraucht erworbenen oder zwar neuen, aber mit erheblichen Rabattvorteilen erstandenen Fahrzeugen.

Bei Aufhebungsverhandlungen sind einige Lösungsvarianten denkbar. Soll das Fahrzeug sofort herausgegeben werden, beispielsweise weil der Arbeitgeber das Fahrzeug aus betrieblichen Gründen schnell wieder einsetzen will, kann Folgendes vereinbart werden:

> Der Arbeitnehmer ist verpflichtet, das dem Unternehmen gehörende Kfz mit dem amtlichen Kennzeichen … einschließlich sämtlicher Fahrzeugpapiere und Schlüssel sowie sonstigem Zubehör unverzüglich, spätestens bis zum … herauszugeben. Die Herausgabe hat am Sitz des Unternehmens stattzufinden.

---

35 Vgl. BAG vom 27.5.1999 – 8 AZR 415/98, NJW 1999, 3507.
36 Anders noch BAG vom 23.6.1994 – 8 AZR 537/92, NJW 1995, 348.
37 Vgl. Abschnitt 31 Abs. 7 der Lohnsteuerrichtlinien.

Lässt sich der Arbeitnehmer hierauf – verständlicherweise – nicht ohne das Verlangen auf Schadensersatz ein, kann auch hierfür eine gesonderte Regelung mit Entschädigung getroffen werden. Dabei sollte deren Höhe betragsmäßig festgehalten werden und zwar mit folgendem, an die obige Klausel anschließenden Satz:

> Als Entschädigung hierfür erhält der Arbeitnehmer eine Ausgleichszahlung in Höhe von € ...

Angesichts der Schwierigkeiten, ob und in welcher Höhe eine Entschädigung im Zweifelsfall geschuldet ist, wäre es natürlich auch denkbar, den vorzeitigen Verlust der Privatnutzungsmöglichkeit als Forderungsposten seitens des Arbeitnehmers in die Verhandlungen über die Abfindungshöhe einzubeziehen.

Gelegentlich ist der Arbeitnehmer aber auch an der Übernahme, d.h. dem käuflichen Erwerb des Fahrzeugs interessiert.

Da die Schenkung des Fahrzeugs beim Arbeitnehmer als geldwerter Vorteil zu versteuern wäre und dies im Übrigen auch auf wenig Interesse beim Arbeitgeber stoßen dürfte, sollten sich die Parteien auf eine Schätzung des Wertes durch einen anerkannten Sachverständigen einigen oder jedenfalls den so genannten Buchwert zugrunde legen. Eine entsprechende Klausel lautet:

> Das Eigentum an dem Fahrzeug mit dem amtlichen Kennzeichen ... wird auf den Arbeitnehmer Zug um Zug gegen Zahlung des Kaufpreises übertragen. Der Kaufpreis bemisst sich gemäß Sachverständigengutachten vom ... (nach dem Buchwert) auf € ... einschließlich Mehrwertsteuer.

Hat der Arbeitnehmer bei der Überlassung des Dienstwagens sein Privatfahrzeug abgeschafft und seinen Schadensfreiheitsrabatt bei seiner Kfz-Versicherung dem Unternehmen zugekommen lassen, darf nicht vergessen werden, die Rückübertragung des Schadensfreiheitsrabattes im Aufhebungsvertrag ausdrücklich zu regeln. Dafür bietet sich folgende Formulierung an:

> Der Arbeitgeber überträgt die auf den Namen des Arbeitnehmers abgeschlossene Kfz-Versicherung einschließlich des vom Arbeitnehmer eingebrachten Schadensfreiheitsrabattes an diesen zurück und wird hierzu unverzüglich alle erforderlichen Erklärungen gegenüber der Kfz-Versicherung abgeben und dem Arbeitnehmer hiervon Mitteilung machen.

6.9 Handy, Laptop, PC

Ist dem Arbeitnehmer ein Mobiltelefon überlassen worden, so gelten entsprechende Regelungen wie beim Dienstwagen. Eine Herausgabe wird der Arbeitnehmer im Zweifelsfall, wenn die Geräte im Eigentum des Unternehmens stehen, kaum verweigern können. Durfte er mit dem Handy allerdings auch privat telefonieren, ist Schadensersatz für die entgangene Privatnutzung geschuldet. Hier ist es sinnvoll, sich auf eine pauschale finanzielle Abgeltung zu verständigen.

Gleiches gilt für Laptop und PC, soweit diese für die Nutzung auch außerhalb des Betriebes durch den Arbeitgeber zur Verfügung gestellt wurden und auch hier einer privaten Nutzungsmöglichkeit unterfielen.

Wichtig kann es auch sein, sich im Rahmen des Ausscheidens die Weiternutzung der Mobil-Telefonnummer zusichern zu lassen, hängen doch viele Kontakte davon ab, dass die bekannten Erreichbarkeiten weiter zur Verfügung stehen. Dann könnte Folgendes geregelt werden:

> Die Mobil-Nummer 01.../... wird dem Arbeitnehmer zur alleinigen Benutzung überlassen. Der Arbeitnehmer übernimmt mit dem Tag des Ausscheidens sämtliche Kosten für den Betrieb des Mobiltelefons.

6.10 Werkswohnung

Ist im Zusammenhang mit dem Arbeitsverhältnis zugleich eine Wohnung vermietet worden, sind bei Aufhebungsverhandlungen hierzu ebenfalls Regelungen zu treffen.

Dabei hängen die Gestaltungsmöglichkeiten oft davon ab, welchen Charakter das Rechtsverhältnis über die Wohnung hat.

Das Gesetz unterscheidet zwischen Werkmietwohnungen gem. § 576 BGB und Werkdienstwohnungen gem. § 576b BGB.

Bei der Werkmietwohnung liegen zwei getrennte Rechtsverhältnisse vor, nämlich Arbeitsvertrag und Mietvertrag jeweils unabhängig davon, dass das Mietverhältnis mit Rücksicht auf das bestehende Arbeitsverhältnis zustande gekommen ist. Bei Werkmietwohnungen ist ferner zu unterscheiden, ob es sich um ein übliches Werkmietwohnungsverhältnis oder um ein so genanntes funktionsgebundenes Werkmietwohnungsverhältnis handelt. Letzteres ist gegeben, wenn wegen des Arbeitsverhältnisses die Überlassung von Wohnraum in unmittelbarer Beziehung oder

Nähe zum Arbeitsplatz erforderlich ist, wobei beispielhaft auf Vermietungen an Hausmeister, Hausverwalter, Pförtner, Betriebshandwerker mit Rufbereitschaft usw. zu verweisen ist. Wird ein solches funktionsgebundenes Werkmietverhältnis begründet, gelten verkürzte Kündigungsfristen, falls der Wohnraum für einen anderen neuen funktionsgebundenen Mitarbeiter benötigt wird. Die Kündigungsfrist beträgt hier nach § 576 Abs. 1 Nr. 2 BGB nur einen Monat, wobei es sogar ausreicht, wenn die Kündigungserklärung spätestens am dritten Werktag des entsprechenden Kalendermonats dem Mieter/Arbeitnehmer zugeht. Außerdem hat in diesem Fall der Arbeitnehmer als Mieter kein Widerspruchsrecht. Handelt es sich um eine einfache bzw. normale Werkmietwohnung, gelten hingegen die längeren gesetzlichen Fristen des Mietrechts. Der Mietvertrag endet in beiden vorgenannten Fällen nicht automatisch mit dem Ende des Arbeitsvertrages, sondern es bedarf stets einer eigenen Kündigung des Mietverhältnisses.

Ein Werkdienstwohnungsvertrag liegt vor, wenn der Wohnraum selbst im Rahmen des Arbeitsverhältnisses (z. B. um die ständige Rufbereitschaft am Ort des Betriebes zu gewährleisten) überlassen wurde und neben dem Arbeitsvertrag kein gesonderter Mietvertrag abgeschlossen wurde. Nicht notwendig, aber regelmäßig ist hier die Überlassung der Wohnung Teil der Arbeitsvergütung. Dabei kann die Wohnung nicht selbständig unter Aufrechterhaltung des Arbeitsverhältnisses gekündigt werden, weil dies eine unzulässige Teilkündigung darstellen würde.[38] Mit Beendigung des Arbeitsvertrages entfällt grundsätzlich das Nutzungsrecht an der Werkdienstwohnung. Ein Mieterschutz besteht mithin nicht. Das gilt nach dem ausdrücklichen Wortlaut des § 576b BGB aber nicht, wenn der Arbeitnehmer den Wohnraum ganz oder überwiegend mit eigenen Einrichtungsgegenständen ausgestattet hat (es sich also nicht um eine möblierte Wohnung bzw. ein möbliertes Zimmer handelt) oder er mit seinen Familienangehörigen in der überlassenen Wohnung einen eigenen Hausstand führt. In diesem Fall gelten die oben dargelegten Vorschriften für die so genannte funktionsgebundene Werkmietwohnung.

Praktischer Regelungsbedarf besteht insbesondere bei Beendigung des Arbeitsverhältnisses im Hinblick auf den konkreten Auszugstermin, Fragen der Nebenkostenabrechnung sowie die Behandlung von Schönheitsdekorationen und eventuellen Reparaturen. Auch kommt bei so genannten einfachen Dienstwohnungen auch eine Fortsetzung des Miet-

---

38 BAG vom 23. 8. 1989 – 5 AZR 569/88, NZA 1990, 191.

verhältnisses trotz Beendigung des Arbeitsverhältnisses in Betracht. Im Aufhebungsvertrag können also beispielsweise folgende Regelungen getroffen werden:

> Der Arbeitnehmer verpflichtet sich, die ihm überlassene Wohnung in ..., Straße ..., Stockwerk ... bis spätestens zum ... vollständig geräumt an den Arbeitgeber zu übergeben. Eine Verpflichtung zur Schlussdekoration besteht nicht. Der Arbeitgeber wird über die Betriebs- und Heizkosten bis spätestens Ende des 1. Quartals des Folgejahres abschließend abrechnen.

Soll das Mietverhältnis weitergeführt werden, lässt sich folgende Regelung treffen:

> Die Parteien sind sich einig, dass unabhängig von der Auflösung des Arbeitsverhältnisses ein Mietverhältnis über die bereits überlassene Wohnung in ..., Straße ..., Stockwerk ... fortgesetzt wird. Der Mietzins beträgt € ... zzgl. Vorauszahlungen auf die Betriebs- und Heizkosten gem. § 2 Betriebskostenverordnung (BetrKV) in Höhe von zurzeit € ... Im Übrigen bleibt der Mietvertrag vom ... aufrechterhalten.[39]

6.11 Erstattung von Arbeitslosengeld bei »Gleichwohlgewährung« und sonstige Ansprüche

Wird dem Arbeitnehmer gekündigt, hat er sich bei Ablauf der Kündigungsfrist arbeitslos zu melden, um Arbeitslosengeld zu erlangen.[40] Es kann – wenn gerichtliche Auseinandersetzungen geführt werden – oft Monate, manchmal sogar Jahre dauern, bis sich herausstellt, dass der Arbeitgeber doch zur Gehaltszahlung verpflichtet war, weil die Kündigung zu Unrecht ausgesprochen wurde. Dennoch kann der Arbeitnehmer in solchen Fällen Arbeitslosengeld im Wege der so genannten »Gleichwohlgewährung« nach § 143 Abs. 3 SGB III erhalten.

---

39 Sollte es sich um eine nicht eigenständig vermietete Werkdienstwohnung i. S. v. § 576b BGB handeln, wäre bei einer Fortsetzung der Überlassung des Wohnraums ein gesonderter Mietvertrag abzuschließen, dessen einzelne Regelungen hier nicht vorgezeichnet werden können.

40 Der Arbeitnehmer muss sich unabhängig davon bereits spätestens drei Monate vor dem Beendigungsdatum der Arbeitsvermittlung arbeitsuchend melden; vgl. § 38 SGB III – Einzelheiten unter 8.4.

In Höhe des geleisteten Arbeitslosengeldes gehen dann die Ansprüche des Arbeitnehmers gegen seinen Arbeitgeber auf Zahlung des Entgelts im Wege des gesetzlichen Forderungsübergangs auf die Bundesagentur für Arbeit über, ohne dass es dazu einer ausdrücklichen Überleitungsanzeige bedarf.

Konsequenz dessen ist zunächst, dass nach Obsiegen mit der Kündigungsschutzklage Gehaltsansprüche nur abzüglich des genau zu beziffernden Arbeitslosengeldes eingeklagt werden dürfen. Vergleiche, in denen über solche Gehaltsansprüche verfügt wird, können unwirksam sein, wenn hierbei der Forderungsübergang nicht beachtet wurde.[41] Kommt es nun aufgrund einer gewonnenen Kündigungsschutzklage zu einer **Rückabwicklung**, soll nach ständiger Rechtsprechung des Bundessozialgerichts zwar die mit der ursprünglichen Bewilligung des Arbeitslosengeldes verbundene Kürzung (Minderung) der Anspruchsdauer entfallen, wenn und soweit der Arbeitgeber das ausgezahlte Arbeitslosengeld auch tatsächlich gegenüber dem Arbeitsamt erstattet.[42] Das gilt aber nicht für sonstige Wirkungen der Gleichwohlgewährung aufgrund der Bewilligung des Arbeitslosengeldes zu Beginn des Kündigungsschutzprozesses. So bleibt die »frühe Arbeitslosmeldung« erhalten, d. h. bezieht sich die Höchstdauer des Arbeitslosengeldes auf die zu diesem Zeitpunkt erreichte Beschäftigungsdauer und das gegebene Lebensalter. Auch kann das Arbeitslosengeld in der Höhe niedriger ausfallen, wenn der Bemessungszeitraum sich auf die letzten 52 Wochen vor der – unwirksamen – Kündigung bezieht und während dessen geringeres Arbeitsentgelt erzielt wurde.[43]

Deshalb ist eine Ausgleichsklausel in solchen Fällen schädlich, da für diese beschriebenen negativen Folgen der Arbeitgeber Schadensersatz schuldet, wenn er rechtswidrig und schuldhaft gekündigt hat. Eine Erledigungsklausel führt dann dazu, dass die Möglichkeit Schadensersatz durchzusetzen, versperrt ist. In solchen Fällen empfiehlt sich daher, wenn dies verhandlungstaktisch durchsetzbar ist, eine Klausel aufzunehmen, die zunächst die Rückzahlungsverpflichtung des Arbeitslosengeldes positiv regelt und dies wegen der anderen Wirkungen der »Gleichwohlgewährung« um weitere Punkte zu ergänzen:

---

41 Vgl. Valgolio, RA 2001, 322, 323 f.; Schmidt, NZA 2002, 1380, 1381 m. w. N.
42 Vgl. BSG vom 11. 6. 1987 – 7 RAr 16/86, NZA 1988, 330, 332.
43 BSG vom 11. 6. 1987 – 7 RAr 40/86, NZA 1988, 333, 335; krit. Schmidt, NZA 2002, 1380, 1382.

Der Arbeitgeber ist verpflichtet, gegenüber der Bundesagentur für Arbeit die an diese übergegangenen Gehaltsansprüche in Höhe des gezahlten Arbeitslosengeldes vollständig zu erstatten.

Ferner sollte wegen der Schadensersatzproblematik Folgendes ergänzend angeführt werden:

> Für Einbußen des Arbeitnehmers, die ihm bei weiterem Bezug von Entgeltersatzleistungen aus der Arbeitslosenversicherung deshalb entstehen, weil es förderungsrechtlich auf den Zeitpunkt der erstmaligen Arbeitslosmeldung ankommt, wird der Arbeitgeber im Umfang der eintretenden Einbußen Schadensersatz leisten, sobald ihm der Arbeitnehmer den entsprechenden Schaden nachgewiesen hat.

6.12 Arbeitspapiere und gegenseitige Informationspflichten bei Auskünften gegenüber Dritten

Mit dem Zeitpunkt der Beendigung des Arbeitsverhältnisses ist der Arbeitgeber verpflichtet, die so genannten **Arbeitspapiere** herauszugeben. Es handelt sich dabei insbesondere um die Lohnsteuerkarte, das Sozialversicherungsnachweisheft, evtl. um eine Arbeitsbescheinigung nach § 312 Abs. 1 SGB III und ggf. eine Urlaubsbescheinigung bei Beendigung des Arbeitsverhältnisses im Verlaufe eines Kalenderjahres (vgl. § 6 Abs. 2 BUrlG). Da die ordnungsgemäße Erstellung der Arbeitspapiere ebenso zu den Pflichten des Arbeitgebers gehört wie deren Herausgabe, ist eine gesonderte Regelung im Aufhebungsvertrag nicht geboten. Es kann aber Sinn machen, auf die Herausgabe der Arbeitspapiere und deren Inhalt im Aufhebungsvertrag Bezug zu nehmen, wenn sich die Parteien zugleich verpflichten wollen, etwaige Auskünfte an Dritte, etwa an die Arbeitsagentur oder andere Behörden auf das zu beschränken, was im Aufhebungsvertrag und dem in diesem Zusammenhang erstellten Zeugnis enthalten ist.

Eine entsprechende Klausel könnte lauten:

> Der Arbeitgeber verpflichtet sich, unverzüglich nach Beendigung des Arbeitsverhältnisses dem Arbeitnehmer die vollständigen Arbeitspapiere auszuhändigen und die Arbeitsbescheinigung nach § 312 SGB III nach deren Vorlage unverzüglich ausgefüllt der Arbeitsagentur zuzuleiten. Im Übrigen verpflichten sich die Parteien, über den Inhalt dieser Aufhebungsvereinbarung Stillschweigen zu be-

wahren, soweit nicht Auskunftsverpflichtungen gegenüber Dritten aufgrund gesetzlicher Bestimmungen bestehen.

Die letztere Formulierung ist insbesondere dann sinnvoll, wenn im Vorfeld der Aufhebungsverhandlungen heftige Vorwürfe, ggf. mit kündigungsrechtlicher Relevanz ausgetauscht wurden und äußerer Auslöser der Aufhebungsverhandlungen waren. Gesetzliche Auskunftsansprüche bestehen insbesondere seitens der Arbeitsagentur, wenn der Arbeitnehmer nach Beendigung des Arbeitsverhältnisses Arbeitslosengeld beantragt. Wegen der außerordentlichen Komplexität der rechtlichen Bestimmungen dürfte es angesichts der einzuholenden Auskünfte einer sachgerechten Herangehensweise entsprechen, wenn sich Arbeitgeber und Arbeitnehmer gegenseitig darauf verständigen, entsprechende Auskünfte, die erteilt werden sollen, untereinander auszutauschen. Selbstverständlich sind beide Parteien dabei an die Wahrheitspflicht gebunden.

Wird der Inhalt eines Zeugnisses positiv geregelt, kann im Anschluss an die entsprechende Klausel im Aufhebungsvertrag Folgendes hinzugesetzt werden:

> Im Übrigen werden Auskünfte gegenüber Dritten nur auf der Basis und gemäß dem Inhalt des vorgelegten Zeugnisses erteilt.

Ggf. kann es sogar gerechtfertigt sein, bestimmte **Sprachregelungen** für Auskünfte nach außen zu verabreden, um möglichst negativen Gerüchten und Einschätzungen im Unternehmen, aber auch im Kundenkreis vorzubeugen. Insbesondere bei Führungskräften (aber natürlich auch bei allen anderen Arbeitnehmern) kann dies hilfreich sein, um das weitere berufliche Fortkommen nicht zu gefährden. Keiner möchte, dass z. B. Vorwürfe mit arbeitsrechtlich relevantem Fehlverhalten »unter der Hand« kommuniziert werden. Dem kann mit einer entsprechend abgestimmten Verlautbarung, die z. B. bei größeren Unternehmen auch in das eigene Intranet gestellt werden kann, in Maßen begegnet werden. Solche Veröffentlichungen bedürfen aber der sorgfältigen Abstimmung und sollten gemeinsam verabredet werden. Der Autor empfiehlt, solche Absprachen gesondert vom Text der eigentlichen Aufhebungsvereinbarung, z. B. parallel in einem so genannten Sideletter zum Aufhebungsvertrag festzuhalten.

Soll dann diese Absprache die zu erteilenden Auskünfte verbindlich regeln, könnte zusätzlich die Formulierung im Aufhebungsvertrag noch wie folgt ergänzt werden:

Im Übrigen werden Auskünfte gegenüber Dritten nur auf der Basis des vorgelegten Zeugnisses sowie der Verlautbarung zum Ausscheiden vom ... (konkretes Datum einsetzen) erteilt.

6.13 Klagerücknahme und Kostenverteilung

Wenn zwischen den Parteien nach vorangegangener Kündigung noch ein Arbeitsrechtsstreit schwebt, der durch den Abschluss des Aufhebungsvertrages obsolet geworden ist, haben die Parteien die Möglichkeit, den Aufhebungsvertrag selbst vor Gericht als Vergleich zu protokollieren. Es wird dann in aller Regel eine Kostenverteilung entsprechend der gesetzlichen Regelung erfolgen, wonach jede Partei ihre außergerichtlichen Kosten selbst trägt. Dies ist die automatische Rechtsfolge aus § 12a Abs. 1 ArbGG, sofern das Verfahren noch in 1. Instanz anhängig ist. Die Gerichtskosten werden dann geteilt, so dass jede Seite die Hälfte übernimmt. Verzichten beide Parteien indes auf die gerichtliche Protokollierung des Aufhebungsvertrages als Vergleich, kann auch außergerichtlich der Aufhebungsvertrag durch beiderseitige Unterschrift entweder der Parteien selbst oder ihrer Bevollmächtigten wirksam zustande kommen. Dann macht es Sinn, dass die Arbeitnehmerseite die Verpflichtung übernimmt, die Kündigungsschutzklage (das andere in diesem Zusammenhang anhängige Verfahren) zurückzunehmen.

Dies wäre dann wie folgt zu formulieren:

> Der Arbeitnehmer verpflichtet sich, die beim Arbeitsgericht (oder LAG/BAG) anhängige Klage unter der Geschäfts-Nr. ... zurückzunehmen. Jede Partei trägt ihre außergerichtlichen Kosten selbst, die Gerichtskosten werden geteilt.[44]

6.14 Übernahme von Anwaltskosten

Haben die Parteien ihre Aufhebungsverhandlungen vorangebracht, kann es in manchen Fällen sinnvoll und durchsetzbar sein, den Arbeitgeber zur Erstattung der Anwaltskosten des Arbeitnehmers zu verpflichten, insbesondere dann, wenn der Arbeitnehmer nicht über eine Rechts-

---

44 Hierfür wird auch oft die Formulierung verwandt »Die Kosten werden gegeneinander aufgehoben«.

schutzversicherung verfügt. Wenn sich der Arbeitgeber im Rahmen der Verhandlungen überhaupt hierauf einlässt, wird er in aller Regel darauf bestehen, dass der zugrunde zu legende Streitwert und die Höhe des Gebührenansatzes vertraglich festgelegt werden. Eine solche Regelung könnte lauten:

> Der Arbeitgeber erstattet die dem Arbeitnehmer entstandenen Anwaltskosten auf der Grundlage eines Gegenstandswertes von € ... Erstattet werden die 3,0-fachen Gebühren zzgl. Auslagen und Mehrwertsteuer.

Zulässig ist naturgemäß auch die Verabredung eines Pauschalbetrages, der auch die gesetzlichen Gebühren übersteigen kann.

6.15   Salvatorische Klausel

Oft wird am Ende von Aufhebungsverträgen eine **Salvatorische Klausel** eingefügt. Diese besagt, dass der Aufhebungsvertrag auch dann Bestand hat, wenn einzelne seiner Regelungen gesetzeswidrig sein sollten. Dies macht vor dem Hintergrund von § 139 BGB Sinn, wonach das ganze Rechtsgeschäft als nichtig anzusehen wäre, auch wenn nur ein Teil des Rechtsgeschäfts nichtig ist, es sei denn, das Rechtsgeschäft wäre auch ohne den nichtigen Teil vorgenommen worden. Dies eröffnet Auslegungsspielräume, wobei auf den mutmaßlichen Parteiwillen abzustellen ist. Da Salvatorische Klauseln jedoch einschränkend auszulegen sind, wenn sich ein wesentlicher Vertragsbestandteil als nichtig herausstellen sollte,[45] wird sich in aller Regel auch im Falle der Teilnichtigkeit ein möglicherweise langwieriger Rechtsstreit um die Ermittlung des mutmaßlichen Parteiwillens bzw. die Auslegung des Aufhebungsvertrages kaum vermeiden lassen. Eine entsprechende Salvatorische Klausel könnte wie folgt lauten:

> Im Falle der Unwirksamkeit einer Bestimmung dieses Aufhebungsvertrages führt dies nicht zur Unwirksamkeit der Vereinbarung insgesamt. Beide Seiten verpflichten sich in diesem Fall, anstelle der unwirksamen Bestimmung eine dieser Bestimmung möglichst nahekommende wirksame Regelung zu vereinbaren.

---

45 Vgl. BGH vom 8. 4. 1976 – I ZR 203/74, DB 1976, 2106.

7. Steuerrechtliche Optionen/ Aufbesserung der Alters- vorsorge bei Aufhebungs- verträgen mit Abfindung

7.1 Grundsätze

7.1.1 Steuerschuld

Grundsätzlich gilt, dass alle Einnahmen, die einem Arbeitnehmer aus einem Arbeitsverhältnis zufließen, als steuerpflichtiger Arbeitslohn zu behandeln sind. Hierzu gehören auch Entschädigungen (z. B. Abfindungen), die dem Arbeitnehmer (oder seinem Rechtsnachfolger, z. B. Erben) als Ersatz dafür zufließen, dass ihm nunmehr wegen der Aufgabe oder der Nichtausübung seiner bisherigen Tätigkeit Arbeitsvergütung entgeht.

Dabei ist im Einzelnen wegen der unterschiedlichen steuerlichen Auswirkungen zwischen folgenden Leistungen abzugrenzen:

- normal zu besteuernder Arbeitslohn nach § 19 EStG, ggf. i. V. m. § 24 Nr. 2 EStG
- steuerbegünstigte Entschädigungen nach § 24 Nr. 1 i. V. m. § 34 Abs. 1 und 2 EStG
- u. U. steuerbegünstigte Leistungen für eine mehrjährige Tätigkeit i. S. d. § 34 EStG

Alle diese Leistungen sind »veranlasst« durch die aufgenommene nicht selbständige Tätigkeit und damit als Einnahme aus nicht selbständiger Tätigkeit durch den Arbeitnehmer zu versteuern.

Hierzu zählen auch so genannte geldwerte Vorteile, wie z. B. die Weiternutzung einer Dienstwohnung oder eines Dienstwagens über den Zeitpunkt der Beendigung des Arbeitsverhältnisses hinaus oder andere Dienstleistungen.

Demgegenüber stellt die Abfindung für den Arbeitgeber eine Betriebsausgabe dar, die seinen sonst zu versteuernden Gewinn mindert.

7.1.2 Steuerfreibeträge

Nach dem bereits durch diverse Steuergesetze die früher gültigen Steuerfreibeträge für Abfindungen stetig reduziert wurden, ist mit Wirkung ab 1.1.2006 jegliche steuerliche Privilegierung durch Freibeträge entfallen.

7.1.3 Wahl des Auszahlungszeitpunkts

Die möglichen eher geringen Steuerersparnisse nehmen in dem Maße zu, in dem das nicht begünstigte zu versteuernde Einkommen unter den Betrag fällt, der mit dem Spitzensteuersatz zu versteuern ist. Deshalb kann es Sinn machen, den Zeitpunkt der Abfindungszahlung zu verschieben, wenn im nachfolgenden Jahr geringere Einkünfte zu erwarten sind. Allerdings ist dabei immer zu beachten, dass, wenn der gesamte Betrag der (steuerpflichtigen) Abfindung im Folgejahr zufließt, dann auch in diesem Jahr das Zusammenballungsprinzip nur unter der Voraussetzung gewährleistet werden kann, dass zusammen mit der Abfindung und den sonstigen Einkünften im Folgejahr keine niedrigeren (Gesamt-)Einnahmen erzielt werden, als dies bei Fortsetzung des Arbeitsverhältnisses geschehen wäre.

Ansonsten erkennt die Finanzverwaltung solche Gestaltungsmittel an. Es ist also steuerwirksam zulässig, die Fälligkeit der Abfindung auf einen späteren Veranlagungszeitraum zu verschieben.[1]

Wer daran denkt, sich nach Verlust des Arbeitsplatzes selbstständig zu machen, hat es natürlich auch in der Hand, dafür erforderliche Investitionen so zu tätigen, dass sie tendenziell steuermindernd in dem Jahr erfolgen, in dem durch die Abfindung höhere Beträge zufließen.

Aber Achtung: Eher nicht zu empfehlen ist im Jahr des Zuflusses der Abfindung durch erhöhte Einnahmen aus steuerlichen Gründen »künstlich« zu senken, indem so genannte Steuersparmodelle abgeschlossen werden, also Rechtsgeschäfte, die zunächst finanziellen Verlust produzieren (z.B. Erwerb von fremdgenutzten Immobilien, geschlossene Immobilienfonds usw.). Hier verbergen sich erhebliche, nicht nur steuerliche Risiken und wer sich erstmals damit befasst, wenn der »Geldsegen« der Abfindung sich einstellt, ist möglicherweise auch nicht vor den Angeboten dubioser Geschäftemacher oder Banken gefeit. In jedem Fall ist

---

1 BFH vom 11.11.2009 – IX R 1/09, NZA-RR 2010, 150.

eine seriöse Beratung im Hinblick auf steuerliche und vermögensanlage-spezifische Risiken dringend geboten für den, der über solche Modelle nachdenkt.

7.2 Steuerermäßigung/Fünftelungsregelung

Bei Abfindungen ist daher nur noch eine Steuerermäßigung zugunsten des Arbeitnehmers im Rahmen der so genannten **Fünftelungsregelung** möglich.

7.2.1 Anwendungsbereich der Fünftelungsregelung

Die Steuerermäßigung erfasst solche Abfindungszahlungen, die als Er-satz für entgangene oder noch entgehende Einnahmen gewährt werden. Dabei muss die Auflösung des Arbeitsverhältnisses vom Arbeitgeber veranlasst sein.[2] Hier gilt eine Vermutung, dass eine solche Veranlassung immer dann vorliegt, wenn der Arbeitgeber eine Abfindung zahlt.[3] Eine Steuerermäßigung entfällt daher nur, wenn es an einer vom Arbeitgeber veranlassten oder ihm zuzurechnenden Drucksituation fehlt, sondern vielmehr der Arbeitnehmer freiwillig die Ursachen, die zum Aufhe-bungsvertrag führen, in Gang gesetzt hat.[4]

An der Veranlassung in diesem Sinne fehlt es z. B., wenn die Abfin-dung bei Auslaufen eines befristeten Vertrages gezahlt wird. Hier beruht das Ende des Arbeitsverhältnisses auf der ursprünglichen vertraglichen Regelung.[5] Anderes gilt, wenn zwischen den Parteien streitig ist, ob die ursprüngliche Befristungsabrede überhaupt wirksam ist. Wird daraufhin eine Abfindung gezahlt, die dazu dient, diese Meinungsverschie-denheit zu überbrücken, dürfte demgegenüber die Steuerermäßigung greifen.[6] Gleiches muss gelten, wenn die Parteien das befristete Arbeits-verhältnis vor dem Zeitpunkt des vertraglich vorgesehenen Beendi-gungsdatums einvernehmlich gegen Zahlung einer Abfindung auflösen.[7]

---

2 KR-Vogt, §§ 24,34 EStG Rn.14.
3 BFH vom 10.11.2004 – XI R 64/03, BStBl. II 05, 181.
4 Bauer, G 35
5 BFH vom 18.9.1991 – XI R 8/90, BStBl. II 1992, 34.
6 Küttner-Seidel, Außerordentliche Einkünfte Rn.6f.
7 APS-Seidel, SteuerR § 52 EStG, Rn. 74.

Die Steuerermäßigung nach §§ 24, 34 EStG entfällt, wenn die Zahlung zur Erfüllung bereits entstandener oder fortbestehender Ansprüche erfolgt.[8] Bei einer Abfindung, die unabhängig von solchen Ansprüchen vereinbart wird, liegt aber steuerrechtlich eine neue Rechts- oder Billigkeitsgrundlage vor, so dass die Fünftelungsregelung greift.

Entschädigungen müssen sich also auf den Ausgleich von Einbußen beziehen, die dem Arbeitnehmer entstehen, weil das Arbeitsverhältnis aufgelöst wird.

Nach § 24 Nr. 1a EStG sind aber unabhängig von der Aufgabe einer Tätigkeit, die § 24 Nr. 1b EStG regelt, auch Steuerbegünstigungen möglich, wenn die Entschädigung als Ausgleich für entgangene oder entgehende Einnahmen gezahlt wird. Hierunter können dann etwa Ausgleichszahlungen bei einer vom Arbeitgeber erklärten Änderungskündigung oder auch nach einvernehmlich vereinbarter Vertragsänderung fallen, wenn der Arbeitnehmer zu in der Regel dann verschlechterten Bedingungen (z. B. Reduzierung der Arbeitszeit) das Arbeitsverhältnis fortsetzt[9] oder eine konzerninterne Versetzung erfolgt, wenn das neue an anderer Stelle im Konzern aufgenommene Arbeitsverhältnis nicht nur als bloße Fortsetzung des bisherigen Arbeitsverhältnisses, sondern als neue arbeitsvertragliche Beziehung zu beurteilen ist.[10]

7.2.2 Zusammenballungsprinzip

Grundsätzlich gilt, dass Entschädigungen nur dann tarifbegünstigt sein können, wenn sie dem steuerpflichtigen Arbeitnehmer innerhalb eines einzigen Veranlagungszeitraums, der einem Kalenderjahr entspricht, zufließen. Hierfür wird der Begriff der Zusammenballung verwendet.[11]

Über verschiedene Jahre gestaffelte Leistungen, z. B. aufgrund eines Sozialplans gewährte Zahlungen zur Aufstockung von Arbeitslosengeldbeträgen können zum Wegfall der Steuerermäßigung führen.[12] Ratenzahlungen auf die Gesamtabfindung sind also nur dann steuerunschädlich,

---

8 Vgl. KR-Vogt, §§ 24, 34 EStG Rn. 17.
9 BFH vom 25. 8. 2009 – IX R 3/09, NZA-RR 2010, 257.
10 APS-Seidel, SteuerR § 52 EStG, Rn. 70: anders, wenn die Versetzung im Konzern vertraglich vorgesehen ist.
11 Vgl. z. B. BFH vom 4. 3. 1998 – XI R 46/97, NZA-RR 1998, 418 f.
12 Küttner-Seidel, Außerordentliche Einkünfte, Rn. 20; siehe aber die Hinweise c unter 7.2.2.2, S. 198 auf die differenzierte Rspr. des BFH im Einzelfall.

wenn sie dem Arbeitnehmer innerhalb eines Veranlagungszeitraums zugehen.[13]

7.2.2.1 Zufluss geldwerter Vorteile

Wird zwischen den Parteien eines Aufhebungsvertrages vereinbart, dass bestimmte Sachleistungen weiterhin in Anspruch genommen werden können und z. B. Dienstwagen oder Firmentelefon weiterhin unentgeltlich benutzt werden können, ohne dass der Arbeitnehmer nach seinem Ausscheiden noch irgendeine Dienstleistung für den Arbeitgeber erbringen muss, wird auch dies steuerlich als Teil der Entlassungsentschädigung behandelt.

Fließen solche Leistungen über den Veranlagungszeitraum hinaus, wird damit die Steuerbegünstigung gem. § 34 EStG in Frage gestellt. In der Konsequenz bedeutet dies, dass auch bereits gewährte Steuerbegünstigungen gem. § 34 EStG »infiziert« werden und nachträglich der vollen Besteuerung unterworfen werden können.[14] Allerdings hat der BFH entschieden, dass die Überlassung des Firmenwagens für noch 15 Monate nach der Beendigung des Arbeitsverhältnisses bei Fortzahlung der Leasing-Kosten etc. durch den Arbeitgeber steuerunschädlich ist, weil diese Zusatzleistungen auf sozialer Fürsorge im weiteren Sinne beruhen soll.[15] Gleiches wurde entschieden für die Gewährung einer über den Veranlagungszeitraum hinausreichenden Finanzierung einer Outplacement-Beratung durch den Arbeitgeber.[16]

Diese von dem strikten Zusammenballungsprinzip abweichende Rechtsprechung hat sich auch durchgesetzt bei der Verabredung monatlicher Zusatzleistungen zum Arbeitslosengeld und Aufzahlungen zum Ausgleich von Verlusten bei der Altersversorgung, allerdings immer nur dann, wenn diese »Nebenleistungen« betragsmäßig deutlich unter der Abfindung als Hauptleistung liegen.[17] Dabei bleiben Unsicherheiten, wie die Steuerbehörden im Einzelfall reagieren. Die gesonderte Regelung

---

13 Küttner-Seidel, Außerordentliche Einkünfte, Rn. 12.
14 Vgl. Schreiben des Bundesministeriums der Finanzen vom 24.05.2004 (Koordinierter Ländererlass), Az. IV A 5-S 2290 – 20/04 (Zweifelsfragen im Zusammenhang mit der ertragsteuerlichen Behandlung von Entschädigungszahlungen), Rn. 9; s. auch Strohner/Schmidt-Keßeler, S. 699.
15 Vgl. BFH vom 3.7.2002 – XI R 80/00, NJW 2003, 991; Simon-Widmann, AnwBl. 2003, 49, 52.
16 BFH vom 14.8.2001 – XI R 51/95, BStBl. II 2002, S. 180.
17 Vgl. die Nachweise bei Küttner-Seidel, Außerordentliche Einkünfte, Rn. 14.

solcher geldwerten Vorteile in Form der Weitergewährung von Sachleistungen im Aufhebungsvertrag sollte daher gut überlegt werden, wobei das steuerliche Risiko sich minimiert, wenn die zusätzlichen Leistungen im Verhältnis zur Abfindung eher einen geringeren Anteil ausmachen. Wer ganz sicher gehen will, sollte, wenn solche risikobehafteten »Fürsorgeleistungen« verhandelt werden, diese Überlegungen für seine Verhandlungstaktik aufgreifen, um die Abfindung entsprechend »aufzurunden«.

Bei der Fortführung einer verbilligten Nutzung einer Dienstwohnung nach Beendigung des Arbeitsverhältnisses soll sich dies allerdings nur dann steuerschädlich auswirken, wenn die Mietverbilligung frei vereinbar ist und sich dem Grunde nach als geldwerter Vorteil aus dem früheren Arbeitsverhältnis darstellt.[18]

Geldwerte Vorteile, die der Arbeitgeber trotz Ausscheidens weiter gewährt, »infizieren« jedoch Steuerbegünstigungen nicht, wenn sie schon aufgrund des früher bestehenden Arbeitsverhältnisses begründet waren und sie nicht wegen dessen Beendigung gezahlt werden. Als Beispiele sind hier zu nennen die Weitergewährung von Arbeitgeberdarlehen, Zusatzzahlungen bzw. die befristete Übernahme für über den Arbeitgeber abgeschlossene Versicherungen, Deputatlieferungen wie z. B. Freitrunk, Firmenrabatte und Sondertarife.[19]

7.2.2.2 Zusätzliche Leistungen mit Fürsorgecharakter

Dort wo aufgrund einer betriebsbedingten Beendigung des Arbeitsverhältnisses eine Abfindung vereinbart wird, zusätzlich aber Ausgleichszahlungen bei längerer Arbeitslosigkeit etwa durch Sozialplan[20] vorgesehen sind, können solche Aufstockungsbeträge zum Arbeitslosengeld steuerunschädlich sein. Sie sind dann nicht zusammen mit der bei der Entlassung gezahlten Abfindung als einheitliche Leistung zu bewerten. Die Aufstockungsleistungen würden nicht unmittelbar für entgehende Einnahmen entschädigen sollen, sondern wären Ausfluss einer fortdauernden Fürsorgepflicht des Arbeitgebers.

So hat der Bundesfinanzhof Folgendes entschieden: Wenn aus Gründen der sozialen Fürsorge für eine Übergangszeit Entschädigungsleistun-

---

18 Vgl. BMF vom 24.05.2004, a. a. O., Rn. 16.
19 Vgl. BMF vom 24.05.2004, a. a. O., Rn. 15.
20 Vgl. BFH vom 4.2.1998 – XI B 108/97, StRK EStG 1975 § 24 Nr. 1 R.46.

gen gewährt werden, die zur Erleichterung des Arbeitsplatz- oder Berufswechsels oder als Anpassung an eine dauerhafte Berufsaufgabe und Arbeitslosigkeit gewährt werden, sind diese unschädlich für die steuerliche Beurteilung der Hauptleistung (Abfindung) als ermäßigt zu besteuernde Entschädigung.[21]

Eine ursprünglich beabsichtigte Zusammenballung von Einkünften wird aus Billigkeitserwägungen auch dann von der Finanzverwaltung unterstellt, wenn es planwidrig zu einer Entschädigungsleistung in mehreren Veranlagungszeiträumen gekommen ist, etwa weil versehentlich die Abfindung ursprünglich zu niedrig bemessen wurde oder der Arbeitnehmer aufgrund einer Rechtsstreitigkeit eine höhere Abfindung durchsetzte.[22]

7.2.2.3 Höhe der Gesamteinnahmen im Veranlagungszeitraum

Die Zusammenballung erfordert nicht nur den Zufluss der Beträge innerhalb eines Veranlagungszeitraums. Vielmehr müssen diese auch zusammen mit den anderen in diesem Zeitraum erzielten Einkünften die Einkünfte übersteigen, die der Arbeitnehmer bei Fortsetzung des Arbeitsverhältnisses erzielt hätte.[23] Begründet wird dies damit, dass die Steuerbegünstigung nur dort gelten soll, wo so genannte progressionsbedingte Härten auftreten. Vermindert sich aber im Veranlagungszeitraum trotz Abfindung der Gesamtbetrag der Einkünfte, so tritt eine Progressionssteigerung gerade nicht ein.[24]

Bei der Ermittlung der Gesamteinkünfte wird allerdings tatsächlich bezogenes Arbeitslosengeld, das im Veranlagungszeitraum an den Arbeitnehmer geht, mitgerechnet.[25]

Wie der Bundesfinanzhof[26] aber auch entschieden hat, ist für die Prüfung der Zusammenballung das Ergebnis des Vorjahres dann nicht

---

21 BFH vom 3.7.2002, a.a.O.; BFH vom 24.1.2002 – XI R 43/99 NJW 2002, 2047.
22 Küttner-Seidel, Außerordentliche Einkünfte, Rn. 14; BFH vom 14.4.2005 – XI R 11/04.
23 Vgl. BFH vom 4.3.1998 – XI R 46/97, NZA-RR 1998, 418f.
24 Vgl. Hümmerich/Spirolke, NJW 1999, 1666.
25 Vgl. Einzelheiten und Berechnungsbeispiele im BMF-Schreiben vom 18.12.1998, Rn. 15.
26 BFH vom 27.1.2010 – IX R 31/09.

heranzuziehen, wenn die dortige Einnahmesituation durch außergewöhnliche Ereignisse geprägt war. Ein solcher Fall kann beispielsweise vorliegen, wenn der Beschäftigte in diesem Jahr außergewöhnlich hohe Provisionen erhalten hat. Dann ist es vielmehr angemessen, für die Ermittlung des Durchschnittseinkommens auf weiter zurückliegende »normale« Jahre abzustellen.

7.2.3 Durchführung der Fünftelungsregelung

Die Fünftelungsregelung wird wie folgt durchgeführt: Die aufgrund der Abfindung (= Entlassungsentschädigung) erzielten außerordentlichen Einkünfte werden auf Antrag ermäßigt besteuert. Dabei ist zunächst die Einkommensteuer zu ermitteln ohne Berücksichtigung der außerordentlichen Einkünfte, also ohne die Abfindung. Diesem verminderten Einkommen ist ein Fünftel der außerordentlichen Einkünfte durch die Abfindung hinzuzurechnen. Für die sich daraus ergebende Summe wird anhand der Progressionstabelle die Einkommensteuer ermittelt.
Die Differenz zwischen beiden Steuerbeträgen ist mit 5 zu multiplizieren. Aus diesem Rechenvorgang ergibt sich der Betrag der Einkommensteuer, der auf die Abfindung entfällt.

Beispiel:
Ein verheirateter Arbeitnehmer hat wegen einer vom Arbeitgeber veranlassten Aufhebung des Arbeitsverhältnisses zum 31. 12. 2013 im Dezember 2013 eine Entlassungsentschädigung von € 28 000,00 erhalten. Der Jahresarbeitslohn 2013 betrug € 35 000,00. Die Werbungskosten überstiegen den Arbeitnehmerpauschbetrag von € 1000,00 (Stand 2013) nicht. Die abziehbaren Sonderausgaben und sonstigen Abzüge betrugen – unterstellt – € 5000,00. Die Ehefrau hatte keine eigenen Einkünfte. Die Ehegatten beantragten für den steuerpflichtigen Teil der Entlassungsentschädigung eine Steuerermäßigung nach § 34 Abs. 1 EStG.

Folge:
Die Entschädigung von € 28 000,00 stellt außerordentliche Einkünfte dar.

I. Berechnung des zu versteuernden Einkommens ohne Fünftelungsregelung

	Steuer-pflichtiger	Ehefrau	Gesamt
Einkünfte aus nichtselbständiger Arbeit			
Bruttoarbeitslohn ohne begünstigte Versorgungsbezüge	35 000	0	
Entschädigungen (Abfindung)	28 000	0	
– Werbungskosten ggf. Arbeitnehmer-Pauschbetrag	1000	0	
Einkünfte ohne begünstigte Versorgungsbezüge	62 000	0	
Einkünfte	62 000	0	62 000
Summe/Gesamtbetrag der Einkünfte	62 000	0	62 000
– Vorsorgepauschale ⎫			4475
– Zuwendungen und Beiträge ⎬ zusammen			525
zu versteuerndes ⎭			
Einkommen			57 000

Berechnung der Steuer

Tarifliche / festzusetzende Einkommensteuer lt. Splittingtarif (Grundlage Steuertabelle für 2013)	10 270

Abrechnung

Festzusetzende Einkommensteuer	10 270,00	
Einkommensteuer		0
Festzusetzender Solidaritätszuschlag	564,85	
Solidaritätszuschlag		
Steuerschuld		10 834,85

II. Berechnung der Einkommensteuer nach § 34 Abs. 1 EStG (mit Fünfte-lungsregelung) => Die Zusammenballung der Einkünfte wird unterstellt.

	Steuer-pflichtiger	Besteue-rungs-grundl.	Steuer-beträge
1. Ermittlung des Steuerbetrags ohne Einkünfte nach § 34 Abs. 1 EStG			
Zu versteuerndes Einkommen	57 000		
– Einkünfte nach § 34 Abs. 1 EStG (Abfindung)	28 000		
Verbleibendes zu versteuerndes Einkommen I		29 000	
Steuer ohne Einkünfte nach § 34 Abs. 1 EStG			2528
2. Ermittlung des Steuerbetrags mit 1/5 der Ein-künfte nach § 34 Abs. 1 EStG			
Zu versteuerndes Einkommen	57 000		
– Einkünfte nach § 34 Abs. 1 EStG	28 000		
+ 1/5 Einkünfte nach § 34 Abs. 1 EStG	5800		
Verbleibendes zu versteuerndes Einkommen II		34 800	
Steuer mit 1/5 der Einkünfte nach § 34 Abs. 1 EStG			3992
3. Ermittlung des Unterschiedsbetrags nach § 34 Abs. 1 EStG			
Steuer mit 1/5 der Einkünfte nach § 34 Abs. 1 EStG		3992	
– Steuer ohne Einkünfte nach § 34 Abs. 1 EStG		2528	
Unterschiedsbetrag		1464	
Verfünffachter Unterschiedsbetrag nach § 34 Abs. 1 EStG			7320
4. Festzusetzende Einkommensteuer			
Steuer ohne Einkünfte nach § 34 Abs. 1 EStG		2528	
+ verfünffachter Unterschiedsbetrag nach § 34 Abs. 1 EStG		7320	
Tarifliche / festzusetzende Einkommensteuer			9848
Festzusetzender Solidaritätszuschlag			
Solidaritätszuschlag			541,64
			10 389,64

III. Differenz zwischen I. und II. / Vorteil Fünftelungsregelung   **445,21**

Die Fünftelungsregelung führt allerdings nur dann zu Vorteilen, wenn der betreffende Arbeitnehmer nicht dem Spitzensteuersatz unterliegt. Auch ansonsten gilt, dass bei durchschnittlichen bis höheren Steuersätzen die Fünftelungsregelung eine nur noch relativ unbedeutende Steuerentlastung darstellt.

7.3 Schadensersatz statt Abfindung

Schadensersatz- und Schmerzensgeldzahlungen sind im Gegensatz zu Abfindungen vom Grundsatz her nicht zu versteuern. Sofern aber eine Entschädigung in unmittelbarem Zusammenhang mit einem Anspruch auf Leistungsentgelt steht, ist solche Art Schadensersatz als Einkommen zu versteuern.[27] Macht der Arbeitnehmer nun im Zusammenhang mit einer Kündigungsschutzklage Schmerzensgeldansprüche geltend, etwa weil aus dem Arbeitsverhältnis heraus (z. B. durch Mobbing) bei ihm eine erhebliche Gesundheitsbeschädigung eingetreten sei, so könnte, wenn zugleich Schmerzensgeldklage erhoben wurde, eine hierauf bezogene Leistung ggf. als steuerfrei anerkannt werden.

Auch der Entschädigungsanspruch für Verstöße gegen Benachteiligungsverbote aus dem AGG z. B. bei Diskriminierungen wegen Alters, Behinderung, sexueller Identität, Geschlecht, ethnischer Herkunft etc., der sich aus § 15 Abs. 2 AGG ergeben kann, ist als Schadensersatz nicht steuerpflichtig.[28]

Dies könnte dazu verleiten, Abfindungsleistungen ohne realen Hintergrund einfach in Schmerzensgeldzahlungen o. Ä. »umzuetikettieren«.

Ohne sorgfältige Dokumentation der schuldhaften Verletzungshandlung seitens des Arbeitgebers oder ihm zuzurechnender Mitarbeiter einerseits und einer entsprechenden auch ärztlich nachgewiesenen Gesundheitsbeschädigung beim Schmerzensgeld fordernden Arbeitnehmer andererseits, dürfte die Deklaration als (steuerfreies) Schmerzensgeld durchaus zweifelhaft sein.[29] Eine Anerkennung durch die Finanzämter dürfte im Übrigen voraussetzen, dass eine solche Schmerzensgeldzahlung in einem Aufhebungsvertrag oder gerichtlichen Vergleich getrennt

---

27 BFH vom 10. 12. 1998 – V R 58/97, BFH-NV 1999, 987; BFH vom 7. 7. 2005 – V R 34/03, BFH-NV 2005, 2138.
28 Küttner-Windsheimer, Diskriminierung, Rn. 141.
29 Vgl. Zimmerling, FA 2006, 136 ff.

von einer etwaigen Abfindungszahlung wegen Beendigung des Arbeitsverhältnisses ausgewiesen wird.[30]

Liegt eine solche Konstellation vor, könnte folgende Formulierung Verwendung finden:

> Die Parteien sind sich einig, dass dem Arbeitnehmer für seine gesundheitlichen Beeinträchtigungen (alternativ z. B.: für die Diskriminierung wegen seiner Herkunft), die sich aus innerbetrieblichen Auseinandersetzungen ergeben haben, Schadensersatz zusteht. Dieser Anspruch wird beziffert auf € ... netto und wird zusätzlich zu der in Ziff. 2[31] vereinbarten Abfindung geleistet.

Bei der Höhe des vereinbarten Schmerzensgeldes/Schadensersatzes nach dem AGG sollte berücksichtigt werden, dass die Rechtsprechung bislang ausgesprochen mäßige Schadensersatzzahlungen zuerkannt hat, so dass unrealistische Beträge eher das Misstrauen der Steuerbehörden auslösen dürften.

Wird die Zahlung von Schadensersatz von beiden Arbeitsvertragsparteien in Betracht gezogen, besteht eine weitere Möglichkeit darin, den Komplex des Schadensersatzes vertraglich völlig gesondert und unabhängig von den Bedingungen des Ausscheidens, die im Aufhebungsvertrag niedergelegt sind, zu regeln. Weniger problematisch dürften Konstellationen sein, in denen Schadensersatz- bzw. Schmerzensgeldansprüche gerichtlich geltend gemacht wurden und in daraufhin geschlossenen gerichtlichen Vergleichen betragsmäßig festgehalten wurden.

7.4 Anwaltshonorare als anerkannte Werbungskosten

Lassen sich im Zusammenhang mit der Aufhebung eines Arbeitsverhältnisses betroffene Arbeitnehmer anwaltlich vertreten, stellt sich die Frage, ob die dafür erforderlichen Honoraraufwendungen steuerlich abzugsfähig sind.

Dies ist in der Regel zu bejahen. Nach § 9 EStG sind Werbungskosten Aufwendungen zum Erwerb sowie zur Sicherung und Erhaltung der Einnahmen.

---

30 Bauer/Günther, NJW 2007, 113 ff.
31 Bezugnahme hier auf die konkrete Ziffer im Aufhebungsvertrag, der die Abfindung regelt.

Das bedeutet, dass ein Arbeitnehmer, der sich gegen eine Kündigung im Rahmen eines Kündigungsschutzprozesses wehrt und deshalb Anwaltskosten aufwenden muss, diese aufbringt, um seine Einnahmen zu »sichern«. Würde er die Kündigung nicht anfechten, ginge sein Anspruch auf Arbeitsentgelt unwiderruflich verloren. Diese Grundsätze müssen aber auch gelten, wenn es um das Verhandeln eines Anwalts im Zusammenhang mit Aufhebungsverhandlungen geht. Hat der Arbeitgeber für diese Tätigkeit die entscheidende Ursache gesetzt, etwa indem er deutliche Trennungsabsichten formuliert hat, dürfte auch hier das Tätigwerden des Anwalts zunächst darauf gerichtet sein, diese Trennungsabsichten zurückzuweisen bzw. den Versuch zu unternehmen, den dadurch eintretenden Einnahmeverlust zu kompensieren. Beschränkt sich die anwaltliche Tätigkeit allerdings von vornherein – etwa im Zusammenhang mit einer gewünschten Eigenkündigung des Arbeitnehmers – auf den Abschluss eines Aufhebungsvertrages im ganz überwiegenden Eigeninteresse des Arbeitnehmers, kann der Werbungskostenabzug ausnahmsweise problematisch sein. Es kommt also letztlich auf die Lebensumstände an, die maßgebend waren, um einen Anwalt einzuschalten.[32]

Wenn es auch an höchstrichterlichen Entscheidungen hierzu fehlt, wird im Regelfall davon auszugehen sein, dass nicht nur die aus Anlass von Kündigungsschutzprozessen zu zahlenden Anwaltsgebühren im Rahmen der Werbungskosten abzugsfähig sind, sondern dies auch im Zusammenhang mit dem Verhandeln eines Aufhebungsvertrages gilt.[33]

Unter den Begriff der Werbungskosten fallen auch Kostennoten, die im Rahmen einer Honorarvereinbarung nicht auf den Grundsätzen des Rechtsanwaltsvergütungsgesetzes (RVG) beruhen, sondern aufgrund einer Gebührenvereinbarung darüber hinausgehen. Ein Werbungskostenabzug ist demgegenüber ausgeschlossen, wenn der Arbeitnehmer rechtsschutzversichert ist und seine anwaltlichen Kosten von der Rechtsschutzversicherung voll übernommen werden.

Zu den Werbungskosten gehören im Übrigen nicht nur die reinen Anwaltskosten, sondern ggf. auch Reisekosten, die dem Arbeitnehmer entstehen, wenn er z. B. im Zusammenhang mit dem Kündigungsschutzprozess zum nicht an seinem Wohnsitz gelegenen Arbeitsgericht anreisen muss und hierfür Fahrt- und ggf. sogar Übernachtungskosten entstehen.

---

32 Vgl. Hümmerich, FA 2000, 2.
33 Bauer, G III Rn. 103.

7.5 Verbesserung der Versorgungssituation im Alter bei der gesetzlichen Rente

Aufhebungsverträge bei älteren Arbeitnehmern gehen oft einher mit dem Verlust von Erwerbsmöglichkeiten. Wer dann nach Zeiten der Arbeitslosigkeit vorzeitig in Rente geht, sieht sich in aller Regel einer doppelten Kürzung seiner Rente gegenüber:

- Für jeden Monat, mit dem vorzeitig Rente in Anspruch genommen wird, wird diese um 0,3 % gekürzt und zwar dauerhaft.
- Ferner fehlen Beiträge und Beitragszeiten für den Zeitraum vom Beginn der vorzeitigen Rente bis zum gesetzlichen Renteneintrittsalter.

Ganz generell gilt, dass durch die Umwälzungen in der gesetzlichen Rentenversicherung das Rentenniveau kontinuierlich sinkt.

Wohl dem, der dann etwa durch eine stattliche Abfindung über Vermögenswerte verfügt, die ihm im Alter zur Verfügung stehen. Allerdings: Die klassischen und besonders sicheren Vermögensanlagemöglichkeiten sind derzeit geprägt von Minizinsen und – wenn überhaupt – niedrigen Renditen. Selbst Festgeldzinsen bewegen sich in aller Regel deutlich unterhalb der Inflationsrate.

In dieser Situation kann es, wer über seinen Aufhebungsvertrag verhandelt und den Kopf für die Gestaltung seiner Versorgungssituation frei hat, Sinn machen, genau zu prüfen, ob nicht Zahlungen in die Rentenkasse und/oder die betriebliche Altersversorgung eine demgegenüber attraktive Alternative darstellen.

7.5.1 Ausgleich von Rentenabschlägen in der gesetzlichen Rentenversicherung

Zwar gibt es nur wenige Möglichkeiten, die gesetzliche Rente durch Sonderzahlungen aufzubessern. Zu diesen zählt die Option, durch Einmalzahlungen Kürzungen für den Fall des früheren Ruhestands auszugleichen oder zu mindern.

Folgendes Beispiel illustriert dies:

Wer z. B. 24 Monate vor dem Zeitpunkt des gesetzlichen Renteneintritts in Rente geht, wird mit einem Rentenabschlag von 7,2 % (24 x 0,3 % = 7,2 %) konfrontiert. Bei einer erwarteten Rente von € 1000,00 bedeutet dies mithin für die gesamte Dauer der Rentenbezugszeit eine Kürzung um € 72,00 monatlich. Wer diesen Abschlag ausgleichen will, muss derzeit ca. € 18 100,00 in die Rentenkasse einzahlen, um die Versorgungssituation auf den Stand zu bringen, der bei nicht vorzeitigem Rentenantritt gelten würde.[34]

Bei entsprechend niedrigeren Einzahlungen sinkt proportional die monatliche Aufzahlung zur gekürzten Rente. Einzelheiten zum Vorgehen sollten bei der Deutschen Rentenversicherung in Erfahrung gebracht werden, der gegenüber – im Rahmen einer bloßen Absichtserklärung – erklärt werden sollte, vorzeitig in Rente zu gehen zu wollen, damit durch die Deutsche Rentenversicherung die Höhe der möglichen Einzahlung und deren Wirkung auf die spätere Rente berechnet wird. Natürlich wäre auch ein solcher Kapitalzuschuss in die eigene Rentenversicherung – wie die Mehrzahl aller Vermögensanlagen – ein Risikogeschäft, denn dieser rechnet sich naturgemäß nur, wenn die Inanspruchnahme der Rente nicht nur eine kurze Zeitspanne andauert. Es ist also eine Art »Wette« auf ein langes Leben.[35]

Allerdings bietet die gesetzliche Rente derzeit eine offenbar nicht völlig uninteressante Verzinsung, die sich jeder, der an einem solchen Modell und seiner Umsetzung interessiert ist, durch Vertreter der Deutschen Rentenversicherung erläutern lassen sollte.

Aber **Achtung**: Die Berater der Deutschen Rentenversicherung dürfen sich nicht zu den steuerlichen Auswirkungen und Vorteilen im Einzelnen äußern, da dies nicht in den ihnen zugewiesenen Kompetenzrahmen fällt. Dazu sind vielmehr Steuerexperten zu Rate zu ziehen, insbesondere also in dieser Materie bewanderte Steuerberater zu befragen.

7.5.2 Steuerliche Wirkung von Rentenausgleichszahlungen

Durch Einmalzahlungen in die Rentenversicherung im Zusammenhang mit einer Aufhebungsvereinbarung können Steuern gespart werden. Trotz der oben beschriebenen Fünftelungsregelung (vgl. Seite 195 ff.) steigt durch höhere Abfindungsleistungen der Progressionssatz für die Bemessung der Einkommensteuer. Demgegenüber gilt, dass Rentenversicherungsbeiträge, die der Arbeitgeber einzahlt, um hierdurch Rentenminde-

---

34 Systematisch erläutert in der Erstinformation von RA Dr. Growe, Kanzlei für Arbeitsrecht, Mannheim mit dem Titel »Freikaufen von Rentenabschlägen und gleichzeitig Steuern sparen« unter www.arbeitsrechtmannheim.com: dort findet sich auch das zitierte Beispiel.

35 Vgl. unter der Überschrift »Sparbüchse Rentenkasse«, Süddeutsche Zeitung vom 12.8.2014.

rungen bei vorzeitiger Inanspruchnahme der Altersrente abzumildern oder zu vermeiden, steuerbefreit in Höhe der Hälfte der vom Arbeitgeber insoweit eingezahlten Beiträge sind.[36] Die Steuerfreistellung ist dabei auf die Hälfte der zusätzlichen Rentenversicherungsbeiträge begrenzt, da auch sonst Pflichtbeiträge des Arbeitgebers zur gesetzlichen Rentenversicherung nur in Höhe des halben Gesamtbetrags steuerfrei sind.

Voraussetzung hierfür ist, dass die Zahlungen des Arbeitgebers direkt den Rentenversicherungsträgern oder bei berufsständischen Versorgungen direkt der entsprechenden Einrichtung zufließen.

Die die Hälfte übersteigenden zusätzlich geleisteten Rentenversicherungsbeiträge können darüber hinaus als Teil der Entschädigung i.S.v. § 24 Nr. 1 EStG gewertet werden, da sie im Zusammenhang mit der Auflösung des Arbeitsverhältnisses stehen. In welchem Umfang hier weitere steuerliche Ersparnisse eintreten, hängt u.a. davon ab, ob die bei der Veranlagung zur Einkommensteuer absetzbaren Höchstbeträge im fraglichen Jahr ausgeschöpft werden oder nicht. Diese Höchstbeträge belaufen sich unter Einschluss der ohnehin gezahlten regelmäßigen Rentenversicherungsbeiträge auf € 20.000,00 pro Jahr, bei zusammen veranlagten Ehegatten auf € 40 000,00 pro Jahr (vgl. § 10 Abs. 3 EStG). Darüber hinaus läuft hier eine bis in das Jahr 2024 geltende Übergangsregelung, in der jedes Jahr der Prozentsatz der absetzbaren Altersversorgungsbeiträge um 2 % jährlich ansteigt. Im Jahr 2015 beträgt der ansetzbare Anteil 80 %, 2018 sind 86 % berücksichtigungsfähig. Geschmälert wird diese steuerliche Option dadurch, dass der ansetzbare Gesamtbetrag um die steuerfreien Arbeitgeberleistungen (steuerfreier Arbeitgeberanteil zur gesetzlichen Rentenversicherung oder diesen gleichgestellten Zuschüssen) zu kürzen ist.

Theoretisch ist auch zulässig, dass der Arbeitgeber die Zuschüsse zur Rentenversicherung in über mehrere Jahre gestreckten Teilbeträgen leistet, ohne dass dies für die Frage der Zusammenballung relevant wäre.[37] Dies rechtssicher zu vereinbaren und in der Umsetzung praxistauglich zu gestalten, dürfte angesichts der hohen Komplexität und vor dem Hintergrund eines nie auszuschließenden Insolvenzrisikos kaum gelingen. Die **Empfehlung** lautet daher, den schon ohnehin schwierigen Aushandlungs- und Gestaltungsprozess für eine Umwandlung von Teilen der Abfindung in steuerbegünstigte Beiträge zur Altersversorgung nicht noch übermäßig zu verkomplizieren und mit zusätzlichen Risiken zu belasten.

---

36 Vgl. Schreiben des BMF vom 24. 5. 2004, Rn. 21.
37 Schreiben des BMF vom 24. 5. 2004, Rn. 22.

Insgesamt lassen sich also steuerliche Vorteile realisieren, bei deren Bewertung allerdings folgende Aspekte zu berücksichtigen sind:

- Die spätere Rente fällt durch die Einmalzahlung in die Rentenversicherung höher aus, so dass hierdurch auf die insgesamt höhere Rente auch insgesamt höhere Einkommensteuern entfallen. Allerdings ist aufgrund in aller Regel niedrigerer Alterseinkünfte die Steuerlast im Alter geringer, als dies zum Zeitpunkt der Abfindungszahlung (bei noch vollem Einkommen im Jahr der Zahlung der Abfindung) der Fall sein dürfte.

- Erhöhte Renten bedeuten allerdings auch erhöhte Beiträge zur weiter zu leistenden Kranken- und Pflegeversicherung, zurzeit in Höhe von etwas über 10 %.

Insgesamt eine sehr schwer zu durchschauende und von vielen Umständen des konkreten Einzelfalles abhängige Ausgangslage. In jedem Fall sollten dafür kompetente Beratungsdienste in Anspruch genommen werden, in erster Linie durch mit dieser Materie vertrauten Steuerberatern sowie wegen der Auswirkung auf die Rentenleistungen bei der Deutschen Rentenversicherung[38] oder bei entsprechend geschulten Rentenberatern.[39] Wie hoch die Zusatzzahlungen sein müssen, um die Rentenabschläge zu kompensieren, ergibt sich beispielhaft aus folgender Tabelle:

Notwendige Beiträge zum Ausgleich von Rentenabschlägen (1. Hj. 2014)

Bei einer Rentenhöhe von ... brutto	und um ... Jahre vorgezogenem Rentenbeginn	beträgt der monatliche Rentenabschlag	So viel kostet es, den Abschlag zu vermeiden
500 Euro	1 Jahr (3,6 %)	18 Euro	4372 Euro
	2 Jahre (7,2 %)	36 Euro	9082 Euro
	3 Jahre (10,8 %)	54 Euro	14173 Euro
750 Euro	1 Jahr	27 Euro	6557 Euro
	2 Jahre	54 Euro	13623 Euro
	3 Jahre	81 Euro	21260 Euro
1000 Euro	1 Jahr	36 Euro	8743 Euro
	2 Jahre	72 Euro	18164 Euro
	3 Jahre	108 Euro	28346 Euro

---

38 www.deutsche-rentenversicherung.de bzw. telefonisch unter der Hotline 0800/100 04 80 25.
39 www.rentenberater.de – Achtung: Rentenberater erheben Gebühren.

Bei einer Renten- höhe von … brutto	und um … Jahre vorgezogenem Rentenbeginn	beträgt der mo- natliche Renten- abschlag	So viel kostet es, den Abschlag zu vermeiden
1250 Euro	1 Jahr	45 Euro	10 929 Euro
	2 Jahre	90 Euro	22 704 Euro
	3 Jahre	135 Euro	35 432 Euro
1500 Euro	1 Jahr	54 Euro	13 114 Euro
	2 Jahre	108 Euro	27 246 Euro
	3 Jahre	162 Euro	42 518 Euro

Quelle: Deutsche Rentenversicherung in Bayern

Daran anknüpfend lassen sich also die erforderlichen Zusatzeinzahlungen näherungsweise auch selbst ermitteln.[40] Der Rest hängt dann von den persönlichen Prioritäten einerseits und dem finanziell durchsetzbaren »Gesamtpaket« andererseits ab.

7.5.3 Günstige Rahmenbedingungen

Sozialversicherungsbeiträge nach § 187a SGB VI sind in besonderer Weise geschützt. Sie sind sicher vor einer Pfändung (vgl. § 187a Abs. 3 Satz 3 SGB VI, § 851 Abs. 1 ZPO), d.h. weder eine Pfändung noch eine Abtretung kann vor Rentenbeginn erfolgen. Darüber hinaus sind die Zahlungen an die Rentenversicherung auch vor dem Zugriff geschützt, wenn später Arbeitslosengeld II in Anspruch genommen werden muss, weil nach Auslaufen des Anspruchs auf Arbeitslosengeld I ein nahtloser Übergang in die (ggf. auch vorgezogene) Rente nicht möglich ist. Die Zahlung von Arbeitslosengeld II (= »Hartz IV«) setzt aber voraus, dass bei Antragsstellung kein nennenswertes Vermögen mehr vorhanden ist. Nach § 12 Abs. 2 Nr. 1 SGB II sind dabei nur anrechnungsfrei € 9750,00 (bei Personen, die vor dem 1.1.1958 geboren sind). Noch vorhandene Abfindungsbeträge, die diese in § 12 SGB II geregelten Freibeträge übersteigen, verhindern den Bezug von Arbeitslosengeld II. Etwas anderes gilt, wenn entsprechende Beiträge für die gesetzliche Rentenver-

---

40 Vgl. sehr instruktiv Brall/Hoenig/Kerschbaumer, Rente ab 63, S. 49f.; Recherche auch unter www.ihre-vorsorge.de möglich.

sicherung aufgewandt worden sind, da diese nicht auf das Arbeitslosengeld II angerechnet werden dürfen.
Die vorstehenden Grundsätze gelten im Übrigen auch für Einzahlungen des Arbeitgebers in Direktversicherungen und Pensionskassen.

7.5.4 Regelungsvorschlag

Soll wirtschaftlich gesehen ein Teil der Abfindung in die gesetzliche Altersversorgung eingezahlt werden, muss diese Regelung zu ihrer Wirksamkeit auch vor dem Ausscheiden des Arbeitnehmers aus dem Arbeitsverhältnis getroffen werden, d. h. üblicherweise also in einem Aufhebungsvertrag oder gesondert davon in einer Zusatzvereinbarung.
Folgendes könnte hierzu vereinbart werden:

> Der Arbeitgeber zahlt im Zusammenhang mit der Beendigung des Arbeitsverhältnisses – neben der Abfindung gem. Ziff. 2 – eine einmalige Summe in Höhe von € … in die für den Arbeitnehmer bestehende Rentenversicherung (genaue Bezeichnung ist aufzunehmen).

Sind zum Zeitpunkt der Verhandlungen die Details einer solchen Umwandlung noch nicht abschließend geklärt und will der Arbeitnehmer sich noch alle Optionen offen halten, ließe sich die vorstehende Regelung wie folgt ergänzen:

> Der Arbeitnehmer hat das Recht, sich bis zum … (Datum einsetzen; dieses sollte vor dem Ausscheidensdatum liegen) dafür zu entscheiden, ob der für die Einzahlung in die Rentenversicherung vorstehend vereinbarte Betrag stattdessen zur Erhöhung der (Brutto-)Abfindung eingesetzt wird. Wird diese Option ausgeübt, wird der Gesamtbetrag der Abfindung einheitlich zum vereinbarten Fälligkeitszeitpunkt an den Arbeitnehmer ausgezahlt.

7.6 Zusatzleistungen für die Betriebliche Altersversorgung

Gewisse steuerliche Vorteile können sich auch einstellen, wenn zusätzliche Leistungen für eine bestehende betriebliche Altersversorgung aufgewendet werden, wobei dies aber nicht für alle Durchführungswege der betrieblichen Altersversorgung gilt.

7.6.1 Direktversicherung aufgrund einer Zusage vor dem 1.1.2005

Besteht für den Arbeitnehmer eine Direktversicherung, die der Arbeitgeber für ihn abgeschlossen hat, gilt der generelle Steuervorteil, dass die Beiträge des Arbeitgebers zur Direktversicherung nur mit einem Pauschalsteuersatz von 20 % der Beitragsleistungen besteuert werden (vgl. § 40b Abs. 1 EStG a. F.).

Dadurch ergibt sich eine Steuervergünstigung, wenn der persönliche Steuersatz des Arbeitnehmers den Pauschalsteuersatz übersteigt. Im laufenden Arbeitsverhältnis gilt hierfür eine Höchstgrenze von jährlich € 1800,00. Dieser Höchstbetrag gilt jedoch nicht, wenn ein Arbeitgeber für einen Arbeitnehmer im Zusammenhang mit der Beendigung des Arbeitsverhältnisses (zusätzliche) Versicherungsbeiträge zur Direktversicherung leistet. Dann ist nach § 40b Abs. 2 Satz 3 EStG a. F. der Höchstbetrag mit der Anzahl der Jahre der Betriebszugehörigkeit zu multiplizieren. Der so errechnete Betrag ist allerdings um die im Jahr der Beendigung des Arbeitsverhältnisses und in den sechs vorangegangenen Jahren erbrachten Beiträge und Zuwendungen zur Direktversicherung zu vermindern. Bis zu diesem so errechneten Betrag lässt sich also mit dem Vorteil der Pauschalversteuerung die Direktversicherung aufstocken.

Gerade bei langjährigen Beschäftigungsverhältnissen, die aufgelöst werden, besteht hier eine Möglichkeit, die Beendigung des Arbeitsverhältnisses im Rahmen einer Nachversicherung steuerlich günstig zu gestalten. Dies kann auch Bestandteil einer umfassenden Abfindungsvereinbarung sein. Zwar ist in solchen Fällen der Arbeitgeber entgegen der üblichen Bruttobetrachtung als Schuldner der pauschalen Lohnsteuer mit der Lohnsteuer in Höhe von 20 % belastet, die sonst vom Arbeitnehmer zu tragen wäre. Die Beteiligten können dies jedoch im Rahmen einer wirtschaftlichen Gesamtbewertung bei Aushandlung der Abfindung in ihre Erwägungen einbeziehen.

Mit Wirkung ab 1.1.2005 wurde das Prinzip der Lohnsteuerpauschalierung aufgehoben, um einheitlich die nachgelagerte Besteuerung von Altersversorgungsleistungen einzuführen. Die vorstehend beschriebene Regelung gilt daher nur noch für solche Altersversorgungszusagen, die vor dem 1.1.2005 erteilt wurden.

7.6.2 Direktversicherung aufgrund einer Zusage nach dem 31.12.2004

Für Neuzusagen ab dem 31.12.2004, die Leistungen zugunsten des Arbeitnehmers aus einem Pensionsfonds, einer Pensionskasse oder aus einer Direktversicherung umfassen, kann der nach § 3 Nr. 63 EStG mögliche Steuerfreibetrag in Höhe von € 1800,00 jährlich vervielfältigt werden. Dies kann dadurch geschehen, dass der Betrag von € 1800,00 multipliziert wird mit der Anzahl der Kalenderjahre, die das Arbeitsverhältnis bestanden hat, vermindert um die steuerfreien Beträge, die in dem Kalenderjahr der Beendigung sowie in den sechs vorangegangenen Kalenderjahren erbracht wurden.

Allerdings beschränkt sich die Neuregelung auf die nach dem Kalenderjahr 2005 zurückgelegten Beschäftigungsjahre, so dass die vorstehende neue Vervielfältigungsregelung erst allmählich nachhaltig genutzt werden kann.

Sowohl bei Alt- wie auch bei Neufällen gilt, dass die Vervielfältigungsregelung so anzuwenden ist, dass nicht vollendete Beschäftigungsjahre jeweils voll gezählt werden können.

7.6.3 Regelungsvorschlag

Soll ein Teil der Abfindung in die betriebliche Altersversorgung eingezahlt werden, muss diese Regelung zu ihrer Wirksamkeit auch vor dem Ausscheiden des Arbeitnehmers aus dem Arbeitsverhältnis getroffen werden, d.h. üblicherweise also in einem Aufhebungsvertrag.

Folgendes könnte hierzu darin geregelt werden:

Der Arbeitgeber zahlt im Zusammenhang mit der Beendigung des Arbeitsverhältnisses eine einmalige Summe in Höhe von € ... an die für den Arbeitnehmer bei der ... Vers.-AG abgeschlossene Direktversicherung mit der Vers.-Nr. ... (alternativ: an die Pensionskasse/den Pensionsfonds). Alle Rechte aus der bestehenden Versorgung gehen auf den Arbeitnehmer mit der Beendigung über. Dieser ist berechtigt, diese mit eigenen Beiträgen fortzuführen.

8. Sozialversicherungsrechtliche Risiken bei Aufhebungsverträgen

8.1 Aktuelle Rechtsentwicklung

Zahlreiche Probleme, die im Zusammenhang mit dem Abschluss eines Aufhebungsvertrages zu lösen sind, ergeben sich aus den sozialversicherungsrechtlichen Vorschriften. Hier drohen erhebliche Nachteile.

Aber diese beziehen sich **nicht** auf eine regelhafte Anrechnung von Abfindungen auf das Arbeitslosengeld. Dies ist ein **Mythos**, wie ein kurzer Exkurs in die Gesetzgebungsgeschichte belegt: An die Stelle des Arbeitsförderungsgesetzes (AFG) trat 1997 das Sozialgesetzbuch (SGB) – Arbeitsförderung, kurz: SGB III.[1] Ein Kernstück dieser »Reform« war ursprünglich die lineare Anrechnung von Abfindungen auf das Arbeitslosengeld ungeachtet der Frage, ob die Kündigungsfrist eingehalten wird. Bereits 1998 wurde jedoch eine Kehrtwende vollzogen und mit dem Entlassungsentschädigungs-Änderungsgesetz[2] der auf die Anrechnung der Abfindung hinauslaufende § 140 SGB III aufgehoben und dafür § 143a SGB III (jetzt § 158 SGB III) eingeführt, der weitgehend den Regelungen entspricht, die vor dem 1.4.1997 galten.

Durch die »Gesetze für moderne Dienstleistungen am Arbeitsmarkt« sind in der Folgezeit die Vorschläge der so genannten *Hartz-Kommission* umgesetzt worden. Der überwiegende Teil der Neuregelungen trat am 1.1.2003 in Kraft.[3] Neu ist seitdem die Pflicht des Arbeitnehmers zur frühzeitigen Meldung bei der Agentur für Arbeit (siehe hierzu unter 8.9.4, Seite 235 f.). Schließlich ist die Sperrzeitenregelung verschärft und in Teilbereichen die Darlegungs- und Beweislast für das Vorliegen eines wichtigen Grundes der Arbeitnehmerseite auferlegt worden (siehe dazu unter 8.2.2, Seite 220 f.).

---

1 SGB III vom 24.3.1997, BGBl. I S. 594 ff.
2 Vgl. Änderungsgesetz vom 24.3.1999, BGBl. I. S. 396.
3 Vgl. BGBl. I 2002 S. 4607 ff., S. 4621 ff.

8.2 Sperrzeit

Nach § 159 Abs. 1 Nr. 1 SGB III tritt eine Sperrzeit ein, wenn der Arbeitslose das Beschäftigungsverhältnis gelöst und dadurch vorsätzlich oder grob fahrlässig die Arbeitslosigkeit herbeigeführt hat.

8.2.1 Lösung des Beschäftigungsverhältnisses

Unter der Lösung des Beschäftigungsverhältnisses i. S. v. § 159 Abs. 1 Nr. 1 SGB III ist jedes aktive Verhalten des Arbeitnehmers zu verstehen, das auf die rechtliche Beendigung des Beschäftigungsverhältnisses gerichtet ist. Dies liegt selbstverständlich vor, wenn der Arbeitnehmer seinerseits gekündigt hat, die Voraussetzung der Lösung des Beschäftigungsverhältnisses ist aber auch erfüllt, wenn dieses Ergebnis durch eine zweiseitige Vereinbarung mit dem Arbeitgeber herbeigeführt wird.

Hierunter fällt aber nicht das Auslaufen(-lassen) eines befristeten Arbeitsverhältnisses. Auch ist unschädlich, wenn es zur Auflösung des Arbeitsverhältnisses kommt, weil der Arbeitnehmer im Kündigungsschutzprozess aufgrund einer Unzumutbarkeit der Weiterbeschäftigung einen Auflösungsantrag nach §§ 9, 10 KSchG gestellt hat und das Arbeitsgericht entsprechend entscheidet. Ebenso liegt es, wenn der Arbeitnehmer das Angebot im Rahmen einer Änderungskündigung des Arbeitgebers ablehnt, zu veränderten Bedingungen einen neuen Arbeitsvertrag abzuschließen. Wer sich hier passiv verhält, also das Angebot aus der Änderungskündigung nicht annimmt, riskiert keine Sperre.[4] Auch löst es keine Sperre aus, wenn der Arbeitnehmer im Rahmen von § 613 a BGB dem Übergang seines Arbeitsverhältnisses widerspricht und sodann der (alte) Arbeitgeber das Arbeitsverhältnis betriebsbedingt kündigt.[5]

Allerdings: Vertragswidriges Verhalten des Arbeitnehmers, das eine verhaltensbedingte Kündigung zur Folge hat, löst eine Sperrzeit aus, wenn vorher eine – in der Regel erforderliche – Abmahnung wegen einer Verletzung entsprechender arbeitsrechtlicher Pflichten erfolgt war, es sei denn, die Vertragsverletzung ist so evident, dass ausnahmsweise eine Abmahnung entbehrlich ist.[6]

---

4 Küttner-Voelzke, Sperrzeit, Rn. 12; Durchführungsanweisung der BA zu § 159 SGB III, 159.9.
5 Vgl. Bauer, H II Rn. 105.
6 Durchführungsanweisung der BA zu § 159 SGB III, 159.30.

8.2.1.1 Durch Aufhebungsvertrag

Eine Auflösung des Beschäftigungsverhältnisses liegt mithin immer dann vor, wenn das Arbeitsverhältnis durch vertragliche Vereinbarung mit dem Arbeitgeber beendet wurde, wie dies insbesondere im Falle des Aufhebungsvertrages der Fall ist. Dabei kommt es zunächst grundsätzlich nicht darauf an, ob der Arbeitgeber die Initiative ergriffen hat oder diese vom Arbeitnehmer ausgegangen ist und in wessen Interesse letztlich die Beendigung liegt. Mit seinem Einvernehmen hat der Arbeitnehmer nach Auffassung der Arbeitsverwaltung eine Ursache für die Beendigung des Arbeitsverhältnisses und damit für seine Arbeitslosigkeit gesetzt. Eine Sperrzeit ist insoweit nur noch zu vermeiden, wenn der Aufhebungsvertrag an die Stelle einer mit Bestimmtheit in Aussicht gestellten **rechtmäßigen** arbeitgeberseitigen Kündigung getreten ist und das Arbeitsverhältnis zum gleichen Zeitpunkt geendet hätte, wie dies bei einer – unterstellt – wirksamen Kündigung der Fall gewesen wäre.[7]

8.2.1.2 Durch Abwicklungsvertrag

Aus dem Umstand, dass lediglich passives Verhalten, also die bloße Hinnahme einer Kündigung und das Unterlassen einer Kündigungsschutzklage keine Sperrzeit auslöst,[8] wurde die Rechtsfigur des Abwicklungsvertrages entwickelt, bei der nach Ausspruch einer arbeitgeberseitigen Kündigung nachträglich eine Vereinbarung über deren Folgen einschließlich der Zusage einer Abfindung getroffen wird (so genannter echter Abwicklungsvertrag).[9] Das Bundessozialgericht qualifiziert allerdings auch solche Vereinbarungen als Aufhebungsverträge i.S.d. Sperrzeitrechts.[10]

Diese allerdings durchaus kritisch gewürdigte Rechtsprechung führt nun dazu, dass die Bundesagentur für Arbeit nach ihrer Durchführungsanweisung[11] sehr genau überprüft, ob eine Absprache zwischen Arbeitnehmer und Arbeitgeber festgestellt werden kann, wobei die Bundesanstalt von folgenden Grundsätzen ausgeht:
- Wird eine rechtswidrige Kündigung vom Arbeitgeber mit der Zusage von Vergünstigungen etwa in Form einer Abfindung verbunden, so

---

7 ErfK-Rolfs, § 159 SGB III Rn. 33 ff.; KR-Link, § 159 SGB III Rn. 38 ff.
8 Vgl. BSG vom 20. 4. 1977 – 7 RAr 112/75, SozR 4100 § 119 Nr. 2.
9 Vgl. Hümmerich, NZA 1994, 200 ff., 833 und NJW 1996, 2081 ff.
10 Vgl. BSG vom 18. 12. 2003 – B 11 AL 35/00 R, NZA 2004, 661.
11 Vgl. Durchführungsanweisung der BA zu § 159 SGB III, 159.12–15.

muss von Amts wegen weitere Sachverhaltsaufklärung erfolgen. Liegt eine verbindliche Wiedereinstellungszusage vor, wird eine Absprache der Vertragsparteien über die Beendigung des Arbeitsverhältnisses vermutet.

- Vereinbaren beide Seiten die Beendigung des Arbeitsverhältnisses durch Kündigung gegen Zahlung einer Abfindung, ist die Feststellung gerechtfertigt, dass es sich um eine »einvernehmliche Kündigung« in Verbindung mit der Zusage einer Abfindung handelt, der Arbeitnehmer also an der Beendigung seines Beschäftigungsverhältnisses mitgewirkt hat (initiierte Kündigung).[12]
- Kündigt der Arbeitgeber ohne vorherige Absprache mit dem Arbeitnehmer, bietet ihm aber dann eine Abfindung an, wird eine Lösung des Beschäftigungsverhältnisses vermutet, wenn der Arbeitnehmer die Abfindung annimmt und auf die Kündigungsschutzklage verzichtet, obwohl er die Rechtswidrigkeit der Kündigung erkennt.[13]
- Von einer Lösung des Vertragsverhältnisses durch den Arbeitnehmer wird auch dann ausgegangen, wenn der Arbeitnehmer ohne weitere Gespräche mit dem Arbeitgeber eine offensichtlich rechtswidrige Kündigung, der keine Absprache vorausgegangen ist, mit Rücksicht auf eine zugesagte finanzielle Vergünstigung hinnimmt.
- Eine Kündigung ist jedenfalls dann offensichtlich rechtswidrig, wenn ein bestehender Sonderkündigungsschutz missachtet oder die maßgebliche Kündigungsfrist nicht eingehalten wurde. Solche Fälle sind erfüllt, wenn tarifliche Unkündbarkeit gegeben ist, z. B. in Fällen des Mutterschutzes, des Schwerbehindertenschutzes oder ggf. bei der Kündigung eines Mitgliedes eines Betriebsrates oder einer Jugend- und Auszubildendenvertretung nach § 15 KSchG.[14]

Ob, wenn ein solcher Sonderkündigungsschutz nicht besteht, im Übrigen eine Kündigung sozial gerechtfertigt ist oder nicht, ist für den Arbeitnehmer nicht von vornherein erkennbar. Dem Arbeitnehmer wird es jedoch zugemutet, sich an kompetenter Stelle zu erkundigen. Das ist z. B. der im Unternehmen bestehende Betriebsrat. Rät dieser ab, gegen die Kündigung vorzugehen, weil sie nach dessen Auffassung rechtmäßig ist, wird ein arbeitsgerichtliches Vorgehen gegen die Kündigung **nicht** entbehrlich, es sei denn, eine ohne zusätzliche Leistungen ausgesprochene

---

12 Durchführungsanweisung der BA zu § 159 SGB III, 159.13.
13 Durchführungsanweisung der BA zu § 159 SGB III, 159.14.
14 Durchführungsanweisung der BA zu § 159 SGB III, 159.17.

Kündigung würde lediglich hingenommen.[15] Auch schützt es den Arbeitnehmer nicht vor der Feststellung eines Auflösungssachverhalts, der eine Sperrzeit begründet, wenn objektiv die Auskunft des Betriebsrats oder die dazu eingeholte anwaltliche Beratung unrichtig war.[16]

Allerdings kann es für die Frage, ob nicht ein wichtiger Grund einer Verhängung einer Sperrzeit entgegensteht, geboten sein, hierfür anwaltlichen Rat, insbesondere bei einem Fachanwalt für Arbeitsrecht, einzuholen und sich hier darüber beraten zu lassen, ob die Kündigung rechtmäßig ist. Bleibt im Ergebnis der Beratung ungewiss, ob die Kündigung tatsächlich rechtswidrig ist oder nicht, kann es an den Voraussetzungen für eine Sperrzeit fehlen, da bestehende Zweifel zu Lasten der Arbeitslosenversicherung gehen.[17] Achtung: In solchen Fällen ist es sinnvoll, wenn sich der Arbeitnehmer die Beratung selbst und auch das zusammengefasste Ergebnis schriftlich bestätigen lässt:

Da im Zusammenhang mit einer Abfindung in der Regel die Arbeitsagentur verlangt, dass die zugrunde liegende Vereinbarung vorgelegt wird, hilft deren bloße Bezeichnung als Abwicklungsvertrag auf keinen Fall weiter, sondern löst im Gegenteil eher besondere Sensibilität bei den zuständigen Sachbearbeitern der Bundesagentur für Arbeit aus. Bereits in der Arbeitsbescheinigung nach § 312 SGB III wird nämlich gefragt, ob die Kündigung seitens des Arbeitgebers mit oder ohne Abwicklungsvertrag erfolgt ist. Zur weiteren Sachverhaltsaufklärung werden dann von der Arbeitsverwaltung beiden Arbeitsvertragsparteien sehr umfassende Fragebögen zugeleitet, deren Beantwortung entscheidend dafür ist, ob die Arbeitsagenturen im Sinne einer Sperrzeitentscheidung reagieren werden.

8.2.2 Wichtiger Grund für Auflösung

Entscheidend wird es daher sowohl beim Aufhebungs- wie beim Abwicklungsvertrag darauf ankommen, ob – mit oder ohne Kündigung – ein wichtiger Grund vorliegt, der die Auflösung des Arbeitsverhältnisses trotz Mitwirkung des Arbeitnehmers rechtfertigt.

---

15 Durchführungsanweisung der BA zu § 159 SGB III, 159.16.
16 Vgl. LSG Rheinland-Pfalz vom 21.5.1996 – L1 Ar 254/95; allenfalls kann bei Irrtum über das Vorliegen eines wichtigen Grundes geboten sein, eine besondere Härte zu prüfen mit der möglichen Folge einer Verkürzung der Sperrzeit: vgl. Durchführungsanweisung der BA zu § 159 SGB III, 159.137.
17 Durchführungsanweisung der BA zu § 159 SGB III, 159.146.

Ein Aufhebungsvertrag wird mit wichtigem Grund geschlossen, wenn der Arbeitgeber zum selben Beendigungszeitpunkt betriebs- oder personenbedingt hätte kündigen dürfen; das gilt auch dann, wenn in dem Aufhebungsvertrag für den Arbeitnehmer eine Abfindung vereinbart wird.[18]

Es kommt also darauf an, dass im Falle eines Aufhebungsvertrages dem Arbeitnehmer durch den Arbeitgeber eine Kündigung mit Bestimmtheit in Aussicht gestellt wurde, ohne dass hierzu der Arbeitnehmer durch vertragswidriges Verhalten (z. B. Straftat im Betrieb) Anlass gegeben hat. Weiterhin müsste diese Kündigung auch zum gleichen Zeitpunkt, mit dem durch Aufhebungsvertrag das Arbeitsverhältnis geendet hat, wirksam geworden sein, d. h. unter Beachtung der gültigen Kündigungsfrist und der arbeitsrechtlichen Zulässigkeit. Dabei schließt die arbeitsrechtliche Zulässigkeit die soziale Rechtfertigung – also auch die Fragen der Sozialauswahl – und den Zeitpunkt der Beendigung des Beschäftigungsverhältnisses ein.[19]

Sind diese Voraussetzungen erfüllt, wird die Bundesagentur für Arbeit also den Abschluss eines Aufhebungsvertrages mit Abfindungszahlung dann akzeptieren, wenn eine **rechtmäßige** arbeitgeberseitige Kündigung droht.

Dabei ist von dem Erfahrungssatz auszugehen, dass ein Aufhebungsvertrag Nachteilen einer arbeitgeberseitigen Kündigung entgegenwirkt.[20] Insbesondere ist es bei weiteren Bewerbungen des Arbeitnehmers wesentlich günstiger, wenn er wahrheitsgemäß darlegen kann, dass das Arbeitsverhältnis einvernehmlich beendet worden ist. Auch würde das zu einer entsprechenden Aussage in einem qualifizierten Zeugnis führen, was dem Bewerber ebenfalls eine verbesserte Bewerbungschance einräumt, als wenn er gekündigt worden wäre.[21]

Weiterhin kann ein wichtiger Grund erfüllt sein, wenn ein älterer Arbeitnehmer nur noch unterqualifiziert beschäftigt werden darf und ihm

---

18 Vgl. BSG vom 12. 4. 1984 – 7 RAr 28/83, DBlR Nr. 2959 zu § 119; weitere Nachweise aus der Rspr. bei Winkler, Das ABC des wichtigen Grundes, info *also* 1996, 174, 175.
19 Durchführungsanweisung der BA zu § 159 SGB III, 159.101–106; Küttner-Voelzke, Sperrzeit, Rn. 28.
20 Vgl. BSG vom 25. 4. 2002, NZA-RR 2003, S. 162; KSchR-Söhngen, § 159 SGB III Rn. 48.
21 Vgl. Hümmerich, 4 Rn. 253; vgl. auch Bauer, H 127: Inaussichtstellen eines wohlwollenden Zeugnisses bei Abschluss eines Aufhebungsvertrages als Grenzfall für den Ausschluss einer Sperrzeit.

dies nach der Dauer der Betriebszugehörigkeit nicht mehr zumutbar ist.[22]

Ein wichtiger Grund ist auch stets gegeben, wenn der Arbeitnehmer nach § 626 BGB zur fristlosen Kündigung berechtigt wäre, insbesondere bei Vertragsverletzungen durch den Arbeitgeber, aber auch wenn das Verhalten von Mitarbeitern im Unternehmen zu einer nicht mehr erträglichen Situation für den Arbeitnehmer, insbesondere zu gesundheitlichen Beeinträchtigungen etwa durch Ausübung psychischen Drucks, Mobbing oder sexuelle Belästigung, führt.[23]

Allerdings muss hier geprüft werden, ob sich der wichtige Grund auch auf den Zeitpunkt des Ausscheidens und damit des voraussichtlichen Zeitpunkts des Eintritts der Arbeitslosigkeit erstreckt. Hier ist insbesondere eine wichtige Aufgabe für den Arbeitnehmer, die **Beweise für das Vorliegen** eines wichtigen Grundes zu **sichern** und sich bei gesundheitlichen Beurteilungen einer sachverständigen ärztlichen Untersuchung und Diagnose zu unterziehen, die im Zweifelsfall vorgelegt werden kann.

Insbesondere häufen sich in der Praxis immer mehr Fälle, bei denen es Arbeitnehmer am Arbeitsplatz nicht mehr aushalten, weil sie Mobbing oder sexueller Belästigung ausgesetzt sind.[24] Die Bundesagentur für Arbeit verlangt aber, dass in jedem Fall, insbesondere bei Mobbing, objektive Feststellungen möglich sein müssen. Mobbing setzt aber als wichtigen Grund neben der Feststellung der feindseligen Handlungen in aller Regel auch einen Versuch des Arbeitnehmers voraus, die Angriffe gegen ihn abzuwehren.[25]

Ein wichtiger Grund kann ferner vorliegen, wenn ein älterer Arbeitnehmer anlässlich eines drastischen Personalabbaues im Betrieb gegen Abfindung ausscheidet und dadurch einem jüngeren Kollegen die Weiterbeschäftigung ermöglicht.[26]

Auch bestimmte persönliche Gründe können eine Sperrzeit ausschließen. Hierzu zählt insbesondere ein erforderlicher Wohnortwechsel, weil

---

22 Vgl. BSG vom 13. 8. 1986 – 7 RAr 1/86, NZA 1987, 180.
23 Vgl. Durchführungsanweisung der BA zu § 159 SGB III, 159.88; ErfK-Rolfs, § 159 SGB III Rn. 32; KSchR-Söhngen, § 159 SGB III Rn. 54.
24 Vgl. SG Wiesbaden vom 15. 10. 1998 – S 11 AL 499/98, info *also* 1999, 193.
25 Vgl. SG Wiesbaden vom 15. 10. 1998, a. a. O.
26 Vgl. BSG vom 13. 3. 1997 – 11 RAr 17/96, NZA-RR 1997, 495; ohne solche besonderen Umstände tritt aber eine Sperrzeit ein: so BSG vom 13. 8. 1986 – 7 RAr 16/85; ErfK-Rolfs, § 159 SGB III Rn. 36.

der Ehepartner an einem neuen Arbeitsort tätig ist und nur so die eheliche Lebensgemeinschaft aufrechterhalten werden kann.[27] Mittlerweile hat das Bundessozialgericht auch anerkannt, dass nicht nur die Ehe einen solchen privilegierten Tatbestand bilden kann, sondern auch eheähnliche, d. h. auf Dauer angelegte Lebensgemeinschaften.[28]

Wesentlich dürfte es in allen Fällen (ohne Klage) sein, dass im Zweifelsfall dem betroffenen Arbeitnehmer, der arbeitslos geworden ist, der Nachweis gelingt, dass er sich gegen eine zum gleichen Zeitpunkt ausgesprochene Kündigung nicht erfolgreich hätte zur Wehr setzen können.[29] Es kommt darauf an, ob die jeweils maßgebende Kündigungsfrist eingehalten und die Kündigung auch ansonsten objektiv rechtmäßig ist. Darauf, ob der Arbeitnehmer die betriebsbedingte Kündigung subjektiv für rechtmäßig halten durfte, kommt es nicht an.[30] Dabei ist nach der Rechtsprechung des BSG bei der Konkretisierung des Tatbestandmerkmals »wichtiger Grund« der verfassungsrechtliche Verhältnismäßigkeitsgrundsatz zu beachten. Gerade bei einer drohenden Kündigung, der gegenüber sich im Zweifelsfall der Arbeitnehmer rechtlich nicht hätte mit Erfolg wehren können, würde der Zweck der Sperrzeit verfehlt, wenn der Arbeitnehmer nur den Ausspruch der Kündigung abwartet, statt zu versuchen, durch einen für ihn günstigen Aufhebungsvertrag die Beendigung noch (mit) zu gestalten.[31]

Ein wichtiger Grund im Sinne der vorstehenden Ausführungen ist daher geeignet, eine Sperrzeit im Falle eines Aufhebungsvertrages auszuschließen.

Achtung: Angesichts der Anforderungen insbesondere an die Zulässigkeit einer ansonsten unumgänglichen arbeitgeberseitigen Kündigung ist es sinnvoll, bereits im Zusammenhang mit dem Aufhebungsvertrag die dazu erforderlichen **Tatbestandsmerkmale** zwischen den Vertragsparteien zu **dokumentieren**, damit das spätere Risiko des Arbeitnehmers soweit wie möglich minimiert wird. Auch müssen sich Arbeitgeber und Arbeitnehmer darauf einstellen, über die genauen Umstände, die Anlass für die Aufhebungsverhandlungen gegeben haben, gegenüber der Bun-

---

27 Vgl. die Nachweise bei Winkler, info *also* 1996, 174, 176; KSchR-Söhngen, § 159 SGB III Rn. 41, 42.
28 Vgl. BSG vom 17.10.2002 – 7 AL 96/00 R; KSchR-Söhngen, § 159 SGB III Rn. 43.
29 Vgl. BSG vom 25.4.2002 – B 11 AL 89/01 R, NZA-RR 2003, 162.
30 BSG vom 25.4.2002, a.a.O.; BSG vom 17.10.2007, a.a.O.
31 BSG vom 25.4.2002, a.a.O.; BSG vom 17.10.2007, a.a.O.

desagentur für Arbeit Rechenschaft abzulegen. Diese Gesichtspunkte sind daher zentraler Bestandteil der Verhandlungen über den Abschluss eines Aufhebungsvertrages.

Eine solche Dokumentation ist auch im Hinblick auf die der Arbeitsagentur durch den Arbeitgeber vorzulegende Arbeitsbescheinigung nach § 312 SGB III empfehlenswert. Die dort gemachten Angaben werden oft von der Arbeitsagentur einfach übernommen, so dass sich eventuelle Fehler, etwa was den Kündigungsgrund anbetrifft, fatal auswirken können. Wenn möglich sollte daher die Arbeitsbescheinigung direkt beim Arbeitgeber abgegeben werden mit der Bitte, diese sofort ausgefüllt auszuhändigen, damit die direkte Option besteht, **Fehler unmittelbar zu korrigieren.**

Funktioniert dieser Weg nicht, bleibt das Recht bestehen, bei der Arbeitsagentur die Arbeitsbescheinigung einzusehen (**Recht auf Akteneinsicht** nach § 25 SGB X), um dann sogleich unvollständigen oder nicht wahrheitsgemäßen Angaben entgegenzutreten.

Sind die Voraussetzungen für die Aufhebung des Arbeitsverhältnisses im Vorfeld abgeklärt und – am besten textlich – dokumentiert worden, gelingt es am ehesten, unzutreffenden und sich ggf. nachteilig auswirkenden Angaben in der Arbeitsbescheinigung entgegenzutreten.

8.3 Lösungsweg: Gerichtlicher Vergleich

Die Auflösung des Arbeitsverhältnisses durch arbeitsgerichtlichen Vergleich nach Kündigung durch den Arbeitgeber ist in aller Regel durch einen wichtigen Grund **gerechtfertigt**. Schließlich ist hier der Arbeitnehmer gegen die Kündigung vorgegangen, so dass es ihm dann nicht zu seinem Nachteil gereicht, wenn er sich im Prozess auf einen Vergleich einlässt oder im Laufe des Verfahrens die Klage zurücknimmt.[32] Nach einer betriebsbedingten Kündigung gilt der Grundsatz, dass der Arbeitnehmer einen Abfindungsvergleich schließen und damit das Arbeitsverhältnis beenden darf (sofern nicht eine Vorverlegung durch Abkürzung der Kündigungsfrist erfolgt), ohne eine Sperrzeit zu riskieren. Der Grund liegt darin, dass der Arbeitnehmer auch nach Erhalt einer rechts-

---

32 Vgl. BSG vom 17.10.2007 – B 11 a AL 51/06 R, DB 2008, 1048.

widrigen Kündigung nicht gehalten ist, dagegen zur Vermeidung einer Sperrzeit durch Kündigungsschutzklage anzugehen.[33]

Diese Privilegierung bei Abschluss eines gerichtlichen Vergleichs kann dazu genutzt werden, sich beispielsweise in einem nach Erhalt der Kündigung eingeleiteten Kündigungsschutzverfahren frühzeitig zu den in diesem Zeitpunkt bereits ausverhandelten Konditionen zu vergleichen. Eine Überprüfung der Kündigungsvoraussetzungen und ihre eventuelle Sperrzeitrelevanz durch die Arbeitsagentur erfolgt dann regelhaft nicht.

Das gilt im Übrigen auch, wenn die Parteien nach der Einleitung des gerichtlichen Verfahrens einen **Vergleich im sog. schriftlichen Verfahren** nach § 278 Abs. 6 ZPO abschließen. Das geschieht entweder so, dass die Parteien direkt dem Gericht einen schriftlichen Vergleichsvorschlag unterbreiten (§ 278 Abs. 6 1. Alternative ZPO) oder dadurch, dass das Gericht einen schriftlichen Vergleichsvorschlag unterbreitet, der von den Parteien schriftsätzlich akzeptiert wird (§ 278 Abs. 6 2. Alternative ZPO). In beiden Fällen beschließt das Gericht dann über den Inhalt und das Zustandekommen des Vergleichs, der dann auch als Vollstreckungstitel genutzt werden kann.

8.4 Lösungsweg: Abfindung gemäß § 1a KSchG

Für Aufhebungsvereinbarungen, die die Abfindungshöhe in § 1a KSchG nicht überschreiten (maximal 0,5 Monatsgehälter brutto pro Beschäftigungsjahr) hat das Bundessozialgericht entschieden, dass hier regelhaft ein wichtiger Grund für die Auflösung des Arbeitsverhältnisses zu unterstellen ist, so dass eine Sperrzeit nicht in Betracht kommt.[34] In dieser Konstellation bedarf es laut BSG keiner weiteren Prüfung der Rechtmäßigkeit einer Arbeitgeberkündigung[35] bzw. einer vom Arbeitgeber nur angedrohten Kündigung.[36] Dem folgt jetzt auch die Bundesagentur für Arbeit in ihrer Verwaltungspraxis.[37]

---

33 Durchführungsanweisung der BA zu § 159 SGB III, 159.19; BSG vom 17.10.2007 – B 11a AL 51/06 R.

34 BSG vom 12.7.2006 – B 11a AL 47/05 R, NJW 2006, 3514; BSG vom 2.5.2012 – B 7 AL 6/11 R.

35 So SG Duisburg vom 19.10.2006 – S 12 (31) AL 46/06, info *also* 2007, 70.

36 BSG vom 12.7.2006, a.a.O.; BSG vom 2.5.2012, a.a.O.

37 Vgl. Durchführungsanweisung der BA zu § 159 SGB III, 159.101–103; ErfK-Rolfs, § 159 SGB III Rn. 34.

Bei einer Abfindungshöhe dieses Umfangs ist also wenn der Arbeitsplatz tatsächlich wegfällt, nicht mehr mit einer Prüfung zu rechnen, in deren Folge eine Sperrzeit eintritt. Der Arbeitnehmer, der sich mit einer solchen Begrenzung einer möglichen Abfindung aber nicht zufrieden geben will, hat zwei Alternativen:

8.4.1 Zusatzzahlungen

Angesichts der weitgehend entfallenen bzw. nur noch minimalen Steuervorteile bei Zahlung einer Abfindung (vgl. die Ausführungen zu 7.3) wäre es denkbar, neben der Vereinbarung einer Abfindung entsprechend dem Muster und in Höhe des § 1a KSchG eine Zusatzzahlung z. B. in Form einer einmaligen Prämie/Tantieme etwa für das letzte Geschäftsjahr o.Ä. zu vereinbaren, die **gesondert** zur Abfindung und unabhängig hiervon zur Auszahlung gelangt. Solche Zahlungen sind allerdings nicht nur ganz normal zu versteuern, sondern hier werden auch Sozialversicherungsbeiträge fällig, was aber beispielsweise zu verschmerzen ist, wenn bei einem Einkommen, das schon an der Beitragsbemessungsgrenze liegt, nicht mehr mit weiteren Sozialversicherungsbeiträgen zu rechnen ist.

8.5 Lösungsweg: Wichtiger Grund und dessen Dokumentation

Wer dennoch eine Abfindung in einem höheren Umfang als einem halben Gehalt pro Beschäftigungsjahr durchsetzen will und kann, sollte sich so weit wie möglich darum bemühen, den entsprechenden Nachweis für einen wichtigen Grund, also die unabweisbar betriebsbedingte Veranlassung zur Beendigung des Arbeitsverhältnisses zu dokumentieren.

Dabei ist es in der Regel nicht ausreichend, wenn die Eingangsformulierung des Aufhebungsvertrages bloß floskelhaft darauf verweist, dass die Auflösung »zur Vermeidung einer ansonsten unumgänglichen arbeitgeberseitigen Kündigung« erfolgt (siehe unter 5.1, Seite 132). Dieser Formulierung allein dürfte nur ein geringer Beweiswert beizumessen sein.[38] Wichtig ist vielmehr, den Lebenssachverhalt konkret zu beschreiben, der eine arbeitgeberseitige Kündigung – zum gleichen Zeitpunkt

---

38 Vgl. Küttner-Voelzke, Aufhebungsvertrag, Rn. 33.

wie die Aufhebung – rechtfertigen könnte und zu deren Vermeidung ein Aufhebungsvertrag geschlossen wurde.[39]

Durch die »Hartz-Gesetze« ist das Beweislastrisiko für die Beschäftigten erhöht worden. Nach § 159 Abs. 1 Satz 3 SGB III muss der Arbeitnehmer die für die Beurteilung eines wichtigen Grundes maßgeblichen Tatsachen darlegen und nachweisen, wenn diese in seiner Sphäre oder in seinem Verantwortungsbereich liegen. Das gleiche soll gelten, wenn der arbeitslos gewordene Arbeitnehmer sich nachträglich auf Gründe bezieht, zu deren Aufklärung die zuständige Agentur für Arbeit zunächst keine Veranlassung hatte, da entsprechende zeitnahe Angaben des Arbeitslosen dazu zunächst fehlten.[40] Dies untermauert die vorstehenden Ausführungen, wonach die Voraussetzungen für eine anderenfalls erfolgende Kündigung ebenso sorgfältig festzuhalten sind wie etwa auch in Frage kommende Umstände in der Person des Arbeitnehmers, die z. B. wegen gesundheitlicher Beeinträchtigung einer Weiterbeschäftigung aus wichtigem Grund entgegenstehen.

8.6 Perspektiven für einen Umbruch bei Sperrzeiten?

Grundsätzlich ist zu begrüßen, dass durch die Entscheidung des BSG vom 12. 7. 2006[41] der generelle Grundsatz, dass Aufhebungsverträge zu Sperrzeiten führen können, aufgebrochen wurde.

Es ist auch nur konsequent, wenn die passive Reaktion auf das Versprechen einer Abfindung im Zusammenhang mit einer ausgesprochenen betriebsbedingten Kündigung nach § 1a KSchG dem Verhalten eines Arbeitnehmers gleichgestellt wird, der einen im Ergebnis dem wirtschaftlich entsprechenden Aufhebungsvertrag abschließt.

Warum aber eine Sperrzeit ausgelöst und eine objektiv rechtmäßige Kündigungsmöglichkeit nicht ohne Weiteres unterstellt werden kann, wenn die Abfindung über der in § 1a Abs. 2 KSchG vorgesehenen Höhe liegt, bleibt zweifelhaft.[42]

---

39 Vgl. LSG Sachsen-Anhalt vom 16. 12. 2010 – L 2 AL 52/08; LSG Baden-Württemberg vom 21. 10. 2011 – L 12 AL 4621/10; Durchführungsanweisung der BA zu § 159 SGB III, 159.104–107.
40 Vgl. Bauer/Krets, NJW 2003, 537, 542.
41 Ebenda.
42 Vgl. ausführlich Preis/Schneider, NZA 2006, 1297 ff.

Richtigerweise sollte als Maßstab gelten, ob ein (gegenüber der Arbeitslosenversicherung) versicherungswidriges Verhalten vorliegt. Steht eine Kündigung im Raum, die der Arbeitnehmer als rechtmäßig ansehen durfte, kann ihm als Betroffenen nicht vorgeworfen werden, wenn er seine berufliche Zukunft im Arbeitsmarkt dadurch optimieren möchte, dass er statt mit dem Makel einer Kündigung versehen, einen – die Kündigungsfrist wahrenden(!) – Aufhebungsvertrag (auch mit höherer Abfindung) unterschreibt. Grundsätzlich kann die Versichertengemeinschaft in der Arbeitslosenversicherung kein berechtigtes rechtliches Interesse daran haben, einen Arbeitnehmer, der von einer betriebsbedingten Kündigung bedroht ist, zu veranlassen, auf (auch höhere) Abfindungszahlungen zum Kündigungstermin zu verzichten, um Sperrzeiten und Anspruchskürzungen beim Arbeitslosengeld zu vermeiden.[43] Schließlich wird ja auch sonst an die betroffenen Arbeitnehmer die Forderung nach Eigenvorsorge gerichtet – ein finanzielles Polster durch eine angemessene Abfindung kommt angesichts dessen gerade richtig.

Ein Festhalten an der Grenze des § 1a KSchG kann jedenfalls zu erheblichen Wertungswidersprüchen führen. Bei der Hinnahme einer Kündigung, die im finanziellen Rahmen von § 1a KSchG verbleibt, kann es sein, dass die zugrunde liegenden Umstände keinen Kündigungsgrund hergeben, in Folge der fehlenden Überprüfung dies aber völlig sanktionslos hingenommen wird. Dieser Arbeitnehmer erhält keine Sperrzeit. Der Beschäftigte aber, der z. B. nach entsprechend eingeholter fachkundiger Beratung von der tatsächlichen Rechtmäßigkeit einer ihm drohenden Kündigung ausgehen muss und dann eine höhere Abfindung etwa im Rahmen eines Aufhebungsvertrages herausverhandelt, muss – wenn ihm der Nachweis eines wichtigen Grundes nicht gelingen sollte – bei einer höheren Abfindung mit dem Risiko einer Sperrzeit rechnen.[44] Hier ist die juristische Debatte noch nicht beendet. Jedenfalls bei solchen betriebsbedingten Kündigungen, deren Rechtmäßigkeit der Arbeitnehmer aus seiner Sicht nicht anzuzweifeln braucht, sollte zukünftig der wichtige Grund für den Abschluss eines (fristgerechten) Aufhebungsvertrages anerkannt werden, jedenfalls dann, wenn dazu fachlich kompetenter Rat eingeholt wurde.

---

43 Schuldt, NZA 2005, 861.
44 Maties, NZS 2006, 73, 80.

8.7 (Erfolglose) Vermeidungsstrategien

Es gibt Vorschläge, eine Sperrzeit dadurch zu vermeiden, dass der Zeitpunkt, an dem der Anspruch auf Arbeitslosengeld entsteht, verschoben wird,[45] d. h. trotz bereits beendeten Arbeitsverhältnisses erst zu einem späteren Zeitpunkt Arbeitslosengeld beantragt wird.

Nach dem SGB III kommt es für die rechtliche Behandlung jedoch nicht auf den Zeitpunkt der Antragstellung an. Vielmehr ist entscheidend, wann die Arbeitslosigkeit entstanden ist. Der Überlegung, die (offizielle) Arbeitslosigkeit auf einen Zeitpunkt zu verschieben, an dem sie ohnehin eingetreten wäre, hat das BSG einen Riegel vorgeschoben. So wurde im Fall eines Arbeitnehmers, der ein bereits vom Arbeitgeber gekündigtes Beschäftigungsverhältnis dann zu einem noch früheren Zeitpunkt aufkündigte, der Eintritt einer Sperrzeit für rechtmäßig erachtet, obwohl der betreffende Arbeitnehmer Arbeitslosengeld erst für die Zeit beanspruchte, in der er sonst ohnehin arbeitslos geworden wäre.[46] Solche Vermeidungsstrategien sind also in aller Regel nicht von Erfolg gekrönt.

Wird unwiderruflich noch im Rahmen des auslaufenden Arbeitsverhältnisses freigestellt, endet nach dem Verständnis des Bundessozialgerichts das Beschäftigungsverhältnis.[47] Liegt nun kein wichtiger Grund für die Auflösung des Arbeitsverhältnisses vor, so tritt die Sperrzeit mit dem Beginn der unwiderruflichen Freistellung ein.[48] Solange der Arbeitnehmer also während der Dauer der Freistellung seine vertraglichen Bezüge erhält, führt dies zunächst nicht zu finanziellen Einbußen, aber die Anspruchsdauer für das Arbeitslosengeld reduziert sich nach § 148 Abs. 1 Nr. 4 SGB III um ein Viertel! Droht also längere Arbeitslosigkeit nützt die Anrechnung der Sperrzeit auf Zeiten der unwiderruflichen Freistellung nur vermeintlich.

Allerdings kann unter besonderen Umständen eine nachteilige Behandlung des Arbeitnehmers rechtswidrig sein, wenn die Agentur für Arbeit den Arbeitnehmer in dem Beratungsgespräch nicht darauf aufmerksam gemacht hat, dass es für ihn ggf. günstiger sein könnte, die Arbeitslosmeldung zu verschieben.[49] In einer Entscheidung des Sozialge-

---

45 Vgl. Gagel, FA 2000, 9 ff.
46 Vgl. BSG vom 5.8.1999 – B 7 AL 38/98 R, NZS 2000, 155.
47 BSG vom 3.6.2004 – B 11 AL 70/03 R.
48 BSG vom 12.7.2006 – B 11a AL 47/05 R.
49 Vgl. BSG vom 5.8.1999, a.a.O.

richts Berlin[50] wurde die Agentur für Arbeit verpflichtet, den Zustand herzustellen, der sich für den Arbeitnehmer ergeben hätte, wenn er erst zu einem späteren Zeitpunkt Arbeitslosengeld beantragt hätte. Hier wurden Aufklärungspflichten durch die Arbeitsagentur verletzt, die sich auf die vom Lebensalter abhängige mögliche Verlängerung der Bezugszeit von Arbeitslosengeld bezogen,[51] so dass der für den Arbeitnehmer günstigere Rechtszustand zu gelten hat.

8.8   Dauer der Sperrzeit

Die geltende Sperrzeitregelung führt in der Regel dazu, eine Sperrzeit von zwölf Wochen anzuordnen. Nur in bestimmten Fällen kann die Sperrzeit auf drei bzw. sechs Wochen verkürzt werden, insbesondere dann, wenn das Arbeitsverhältnis (z. B. aufgrund einer Befristung) ohnehin innerhalb eines Zeitraums von sechs bis zwölf Wochen nach dem Ereignis, das die Sperrzeit begründet hätte, auch ohne Sperrzeit geendet hätte.

Während der Sperre ruht der Anspruch auf Arbeitslosengeldbezug. Nach § 159 Abs. 3 Satz 2 Nr. 2b SGB III kann die Sperrzeit auf sechs Wochen verkürzt werden, wenn eine besondere Härte vorliegt. Ob das der Fall ist, muss im Einzelfall nach den für den Eintritt der Sperrzeit maßgebenden Tatsachen beurteilt werden.[52]

Hat der Arbeitnehmer über das Vorliegen von Sperrzeitvoraussetzungen geirrt und z. B. geglaubt, einen wichtigen Grund für seine Kündigung zu haben, ist hier eine Kürzung der Sperrzeit nur gerechtfertigt, wenn der Irrtum vermeidbar war. Ein solcher Fall liegt nach ständiger Rechtsprechung nicht vor, wenn es dem Arbeitslosen in der konkreten Situation möglich und zumutbar gewesen wäre, rechtskundigen Rat, u. a. auch bei der Arbeitsagentur einzuholen.[53]

Während des ersten Monats der Sperrzeit besteht kein Schutz durch Krankenversicherung. Es besteht allerdings nachgehender Versicherungsschutz nach § 19 Abs. 2 SGB V. Außerdem regelt § 49 Abs. 1 Nr. 3 SGB V, dass der Anspruch auf Krankengeld während der Dauer einer

---

50 SG Berlin vom 25.08.2006 – S 58 AL 1203/05, info *also* 2007, 24.
51 So auch BSG vom 5.9.2006 – B 7 a AL 70/05 R, SozR 4 – 4100 § 106 Nr. 1.
52 Vgl. BSG vom 29.11.1988 – 11/7 RAr 91/87, NJW 1989, 1628.
53 Vgl. BSG vom 5.6.1997 – 7 RAr 22/96, NZS 1998, 136, 138.

Sperrzeit ruht. Erst ab dem zweiten Monat der Sperrzeit ist der Arbeitslose nach § 5 Abs. 1 Nr. 2 SGB V für den Fall der Krankheit über die Bundesagentur für Arbeit versichert.

8.8.1 Anspruchsminderung

Neben der eigentlichen Sperrzeit tritt auch eine Minderung des Anspruchs auf Arbeitslosengeld nach § 148 Abs. 1 Nr. 4 SGB III ein. Die Dauer des Anspruchs auf Arbeitslosengeld mindert sich um die Anzahl von Tagen, die der Dauer der Sperrzeit entspricht. Bei einer Sperrzeit von zwölf Wochen wegen einer Arbeitsaufgabe (Lösen des Beschäftigungsverhältnisses durch Mitwirkung des Arbeitnehmers ohne wichtigen Grund) vermindert sich der Anspruch sogar um ein Viertel der gesamten Anspruchsdauer. Dies ist eine der Fallkonstellationen, in denen die Beratungspflicht der Arbeitsagentur besonders gefordert ist. Hier entfällt nämlich die Minderung, wenn sich der Arbeitnehmer erst nach Ablauf eines Jahres seit der Auflösung des Arbeitsverhältnisses arbeitslos meldet (vgl. § 148 Abs. 2 Satz 2 SGB III).[54]

8.9 Ruhenstatbestände

Neben den Sperrfristen wegen der nicht durch einen wichtigen Grund gerechtfertigten Mitwirkung an der Auflösung des Arbeitsverhältnisses durch den Arbeitnehmer – und unabhängig davon – können auch so genannte Ruhenszeiträume von der Agentur für Arbeit verhängt werden.

8.9.1 Bei Bestehen anderweitiger Ansprüche

Der Anspruch auf Arbeitslosengeld ruht gem. § 157 Abs. 1 SGB III während der Zeit, für die der Arbeitslose Arbeitsentgelt erhält oder zu beanspruchen hat. Gleiches gilt nach § 157 Abs. 2 Satz 1 SGB III, wenn der Arbeitslose wegen der Beendigung des Arbeitsverhältnisses eine Urlaubsabgeltung erhalten oder zu beanspruchen hat und zwar für die Dauer des abgegoltenen Urlaubs. Dabei kommt es auf die Höhe des An-

---

54 Vgl. BSG vom 5.8.1999 – B 7 AL 38/98 R, NZS 2000, 155.

spruchs auf Arbeitsentgelt nicht an, sondern allein darauf, ob noch ein Anspruch auf Arbeitsentgelt besteht, und zwar auch unabhängig davon, ob dieser Anspruch erfüllt wird oder nicht.

Allerdings lässt die Agentur für Arbeit den arbeitslosen Arbeitnehmer »nicht im Regen stehen«, wenn er zwar Anspruch auf Arbeitsentgelt und z.B. Urlaubsabgeltung hat, diese Leistungen aber tatsächlich nicht erhält. Hier leistet die Arbeitsagentur »gleichwohl« i.S.v. § 157 Abs. 3 SGB III, wobei dann die Forderung gegen den Arbeitgeber auf die Bundesagentur für Arbeit übergeht.

8.9.2 Bei Nichteinhaltung der Kündigungsfrist

Als sozialpolitisch besonders umstritten gilt die Regelung in § 158 SGB III. Danach ruht der Anspruch bei Zahlung einer Abfindung bzw. Entlassungsentschädigung, wenn das Arbeitsverhältnis ohne Einhaltung der Kündigungsfrist beendet wurde.

Prüfungsmaßstab ist dabei, ob die für den Arbeitgeber geltende ordentliche Kündigungsfrist eingehalten wurde, unabhängig von der Form der Beendigung. Ist diese Voraussetzung allerdings im Sinne einer fristgerechten Beendigung erfüllt, ist die Abfindung **nicht** auf das Arbeitslosengeld anzurechnen. Die Kündigungsfrist selbst erschließt sich aus den gesetzlichen Bestimmungen, dem maßgeblichen Tarifvertrag oder dem Einzelarbeitsvertrag, wobei auch der jeweilige Endtermin zu beachten ist, der in den entsprechenden Regelungen vorgesehen ist, z.B. Monatsende oder Quartalsende.

Soweit die gesetzlichen Kündigungsfristen in Rede stehen, muss aber beachtet werden, dass § 622 Abs. 2 Satz 2 BGB, nach dessen Wortlaut bei der Berechnung der Kündigungsfrist Zeiten der Betriebszugehörigkeit vor dem 25. Lebensjahr nicht mitgerechnet werden, als europarechtswidrige Diskriminierung wegen des Alters als nicht mehr anwendbare Norm ausgeurteilt wurde.[55]

Achtung: Bei Nichteinhaltung der Kündigungsfrist gilt eine praktisch **unwiderlegbare Vermutung**, dass die Abfindung Entgeltcharakter aufweist und deshalb zeitweise zum Ruhen des Anspruchs auf Arbeitslosengeld führt. Selbst dann, wenn ein Arbeitnehmer dauerhaft arbeitsunfähig ist und keinen Anspruch auf Arbeitsentgelt gegen seinen Arbeitgeber

---

55 EuGH vom 19.1.2010 – C-555/07 und sodann BAG vom 9.9.2010 – 2 AZR 714/08, NZA 2011, 343ff.

(mehr) hat, wird bei nicht fristgerechtem Ausscheiden und Zahlung einer Abfindung ein Ruhenstatbestand ausgelöst.[56] Selbst ein Irrtum über die richtige Kündigungsfrist oder auch das Bestehen eines Anspruchs auf Zahlung einer Abfindung bei fristgerechter Beendigung ändert nichts an dieser Rechtsfolge.[57]

8.9.2.1 Zeitlich begrenzter Ausschluss einer ordentlichen Kündigung

Hierunter fallen insbesondere Fälle des gesetzlichen Sonderkündigungsschutzes. So haben beispielsweise Betriebsratsmitglieder oder Mitglieder der Jugend- und Auszubildendenvertretung während ihrer Zugehörigkeit zu den jeweiligen Gremien einen Sonderkündigungsschutz dergestalt, dass sie während der Zeit ihres Mandats nicht ordentlich kündbar sind. Hier ist jedoch die ordentliche Kündigung nur zeitlich begrenzt ausgeschlossen, nämlich während der Zeit der Zugehörigkeit zur entsprechenden Interessenvertretung. Damit gilt als Frist, die der ordentlichen Kündigungsfrist des Arbeitgebers entspricht, die auch sonst vom Arbeitgeber einzuhaltende Kündigungsfrist, die zu beachten wäre, wenn der entsprechende Arbeitnehmer nicht Mitglied der Interessenvertretung wäre. Wird also diese (normale) Frist eingehalten, ruht der Anspruch auf Arbeitslosengeld also nicht.[58] Sonderkündigungsschutz genießen auch schwerbehinderte Beschäftigte, die einen Grad der Behinderung von wenigstens 50 % innehaben oder diesem Personenkreis gleich gestellt sind. Wird hier unter Beachtung der ordentlichen Kündigungsfrist gekündigt, ohne die Zustimmung des Integrationsamtes einzuholen, ist die Kündigung zwar ohne weiteres gem. § 85 SGB IX anfechtbar. Da aber die Kündigungsfrist eingehalten wurde, tritt ein Ruhen des Anspruchs auf Arbeitslosengeld für den schwerbehinderten Arbeitnehmer nicht ein, der die Kündigung gleichwohl nicht angreift.

---

56 Vgl. BSG vom 20.1.2000 – B 7 AL 48/99 R, NZS 2000, 568f. (zu § 117 AFG).
57 Vgl. BSG, a.a.O., 569 – Die einzige Ausnahme wäre möglich, wenn der Arbeitgeber fristlos kündigen dürfte, weil dann die Abfindung allein der Entschädigung für den Verlust des sozialen Besitzstands dient.
58 Vgl. Durchführungsanweisung der BA zu § 158 SGB III, 158.5.

8.9.2.2 Zeitlich unbegrenzter Ausschluss einer ordentlichen Kündigung

Wird jedoch ein Arbeitsverhältnis beendet, bei dem eine ordentliche Kündigung durch den Arbeitgeber zeitlich unbegrenzt ausgeschlossen ist, so beträgt die Kündigungsfrist, die zu beachten wäre, gem. § 158 Abs. 1 Satz 3 Nr. 1 SGB III fiktiv 18 Monate. Ein solcher unbegrenzter Sonderkündigungsschutz gilt insbesondere nach einigen Tarifverträgen für ältere Arbeitnehmer, die längere Betriebszugehörigkeitszeiten aufweisen können.

Einige dieser Tarifverträge sehen Regelungen vor, wonach das Recht zur ordentlichen Kündigung bei Betriebsänderungen vorbehalten bleibt, wenn Abfindungen an den betroffenen – älteren – Arbeitnehmer gezahlt werden. Dann soll nach § 158 Abs. 1 Satz 4 SGB III eine Kündigungsfrist von einem Jahr gelten.[59]

Dies ist allerdings zu hinterfragen, insbesondere dann, wenn die Abfindung auf einem Sozialplan beruht. Es ist nicht einsehbar, warum älteren Arbeitnehmern, die nur bei Zahlung von Abfindungen kündbar sind, diese Abfindung zunächst statt des Arbeitslosengeldbezuges in einem erheblichen Umfang für ihren Lebensunterhalt einsetzen müssen, die nicht altersgeschützten, also grundsätzlich kündbaren Arbeitnehmer, die die Betriebsänderung ebenfalls trifft, aber hierzu nicht verpflichtet sind. Es dürfte sich um einen Verstoß gegen den Gleichbehandlungsgrundsatz handeln, wenn gerade den älteren Arbeitnehmern die Abfindung im Ergebnis nur geschmälert zufließt, wobei die damit aufgeworfenen Rechtsfragen sich neu stellen im Zusammenhang mit dem am 18. 8. 2006 in Kraft getretenen AGG (Allgemeines Gleichbehandlungsgesetz), das eine Diskriminierung aus Altersgründen ausdrücklich verbietet. Hier sollte bei entsprechender Fallkonstellation rechtliche Beratung eingeholt und genau geprüft werden, ob Rechtsmittel Erfolg versprechend sind.

8.9.2.3 Ausnahmen

Die genaue Prüfung der Rechtslage ist geboten, weil nicht in jedem Fall bei Ausschluss der ordentlichen Kündigung insbesondere durch Tarifvertrag eine gezahlte Abfindung zum Ruhen des Anspruchs auf Arbeitslosengeld führt.

---

59 Vgl. BSG vom 5.2.1998 – B 11 AL 65/97 R, NZS 1998, 538.

Liegen nämlich die Voraussetzungen für eine fristgebundene, aber au-ßerordentliche Kündigung aus wichtigem Grund vor, so gilt nach § 158 Abs. 2 Satz 2 Nr. 3 SGB III die Frist, die ohne den Ausschluss der ordent-lichen Kündigung vom Arbeitgeber einzuhalten gewesen wäre, also die so genannte ordentliche Kündigungsfrist. Ein solcher Sachverhalt kann z. B. bei geplanter Stilllegung des Betriebes vorliegen. Hier steht dem Ar-beitgeber auch gegenüber unkündbaren Arbeitnehmern die Möglichkeit zur außerordentlichen Kündigung offen, wofür allerdings sehr strenge Voraussetzungen zu beachten sind. Neben der Einhaltung der für die or-dentliche Kündigung geltenden Kündigungsfristen sind insbesondere auch die Grundsätze der Sozialauswahl zu beachten.[60]

Es muss sich dann um einen unabweisbaren Wegfall der Beschäfti-gungsmöglichkeit handeln, wobei hierfür auch tief greifende Rationali-sierungsmaßnahmen ausreichend sein können, wenn hierdurch dauer-haft eine Beschäftigungsmöglichkeit für den betreffenden Arbeitnehmer wegfällt, ohne dass die Möglichkeit besteht, ihn anderswo weiterzube-schäftigen.[61]

Eine solche Konstellation hat dann auch die Agentur für Arbeit anzu-erkennen, wobei sie sicherlich jeden Einzelfall sehr kritisch prüfen wird. Liegen jedoch die Voraussetzungen für eine fristgebundene Kündigung aus wichtigem Grund vor, kann auch bei Zahlung einer Entlassungsent-schädigung unter Einhaltung der im Übrigen geltenden ordentlichen Kündigungsfristen kein Ruhenszeitraum verhängt werden.

Eine dementsprechende Kündigungsbefugnis enthält § 113 InsO. Hier kann der Insolvenzverwalter ohne Rücksicht auf einen vereinbar-ten Ausschluss des Rechts zur ordentlichen Kündigung mit einer Frist von drei Monaten zum Monatsende, sofern nicht eine kürzere Frist maßgebend ist, das Arbeitsverhältnis kündigen. Im Falle der Insolvenz bedeutet dies, dass die ältere Arbeitnehmer schützenden Regelungen praktisch obsolet geworden sind.

---

60 Vgl. BAG vom 5.2.1998 – 2 AZR 227/97, NZA 1998, 771.
61 Vgl. APS-Dörner/Vossen, § 626 BGB Rn. 66 m.w.N.; einschränkend KSchR-Däubler, § 626 BGB Rn. 161ff.

8.9.3 Dauer des Ruhenszeitraumes

Der Anspruch auf Arbeitslosengeld ruht zunächst für den Fall des Bestehens weiterer Gehaltsansprüche für den darauf entfallenden Zeitraum. Gleiches gilt im Fall des Anspruchs auf Urlaubsabgeltung für die Zeit des abgegoltenen Urlaubs.

Ansonsten gilt für die Verhängung eines Ruhenszeitraumes eine **Obergrenze** von einem Jahr (vgl. § 158 Abs. 2 Satz 1 SGB III).

Die konkrete Berechnung des Ruhenszeitraumes richtet sich dann nach sozialen Gesichtspunkten. Generell wird auch bei kurzer Betriebszugehörigkeit ein Anteil von 40 % der Abfindung nicht angerechnet, weil dies als Entschädigung für den Verlust des sozialen Besitzstandes angesehen wird. Danach können sich höchstens 60 % der Abfindung auf das Ruhen des Leistungsanspruches auswirken, wobei sich der Anteil, der sich **nicht** auf den Ruhenstatbestand auswirkt, um jeweils 5 % für jeweils fünf Jahre der Betriebszugehörigkeit und fünf Lebensjahre nach Vollendung des 35. Lebensjahres erhöht. Bei entsprechendem Lebensalter und Betriebszugehörigkeit endet der anrechnungsfreie Teil der Abfindung bei 75 %. Vom Gesamt-Brutto der Abfindung sind Anteile zu berücksichtigen, deren jeweilige Prozentsätze sich aus nachstehender Tabelle ergeben:

Betriebs- oder Unternehmens-zugehörigkeit	Lebensalter am Ende des Arbeitsverhältnisses					
	unter 40 Jahre	ab 40 Jahre	ab 45 Jahre	ab 40 Jahre	ab 55 Jahre	ab 60 Jahre
weniger als 5 Jahre	60	55	50	45	40	35
5 und mehr Jahre	55	50	45	40	35	30
10 und mehr Jahre	50	45	40	35	30	25
15 und mehr Jahre	45	40	35	30	25	25
20 und mehr Jahre	40	35	30	25	25	25
25 und mehr Jahre	35	30	25	25	25	25
30 und mehr Jahre		25	25	25	25	25
35 und mehr Jahre			25	25	25	25

Bei Anwendung der Tabelle ist stets der Bruttobetrag der Abfindung maßgebend.

Erhält beispielsweise ein Arbeitnehmer eine Abfindung von €

20 000,00 und beträgt sein letztes Bruttogehalt € 3000,00 (d. h. kalendertäglich €100,00 und sind bei diesem Arbeitnehmer 40 % der Abfindung bei der Berechnung der Ruhenszeit zu berücksichtigen, errechnet sich hieraus ein Ruhenszeitraum von insgesamt 100 Kalendertagen (40 % von € 25 000,00 sind € 10 000,00). Dieser Betrag ist durch den Tagesverdienst von € 100,00 zu dividieren, woraus sich ein Ruhenszeitraum von 100 Kalendertagen ergibt.

Für die Dauer des Ruhenszeitraumes besteht grundsätzlich kein Krankenversicherungsschutz. Eine Ausnahme gilt auch hier nur während des nachwirkenden Krankenversicherungsschutzes für die Dauer von einem Monat gem. § 19 Abs. 2 SGB V im unmittelbarem Anschluss an die Beendigung des Arbeitsverhältnisses oder für die Dauer der Sperrzeit gem. § 5 Abs. 1 Nr. 2 SGB V.

Zu beachten ist ferner, dass bei der Abfindung die Leistungen für die Berechnung des Ruhenszeitraumes unberücksichtigt bleiben, die der Arbeitgeber unmittelbar zugunsten der Rentenversicherung des Arbeitnehmers im Zusammenhang mit der Entlassung gem. § 187a Abs. 1 SGB VI bzw. für Beiträge des Arbeitgebers zu einer berufsständischen Versorgungseinrichtung gezahlt. Im Übrigen bewirkt § 158 SGB III nur eine zeitliche Verlagerung des Anspruchs auf Arbeitslosengeld. Der arbeitslose Arbeitnehmer wird wegen der Abfindung praktisch für die Dauer des Ruhenszeitraumes so behandelt, als ob er nicht arbeitslos wäre. Sein Anspruch wird also lediglich hinausgeschoben und kann im Anschluss an den Ruhenszeitraum für die volle Dauer geltend gemacht werden.

Wird gleichzeitig eine Sperrzeit nach § 159 SGB verhängt und liegen parallel die Voraussetzungen für ein Ruhen nach § 158 SGB III vor, laufen auch die entsprechenden Zeiten parallel. Der Ruhenszeitraum beginnt also nicht erst nach der Sperrzeit, sondern wird hierauf angerechnet.

Bei der Beendigung von Arbeitsverhältnissen sind daher die sozialversicherungsrechtlichen Rahmenbedingungen auch zur Bewertung dessen, welche finanziellen Folgen dies für den Arbeitnehmer hat, von wesentlicher Bedeutung.

8.9.4 Meldepflicht als »arbeitsuchend«

Um die frühzeitige Arbeitssuche zu beschleunigen, verpflichtet die durch die »Hartz-Gesetze« eingeführte Vorschrift des § 38 Abs. 1 SGB III den Arbeitnehmer, sich unverzüglich nach Kenntnis des Beendigungszeitpunkts persönlich bei der Arbeitsagentur als arbeitsuchend zu melden.

Achtung: Die Pflicht zur Meldung besteht auch dann, wenn der Arbeitnehmer Kündigungsschutzklage erhoben hat, also die Auffassung vertritt, die ausgesprochene Kündigung sei unwirksam.

Der Arbeitnehmer hat sich nach Zugang der Kündigung durch den Arbeitgeber und selbstverständlich auch bei einer Eigenkündigung spätestens drei Monate vor der Beendigung des Arbeitsverhältnisses bei der Arbeitsagentur zu melden. Dies gilt auch bei Abschluss eines Aufhebungsvertrages.[62]

Bei befristeten Arbeitsverhältnissen hat die Meldung ebenfalls drei Monate vor dessen Beendigung zu erfolgen.

Liegen zwischen der Kenntnis von der Beendigung und dessen Zeitpunkt weniger als drei Monate, so ist die Meldung bei der Arbeitsagentur innerhalb von drei Tagen abzugeben. Auch dies gilt unabhängig davon, ob Kündigungsschutzklage eingereicht wurde oder der Arbeitgeber die Weiterbeschäftigung in Aussicht gestellt hat.

Dabei reicht zunächst eine telefonische oder schriftliche Anzeige bei der Arbeitsagentur aus, mit der die persönlichen Daten und der Beendigungszeitpunkt übermittelt werden, wenn parallel dazu eine terminliche Vereinbarung getroffen wird, bei der dann die persönliche Meldung nachgeholt wird.

Achtung: Aus Beweisgründen sollte aber diese Anzeige gegenüber der Arbeitsagentur (möglichst schriftlich oder als Ausdruck per E-Mail) dokumentiert werden.

Wer sich nicht rechtzeitig gemeldet hat, muss Minderungen seines Arbeitslosengeldes hinnehmen. Dies regelt § 159 Abs. 1 Nr. 7 i. V. m. Abs. 6 SGB III. Es wird eine Sperrzeit von einer Woche verhängt.

Achtung: Wer als Arbeitnehmer also beispielsweise eine rückdatierte Kündigung des Arbeitgebers hinnimmt, muss zukünftig mit dieser Sanktion rechnen, wenn bis zum Beendigungszeitpunkt weniger als drei Monate verbleiben. Gleiches gilt, wenn sich der Arbeitnehmer auf eine rückdatierte Aufhebungs- oder Abwicklungsvereinbarung einlässt.

---

62 Vgl. Bauer/Krets, NJW 2003, 537, 541.

9. Abfindung und Pfändungsschutz

Auch eine wegen des Verlustes des Arbeitsplatzes gezahlte Abfindung ist vollstreckungsrechtlich als Arbeitseinkommen zu bewerten. Die **Abfindung** ist daher **pfändbar**.[1]

Da es sich nicht um eine wiederkehrende Vergütung handelt, gelten auch die Pfändungsfreigrenzen des § 850c ZPO nicht. Ein Vollstreckungsschutz für Teilbeträge der Abfindung kann nur dadurch erlangt werden, dass beim zuständigen Vollstreckungsgericht ein Antrag nach § 850i Abs. 1 ZPO gestellt wird. Das Gericht kann dann dem Antragsteller so viel belassen, als er hiervon für einen »angemessenen Zeitraum« für seinen notwendigen Unterhalt »und den seiner Familie« benötigt und dies seinen früheren Einkünften aus laufenden Arbeitslohn entsprach. Dabei kann das Gericht frei die Gesamtumstände, also einerseits die Lebensverhältnisse und Verdienstmöglichkeiten des Schuldners, andererseits die Belange des Vollstreckungsgläubigers würdigen.

---

1 BAG vom 12.9.1979 – 4 AZR 420/77, DB 1980, 358.

10. Unwirksamkeit von Aufhebungsverträgen

Gelegentlich reut es die Arbeitsvertragsparteien, einen Aufhebungsvertrag unterzeichnet zu haben. Es beginnt dann die Suche nach Unwirksamkeitsgründen, die allerdings nur unter ausgesprochen engen Voraussetzungen zum Erfolg führen wird.

10.1 Unzulässige Regelungen

Aufhebungsverträge können nichtig sein, wenn ihr Zustandekommen als Umgehung des Kündigungsschutzgesetzes zu werten ist. So ist ein Aufhebungsvertrag unwirksam, den ein Arbeitnehmer bereits bei der Einstellung oder zu einem späteren Zeitpunkt unterzeichnet und den der Arbeitgeber, wenn es ihm passt, benutzen kann, indem er diesen Vertrag dann mit dem von ihm gewünschten Auflösungsdatum versieht.[1] Auch ist eine Abmachung unwirksam, die vorsieht, dass dann, wenn der Arbeitnehmer nicht rechtzeitig aus dem Urlaub zurückkehrt, die Beendigung des Arbeitsverhältnisses eintritt. Dieser Wegfall des Kündigungsschutzes ist unzulässig.[2]

Gleichfalls sind Aufhebungsverträge unwirksam, die dazu dienen sollen, dass bei bestimmten Verhaltensweisen automatisch eine Beendigung des Arbeitsverhältnisses eintritt. So sind Vereinbarungen nichtig, wonach das Arbeitsverhältnis automatisch enden soll, wenn ein ehemaliger Alkoholabhängiger wieder Alkohol zu sich nimmt.[3]

---

1 Vgl. KSchR-Däubler, Anhang zu § 623 BGB: Aufhebungsvertrag Rn. 41.
2 Vgl. BAG vom 19.12.1974 – 2 AZR 565/73, AP Nr. 3 zu § 620 BGB Bedingung; ähnlich BAG vom 25.6.1987 – 2 AZR 541/86, NZA 1988, 391(Auslaufen des Arbeitsvertrages bei Urlaubsende mit der allein eingeräumten Option, dann am Tag nach Urlaubsende die Wiedereinstellung zu den alten Bedingungen **beantragen** zu können).
3 Vgl. LAG München vom 29.10.1987 – 4 Sa 783/87, DB 1988, 506.

Gleiches gilt, wenn ein Ausbildungsverhältnis dann als aufgehoben gelten soll, wenn nicht bestimmte Noten in der Berufsschule erzielt werden.[4] Auch das Überschreiten bestimmter vorab festgelegter Fehlzeitenquoten kann nicht als Anknüpfungspunkt in einem Aufhebungsvertrag wirksam zugrunde gelegt werden.[5]

Ferner können im Einzelfall Aufhebungsverträge unwirksam sein, weil die Vorschrift des § 613a BGB umgangen wird. Dies ist dann gegeben, wenn Arbeitnehmer als Voraussetzung für den Abschluss neuer Arbeitsverträge mit dem Erwerber – dort selbstverständlich zu schlechteren Bedingungen – zunächst gehalten sind, ihre bestehenden Arbeitsverträge mit ihrem bisherigen Arbeitgeber aufzukündigen. Dieser Praxis hat das BAG einen Riegel vorgeschoben.[6] So billigt das BAG zwar bei einem Betriebsübergang Verträge zum Übertritt in eine Beschäftigungs- und Qualifizierungsgesellschaft, wenn damit das endgültige Ausscheiden aus dem Unternehmen bezweckt wird.[7] Wird dieser Übertritt jedoch nur deshalb veranstaltet, um die Kontinuität des früheren Arbeitsverhältnisses zu unterbrechen und wird sogleich ein neuer Arbeitsvertrag mit einem Erwerber abgeschlossen, so führt dies in aller Regel wegen Umgehung der Schutzvorschrift des § 613a BGB zur Unwirksamkeit eines in diesem Zusammenhang vereinbarten Aufhebungsvertrages.[8]

Wenn es beide Seiten darauf anlegen, die Agentur für Arbeit zu täuschen und deshalb einen Aufhebungsvertrag zurückdatieren, wird dieser als sittenwidrig anzusehen sein.[9] Insgesamt bleibt festzuhalten, dass nur unter ausgesprochen engen Voraussetzungen von der Nichtigkeit eines Aufhebungsvertrages ausgegangen werden kann. Sind lediglich einzelne Klauseln des Aufhebungsvertrages unwirksam, kann dies nach der gesetzlichen Bestimmung des § 139 BGB zum Wegfall des gesamten Vertrages führen. Wird allerdings eine Salvatorische Klausel (siehe unter 6.15, Seite 192) vereinbart, so beschränkt sich die Unwirksamkeit auf die entsprechende Klausel, während es bei der Aufhebung des Arbeits-

---

4 Vgl. BAG vom 5.12.1985 – 2 AZR 61/85, NZA 1987, 20.
5 Vgl. LAG Baden-Württemberg vom 15.10.1990 – 15 Sa 92/90, BB 1991, 209.
6 Vgl. BAG vom 28.4.1987 – 3 AZR 75/86, AP Nr. 5 zu § 1 BetrAVG; ebenso BAG vom 10.12.1998 – 8 AZR 324/97, NZA 1999, 422.
7 BAG vom 23.11.2006 – 8 AZR 349/06, NZA 2007, 866.
8 BAG, a.a.O.; LAG Niedersachsen vom 18.2.2010 – 7 Sa 779/09, ArbRAktuell 2010, 326.
9 Vgl. LAG Baden-Württemberg vom 22.5.1991 – 12 Sa 160/90, LAGE Nr. 4 zu § 611 BGB Aufhebungsvertrag – anders, wenn nur eine Partei die Täuschungsabsicht verfolgt: KSchR-Däubler, Anhang zu § 623 BGB: Aufhebungsvertrag Rn. 40.

verhältnisses aufgrund des im Übrigen dann wirksamen Aufhebungsvertrages verbleibt.

10.2   Verletzung von Aufklärungspflichten

Wie aufgezeigt, kann die vorzeitige Beendigung eines Arbeitsverhältnisses für den Arbeitnehmer mit erheblichen Nachteilen verbunden sein. Da der Arbeitgeber als Nebenpflicht aus dem bestehenden Arbeitsverhältnis Aufklärungs- und Hinweispflichten wahrzunehmen hat, kann eine Verletzung dieser Pflichten im Einzelfall Schadensersatzansprüche auslösen.[10] Die Rechtsprechung hat bislang das Bestehen einer Aufklärungspflicht aber nur in besonderen Fallkonstellationen anerkannt. Diese betreffen z. B. solche Aufhebungsverträge, die aufgrund ihrer Terminierung zu deutlichen Versorgungseinbußen führen. Insbesondere dann, wenn in zeitlicher Nähe zum möglichen Eintritt in den Ruhestand eine vorzeitige Vertragsbeendigung verhandelt wurde, ist anerkannt, dass der Arbeitnehmer ein legitimes Interesse an einem möglichst ungeschmälerten Rentenbezug hat, so dass demgegenüber das Interesse des Arbeitgebers an einer vorzeitigen Beendigung des Arbeitsverhältnisses zurückzutreten hat. Deshalb ist in solchen Fällen vom Arbeitgeber auf die versorgungsrechtlichen Nachteile einer vorzeitigen Vertragsbeendigung hinzuweisen.[11] Dies gilt allerdings dann nicht, wenn die Initiative zum Abschluss des Aufhebungsvertrages vom Arbeitnehmer ausgeht und erkennbar ist, dass für ihn etwaige Nachteile in seiner Altersversorgung keine Rolle spielen.[12]

Gesteigerte Hinweispflichten bestehen auch dann, wenn durch den Aufhebungsvertrag eine Zusatzversorgung in beträchtlicher Höhe geschmälert wird. Wenn dann noch die Höhe der angebotenen Abfindung in einem krassen Missverhältnis zu den Versorgungsrisiken steht, ist der Arbeitgeber gehalten, das Problembewusstsein des Arbeitnehmers zu wecken und so zu beraten, dass dieser sich bei der entsprechenden Versorgungseinrichtung sachgerecht erkundigt, um Missverständnisse ver-

---

10 Vgl. BAG vom 10. 3. 1988 – 8 AZR 420/85, AP Nr. 99 zu § 611 BGB Fürsorgepflicht; ErfK-Müller-Glöge, § 611 BGB Rn. 753.
11 Vgl. BAG vom 13. 11. 1984 – 3 AZR 255/84, AP Nr. 5 zu § 1 BetrAVG Zusatzversorgungskassen.
12 Vgl. BAG vom 18. 9. 1984 – 3 AZR 118/82, AP Nr. 6 zu § 1 BetrAVG Zusatzversorgungskassen.

meiden zu können. Ein lediglich pauschaler Hinweis, sich bei der Versorgungseinrichtung aufklären zu lassen, reicht in einer solchen Situation nicht. Vielmehr muss der Arbeitgeber den Arbeitnehmer auf atypische Risiken bei der beabsichtigten Beendigung des Arbeitsverhältnisses aufmerksam machen. Unklarheiten, ob entsprechende Hinweispflichten eingehalten wurden, gehen zu Lasten des aufklärungspflichtigen Arbeitgebers.[13] Auch wenn der Arbeitgeber freiwillig Auskünfte erteilt, auf die der Arbeitnehmer erkennbar seine Entscheidung stützt, wie beispielsweise in Form von Modellrechnungen zu den zu erwartenden Einnahmen, so müssen diese Auskünfte richtig sein. Anderenfalls haftet der Arbeitgeber auf Schadensersatz.[14] Vergleichbare Aufklärungspflichten sollen auch bestehen, wenn es um drohende sozialrechtliche Nachteile insbesondere beim Bezug von Arbeitslosengeld geht.[15]

Stellt der Arbeitnehmer Fragen nach dem Bezug von Arbeitslosengeld, muss der Arbeitgeber diese vollständig und richtig beantworten. Ist er dazu selbst nicht in der Lage, muss er den Arbeitnehmer an die zuständige Stelle weiterleiten. Werden Fragen des Arbeitnehmers unzutreffend beantwortet, haftet der Arbeitgeber auf Schadensersatz.[16] Allerdings soll es ausreichen, dass der Arbeitgeber den Arbeitnehmer auf die bei der Arbeitsverwaltung bestehenden Erkundigungsmöglichkeiten hinweist.[17] Auch soll es zulässig sein, die Aufklärungspflichten durch Klauseln im Aufhebungsvertrag abzubedingen bzw. im Aufhebungsvertrag aufzunehmen, dass der Arbeitnehmer über entsprechende Risiken belehrt worden sei.[18]

Diese Rechtsauffassung dürfte jedenfalls sich dort als problematisch erweisen, wo dem Arbeitnehmer keine ausreichende Zeit eingeräumt wurde, sich sachgerecht an anderer Stelle über mögliche Konsequenzen informieren zu können. In einem solchen Fall dürfte es zutreffend sein, dass der Arbeitgeber verpflichtet ist, den Arbeitnehmer direkt über die Auswirkungen des Aufhebungsvertrages auf den Anspruch auf Arbeitslosengeld aufzuklären, insbesondere, wenn es der Arbeitgeber ist, der

---

13 Vgl. BAG vom 17. 10. 2000 – 3 AZR 605/99, AP Nr. 116 zu § 611 BGB Fürsorgepflicht.
14 BAG vom 21. 11. 2000 – 3 AZR 13/00, AP Nr. 17 zu § 611 BGB Haftung des Arbeitgebers.
15 Vgl. BAG vom 10. 3. 1988 – 8 AZR 420/85, NZA 1988, 837; KSchR-Däubler, Anhang zu § 623 BGB: Aufhebungsvertrag Rn. 96.
16 Vgl. BAG vom 3. 7. 1990 – 3 AZR 382/89, NZA 1990, 971.
17 So Bauer, A 182, L 26 § 22.
18 Vgl. Bauer, A 180 f; APS-Rolfs, AufhebVtr, Rn. 9 f.

aus betrieblichen Gründen massiv auf Abschluss eines Aufhebungsvertrages drängt.[19]

Auch dann, wenn durch den Abschluss eines Aufhebungsvertrages bestehender Sonderkündigungsschutz verloren geht, wird eine Hinweispflicht des Arbeitgebers bejaht, insbesondere eine Aufklärung darüber, dass dann mit einer Sperrfrist bei Bezug des Arbeitslosengeldes zu rechnen ist. Dies soll jedenfalls dann gelten, wenn der Arbeitgeber den Abschluss des Aufhebungsvertrages betreibt und dabei erkennt, dass der Arbeitnehmer sich vermutlich über die Folgen und Tragweite eines Aufhebungsvertrages im Unklaren ist.[20] Dennoch muss als **Grundsatz** festgehalten werden, dass die herrschende Meinung in Rechtsprechung und Literatur davon ausgeht, dass sich der **Arbeitnehmer** vor Abschluss eines Aufhebungsvertrages **selbst über die damit verbundenen Folgen zu informieren hat** und im Regelfall keine Pflicht des Arbeitgebers besteht, von sich aus auf Risiken von Aufhebungsverträgen hinzuweisen.[21] Dies gilt selbst dann, wenn der Arbeitgeber zum gleichen Zeitpunkt bereits weitere Entlassungen beabsichtigt, die dann zum Abschluss eines Sozialplanes mit höheren Abfindungsbeträgen führen.[22]

Nur ausnahmsweise wird es daher einem Arbeitnehmer gelingen, wegen eines für ihn im Ergebnis nachteiligen Aufhebungsvertrages Schadensersatz zu erlangen.

10.3   Anfechtung

Die zum Zustandekommen eines Aufhebungsvertrages führenden Willenserklärungen sind nach den allgemeinen Bestimmungen der §§ 119, 123 BGB anfechtbar. Die Anfechtung ist gegenüber dem Vertragspartner zu erklären und führt, wenn sie – im Ausnahmefall – erfolgreich ist,

---

19 Vgl. LAG Hamburg vom 20. 8. 1992 – 2 Sa 16/92, LAGE Nr. 9 zu § 611 BGB Aufhebungsvertrag; KSchR-Däubler, Anhang zu § 623 BGB: Aufhebungsvertrag Rn. 103.
20 Vgl. BAG vom 10. 3. 1988 – 8 AZR 420/85, NZA 1988, 837; Küttner-Eisemann, Aufhebungsvertrag, Rn. 13.
21 Vgl. BAG vom 23. 5. 1989 – 3 AZR 257/88, AP Nr. 28 zu § 1 BetrAVG Zusatzversorgungskassen; BAG vom 11. 12. 2001 – 3 AZR 339/00, NZA 2002, 1150 ff.: betraf unterlassene Information über Kürzung der betrieblichen Altersversorgung nach Aufhebungsvertrag.
22 Vgl. BAG vom 13. 11. 1996 – 10 AZR 340/96, NZA 1997, 390.

zur rückwirkenden Beseitigung des Aufhebungsvertrages gem. § 142 Abs. 1 BGB.

10.3.1 Wegen Irrtums

Eine Anfechtung kann sich darauf stützen, dass der Arbeitnehmer eine Erklärung dieses Inhalts (Erklärungsirrtum) gar nicht abgeben wollte oder sich über die Folgen eines Aufhebungsvertrages nicht bewusst war. Dies ist in aller Regel jedoch wenig Erfolg versprechend. Dem Arbeitnehmer steht z. B. kein Anfechtungsrecht nach § 119 BGB zu, wenn er sich über die steuerrechtlichen und/oder sozialrechtlichen Folgen der abgeschlossenen Vereinbarung getäuscht hat.[23] Selbst einer schwangeren Arbeitnehmerin, die nicht darüber informiert ist, dass ihr Aufhebungsvertrag zum Verlust des Mutterschutzes führt, wird ein Anfechtungsrecht nicht zugestanden.[24]

Auch eine Arbeitnehmerin, die von ihrer Schwangerschaft nichts wusste, wurde kein Anfechtungsrecht gegen den von ihr geschlossenen Aufhebungsvertrag eingeräumt.[25]

Im Ergebnis bleibt festzuhalten, dass ein so genannter Inhaltsirrtum (eine Erklärung mit diesem Inhalt sollte nicht abgegeben werden) kein Anfechtungsrecht begründet.

10.3.2 Wegen arglistiger Täuschung

Ein Aufhebungsvertrag kann ferner dann anfechtbar sein, wenn eine der beiden Seiten durch arglistige Täuschung zu seinem Abschluss bestimmt worden ist. Die Täuschung muss sich auf objektiv nachprüfbare Umstände beziehen.[26] So kann eine Täuschung, also die willentliche Verursachung eines Irrtums, gegeben sein, wenn dem Arbeitnehmer vorgespiegelt wird, der Betrieb werde alsbald stillgelegt.[27] Ebenfalls liegt eine Täuschungshandlung vor, wenn wahrheitswidrig behauptet wird, an-

---

23 Vgl. BAG vom 10.3.1988 – 8 AZR 420/85, NZA 1988, 837.
24 Vgl. BAG vom 16.2.1983 – 7 AZR 134/81, AP Nr. 22 zu § 123 BGB; kritisch KSchR-Däubler, Anhang zu § 623 BGB: Aufhebungsvertrag Rn.77
25 Vgl. BAG vom 6.2.1992 – 2 AZR 408/91, AP Nr. 13 zu § 119 BGB – so genannter unbeachtlicher Rechtsfolgenirrtum.
26 Vgl. BAG vom 5.10.1995 – 2 AZR 923/94, AP Nr. 40 zu § 123 BGB.
27 Vgl. KSchR-Däubler, Anhang zu § 623 BGB: Aufhebungsvertrag Rn. 78.

dere Beschäftigte hätten ebenfalls einen Aufhebungsvertrag abgeschlossen.

Arglistig ist so ein Verhalten, wenn der Täuschende die Unrichtigkeit seiner Angaben kennt oder einfach ins Blaue hinein unrichtige Angaben aufstellt.[28] Schließlich setzt eine erfolgreiche Anfechtung voraus, dass durch die Irrtumserregung auch die Unterschrift unter den Aufhebungsvertrag ursächlich veranlasst wurde. Dies alles muss der betreffende Arbeitnehmer im Einzelnen beweisen können.

10.3.3 Wegen widerrechtlicher Drohung

Außerordentlich umstritten ist die Beurteilung der Fälle, bei denen der Arbeitgeber mit einer außerordentlichen oder ordentlichen Kündigung droht und der Arbeitnehmer unter diesem Eindruck einen Aufhebungsvertrag abschließt. Dies sind typischerweise Situationen, in denen dem Arbeitnehmer – meist »überfallartig« – ein Aufhebungsvertrag zur Unterschrift vorgelegt wird mit der ultimativen Aufforderung, diesen sofort zu akzeptieren, anderenfalls würde eine Kündigung ausgesprochen. Dies wird dann in der Praxis auch noch verbunden mit der Androhung weit reichender Schadensersatzansprüche oder strafrechtlichen Konsequenzen für den Fall, dass sich beide Seiten nicht »einigen« würden.

Bei der Beurteilung, ob die Drohung widerrechtlich ist, kommt es nach Auffassung des BAG nicht darauf an, ob sich in einem Kündigungsschutzprozess die angedrohte Kündigung als wirksam herausgestellt hätte. Vielmehr wird als Prüfungsmaßstab herangezogen, ob ein »verständiger Arbeitgeber die Kündigung ernsthaft in Erwägung gezogen hätte«.[29]

Ist der Sachverhalt unklar, kommt es darauf an, ob ein »verständiger Arbeitgeber« noch weitere Ermittlungen anstellen würde. Dann müsste das voraussichtliche Ergebnis dieser weiteren Ermittlungen auch eine Kündigung ermöglichen.[30] Es sollen aber auch bereits Unstimmigkeiten und Widersprüchlichkeiten in Spesenabrechnungen eines Außendienst-

---

28 Vgl. APS-Rolfs, AufhebVtr, Rn. 95.

29 So das BAG für die außerordentliche Kündigung vom 30.1.1986 – 2 AZR 196/85, NZA 1988, 91; für die ordentliche Kündigung vom 16.1.1992 – 2 AZR 412/91, NZA 1992, 1023 sowie vom 30.9.1993 – 2 AZR 268/93, AP Nr. 37 zu § 123 BGB; krit. KSchR-Däubler, Anhang zu § 623 BGB: Aufhebungsvertrag Rn. 83ff.

30 Vgl. BAG vom 30.1.1986 – 2 AZR 196/85, NZA 1988, 91.

mitarbeiters ausreichen, wenn eine Überprüfung nur schwer möglich ist, um auszuschließen, die angedrohte Kündigung als widerrechtliche Drohung zu bewerten.[31] Eine Anfechtung ist damit ausgeschlossen. Immerhin wird ein hinreichender Kündigungsgrund nicht angenommen, wenn der Arbeitgeber wegen eines Verhaltens, das zunächst nur hätte abgemahnt werden dürfen, eine Kündigung androht.[32] Bei einer angedrohten Verdachtskündigung ist die Anfechtung zulässig, wenn hier der Arbeitgeber die gebotenen Schritte zur Aufklärung des Sachverhalts unterlassen hat.[33]

Zutreffend wird kritisiert, dass der Maßstab dessen, was ein »verständiger Arbeitgeber« veranlassen würde, für die Rechtsanwendung kaum praktikable Maßstäbe liefert.[34]

Sehr bedenklich ist es, wenn die Rechtsprechung in Einzelfällen akzeptiert, dass ein Aufhebungsvertrag wegen widerrechtlicher Drohung dann nicht mehr angefochten werden kann, wenn der betroffene Arbeitnehmer nachträglich nicht nachweisen kann, dass die Verdachtsmomente falsch sind, der Arbeitgeber aber in das ursprüngliche, zum Aufhebungsvertrag führende Gespräch mit Behauptungen hineingegangen ist, die jedenfalls zu diesem Zeitpunkt nicht dem objektiven Kenntnisstand des Arbeitgebers entsprachen.[35]

Die Drohung mit Schadensersatzforderungen des Arbeitgebers gegen den Beschäftigten kann dann zur Rechtswidrigkeit von Aufhebungsverträgen führen, wenn diese Ansprüche entweder völlig unbegründet sind oder in keinem direkten Zusammenhang mit dem Arbeitsverhältnis stehen.[36] Hier sollte auch die Rechtsprechung nutzbar gemacht werden, die gegenüber Schuldanerkenntnissen entwickelt worden ist, die von Arbeitnehmern in einer besonderen Zwangssituation abgegeben wurden. So gibt es Fälle, in denen Arbeitnehmer, die der Kassen- oder Warenveruntreuung verdächtigt werden, in eine Zwangssituation gebracht werden, insbesondere ohne die Möglichkeit, eine Vertrauensperson bzw. einen Rechtsanwalt hinzuziehen zu können, und dann Schuldanerkenntnisse zur Unterschrift vorgelegt werden, mit denen auch solche Inventur-

---

31 Vgl. LAG Düsseldorf vom 30.4.1991 – 16 Sa 98/91, LAGE Nr. 14 zu § 123 BGB.
32 Vgl. BAG vom 16.1.1992 – 2 AZR 412/91, NZA 1992, 1023.
33 Vgl. Küttner-Eisemann, Aufhebungsvertrag, Rn. 22.
34 Vgl. KSchR-Däubler, Anhang zu § 623 BGB: Aufhebungsvertrag Rn. 84; HK-ArbR/Däubler, § 611 BGB Rn. 616.
35 Vgl. LAG Hessen vom 22.3.2010 – 17 Sa 1303/09, NZA-RR 2010, 341.
36 Vgl. KSchR-Däubler, Anhang zu § 623 BGB: Aufhebungsvertrag Rn. 85; HK-ArbR/Däubler, § 611 BGB Rn. 617.

differenzen ausgeglichen werden sollen, die auf ganz anderen Ursachen beruhen.[37] Bei einer Auszubildenden, die des Diebstahls überführt wurde, wurde ein notarielles Schuldanerkenntnis, das nach einem mehr als drei Stunden während intensiven Verhör durch mehrere Personen und unmittelbar anschließender Fahrt zum Notar zustande gekommen war, als sittenwidrig angesehen.[38] Wird in einer solchen Situation also mit völlig unverhältnismäßigen Schadensersatzansprüchen gedroht, wäre es je nach Lage des Einzelfalles folgerichtig, nicht nur das Schuldanerkenntnis als unwirksam zu werten, sondern ebenfalls einen typischerweise in dieser Situation abgeschlossenen Aufhebungsvertrag.

Zurückhaltend ist die Rechtsprechung aber demgegenüber auch dann, wenn mit strafrechtlichen Folgen in Form einer Strafanzeige gedroht wird. Hier soll es für die Beurteilung der Widerrechtlichkeit darauf ankommen, ob ein auch »verständiger« Arbeitgeber eine Strafanzeige ernsthaft in Erwägung gezogen hätte.[39] Richtigerweise sollte man auch hier darauf abstellen, ob das mit einer Strafanzeige bedrohte Verhalten so geartet ist, dass arbeitsrechtlich auch eine Kündigung gerechtfertigt wäre.[40]

In der Mehrzahl der Fälle wird aber eine Anfechtung wegen Drohung nach der geltenden Rechtsprechung daran scheitern, dass nur unter Ausnahmebedingungen, die vom Arbeitnehmer zu beweisen wären, die Widerrechtlichkeit angenommen wird.

Die Frist zur Anfechtung wegen Drohung und Täuschung beträgt ein Jahr und beginnt mit der Entdeckung des Anfechtungsgrundes bzw. dem Ende der so genannten Zwangslage. Bei Anfechtung wegen Irrtums muss diese unverzüglich, d. h. ohne schuldhaftes Zögern i. S. v. § 121 Abs. 1 Satz 1 BGB erfolgen.

---

37 Vgl. LAG Thüringen vom 10.9.1998 – 5 Sa 104/97, NZA-RR 1999, 399 ff. – Nichtigkeit eines Schuldanerkenntnisses über 80 000,00 DM wegen Sittenwidrigkeit.
38 Vgl. OLG Düsseldorf vom 26.3.1999 – 22 U 193/98, NZA-RR 1999, 397.
39 Vgl. BAG vom 30.1.1986 – 2 AZR 196/85, NZA 1988, 91; BAG vom 6.11.1997 – 2 AZR 162/97, AP Nr. 45 zu § 242 BGB Verwirkung.
40 Vgl. KSchR-Däubler, Anhang zu § 623 BGB: Aufhebungsvertrag Rn. 86.

10.4 Rücktritt vom Aufhebungsvertrag

Ein gesetzliches Rücktrittsrecht bei Aufhebungsverträgen wird von der höchstrichterlichen Rechtsprechung nicht eingeräumt (vgl. hierzu 10.6, Seite 249 ff.). Allerdings kann der Arbeitnehmer dann vom Aufhebungsvertrag zurücktreten, wenn der Arbeitgeber mit der Abfindungszahlung in Verzug geraten ist und ihm vom Arbeitnehmer eine Nachfrist zur Zahlung gesetzt wurde.[41] Rechtsgrundlage hierfür bildet § 323 BGB, wonach bei ausbleibender Leistung, die auch nach entsprechender Fristsetzung nicht erfolgt, ein gesetzliches Rücktrittsrecht entsteht. Der Hauptanwendungsfall hierfür sollte eigentlich in der Insolvenz stattfinden. Hier wird bei vor Insolvenzeröffnung vereinbarten Abfindungsverträgen die Abfindung einfache Insolvenzforderung nach § 38 InsO, so dass – wenn überhaupt – nur noch mit minimalen Geldbeträgen entsprechend der vom Insolvenzverwalter festgelegten Quote (oft erst viele Jahre nach Eröffnung des Insolvenzverfahrens) gerechnet werden kann. Dann könnte es aus Arbeitnehmersicht Sinn machen, den Rücktritt zu erklären mit der Folge, dass das Arbeitsverhältnis fortzusetzen wäre, so dass jedenfalls noch ein Anspruch auf Insolvenzgeld (dreimonatige Überbrückungsleistung der Arbeitsagentur gem. § 183 SGB III) entstehen kann sofern diese Leistung noch nicht in Anspruch genommen wurde. Aber: Ist wie regelhaft in der Insolvenz der vereinbarte Abfindungsanspruch nicht mehr durchsetzbar, etwa weil der Insolvenzverwalter gar nicht mehr leisten darf (wegen der Benachteiligung anderer Gläubiger), so ist das Rücktrittsrecht ausgeschlossen.[42] Was bliebe, wäre zu prüfen, ob Schadensersatzansprüche gegen die früheren Firmenverantwortlichen (z. B. Geschäftsführer einer GmbH) möglich sind, weil diese es etwa unterlassen haben, den Arbeitnehmer bei Abschluss des Aufhebungsvertrages auf die drohende Zahlungsunfähigkeit hinzuweisen.[43]

Abfindungsforderungen, die auf einen nach Eröffnung des Insolvenzverfahrens mit dem Insolvenzverwalter abgeschlossenen Aufhebungsvertrag beruhen, sind allerdings bevorrechtigte Masseforderungen nach § 55 InsO.[44] Hier bietet sich ein Rücktritt also nicht an.

---

41 Vgl. Weber/Ehrich/Baumeister/Fröhlich a. a. O., Teil 3, Rn. 75 m. w. N.
42 BAG vom 10.11.2011 – 6 AZR 357/10, NZA 2012, 205; HK-ArbR/Schulze, § 55 InsO Rn. 8.
43 LAG Mecklenburg-Vorpommern vom 19.1.2005 – 2 Sa 444/04, juris.
44 BAG vom 12.6.2002 – 10 AZR 180/01, NZA 2002, 974.

Durch den Rücktritt lebt im Übrigen das Arbeitsverhältnis auch nicht zum ursprünglichen Beendigungszeitpunkt wieder auf, sondern es kommt hier auf den Zeitpunkt der Rücktrittserklärung durch den Arbeitnehmer an, wobei diese Erklärung zu bewerten ist als Angebot zur Fortsetzung des Arbeitsverhältnisses mit dem Arbeitgeber.[45]

10.5 Wegfall der Geschäftsgrundlage/ Anspruch auf Wiedereinstellung

Fällt zwischen dem Abschluss des Aufhebungsvertrages und dem vorgesehenen Beendigungszeitpunkt der tragende Grund für die Beendigung unerwartet weg, kann eine Anpassung des Aufhebungsvertrages nach den Regeln über den Wegfall der Geschäftsgrundlage gem. § 313 BGB gerechtfertigt sein. Diese kann in der Weise erfolgen, dass eine Wiedereinstellung erfolgt, was dann gleichzeitig zum Wegfall der vereinbarten Abfindungsforderung führt.[46] Dafür reicht es nicht aus, dass bei Vertragsschluss einseitig gehegte Motive (Beispiel: Arbeitnehmer will sich nach Beendigung des Arbeitsverhältnisses selbständig machen, seine Pläne scheitern dann aber) nicht in Erfüllung gehen. Vielmehr müssen die **gemeinsamen Vorstellungen der Parteien** nachträglich durch die tatsächliche Entwicklung konterkariert worden sein.

So etwas kann z. B. dann vorliegen, wenn der Arbeitgeber eine endgültige Stilllegung des Betriebs oder Betriebsteils plant (oder Entsprechendes behauptet) und dann ein Erwerber nach Abschluss des Aufhebungsvertrages auf den Plan tritt, der entgegen den ursprünglichen Absichten den Betrieb oder Betriebsteil fortführt.

Auch bei krankheitsbedingter Auflösung kann ein Wiedereinstellungsanspruch entstehen, wenn eine erfolgreiche Ausheilung der bis dato zur Arbeitsunfähigkeit führenden Krankheit eintritt, wobei es allerdings das BAG nicht ausreichen lässt, wenn nur die bis dato negative Gesundheitsprognose erschüttert wird. Vielmehr muss dann für einen Wiedereinstellungsanspruch definitiv von einer positiven Gesundheitsprognose auszugehen sein.[47] Auch müssen die Ausheilung und das Beru-

---

45 Vgl. Einzelheiten zu dem dann entstehenden Abwicklungsschuldverhältnis: ArbG Siegburg vom 9. 2. 2010 – 5 Ca 2017/09, NZA-RR 2010, 345.
46 BAG vom 8. 5. 2008 – 6 AZR 517/07, NZA 2008, 1148.
47 BAG vom 16. 9. 1999 – 2 AZR 639/98, NZA 1998, 1328.

fen des nun gesunden Arbeitnehmers darauf sich ereignen vor dem im Aufhebungsvertrag zugrunde gelegten Beendigungszeitpunkt.[48] Schließlich ist der Arbeitnehmer, wenn er sich auf den Wegfall der Geschäftsgrundlage berufen will, für die Erfüllung der entsprechenden Tatbestandsvoraussetzungen darlegungs- und beweispflichtig.[49] Hat der Arbeitgeber im Übrigen im Vertrauen auf den Bestand des Aufhebungsvertrages bereits entsprechende Dispositionen getroffen (z. B. bei krankheitsbedingtem Ausscheiden den dann freien Arbeitsplatz neu besetzt) oder ist die unerwartete Fortführung des Betriebes nur möglich, weil Rationalisierungsmaßnahmen durchgeführt werden, zu denen auch ein Personalabbau gehört[50], scheidet ein Anspruch auf Anpassung des Aufhebungsvertrages im Sinne einer Wiedereinstellung regelmäßig aus.

Da bei Geltendmachung dieser Option außerordentlich hohe juristische Hürden zu überwinden sind und dies im Übrigen mit dem Risiko des Verlust der Abfindung einhergeht, sollte hiervon nur nach gründlicher rechtlicher Beratung Gebrauch gemacht werden.

Der Wiedereinstellungsanspruch richtet sich auf Neubegründung des Arbeitsverhältnisses allerdings zu den Bedingungen, die sich aus der Dauer der bisherigen Betriebszugehörigkeit ergeben.[51] Dabei ist der Anspruch auf Wiedereinstellung dergestalt geltend zu machen, dass ein Antrag auf Annahme eines Angebots zum Abschluss eines Arbeitsvertrages zu den bisherigen Bedingungen gegenüber dem Arbeitgeber unterbreitet wird.

10.6 Widerrufsrecht bei Aufhebungsvereinbarungen

10.6.1 Grundsatz

Die höchstrichterliche Rechtsprechung hat es bislang abgelehnt, ein Widerrufsrecht bei Aufhebungsverträgen anzuerkennen. Die Entscheidung des LAG Hamburg,[52] wonach es eine unzulässige Rechtsausübung dar-

---

48 BAG vom 27.6.2001 – 7 AZR 662/99, NZA 2001, 1135.
49 Vgl. Weber/Ehrich/Baumeister/Fröhlich, Teil 3, Rn. 102, 115.
50 BAG vom 27.2.1997 – 2 AZR 160/96, NZA 1997, 757.
51 BAG vom 2.12.1999 – 2 AZR 757/98, NZA 2000, 531.
52 Vgl. LAG Hamburg vom 3.7.1991 – 5 Sa 20/91, NZA 1992, 309.

stellt, wenn eine Aufhebungsvereinbarung zustande kommt, bei der der Arbeitgeber den Arbeitnehmer ohne Vorwarnung zu einem Gespräch bittet und hierbei den Arbeitnehmer zur Unterschriftsleistung veranlasst, ohne ihm eine Bedenkzeit oder ein Rücktrittsrecht einzuräumen, ist vereinzelt geblieben. Das BAG hat diese Entscheidung aufgehoben und es als unschädlich angesehen, wenn der Arbeitnehmer ohne Vorwarnung zum Abschluss eines Aufhebungsvertrages veranlasst wird.[53]

Dabei hat es das BAG auch abgelehnt, eine abweichende Rechtsfortbildung vorzunehmen, weil sich der Arbeitnehmer beim Abschluss von Aufhebungsverträgen prinzipiell in einer Verhandlungsposition befindet, die das Bundesverfassungsgericht als strukturell unterlegen definiert.[54]

Nach Auffassung des BAG soll es beim Abschluss von Aufhebungsverträgen an einer strukturell ungleichen Verhandlungsstärke fehlen.[55] Begründet wird dies damit, dass es doch ausreiche, wenn der Arbeitnehmer ein »nein« zu der ihm angetragenen Vertragsaufhebung äußere.[56]

10.6.2 Rechtslage nach der Schuldrechtsreform

Mit der Schuldrechtsreform vom 26.11.2001[57] ist ein Widerrufsrecht für die so genannten Haustürgeschäfte generell in das BGB aufgenommen worden, wobei in § 355 BGB im Einzelnen Ausgestaltung und Rechtsfolgen des Widerrufsrechts geregelt sind.

Wegen des oft aus Arbeitnehmersicht übereilten und nicht immer interessengerechten Abschlusses eines Aufhebungsvertrages wurde in der Folgezeit durchaus vertreten, dass dieses Widerrufsrecht auch arbeitsrechtliche Aufhebungsverträge erfasst.[58]

10.6.2.1 Arbeitnehmer als Verbraucher

Seit der Schuldrechtsmodernisierung erstreckt sich der Verbraucherbegriff auch auf den Arbeitnehmer. Nicht nur, dass die frühere Bereichsausnahme auf dem Gebiet der Allgemeinen Geschäftsbedingungen für

---

53 Vgl. BAG vom 30.9.1993 – 2 AZR 268/93, NZA 1994, 209.
54 Vgl. BVerfG vom 19.10.1993 – 1 BvR 567/89, NJW 1994, 36ff.
55 Vgl. BAG vom 14.2.1996 – 2 AZR 234/95, NZA 1996, 811.
56 Hoß, ArbRB 2002, 181, 182.
57 BGBl. I S. 3138ff.
58 Hümmerich/Holthausen, NZA 2002, 173, 178; Grundstein, FA 2003, 41ff.

das Arbeitsrecht aufgehoben wurde, begründet dieses Ergebnis. Auch die in § 13 BGB verwendete Definition sowie der in der Gesetzesbegründung zum Ausdruck gekommene Wille des Gesetzgebers untermauert dies. Auch das BAG sieht den Arbeitnehmer als Verbraucher i. S. v. § 13 BGB an.[59]

10.6.2.2 Überrumpelungssituation

Die Verbraucherschutzvorschriften sollen vor Überrumpelung schützen. Während früher nur bestimmte, so genannte Haustürgeschäfte zum Widerruf berechtigten, sind jetzt mit Umsetzung der Verbraucherrechterichtlinie[60] grundsätzlich erst einmal alle Vertragsschlüsse außerhalb von Geschäftsräumen erfasst. Daher liegt es nahe anzunehmen, dass dem Arbeitnehmer ein Widerrufsrecht zusteht. Vor dem Hintergrund der bisherigen Rechtsprechung des BAG zum Widerrufsrecht kann dies allerdings nicht als gesichert gelten. Der Gesetzgeber hat sich bei der Umsetzung der Verbraucherrechterichtlinie nicht mit dieser Frage auseinandergesetzt. Bisher geht jedenfalls die BAG-Rechtsprechung davon aus, dass für einen Arbeitnehmer an seinem Arbeitsplatz keine Überrumpelungssituation besteht. Vielmehr gelte der Grundsatz, dass man an seinem Arbeitsplatz stets mit dem Angebot eines Aufhebungsvertrages rechnen müsse.[61] Hier ein solches Angebot zu unterbreiten »falle nicht aus dem Rahmen«, wie dies bei sonstigen Umsatzgeschäften, auf die der Arbeitnehmer am Arbeitsplatz angesprochen wird, der Fall sei.[62]

Schon empirisch fehlt hierfür jeder Beleg. Der Lebenswirklichkeit dürfte es eher entsprechen, die Annahme zugrunde zu legen, dass die Aufnahme von Verkaufsgesprächen über ein Zeitschriftenabonnement, den Kauf eines Gebrauchtwagens oder die Mitgliedschaft in einem Fitness-Club eher nicht zu den ungewöhnlichen Ereignissen am Arbeitsplatz zählt. Die Aufforderung des Arbeitgebers an einen einzelnen Arbeitnehmer, mit ihm einen Aufhebungsvertrag abzuschließen, dürfte demgegenüber im Laufe eines Arbeitslebens eher zu den seltenen Erfahrungen zählen. Anders lässt sich auch die oft tief greifende Überraschung und persönliche Krisensituation nicht erklären, in die viele

---

59 BAG vom 25. 5. 2005 – 5 AZR 572/04, NZA 2005, 1111.
60 Gesetz zur Umsetzung der Verbraucherrechterichtlinie und zur Änderung des Gesetzes zur Regelung der Wohnungsvermittlung vom 20. 9. 2013, BGBl. I S. 3642.
61 Hoß, ArbRB 2002, 181, 182.
62 Vgl. Däubler, NZA 2001, 1329, 1334.

Beschäftigte völlig unverhofft geraten, wenn ihnen ein solcher Aufhebungsvertrag wie üblich ohne Vorwarnung unterbreitet wird.

Zudem lassen sich jedenfalls am Arbeitsplatz Verhandlungen über übliche (andere) Umsatzgeschäfte, die mit dem Arbeitgeber direkt nichts zu tun haben, ohne Probleme abbrechen, während beim arbeitgeberseitig gestalteten Gespräch über den aus seiner Sicht notwendigen Abschluss eines Aufhebungsvertrages die Abhängigkeit am Arbeitsplatz deutlich gravierendere Schwierigkeiten begründet, solche Gespräche folgenlos abzubrechen: Der Arbeitnehmer unterliegt dem Weisungsrecht des Arbeitgebers und darf seinen Arbeitsplatz ohne dessen Zustimmung während der Arbeitszeit nicht verlassen. Gesprächsaufforderungen des Arbeitgebers kann sich der Arbeitnehmer in der Regel nicht entziehen. Genau deshalb fällt es dem Arbeitnehmer auch sehr schwer, dem von einem Arbeitgeber nachdrücklich forcierten Abschluss eines Aufhebungsvertrages ein klares »Nein« entgegenzusetzen.[63] Dies gilt umso mehr, wenn das Angebot des Aufhebungsvertrages verbunden ist mit mehr oder weniger verhüllten Drohungen, was passieren könnte, wenn es nicht zum Abschluss der Vereinbarung kommt bis hin zur Drohung mit fristloser Kündigung und Schadensersatzforderungen.

Verträge über eine Heizdecke anlässlich einer Kaffeefahrt, den Staubsauger an der Haustür oder über den Eintritt in einen Buchclub bei der Ansprache hierauf am Bahnhof sind traditionell durch das Verbraucherschutzrecht geschützt, dessen Ziel es ist, Überraschung und Überrumpelung zu verhindern. Arbeitgeber gehen aber an das Ziel, einen nicht mehr erwünschten Arbeitnehmer zum Abschluss eines Aufhebungsvertrages zu bewegen, in aller Regel systematisch vor. Sind sie die Initiatoren, kommt ihnen also die »professionelle« Vorbereitung des entsprechenden Gesprächs zugute. Dem entspricht es, dass Angebote für Aufhebungsverträge meist verbunden werden mit der Darstellung scheinbar lukrativer finanzieller Vergünstigungen oder aber auch mit mehr oder weniger subtilen Ankündigungen, was alles unternommen werden könnte, wenn sich der Arbeitnehmer nicht »einigen« würde.[64] Abgesehen von den meist völlig fehlenden Kenntnissen der juristischen Folgen von Aufhebungsverträgen bei Arbeitnehmern, ergibt sich schon aus dieser Situation das, was das Bundesverfassungsgericht als struktu-

---

63 Schleusener, NZA 2002, 949, 951 m. w. N.; sehr anschaulich auch Reim, DB 2002, 2434, 2438.

64 Reim, DB 2002, 2434, 2438.

relle Unterlegenheit einer Vertragspartei definiert und hierfür staatlichen Rechtsschutz als unabdingbar angemahnt hat.[65]

Das BAG hat sich allerdings darauf festgelegt, dass einer Ansprache auf einen Aufhebungsvertrag im Betrieb kein Überrumpelungseffekt beikommt, da es sich bei dem Betrieb um keinen für den Arbeitnehmer fremden, atypischen Ort handelt, so dass der Schutzbereich des § 312 BGB nicht betroffen sei.[66]

Auch wenn diese Beurteilung die Lebenswirklichkeit verfehlen dürfte, da gerade im Betrieb die unerwartete Unterbreitung eines Aufhebungsvertrages oft so organisiert wird, dass echte Stresssituationen für den betroffenen Arbeitnehmer entstehen können, die ein spannungsfreies Abwägen des Für und Wider eher ausschließen,[67] muss für die gerichtliche Praxis weiterhin von der durch das BAG jedenfalls auf absehbare Zeit festgeklopften Rechtslage zum Widerrufsrecht ausgegangen werden.

Es muss die Frage erlaubt sein, was durch die weiterhin gültige Rechtsauffassung eigentlich verteidigt wird. Ist ein Aufhebungsvertrag, der ohne Überlegungsfrist unter Zeitdruck zustande gekommen ist, angesichts der meist tief greifenden sozialen Folgen (Verlust des Arbeitsplatzes, ggf. Arbeitslosigkeit, u. U. Sperre im Leistungsbezug etc.) etwa als seriöses, vom Schutzgedanken des Rechts geprägtes »Geschäft« zu bewerten? Gilt nicht auch hier das Gebot der gegenseitigen Rücksichtnahme (vgl. § 241 Abs. 2 BGB)? Die Rechtsprechung, die oft zur Rechtsfigur des »verständigen« Arbeitgebers greift,[68] müsste es doch als eher »unverständig« ansehen, wenn aus meist sehr nahe liegenden Interessen heraus auf Zeit gedrängt wird, ohne dass die Chance eines Widerrufes bleibt. Demgegenüber würde es doch die »Waffengleichheit« der Vertragsparteien nur unterstützen, die nach dem Gesetz vorgesehene 14-tägige Widerrufsfrist einzuräumen.

Warum soll dies bei einem am Arbeitsplatz abgeschlossenen Zeitschriftenabonnement nötig sein, nicht aber bei einem Aufhebungsvertrag mit seinen nachhaltigen Konsequenzen? Die für Verbraucherfragen zuständige Zivilgerichtsbarkeit ist da jedenfalls sehr konsequent. Ein Arbeitnehmer, der bei der Entgegennahme eines Miet-LKWs den Empfang quittierte und – offenbar ungewollt – als »2. Mieter« unterschrieb, musste nach der Insolvenz seines Arbeitgebers keine Haftung überneh-

---

65 BVerfG vom 19.10.1993 – 1 BvR 567/89, NJW 1994, 36ff.
66 BAG vom 27.11.2003 – 2 AZR 135/03, NZA 2004, 597.
67 Instruktiv Hümmerich, NZA 2004, 809ff.
68 Vgl. nur BAG vom 30.9.1993 – 2 AZR 268/93, AP Nr. 37 zu § 123 BGB.

men.[69] Die Unterschrift erfolgte auf dem Betriebsgelände, also – so der BGH[70] – am Arbeitsplatz. In Ermangelung einer Widerrufsbelehrung konnte der Arbeitnehmer noch ohne weiteres jederzeit wirksam zum Ausdruck bringen, dass er diesen Vertrag nicht gegen sich gelten lassen wollte. Für die weitere Rechtsentwicklung wäre es wünschenswert, wenn die Arbeitsgerichtsbarkeit solche Wertungswidersprüche überwinden und den »Verbraucherschutz« im weitesten Sinne auch hier zulassen und nicht nur an den tradierten Vorstellungen festhalten würden.

---

69 BGH vom 2.5.2007 – XII ZR 109/04, NZA 2007, 816.
70 Ebenda.

Anhang

A. Vertragsmuster

1. Aufhebungsvereinbarung über die Kernpunkte gemäß Kapitel 5

1.1 Beendigung

Das Arbeitsverhältnis der Parteien endet aufgrund fristgerechter, ordentlicher Kündigung mit Schreiben des Arbeitgebers vom 27. 12. 2015 zum 30. 6. 2016.

oder

Die Parteien sind sich einig, dass das Arbeitsverhältnis einvernehmlich unter Einhaltung der ordentlichen Kündigungsfrist auf Veranlassung des Arbeitgebers zum 30. 6. 2016 enden wird.

Bei betriebsbedingter Veranlassung:
Das Arbeitsverhältnis der Parteien endet aufgrund fristgerechter, ordentlicher Kündigung aus betriebsbedingten Gründen mit Schreiben des Arbeitgebers vom 27. 12. 2015 zum 30. 6. 2016.

oder

Die Parteien sind sich einig, dass das Arbeitsverhältnis einvernehmlich unter Einhaltung der ordentlichen Kündigungsfrist[1] auf Veranlassung des Arbeitgebers aus betriebsbedingten Gründen zum 30. 6. 2016 enden wird.

Alternativformulierung:
Die Parteien sind sich einig, dass das Arbeitsverhältnis zur Vermeidung einer ansonsten unumgänglichen betriebsbedingten Kündigung, die zum gleichen Zeitpunkt wirksam geworden wäre, einvernehmlich unter Einhaltung der ordentlichen Kündigungsfrist auf Veranlassung des Arbeitgebers zum 30. 6. 2016 enden wird.

---

1 Hier könnte auch stattdessen die Formulierung »fristgerecht« verwendet werden.

Ergänzung zu betriebsbedingten Gründen:
Der Arbeitsplatz fällt aufgrund notwendiger Umstrukturierungsmaßnahmen ersatzlos weg. Andere vergleichbare und freie Arbeitsplätze kann der Arbeitgeber nicht zur Verfügung stellen. Auch eine Sozialauswahl war nicht durchzuführen, da keine vergleichbaren Arbeitsplätze vorhanden sind.

oder

Auch bei Durchführung einer Sozialauswahl musste das Arbeitsverhältnis beendet werden, da alle anderen vergleichbaren Arbeitnehmer deutlich schützenswerter sind.

1.2   Abfindung

Für den Verlust des Arbeitsplatzes zahlt der Arbeitgeber an den Arbeitnehmer in entsprechender Anwendung der §§ 9, 10 KSchG eine Abfindung in Höhe von € 20 000,00 (i.W.: EURO zwanzigtausend).

oder

Für den Verlust des Arbeitsplatzes zahlt der Arbeitgeber an den Arbeitnehmer in entsprechender Anwendung der §§ 9, 10 KSchG eine Abfindung in Höhe von € … netto ohne Abzüge, wobei der Arbeitgeber die anfallenden Steuern übernimmt und diese an das Finanzamt abführt.

und

Der Anspruch auf die vereinbarte Abfindung entsteht mit Abschluss dieser Vereinbarung und ist vererblich.

und

Die Abfindung ist fällig zum 30.6.2016 und wird zu diesem Zeitpunkt an den Arbeitnehmer[2] ausgezahlt (es folgt ggf. die Angabe der Kontoverbindung).

1.3   Abrechnung

Das Arbeitsverhältnis wird bis zum Beendigungszeitpunkt ordnungsgemäß abgerechnet und die sich daraus ergebenden Nettobeträge an den Arbeitnehmer ausgezahlt.

oder

---

2 Statt des Arbeitnehmers kann auch dessen Bevollmächtigter angegeben werden, was beispielsweise sinnvoll ist, wenn dieser die pünktliche Auszahlung und Abrechnung kontrollieren soll.

Bis zum Beendigungszeitpunkt werden dem Arbeitnehmer die vertragsgemäßen Bezüge ausgezahlt.

Zusätzlich

Das Weihnachtsgeld[3] für das Jahr 20.. wird ungeachtet des Ausscheidens ungekürzt ausgezahlt zusammen mit der letzten fälligen Gehaltszahlung.[4]

oder

Trotz des Ausscheidens vor dem Stichtag wird auf eine Rückzahlung des Weihnachtsgeldes/Bonus/Gratifikation verzichtet.

oder

Das Weihnachtsgeld[5] für das Jahr 20.. wird trotz des Ausscheidens zu 9/12 mit der letzten fälligen Gehaltszahlung ausgezahlt.

oder

Das Weihnachtsgeld für das Jahr 20.. wird ungekürzt mit der letzten fälligen Gehaltszahlung ausgezahlt.

oder

Die Gratifikation[6] ist in diesem Jahr wegen des Ausscheidens aus dem Arbeitsverhältnis nicht geschuldet.

oder

Der Arbeitnehmer verzichtet für das laufende Jahr auf das anteilige/volle 13. Gehalt/Jubiläumsgeld/andere Gratifikation o. Ä.

Zusätzlich

Der für das laufende Jahr nach den betrieblichen Regeln/Vereinbarungen bestehende Anspruch auf Gewinnbeteiligung wird trotz vorzeitigen Ausscheidens des Arbeitnehmers in voller Höhe ausbezahlt. Die Auszahlung ist spätestens drei Monate nach Feststellung der Bilanz vorzunehmen.

oder

---

3 Weihnachtsgeld ist hier nur als Beispiel angeführt – es kann sich auch um jede andere Art der Gratifikation handeln.
4 Als Fälligkeitszeitpunkt kann natürlich auch der Zeitpunkt der regulären Fälligkeit des Weihnachtsgeldes gewählt werden, in der Regel der 30. 11. eines Jahres.
5 S. Fußnote 3.
6 Um welche Gratifikation es sich hier konkret handelt, ist dabei anzugeben.

Die Tantieme/Gewinnbeteiligung für das Jahr 20.. wird festgelegt auf € ... brutto. Angesichts dieser Zahlung verzichtet der Arbeitnehmer auf eine weitere Abrechnung der Tantieme/Gewinnbeteiligung entsprechend den bestehenden Regelungen hierzu.

oder

Auf ggf. weitergehende Tantiemeansprüche/Gewinnbeteiligungsansprüche verzichtet der Arbeitnehmer, der Arbeitgeber nimmt diesen Verzicht an.

oder

Der für das laufende Jahr in Höhe von ... % des Jahresgewinns bestehende Anspruch auf Gewinnbeteiligung wird wegen vorzeitigen Ausscheidens zum ... zu .../12 ausbezahlt. Die Auszahlung ist spätestens drei Monate nach Feststellung der Bilanz vorzunehmen.[7]

Die Bilanz ist dem Arbeitnehmer unverzüglich nach ihrer Feststellung unaufgefordert zur Verfügung zu stellen.

Zusätzlich

Die bis zum Zeitpunkt der Beendigung des Arbeitsverhältnisses aufgrund zustande gekommener Geschäfte mit den vom Arbeitnehmer betreuten Kunden entstandenen Provisionsansprüche stehen dem Arbeitnehmer auch dann zu, wenn der Provisionsanspruch erst nach dem Beendigungszeitpunkt fällig geworden ist. Bei nach dem Beendigungszeitpunkt bis zum ... 2016[8] mit bisher vom Arbeitnehmer betreuten Kunden zustande gekommenen Geschäften wird aufgrund der vermuteten Mitwirkung des Arbeitnehmers an deren Zustandekommen ein Provisionsanteil in Höhe von 50 %[9] ausgezahlt.

oder

Der Arbeitgeber rechnet über die entstehende Provision auch nach Beendigung des Arbeitsverhältnisses monatlich ab und erteilt gem. § 87c Abs. 2 HGB für alle provisionspflichtigen Geschäfte gleichzeitig einen Buchauszug.

Zusätzlich

Zum Zeitpunkt bis zur Beendigung noch ausstehende Reisekosten/Spesen sind bis spätestens zum ... abzurechnen. Ein dann noch bestehender Reisekosten-/Spesenvorschuss muss bis spätestens zum ... zurückbezahlt werden.

---

7 Oder andere für die Berechnung des Anspruchs erforderliche Unterlagen.
8 Zeitpunkt nach Beendigung des Arbeitsverhältnisses verhandelbar, z.B. für einen Zeitraum von zwölf Monaten danach.
9 Die andere Hälfte würde dann an den Nachfolger des Arbeitnehmers fließen; vgl. § 87 Abs. 3 Satz 2 HGB.

1.4 Freistellung

Die Parteien sind sich darüber einig, dass der Arbeitnehmer bis zum Beendigungszeitpunkt unwiderruflich von der Erbringung der Arbeitsleistung freigestellt wird.

oder

Der Arbeitnehmer wird ab sofort bis zum Beendigungszeitpunkt widerruflich unter Fortzahlung der Vergütung von der Verpflichtung zur Arbeitsleistung freigestellt. Der Arbeitgeber behält sich vor, den Arbeitnehmer während der Restlaufzeit zeitweilig oder fortlaufend an seinem Arbeitsplatz zu beschäftigen.

oder als einseitige Erklärung des Arbeitgebers

Bis zur Beendigung des Arbeitsverhältnisses werden Sie hiermit ab sofort / ab einem bestimmten Zeitpunkt von der Verpflichtung zur Arbeitsleistung unter Fortzahlung der Vergütung unter Anrechnung Ihnen noch zustehender (Rest-)Urlaubsansprüche bzw. Freizeitausgleichsansprüche[10] unwiderruflich freigestellt.

oder als Vertragsklausel bei unwiderruflich gewollter Freistellung:

Der Arbeitnehmer wird ab sofort/nach Erledigung der (ggf. näher zu beschreibenden) Restarbeiten ab ... von der Verpflichtung zur Arbeitsleistung unter Fortzahlung der Vergütung unter Anrechnung etwaiger ihm noch zustehenden (Rest-)Urlaubsansprüche bzw. Freizeitausgleichsansprüche[11] unwiderruflich freigestellt.

und/oder

Während der Freistellung ist anderweitiger Verdienst (nicht) anzurechnen. Das vereinbarte Wettbewerbsverbot ist zu beachten/wird mit Abschluss dieser Vereinbarung aufgehoben.

oder

Bis zur Beendigung des Arbeitsverhältnisses werden Sie ab sofort/ab einem bestimmten Zeitpunkt von der Verpflichtung zur Arbeitsleistung freigestellt. Diese Freistellung ist bezogen auf die Dauer noch zustehender (Rest-)Urlaubsansprüche bzw. Freizeitausgleichsansprüche unwiderruflich.[12] Es bleibt vorbehalten, dass der Arbeit-

---

10 Freizeitausgleichsansprüche können etwa bestehen aufgrund eines Arbeitszeitguthabens wegen geleisteter Mehrarbeit oder aus einem Gleitzeitkonto.
11 Freizeitausgleichsansprüche können etwa bestehen aufgrund eines Arbeitszeitguthabens wegen geleisteter Mehrarbeit.
12 Freizeitausgleichsansprüche können etwa bestehen aufgrund eines Arbeitszeitguthabens wegen geleisteter Mehrarbeit oder aus einem Gleitzeitkonto.

geber nach dem Ablauf der unwiderruflichen Freistellung für die Restlaufzeit zeitweilig oder ganz den Arbeitnehmer zur Wiederaufnahme seiner Tätigkeit auffordert.

Bei Kombination unwiderruflicher mit widerruflicher Freistellung könnte die Klausel lauten:

Bis zur Beendigung des Arbeitsverhältnisses werden Sie ab sofort/ab einem bestimmten Zeitpunkt von der Verpflichtung zur Arbeitsleistung freigestellt. Diese Freistellung ist bezogen auf die Dauer noch zustehender (Rest-)Urlaubsansprüche bzw. Freizeitausgleichsansprüche[13] unwiderruflich, sodann bis zum Beendigungszeitpunkt widerruflich, jeweils unter Fortzahlung der Vergütung. Nach dem Ablauf der unwiderruflichen Freistellung behalten wir uns als Arbeitgeber vor, Sie im Rahmen der Restlaufzeit des Vertrages zeitweilig oder fortdauernd an ihrem Arbeitsplatz zu beschäftigen.

Soll die Widerruflichkeit sich auf bestimmte betriebliche Tatbestände beschränken, wäre folgende Formulierung zu verwenden:

Die Parteien sind sich einig, dass der Arbeitnehmer bis zum Beendigungszeitpunkt unter Fortzahlung der Vergütung von der Verpflichtung zur Arbeitsleistung freigestellt wird. Diese Freistellung erfolgt unwiderruflich für die Dauer des noch offenen Resturlaubs von 20 Tagen sowie für die restlichen aus dem Gleitzeitguthaben sich ergebenden Stunden im Umfang von ...[14] Im Anschluss daran ist die Freistellung widerruflich, wobei sich der Widerruf auf Fälle außerordentlicher Arbeitsbelastung oder zusätzlichen Vertretungsbedarfs aufgrund unvorhergesehener Krankheitsfälle beschränkt. Für den Fall des Widerrufs ist eine Ankündigungsfrist von mindestens vier Arbeitstagen bis zur Aufnahme des Arbeitsbeginns einzuhalten.

1.5   Urlaubsansprüche

Der Arbeitnehmer wird den ihm im Umfang von ... Arbeitstagen noch zustehenden Urlaub in der Zeit vom ... bis ... nehmen.

oder

Wegen der bereits erfolgten Gewährung von Urlaub bestehen keine restlichen Urlaubsansprüche mehr.[15]

---

13 Freizeitausgleichsansprüche können etwa bestehen aufgrund eines Arbeitszeitguthabens wegen geleisteter Mehrarbeit oder aus einem Gleitzeitkonto.

14 Beide Positionen konkret nach Lage der Dinge ausfüllen.

15 Dies ist auch als so genannter Tatsachenvergleich (wenn z. B. die Zahl der bereits genommenen Urlaubstage strittig ist) möglich: vgl. BAG vom 31.7.1967, DB 1967, 1859.

oder

Der Arbeitnehmer hat noch einen Urlaubsanspruch von ... Arbeitstagen, der bis zur Beendigung des Arbeitsverhältnisses nicht erfüllt werden konnte. Hierfür zahlt der Arbeitgeber eine Urlaubsabgeltung in Höhe von € ..., fällig am ...[16]

oder

Die Parteien sind sich einig, dass der Arbeitnehmer im laufenden Jahr bereits 30 Urlaubstage erhalten hat, so dass der Urlaubsanspruch vollständig erfüllt ist.

1.6 Zeugnis

Der Arbeitnehmer erhält ein wohlwollendes, berufsförderndes Zeugnis, das sich auf Führung und Leistung erstreckt.

oder

Der Arbeitnehmer erhält ein wohlwollendes, berufsförderndes Zeugnis, das sich auf Führung und Leistung erstreckt und das das Prädikat »stets zu unserer vollen[17] Zufriedenheit« ausweist.

oder

Der Arbeitnehmer erhält ein wohlwollendes, berufsförderndes Zeugnis, das sich auf Führung und Leistung erstreckt und das Prädikat »stets zu unserer vollen Zufriedenheit« ausweist. Das Zeugnis wird ferner mit einer dieser Note entsprechenden Bedauerns-, Dankes- und Wünscheformel versehen.

oder

Der Arbeitnehmer erhält das als Anlage beigefügte qualifizierte und berufsfördernde Zeugnis.

oder

Der Arbeitnehmer erhält ein wohlwollendes, qualifiziertes Zeugnis gemäß seinem Entwurf.

oder

---

16 Fälligkeitszeitpunkt ist hier sinnvollerweise gleichzeitig der Beendigungszeitpunkt bzw. der Zeitpunkt der letzten Gehaltszahlung.
17 Dies entspricht in der Zeugnissprache einem »gut«.

Der Arbeitnehmer erhält ein wohlwollendes, qualifiziertes Zeugnis gemäß seinem Entwurf, von dem der Arbeitgeber nur aus wichtigem Grund abweichen wird.

und/oder

Der Arbeitnehmer erhält das als Anlage beigefügte qualifizierte und berufsfördernde Zwischenzeugnis und sodann unter dem Datum des Ausscheidens ein darauf beruhendes (Schluss-)Zeugnis, das zusätzlich versehen ist mit einer Schlussformel, die wie folgt lautet: »Das Arbeitsverhältnis wird im beiderseitigen Einvernehmen beendet.[18] Wir bedauern das Ausscheiden von Frau .../Herrn ... und bedanken uns bei ihr/ihm für die geleisteten Dienste und wünschen ihr/ihm für ihre/seine persönliche Zukunft alles Gute.[19]«

1.7 Erledigungsklausel

Mit der Erfüllung dieser Vereinbarung sind alle Ansprüche aus dem Anstellungsverhältnis und seiner Beendigung, gleich aus welchem Rechtsgrund erledigt.

1.8 Widerrufsrecht

Von dieser Vereinbarung kann jede Seite innerhalb einer Frist von zwei Wochen[20] nach deren Abschluss zurücktreten. Ein entsprechender Widerruf ist schriftlich gegenüber der anderen Seite zu erklären. Für die Rechtzeitigkeit der Erklärung kommt es auf den Zugang bei der anderen Seite (alternativ: auf den Nachweis der rechtzeitigen Absendung) an.

2. Weitere Regelungspunkte in Aufhebungsverträgen gemäß Kapitel 6

2.1 Sicherungsklausel

Sollte die vereinbarte Abfindung nicht bis zum ... sowohl abgerechnet als auch der nach Abzug der anfallenden Steuern sich ergebende Betrag dem Arbeitnehmer unwiderruflich zugeflossen sein, gilt der Aufhebungsvertrag als nicht geschlossen. Das Ar-

---

18 Regelmäßig ist nur auf Wunsch des Arbeitnehmers eine Angabe über Grund und Art des Ausscheidens in das Zeugnis aufzunehmen; vgl. ErfK-Müller-Glöge, § 109 GewO Rn. 56ff. m.w.N.
19 Eine Schlussformel ist üblich. Auf den Ausspruch des Bedauerns und des Dankes besteht aber kein Rechtsanspruch; vgl. ErfK-Müller-Glöge, § 109 GewO Rn. 93 m.w.N.
20 Die vorgeschlagene Frist ist nur beispielhaft – sowohl eine längere als auch eine kürzere Frist kann vertraglich festgelegt werden.

beitsverhältnis wird sodann ungekündigt zu den zum jetzigen Zeitpunkt bestehenden vertraglichen Bedingungen fortgesetzt.

oder

Der Arbeitgeber verpflichtet sich, für die Zahlung der Abfindung eine selbstschuldnerische Bürgschaft (einer Bank oder Sparkasse) beizubringen. Sollte eine entsprechende Bürgschaftsurkunde nicht bis zum ... dem Arbeitnehmer im Original vorgelegt werden, ist der Arbeitnehmer berechtigt, vom Vertrag zurückzutreten. Das Arbeitsverhältnis wird dann unverändert fortgesetzt.

oder

Der Arbeitgeber verpflichtet sich, für die Zahlung der Abfindung eine selbstschuldnerische Bürgschaft (einer Bank oder Sparkasse) beizubringen. Der Aufhebungsvertrag tritt nur in Kraft, wenn der Arbeitgeber bis zum ... dem Arbeitnehmer eine entsprechende Bürgschaftsurkunde im Original vorlegt. Ist dies nicht der Fall, wird das Arbeitsverhältnis unverändert fortgesetzt.

2.2 Betriebliche Altersversorgung

Durch diese Vereinbarung werden die Ansprüche und Anwartschaften des Arbeitnehmers aus der betrieblichen Altersversorgung nicht berührt.

Zusätzlich

Alsbald nach Beendigung des Arbeitsverhältnisses wird der Arbeitgeber dem Arbeitnehmer eine schriftliche Bestätigung darüber erteilen, ob für ihn die Voraussetzungen einer unverfallbaren betrieblichen Altersversorgung erfüllt sind und in welcher Höhe Versorgungsleistungen bei Erreichen der in der Versorgungsordnung vorgesehenen Altersgrenze beansprucht werden können.

und/oder

Hinsichtlich der betrieblichen Altersversorgung wird der Arbeitnehmer so gestellt, dass diesbezüglich von einer Beendigung des Arbeitsverhältnisses mit Ablauf des 31. 12. 2016[21] ausgegangen wird.

oder alternativ:

Abweichend von § 1 BetrAVG sind sich die Parteien einig, dass zugunsten des Arbeitnehmers eine unverfallbare Anwartschaft auf betriebliche Altersversorgung besteht.

---

21 Obwohl das Arbeitsverhältnis tatsächlich schon Monate vorher beendet wurde.

2.3 Anrechnung anderweitigen Verdienstes/Wettbewerbsverbot

Anderweitig während der Freistellung erzielte Einkünfte des Arbeitnehmers werden auf bis zum Beendigungszeitpunkt fällige Gehaltsbezüge nicht angerechnet.

und

Der Arbeitgeber verzichtet dabei auf die Einrede des Wettbewerbsverbots gem. § 60 HGB.

oder

Unberührt hiervon besteht das Wettbewerbsverbot gem. § 60 HGB fort.

2.4 Vorzeitiges Ausscheiden und Anrechnung der Abfindung/Hydraulikklausel

Der Arbeitnehmer ist berechtigt, das Arbeitsverhältnis vorzeitig durch einseitige schriftliche Erklärung gegenüber dem Arbeitgeber mit einer Ankündigung von einer/zwei Woche(n) zum jeweiligen Monatsende zu beenden. Die in Ziff. ...[22] vereinbarte Abfindung erhöht sich für jeden Monat der vorzeitigen Beendigung um die hierauf entfallende Bruttovergütung zzgl. 10 %.[23] Bei vorzeitiger Beendigung wird die Gesamtabfindung in dem Monat fällig, der dem Beendigungsmonat nachfolgt.[24]

2.5 Outplacement

Der Arbeitgeber stellt dem Arbeitnehmer auf seine Kosten eine Outplacement-Beratung bei der Beratungsfirma ... zur Verfügung (ggf. befristet bis ...). Konkreter lässt sich die Absprache wie folgt treffen:

Dabei werden Beratungskosten bis zur Höhe von € 25 000,00 (Beispiel) netto übernommen.

– bzw. alternativ –

---

22 S. unter 5.2, S. 134 ff.
23 10 % sind ein Beispiel, es kann natürlich auch eine andere Größenordnung ausgehandelt werden.
24 Bei dieser Regelung des vorzeitigen Ausscheidens ist es sinnvoll, die Fälligkeitsregelung zu modifizieren und die Auszahlung nicht wie üblich zusammen mit dem letzten zu zahlenden Gehalt zu verbinden. Bei einer so kurzen Ankündigungsfrist dürfte es »technisch« oft nicht realisierbar sein, eine Auszahlung zum Monatsende auch tatsächlich zu gewährleisten.

264

Der Beratungsumfang ergibt sich aus dem Leistungsverzeichnis/Angebot der Beratungsfirma XY vom ... (konkretes Datum zur Konkretisierung anführen).

oder

Der Arbeitnehmer wird bei einer Outplacement-Beratungsfirma seiner Wahl deren Beratungstätigkeit in Anspruch nehmen. Der dafür entstehende Aufwand wird vom Arbeitgeber nach Vorlage entsprechender Rechnungen ausgeglichen (bis zu einem Betrag von – z.B. – € 15 000,00 zzgl. gesetzlicher Mehrwertsteuer).

Ohne die vorstehend vereinbarte Outplacementlösung wäre der Aufhebungsvertrag seitens des Arbeitnehmers nicht abgeschlossen worden.

2.6 Nachvertragliches Wettbewerbsangebot

Mit dieser Vereinbarung wird das nachvertragliche Wettbewerbsverbot aufgehoben.

oder

Das vereinbarte nachvertragliche Wettbewerbsverbot wird durch den Abschluss dieses Aufhebungsvertrages nicht berührt.

2.7 Rückzahlungsverpflichtungen bei vorangegangener Aus- und Fortbildung

Die Rückzahlungsverpflichtung des Arbeitnehmers aus der Ausbildungsvereinbarung vom ... entfällt mit Abschluss dieses Aufhebungsvertrages.

2.8 Dienstwagen

Der Arbeitnehmer kann das ihm überlassene Dienstfahrzeug weiterhin – auch während der Dauer der Freistellung – privat nutzen. Er ist verpflichtet, das Fahrzeug mit sämtlichen Papieren, Schlüsseln und sonstigem Zubehör – sowie eine ggf. überlassene Tankkarte am Tag der Beendigung des Arbeitsverhältnisses zurückzugeben.

oder

Der Arbeitnehmer ist verpflichtet, das dem Unternehmen gehörende Kfz mit dem amtlichen Kennzeichen ... einschließlich sämtlicher Fahrzeugpapiere und Schlüssel sowie sonstigem Zubehör unverzüglich, spätestens bis zum ... herauszugeben. Die Herausgabe hat am Sitz des Unternehmens stattzufinden.

und

Als Entschädigung hierfür erhält der Arbeitnehmer eine Ausgleichszahlung in Höhe von € ...

oder

Das Eigentum an dem Fahrzeug mit dem amtlichen Kennzeichen ... wird auf den Arbeitnehmer Zug um Zug gegen Zahlung des Kaufpreises übertragen. Der Kaufpreis bemisst sich gemäß Sachverständigengutachten vom ... (nach dem Buchwert) auf € ... einschließlich Mehrwertsteuer.

Zur Rückübertragung des Schadenfreiheitsrabattes Folgendes:

Der Arbeitgeber überträgt die auf den Namen des Arbeitnehmers abgeschlossene Kfz-Versicherung einschließlich des vom Arbeitnehmer eingebrachten Schadensfreiheitsrabattes an diesen zurück und wird hierzu unverzüglich alle erforderlichen Erklärungen gegenüber der Kfz-Versicherung abgeben und dem Arbeitnehmer hiervon Mitteilung machen.

2.9 Handy/Laptop/PC

Der Arbeitnehmer ist verpflichtet, die nachfolgenden Gegenstände (Handy/Laptop/PC) an das Unternehmen unverzüglich, spätestens zum ... herauszugeben. Die Herausgabe hat am Sitz des Unternehmens stattzufinden.

und/oder

Als Entschädigung hierfür erhält der Arbeitnehmer eine Ausgleichszahlung in Höhe von € ...

und/oder

Die Mobil-Nummer 01.../... wird dem Arbeitnehmer zur alleinigen Benutzung überlassen. Der Arbeitnehmer übernimmt mit dem Tag des Ausscheidens sämtliche Kosten für den Betrieb des Mobiltelefons.

2.10 Werkswohnung

Der Arbeitnehmer verpflichtet sich, die ihm überlassene Wohnung in ..., Straße ..., Stockwerk ... bis spätestens zum ... vollständig geräumt an den Arbeitgeber zu übergeben. Eine Verpflichtung zur Schlussdekoration besteht nicht. Der Arbeitgeber wird über die Betriebs- und Heizkosten bis spätestens Ende des 1. Quartals des Folgejahres abschließend abrechnen.

oder

Die Parteien sind sich einig, dass unabhängig von der Auflösung des Arbeitsverhältnisses ein Mietverhältnis über die bereits überlassene Wohnung in ..., Straße ..., Stockwerk ... fortgesetzt wird. Der Mietzins beträgt € ... zzgl. Vorauszahlungen auf die Betriebs- und Heizkosten gem. § 2 BetrKV in Höhe von zurzeit ... Im Übrigen bleibt der Mietvertrag vom ... aufrechterhalten.[25]

2.11 Erstattung von Arbeitslosengeld bei »Gleichwohlgewährung« und sonstige Ansprüche

Der Arbeitgeber ist verpflichtet, gegenüber der Bundesagentur für Arbeit die an diese übergegangenen Gehaltsansprüche in Höhe des gezahlten Arbeitslosengeldes vollständig zu erstatten.

und ergänzend

Für Einbußen des Arbeitnehmers, die ihm bei weiterem Bezug von Entgeltersatzleistungen aus der Arbeitslosenversicherung deshalb entstehen, weil es förderungsrechtlich auf den Zeitpunkt der erstmaligen Arbeitslosmeldung ankommt, wird der Arbeitgeber im Umfang der eintretenden Einbußen Schadensersatz leisten, sobald ihm der Arbeitnehmer den entsprechenden Schaden nachgewiesen hat.

2.12 Arbeitspapiere und gegenseitige Informationspflichten

Der Arbeitgeber verpflichtet sich, unverzüglich nach Beendigung des Arbeitsverhältnisses dem Arbeitnehmer die vollständigen Arbeitspapiere auszuhändigen und die Arbeitsbescheinigung nach § 312 SGB III nach deren Vorlage unverzüglich ausgefüllt der Arbeitsagentur zuzuleiten. Im Übrigen verpflichten sich die Parteien über den Inhalt dieser Aufhebungsvereinbarung Stillschweigen zu bewahren, soweit nicht Auskunftsverpflichtungen gegenüber Dritten aufgrund gesetzlicher Bestimmungen bestehen.

ergänzend

Im Übrigen werden Auskünfte gegenüber Dritten nur auf der Basis und gemäß dem Inhalt des vorgelegten Zeugnisses erteilt.

zusätzlich

---

25 Sollte es sich um eine nicht eigenständig vermietete Werkdienstwohnung i. S. v. § 576b BGB handeln, wäre bei einer Fortsetzung der Überlassung des Wohnraums ein gesonderter Mietvertrag abzuschließen, dessen einzelne Regelungen hier nicht vorgezeichnet werden können.

Im Übrigen werden Auskünfte gegenüber Dritten nur auf der Basis des vorgelegten Zeugnisses sowie der Verlautbarung zum Ausscheiden vom … (konkretes Datum einsetzen) erteilt.

2.13 Klagrücknahme und Kostenverteilung

Der Arbeitnehmer verpflichtet sich, die beim Arbeitsgericht (oder LAG/BAG) anhängige Klage unter der Geschäfts-Nr. … zurückzunehmen. Jede Partei trägt ihre außergerichtlichen Kosten selbst, die Gerichtskosten werden geteilt.[26]

2.14 Übernahme von Anwaltskosten

Der Arbeitgeber erstattet die dem Arbeitnehmer entstandenen Anwaltskosten auf der Grundlage eines Gegenstandswertes von € … Erstattet werden die 3,0-fachen Gebühren zzgl. Auslagen und Mehrwertsteuer.

2.15 Salvatorische Klausel

Im Falle der Unwirksamkeit einer Bestimmung dieses Aufhebungsvertrages führt dies nicht zur Unwirksamkeit der Vereinbarung insgesamt. Beide Seiten verpflichten sich in diesem Fall, anstelle der unwirksamen Bestimmung eine dieser Bestimmung möglichst nahekommende wirksame Regelung zu vereinbaren.

---

26 Hierfür wird auch oft die Formulierung verwandt »Die Kosten werden gegeneinander aufgehoben«.

B. Gesetzliche Vorschriften

1. Kündigungsschutzgesetz (KSchG)

vom 10. August 1951 (BGBl. I S. 499), in der Fassung vom 25. August 1969 (BGBl. I S. 1317), zuletzt geändert durch Gesetz vom 20. April 2013 (BGBl. I S. 868)

Erster Abschnitt
Allgemeiner Kündigungsschutz

§ 1 Sozial ungerechtfertigte Kündigungen

(1) Die Kündigung des Arbeitsverhältnisses gegenüber einem Arbeitnehmer, dessen Arbeitsverhältnis in demselben Betrieb oder Unternehmen ohne Unterbrechung länger als sechs Monate bestanden hat, ist rechtsunwirksam, wenn sie sozial ungerechtfertigt ist.

(2) [1]Sozial ungerechtfertigt ist die Kündigung, wenn sie nicht durch Gründe, die in der Person oder in dem Verhalten des Arbeitnehmers liegen, oder durch dringende betriebliche Erfordernisse, die einer Weiterbeschäftigung des Arbeitnehmers in diesem Betrieb entgegenstehen, bedingt ist. [2]Die Kündigung ist auch sozial ungerechtfertigt, wenn
1. in Betrieben des privaten Rechts
   a) die Kündigung gegen eine Richtlinie nach § 95 des Betriebsverfassungsgesetzes verstößt,
   b) der Arbeitnehmer an einem anderen Arbeitsplatz in demselben Betrieb oder in einem anderen Betrieb des Unternehmens weiterbeschäftigt werden kann
   und der Betriebsrat oder eine andere nach dem Betriebsverfassungsgesetz insoweit zuständige Vertretung der Arbeitnehmer aus einem dieser Gründe der Kündigung innerhalb der Frist des § 102 Abs. 2 Satz 1 des Betriebsverfassungsgesetzes schriftlich widersprochen hat,
2. in Betrieben und Verwaltungen des öffentlichen Rechts
   a) die Kündigung gegen eine Richtlinie über die personelle Auswahl bei Kündigungen verstößt,
   b) der Arbeitnehmer an einem anderen Arbeitsplatz in derselben Dienststelle oder in einer anderen Dienststelle desselben Verwaltungszweigs an demselben Dienstort einschließlich seines Einzugsgebiets weiterbeschäftigt werden kann
   und die zuständige Personalvertretung aus einem dieser Gründe fristgerecht gegen die Kündigung Einwendungen erhoben hat, es sei denn, daß die Stufenvertretung in der Verhandlung mit der übergeordneten Dienststelle die Einwendungen nicht aufrechterhalten hat.
[3]Satz 2 gilt entsprechend, wenn die Weiterbeschäftigung des Arbeitnehmers nach zumutbaren Umschulungs- oder Fortbildungsmaßnahmen oder eine Weiterbeschäftigung des Arbeitnehmers unter geänderten Arbeitsbedingungen möglich ist und der Arbeitnehmer sein Einverständnis hiermit erklärt hat. [4]Der Arbeitgeber hat die Tatsachen zu beweisen, die die Kündigung bedingen.

(3) [1]Ist einem Arbeitnehmer aus dringenden betrieblichen Erfordernissen im Sinne des Absatzes 2 gekündigt worden, so ist die Kündigung trotzdem sozial ungerechtfertigt, wenn der Arbeitgeber bei der Auswahl des Arbeitnehmers die Dauer der Betriebszugehörigkeit, das Lebensalter, die Unterhaltspflichten und die Schwerbehinderung des Arbeitnehmers nicht oder nicht ausreichend berücksichtigt hat; auf Verlangen des Arbeitnehmers hat der Arbeitgeber dem Arbeitnehmer die Gründe anzugeben, die zu der getroffenen sozialen Auswahl geführt haben. [2]In die soziale Auswahl nach Satz 1 sind Arbeitnehmer nicht einzubeziehen, deren Weiterbeschäftigung, insbesondere wegen ihrer Kenntnisse, Fähigkeiten und Leistungen oder zur Sicherung einer ausgewogenen Personalstruktur des Betriebes, im berechtigten betrieblichen Interesse liegt. [3]Der Arbeitnehmer hat die Tatsachen zu beweisen, die die Kündigung als sozial ungerechtfertigt im Sinne des Satzes 1 erscheinen lassen.

(4) Ist in einem Tarifvertrag, in einer Betriebsvereinbarung nach § 95 des Betriebsverfassungsgesetzes oder in einer entsprechenden Richtlinie nach den Personalvertretungsgesetzen festgelegt, wie die sozialen Gesichtspunkte nach Absatz 3 Satz 1 zueinander zu bewerten sind, so kann die Bewertung nur auf grobe Fehlerhaftigkeit überprüft werden.

(5) [1]Sind bei einer Kündigung auf Grund einer Betriebsänderung nach § 111 des Betriebsverfassungsgesetzes die Arbeitnehmer, denen gekündigt werden soll, in einem Interessenausgleich zwischen Arbeitgeber und Betriebsrat namentlich bezeichnet, so wird vermutet, dass die Kündigung durch dringende betriebliche Erfordernisse im Sinne des Absatzes 2 bedingt ist. [2]Die soziale Auswahl der Arbeitnehmer kann nur auf grobe Fehlerhaftigkeit überprüft werden. [3]Die Sätze 1 und 2 gelten nicht, soweit sich die Sachlage nach Zustandekommen des Interessenausgleichs wesentlich geändert hat. [4]Der Interessenausgleich nach Satz 1 ersetzt die Stellungnahme des Betriebsrates nach § 17 Abs. 3 Satz 2.

§ 1a Abfindungsanspruch bei betriebsbedingter Kündigung

(1) [1]Kündigt der Arbeitgeber wegen dringender betrieblicher Erfordernisse nach § 1 Abs. 2 Satz 1 und erhebt der Arbeitnehmer bis zum Ablauf der Frist des § 4 Satz 1 keine Klage auf Feststellung, dass das Arbeitsverhältnis durch die Kündigung nicht aufgelöst ist, hat der Arbeitnehmer mit dem Ablauf der Kündigungsfrist Anspruch auf eine Abfindung. [2]Der Anspruch setzt den Hinweis des Arbeitgebers in der Kündigungserklärung voraus, dass die Kündigung auf dringende betriebliche Erfordernisse gestützt ist und der Arbeitnehmer bei Verstreichenlassen der Klagefrist die Abfindung beanspruchen kann.

(2) [1]Die Höhe der Abfindung beträgt 0,5 Monatsverdienste für jedes Jahr des Bestehens des Arbeitsverhältnisses. [2]§ 10 Abs. 3 gilt entsprechend. [3]Bei der Ermittlung der Dauer des Arbeitsverhältnisses ist ein Zeitraum von mehr als sechs Monaten auf ein volles Jahr aufzurunden.

§ 2 Änderungskündigung

[1]Kündigt der Arbeitgeber das Arbeitsverhältnis und bietet er dem Arbeitnehmer im Zusammenhang mit der Kündigung die Fortsetzung des Arbeitsverhältnisses zu geänderten Arbeitsbedingungen an, so kann der Arbeitnehmer dieses Angebot unter dem Vorbehalt annehmen, daß die Änderung der Arbeitsbedingungen nicht sozial ungerechtfertigt ist (§ 1 Abs. 2 Satz 1 bis 3, Abs. 3 Satz 1 und 2). [2]Diesen Vorbehalt muß der Arbeitnehmer dem Arbeitgeber innerhalb der Kündigungsfrist, spätestens jedoch innerhalb von drei Wochen nach Zugang der Kündigung erklären.

§ 3 Kündigungseinspruch

[1]Hält der Arbeitnehmer eine Kündigung für sozial ungerechtfertigt, so kann er binnen einer Woche nach der Kündigung Einspruch beim Betriebsrat einlegen. [2]Erachtet der Betriebsrat den Einspruch für begründet, so hat er zu versuchen, eine Verständigung mit dem Arbeitgeber herbeizuführen. [3]Er hat seine Stellungnahme zu dem Einspruch dem Arbeitnehmer und dem Arbeitgeber auf Verlangen schriftlich mitzuteilen.

§ 4 Anrufung des Arbeitsgerichts

[1]Will ein Arbeitnehmer geltend machen, dass eine Kündigung sozial ungerechtfertigt oder aus anderen Gründen rechtsunwirksam ist, so muss er innerhalb von drei Wochen nach Zugang der schriftlichen Kündigung Klage beim Arbeitsgericht auf Feststellung erheben, dass das Arbeitsverhältnis durch die Kündigung nicht aufgelöst ist. [2]Im Falle des § 2 ist die Klage auf Feststellung zu erheben, daß die Änderung der Arbeitsbedingungen sozial ungerechtfertigt oder aus anderen Gründen rechtsunwirksam ist. [3]Hat der Arbeitnehmer Einspruch beim Betriebsrat eingelegt (§ 3), so soll er der Klage die Stellungnahme des Betriebsrats beifügen. [4]Soweit die Kündigung der Zustimmung einer Behörde bedarf, läuft die Frist zur Anrufung des Arbeitsgerichts erst von der Bekanntgabe der Entscheidung der Behörde an den Arbeitnehmer ab.

§ 5 Zulassung verspäteter Klagen

(1) [1]War ein Arbeitnehmer nach erfolgter Kündigung trotz Anwendung aller ihm nach Lage der Umstände zuzumutenden Sorgfalt verhindert, die Klage innerhalb von drei Wochen nach Zugang der schriftlichen Kündigung zu erheben, so ist auf seinen Antrag die Klage nachträglich zuzulassen. [2]Gleiches gilt, wenn eine Frau von ihrer Schwangerschaft aus einem von ihr nicht zu vertretenden Grund erst nach Ablauf der Frist des § 4 Satz 1 Kenntnis erlangt hat.

(2) [1]Mit dem Antrag ist die Klageerhebung zu verbinden; ist die Klage bereits eingereicht, so ist auf sie im Antrag Bezug zu nehmen. [2]Der Antrag muß ferner die Angabe der die nachträgliche Zulassung begründenden Tatsachen und der Mittel für deren Glaubhaftmachung enthalten.

(3) [1]Der Antrag ist nur innerhalb von zwei Wochen nach Behebung des Hindernisses zulässig. [2]Nach Ablauf von sechs Monaten, vom Ende der versäumten Frist an gerechnet, kann der Antrag nicht mehr gestellt werden.

(4) [1]Das Verfahren über den Antrag auf nachträgliche Zulassung ist mit dem Verfahren über die Klage zu verbinden. [2]Das Arbeitsgericht kann das Verfahren zunächst auf die Verhandlung und Entscheidung über den Antrag beschränken. [3]In diesem Fall ergeht die Entscheidung durch Zwischenurteil, das wie ein Endurteil angefochten werden kann.

(5) [1]Hat das Arbeitsgericht über einen Antrag auf nachträgliche Klagezulassung nicht entschieden oder wird ein solcher Antrag erstmals vor dem Landesarbeitsgericht gestellt, entscheidet hierüber die Kammer des Landesarbeitsgerichts. [2]Absatz 4 gilt entsprechend.

§ 6 Verlängerte Anrufungsfrist

[1]Hat ein Arbeitnehmer innerhalb von drei Wochen nach Zugang der schriftlichen Kündigung im Klagewege geltend gemacht, dass eine rechtswirksame Kündigung nicht vorliege, so kann er sich in diesem Verfahren bis zum Schluss der mündlichen Verhandlung erster Instanz zur Begründung der Unwirksamkeit der Kündigung auch auf innerhalb der Klagefrist nicht geltend gemachte Gründe berufen. [2]Das Arbeitsgericht soll ihn hierauf hinweisen.

§ 7 Wirksamwerden der Kündigung

Wird die Rechtsunwirksamkeit einer Kündigung nicht rechtzeitig geltend gemacht (§ 4 Satz 1, §§ 5 und 6), so gilt die Kündigung als von Anfang an rechtswirksam; ein vom Arbeitnehmer nach § 2 erklärter Vorbehalt erlischt.

§ 8 Wiederherstellung der früheren Arbeitsbedingungen

Stellt das Gericht im Falle des § 2 fest, daß die Änderung der Arbeitsbedingungen sozial ungerechtfertigt ist, so gilt die Änderungskündigung als von Anfang an rechtsunwirksam.

§ 9 Auflösung des Arbeitsverhältnisses durch Urteil des Gerichts; Abfindung des Arbeitnehmers

(1) [1]Stellt das Gericht fest, daß das Arbeitsverhältnis durch die Kündigung nicht aufgelöst ist, ist jedoch dem Arbeitnehmer die Fortsetzung des Arbeitsverhältnisses nicht zuzumuten, so hat das Gericht auf Antrag des Arbeitnehmers das Arbeitsverhältnis aufzulösen und den Arbeitgeber zur Zahlung einer angemessenen Abfindung zu verurteilen. [2]Die gleiche Entscheidung hat das Gericht auf Antrag des Arbeitgebers zu treffen, wenn Gründe vorliegen, die eine den Betriebszwecken dienliche weitere Zusammenarbeit zwischen Arbeitgeber und Arbeitnehmer nicht erwarten lassen. [3]Arbeitnehmer und Arbeitgeber können den Antrag auf Auflösung des Arbeitsverhältnisses bis zum Schluß der letzten mündlichen Verhandlung in der Berufungsinstanz stellen.

(2) Das Gericht hat für die Auflösung des Arbeitsverhältnisses den Zeitpunkt festzusetzen, an dem es bei sozial gerechtfertigter Kündigung geendet hätte.

§ 10 Höhe der Abfindung

(1) Als Abfindung ist ein Betrag bis zu zwölf Monatsverdiensten festzusetzen.

(2) [1]Hat der Arbeitnehmer das fünfzigste Lebensjahr vollendet und hat das Arbeitsverhältnis mindestens fünfzehn Jahre bestanden, so ist ein Betrag bis zu fünfzehn Monatsverdiensten, hat der Arbeitnehmer das fünfundfünfzigste Lebensjahr vollendet und hat das Arbeitsverhältnis mindestens zwanzig Jahre bestanden, so ist ein Betrag bis zu achtzehn Monatsverdiensten festzusetzen. [2]Dies gilt nicht, wenn der Arbeitnehmer in dem Zeitpunkt, den das Gericht nach § 9 Abs. 2 für die Auflösung des Arbeitsverhältnisses festsetzt, das in der Vorschrift des Sechsten Buches Sozialgesetzbuch über die Regelaltersrente bezeichnete Lebensalter erreicht hat.

(3) Als Monatsverdienst gilt, was dem Arbeitnehmer bei der für ihn maßgebenden regelmäßigen Arbeitszeit in dem Monat, in dem das Arbeitsverhältnis endet (§ 9 Abs. 2), an Geld und Sachbezügen zusteht.

§ 11 Anrechnung auf entgangenen Zwischenverdienst

Besteht nach der Entscheidung des Gerichts das Arbeitsverhältnis fort, so muß sich der Arbeitnehmer auf das Arbeitsentgelt, das ihm der Arbeitgeber für die Zeit nach der Entlassung schuldet, anrechnen lassen,

1. was er durch anderweitige Arbeit verdient hat,
2. was er hätte verdienen können, wenn er es nicht böswillig unterlassen hätte, eine ihm zumutbare Arbeit anzunehmen,
3. was ihm an öffentlich-rechtlichen Leistungen infolge Arbeitslosigkeit aus der Sozialversicherung, der Arbeitslosenversicherung, der Sicherung des Lebensunterhalts nach dem Zweiten Buch Sozialgesetzbuch oder der Sozialhilfe für die Zwischenzeit gezahlt worden ist. [2]Diese Beträge hat der Arbeitgeber der Stelle zu erstatten, die sie geleistet hat.

§ 12 Neues Arbeitsverhältnis des Arbeitnehmers; Auflösung des alten Arbeitsverhältnisses

[1]Besteht nach der Entscheidung des Gerichts das Arbeitsverhältnis fort, ist jedoch der Arbeitnehmer inzwischen ein neues Arbeitsverhältnis eingegangen, so kann er binnen einer Woche nach der Rechtskraft des Urteils durch Erklärung gegenüber dem alten Arbeitgeber die Fortsetzung des Arbeitsverhältnisses bei diesem verweigern. [2]Die Frist wird auch durch eine vor ihrem Ablauf zur Post gegebene schriftliche Erklärung gewahrt. [3]Mit dem Zugang der Erklärung erlischt das Arbeitsverhältnis. [4]Macht der Arbeitnehmer von seinem Verweigerungsrecht Gebrauch, so ist ihm entgangener Verdienst nur für die Zeit zwischen der Entlassung und dem Tag des Eintritts in das neue Arbeitsverhältnis zu gewähren. [5]§ 11 findet entsprechende Anwendung.

§ 13 Außerordentliche, sittenwidrige und sonstige Kündigungen

(1) [1]Die Vorschriften über das Recht zur außerordentlichen Kündigung eines Arbeitsverhältnisses werden durch das vorliegende Gesetz nicht berührt. [2]Die Rechtsunwirksamkeit einer außerordentlichen Kündigung kann jedoch nur nach Maßgabe des § 4 Satz 1 und der §§ 5 bis 7 geltend gemacht werden. [3]Stellt das Gericht fest, daß die außerordentliche Kündigung unbegründet ist, ist jedoch dem Arbeitnehmer die Fortsetzung des Arbeitsverhältnisses nicht zuzumuten, so hat auf seinen Antrag das Gericht das Arbeitsverhältnis aufzulösen und den Arbeitgeber zur Zahlung einer angemessenen Abfindung zu verurteilen. [4]Das Gericht hat für die Auflösung des Arbeitsverhältnisses den Zeitpunkt festzulegen, zu dem die außerordentliche Kündigung ausgesprochen wurde. [5]Die Vorschriften der §§ 10 bis 12 gelten entsprechend.

(2) Verstößt eine Kündigung gegen die guten Sitten, so finden die Vorschriften des § 9 Abs. 1 Satz 1 und Abs. 2 und der §§ 10 bis 12 entsprechende Anwendung.

(3) Im Übrigen finden die Vorschriften dieses Abschnitts mit Ausnahme der §§ 4 bis 7 auf eine Kündigung, die bereits aus anderen als den in § 1 Abs. 2 und 3 bezeichneten Gründen rechtsunwirksam ist, keine Anwendung.

§ 14 Angestellte in leitender Stellung

(1) Die Vorschriften dieses Abschnitts gelten nicht
1. in Betrieben einer juristischen Person für die Mitglieder des Organs, das zur gesetzlichen Vertretung der juristischen Person berufen ist,
2. in Betrieben einer Personengesamtheit für die durch Gesetz, Satzung oder Gesellschaftsvertrag zur Vertretung der Personengesamtheit berufenen Personen.

(2) [1]Auf Geschäftsführer, Betriebsleiter und ähnliche leitende Angestellte, soweit diese zur selbständigen Einstellung oder Entlassung von Arbeitnehmern berechtigt sind, finden die Vorschriften dieses Abschnitts mit Ausnahme des § 3 Anwendung. [2]§ 9 Abs. 1 Satz 2 findet mit der Maßgabe Anwendung, daß der Antrag des Arbeitgebers auf Auflösung des Arbeitsverhältnisses keiner Begründung bedarf.

Zweiter Abschnitt
Kündigungsschutz im Rahmen der Betriebsverfassung und Personalvertretung

§ 15 Unzulässigkeit der Kündigung

(1) [1]Die Kündigung eines Mitglieds eines Betriebsrats, einer Jugend- und Auszubildendenvertretung, einer Bordvertretung oder eines Seebetriebsrats ist unzulässig, es sei denn, daß Tatsachen vorliegen, die den Arbeitgeber zur Kündigung aus wichtigem Grund ohne Einhaltung einer Kündigungsfrist berechtigen, und daß die nach § 103 des Betriebsverfassungsgesetzes erforderliche Zustimmung vorliegt oder durch gerichtliche Entscheidung ersetzt ist. [2]Nach Beendigung der Amtszeit ist die Kündigung eines Mitglieds eines Betriebsrats, einer Jugend- und Auszubildendenvertretung oder eines Seebetriebsrats innerhalb eines Jahres, die Kündigung eines Mitglieds einer Bordvertretung innerhalb von sechs Monaten, jeweils vom Zeitpunkt der Beendigung der Amtszeit an gerechnet, unzulässig, es sei denn, daß Tatsachen vorliegen, die den Arbeitgeber zur Kündigung aus wichtigem Grund ohne Einhaltung einer Kündi-

gungsfrist berechtigen; dies gilt nicht, wenn die Beendigung der Mitgliedschaft auf einer gerichtlichen Entscheidung beruht.

(2) ¹Die Kündigung eines Mitglieds einer Personalvertretung, einer Jugend- und Auszubildendenvertretung oder einer Jugendvertretung ist unzulässig, es sei denn, daß Tatsachen vorliegen, die den Arbeitgeber zur Kündigung aus wichtigem Grund ohne Einhaltung einer Kündigungsfrist berechtigen, und daß die nach dem Personalvertretungsrecht erforderliche Zustimmung vorliegt oder durch gerichtliche Entscheidung ersetzt ist. ²Nach Beendigung der Amtszeit der in Satz 1 genannten Personen ist ihre Kündigung innerhalb eines Jahres, vom Zeitpunkt der Beendigung der Amtszeit an gerechnet, unzulässig, es sei denn, daß Tatsachen vorliegen, die den Arbeitgeber zur Kündigung aus wichtigem Grund ohne Einhaltung einer Kündigungsfrist berechtigen; dies gilt nicht, wenn die Beendigung der Mitgliedschaft auf einer gerichtlichen Entscheidung beruht.

(3) ¹Die Kündigung eines Mitglieds eines Wahlvorstands ist vom Zeitpunkt seiner Bestellung an, die Kündigung eines Wahlbewerbers vom Zeitpunkt der Aufstellung des Wahlvorschlags an, jeweils bis zur Bekanntgabe des Wahlergebnisses unzulässig, es sei denn, daß Tatsachen vorliegen, die den Arbeitgeber zur Kündigung aus wichtigem Grund ohne Einhaltung einer Kündigungsfrist berechtigen, und daß die nach § 103 des Betriebsverfassungsgesetzes oder nach dem Personalvertretungsrecht erforderliche Zustimmung vorliegt oder durch eine gerichtliche Entscheidung ersetzt ist. ²Innerhalb von sechs Monaten nach Bekanntgabe des Wahlergebnisses ist die Kündigung unzulässig, es sei denn, daß Tatsachen vorliegen, die den Arbeitgeber zur Kündigung aus wichtigem Grund ohne Einhaltung einer Kündigungsfrist berechtigen; dies gilt nicht für Mitglieder des Wahlvorstands, wenn dieser durch gerichtliche Entscheidung durch einen anderen Wahlvorstand ersetzt worden ist.

(3a) ¹Die Kündigung eines Arbeitnehmers, der zu einer Betriebs-, Wahl- oder Bordversammlung nach § 17 Abs. 3, § 17a Nr. 3 Satz 2, § 115 Abs. 2 Nr. 8 Satz 1 des Betriebsverfassungsgesetzes einlädt oder die Bestellung eines Wahlvorstands nach § 16 Abs. 2 Satz 1, § 17 Abs. 4, § 17a Nr. 4, § 63 Abs. 3, § 115 Abs. 2 Nr. 8 Satz 2 oder § 116 Abs. 2 Nr. 7 Satz 5 des Betriebsverfassungsgesetzes beantragt, ist vom Zeitpunkt der Einladung oder Antragstellung an bis zur Bekanntgabe des Wahlergebnisses unzulässig, es sei denn, dass Tatsachen vorliegen, die den Arbeitgeber zur Kündigung aus wichtigem Grund ohne Einhaltung einer Kündigungsfrist berechtigen; der Kündigungsschutz gilt für die ersten drei in der Einladung oder Antragstellung aufgeführten Arbeitnehmer. ²Wird ein Betriebsrat, eine Jugend- und Auszubildendenvertretung, eine Bordvertretung oder ein Seebetriebsrat nicht gewählt, besteht der Kündigungsschutz nach Satz 1 vom Zeitpunkt der Einladung oder Antragstellung an drei Monate.

(4) Wird der Betrieb stillgelegt, so ist die Kündigung der in den Absätzen 1 bis 3 genannten Personen frühestens zum Zeitpunkt der Stillegung zulässig, es sei denn, daß ihre Kündigung zu einem früheren Zeitpunkt durch zwingende betriebliche Erfordernisse bedingt ist.

(5) ¹Wird eine der in den Absätzen 1 bis 3 genannten Personen in einer Betriebsabteilung beschäftigt, die stillgelegt wird, so ist sie in eine andere Betriebsabteilung zu übernehmen. ²Ist dies aus betrieblichen Gründen nicht möglich, so findet auf ihre Kündigung die Vorschrift des Absatzes 4 über die Kündigung bei Stillegung des Betriebs sinngemäß Anwendung.

§ 16 Neues Arbeitsverhältnis; Auflösung des alten Arbeitsverhältnisses

[1]Stellt das Gericht die Unwirksamkeit der Kündigung einer der in § 15 Abs. 1 bis 3a genannten Personen fest, so kann diese Person, falls sie inzwischen ein neues Arbeitsverhältnis eingegangen ist, binnen einer Woche nach Rechtskraft des Urteils durch Erklärung gegenüber dem alten Arbeitgeber die Weiterbeschäftigung bei diesem verweigern. [2]Im übrigen finden die Vorschriften des § 11 und des § 12 Satz 2 bis 4 entsprechende Anwendung.

Dritter Abschnitt
Anzeigepflichtige Entlassungen

§ 17 Anzeigepflicht

(1) [1]Der Arbeitgeber ist verpflichtet, der Agentur für Arbeit Anzeige zu erstatten, bevor er
1. in Betrieben mit in der Regel mehr als 20 und weniger als 60 Arbeitnehmern mehr als 5 Arbeitnehmer,
2. in Betrieben mit in der Regel mindestens 60 und weniger als 500 Arbeitnehmern 10 vom Hundert der im Betrieb regelmäßig beschäftigten Arbeitnehmer oder aber mehr als 25 Arbeitnehmer,
3. in Betrieben mit in der Regel mindestens 500 Arbeitnehmern mindestens 30 Arbeitnehmer
   innerhalb von 30 Kalendertagen entläßt. [2]Den Entlassungen stehen andere Beendigungen des Arbeitsverhältnisses gleich, die vom Arbeitgeber veranlaßt werden.
(2) [1]Beabsichtigt der Arbeitgeber, nach Absatz 1 anzeigepflichtige Entlassungen vorzunehmen, hat er dem Betriebsrat rechtzeitig die zweckdienlichen Auskünfte zu erteilen und ihn schriftlich insbesondere zu unterrichten über
1. die Gründe für die geplanten Entlassungen,
2. die Zahl und die Berufsgruppen der zu entlassenden Arbeitnehmer,
3. die Zahl und die Berufsgruppen der in der Regel beschäftigten Arbeitnehmer,
4. den Zeitraum, in dem die Entlassungen vorgenommen werden sollen,
5. die vorgesehenen Kriterien für die Auswahl der zu entlassenden Arbeitnehmer,
6. die für die Berechnung etwaiger Abfindungen vorgesehenen Kriterien.
[2]Arbeitgeber und Betriebsrat haben insbesondere die Möglichkeiten zu beraten, Entlassungen zu vermeiden oder einzuschränken und ihre Folgen zu mildern.
(3) [1]Der Arbeitgeber hat gleichzeitig der Agentur für Arbeit eine Abschrift der Mitteilung an den Betriebsrat zuzuleiten; sie muß zumindest die in Absatz 2 Satz 1 Nr. 1 bis 5 vorgeschriebenen Angaben enthalten. [2]Die Anzeige nach Absatz 1 ist schriftlich unter Beifügung der Stellungnahme des Betriebsrats zu den Entlassungen zu erstatten. [3]Liegt eine Stellungnahme des Betriebsrats nicht vor, so ist die Anzeige wirksam, wenn der Arbeitgeber glaubhaft macht, daß er den Betriebsrat mindestens zwei Wochen vor Erstattung der Anzeige nach Absatz 2 Satz 1 unterrichtet hat, und er den Stand der Beratungen darlegt. [4]Die Anzeige muß Angaben über den Namen des Arbeitgebers, den Sitz und die Art des Betriebes enthalten, ferner die Gründe für die geplanten Entlassungen, die Zahl und die Berufsgruppen der zu entlassenden und der in der Regel beschäftigten Arbeitnehmer, den Zeitraum, in dem die Entlassungen vorgenommen werden sollen und die vorgesehenen Kriterien für die Auswahl der zu

entlassenden Arbeitnehmer. [5]In der Anzeige sollen ferner im Einvernehmen mit dem Betriebsrat für die Arbeitsvermittlung Angaben über Geschlecht, Alter, Beruf und Staatsangehörigkeit der zu entlassenden Arbeitnehmer gemacht werden. [6]Der Arbeitgeber hat dem Betriebsrat eine Abschrift der Anzeige zuzuleiten. [7]Der Betriebsrat kann gegenüber der Agentur für Arbeit weitere Stellungnahmen abgeben. [8]Er hat dem Arbeitgeber eine Abschrift der Stellungnahme zuzuleiten.

(3a) [1]Die Auskunfts-, Beratungs- und Anzeigepflichten nach den Absätzen 1 bis 3 gelten auch dann, wenn die Entscheidung über die Entlassungen von einem den Arbeitgeber beherrschenden Unternehmen getroffen wurde. [2]Der Arbeitgeber kann sich nicht darauf berufen, daß das für die Entlassungen verantwortliche Unternehmen die notwendigen Auskünfte nicht übermittelt hat.

(4) [1]Das Recht zur fristlosen Entlassung bleibt unberührt. [2]Fristlose Entlassungen werden bei Berechnung der Mindestzahl der Entlassungen nach Absatz 1 nicht mitgerechnet.

(5) Als Arbeitnehmer im Sinne dieser Vorschrift gelten nicht

1. in Betrieben einer juristischen Person die Mitglieder des Organs, das zur gesetzlichen Vertretung der juristischen Person berufen ist,
2. in Betrieben einer Personengesamtheit die durch Gesetz, Satzung oder Gesellschaftsvertrag zur Vertretung der Personengesamtheit berufenen Personen,
3. Geschäftsführer, Betriebsleiter und ähnliche leitende Personen, soweit diese zur selbständigen Einstellung oder Entlassung von Arbeitnehmern berechtigt sind.

§ 18 Entlassungssperre

(1) Entlassungen, die nach § 17 anzuzeigen sind, werden vor Ablauf eines Monats nach Eingang der Anzeige bei der Agentur für Arbeit nur mit dessen Zustimmung wirksam; die Zustimmung kann auch rückwirkend bis zum Tage der Antragstellung erteilt werden.

(2) Die Agentur für Arbeit kann im Einzelfall bestimmen, daß die Entlassungen nicht vor Ablauf von längstens zwei Monaten nach Eingang der Anzeige wirksam werden.

(3) *(weggefallen)*

(4) Soweit die Entlassungen nicht innerhalb von 90 Tagen nach dem Zeitpunkt, zu dem sie nach den Absätzen 1 und 2 zulässig sind, durchgeführt werden, bedarf es unter den Voraussetzungen des § 17 Abs. 1 einer erneuten Anzeige.

§ 19 Zulässigkeit von Kurzarbeit

(1) Ist der Arbeitgeber nicht in der Lage, die Arbeitnehmer bis zu dem in § 18 Abs. 1 und 2 bezeichneten Zeitpunkt voll zu beschäftigen, so kann die Bundesagentur für Arbeit zulassen, daß der Arbeitgeber für die Zwischenzeit Kurzarbeit einführt.

(2) Der Arbeitgeber ist im Falle der Kurzarbeit berechtigt, Lohn oder Gehalt der mit verkürzter Arbeitszeit beschäftigten Arbeitnehmer entsprechend zu kürzen; die Kürzung des Arbeitsentgelts wird jedoch erst von dem Zeitpunkt an wirksam, an dem das Arbeitsverhältnis nach den allgemeinen gesetzlichen oder den vereinbarten Bestimmungen enden würde.

(3) Tarifvertragliche Bestimmungen über die Einführung, das Ausmaß und die Bezahlung von Kurzarbeit werden durch die Absätze 1 und 2 nicht berührt.

§ 20 Entscheidungen der Agentur für Arbeit

(1) ¹Die Entscheidungen der Agentur für Arbeit nach § 18 Abs. 1 und 2 trifft deren Geschäftsführung oder ein Ausschuß (Entscheidungsträger). ²Die Geschäftsführung darf nur dann entscheiden, wenn die Zahl der Entlassungen weniger als 50 beträgt.

(2) ¹Der Ausschuß setzt sich aus dem Geschäftsführer, der Geschäftsführerin oder dem oder der Vorsitzenden der Geschäftsführung der Agentur für Arbeit oder einem von ihm oder ihr beauftragten Angehörigen der Agentur für Arbeit als Vorsitzenden und je zwei Vertretern der Arbeitnehmer, der Arbeitgeber und der öffentlichen Körperschaften zusammen, die von dem Verwaltungsausschuss der Agentur für Arbeit benannt werden. ²Er trifft seine Entscheidungen mit Stimmenmehrheit.

(3) ¹Der Entscheidungsträger hat vor seiner Entscheidung den Arbeitgeber und den Betriebsrat anzuhören. ²Dem Entscheidungsträger sind, insbesondere vom Arbeitgeber und Betriebsrat, die von ihm für die Beurteilung des Falles erforderlich gehaltenen Auskünfte zu erteilen.

(4) Der Entscheidungsträger hat sowohl das Interesse des Arbeitgebers als auch das der zu entlassenden Arbeitnehmer, das öffentliche Interesse und die Lage des gesamten Arbeitsmarktes unter besonderer Beachtung des Wirtschaftszweiges, dem der Betrieb angehört, zu berücksichtigen.

§ 21 Entscheidungen der Zentrale der Bundesagentur für Arbeit

¹Für Betriebe, die zum Geschäftsbereich des Bundesministers für Verkehr oder des Bundesministers für Post und Telekommunikation gehören, trifft, wenn mehr als 500 Arbeitnehmer entlassen werden sollen, ein gemäß § 20 Abs. 1 bei der Zentrale der Bundesagentur für Arbeit zu bildender Ausschuß die Entscheidungen nach § 18 Abs. 1 und 2. ²Der zuständige Bundesminister kann zwei Vertreter mit beratender Stimme in den Ausschuß entsenden. ³Die Anzeigen nach § 17 sind in diesem Falle an die Zentrale der Bundesagentur für Arbeit zu erstatten. ⁴Im übrigen gilt § 20 Abs. 1 bis 3 entsprechend.

§ 22 Ausnahmebetriebe

(1) Auf Saisonbetriebe und Kampagne-Betriebe finden die Vorschriften dieses Abschnitts bei Entlassungen, die durch diese Eigenart der Betriebe bedingt sind, keine Anwendung.

(2) ¹Keine Saisonbetriebe oder Kampagne-Betriebe sind Betriebe des Baugewerbes, in denen die ganzjährige Beschäftigung nach dem Dritten Buch Sozialgesetzbuch gefördert wird. ²Das Bundesministerium für Arbeit und Soziales wird ermächtigt, durch Rechtsverordnung Vorschriften zu erlassen, welche Betriebe als Saisonbetriebe oder Kampagne-Betriebe im Sinne des Absatzes 1 gelten.

Vierter Abschnitt
Schlußbestimmungen

§ 23 Geltungsbereich

(1) [1]Die Vorschriften des Ersten und Zweiten Abschnitts gelten für Betriebe und Verwaltungen des privaten und des öffentlichen Rechts, vorbehaltlich der Vorschriften des § 24 für die Seeschiffahrts-, Binnenschiffahrts- und Luftverkehrsbetriebe. [2]Die Vorschriften des Ersten Abschnitts gelten mit Ausnahme der §§ 4 bis 7 und des § 13 Abs. 1 Satz 1 und 2 nicht für Betriebe und Verwaltungen, in denen in der Regel fünf oder weniger Arbeitnehmer beschäftigt werden. [3]In Betrieben und Verwaltungen, in denen in der Regel zehn oder weniger Arbeitnehmer ausschließlich der zu ihrer Berufsbildung Beschäftigten beschäftigt werden, gelten die Vorschriften des Ersten Abschnitts mit Ausnahme der §§ 4 bis 7 und des § 13 Abs. 1 Satz 1 und 2 nicht für Arbeitnehmer, deren Arbeitsverhältnis nach dem 31. Dezember 2003 begonnen hat; diese Arbeitnehmer sind bei der Feststellung der Zahl der beschäftigten Arbeitnehmer nach Satz 2 bis zur Beschäftigung von in der Regel zehn Arbeitnehmern nicht zu berücksichtigen. [4]Bei der Feststellung der Zahl der beschäftigten Arbeitnehmer nach den Sätzen 2 und 3 sind teilzeitbeschäftigte Arbeitnehmer mit einer regelmäßigen wöchentlichen Arbeitszeit von nicht mehr als 20 Stunden mit 0,5 und nicht mehr als 30 Stunden mit 0,75 zu berücksichtigen.

(2) [1]Die Vorschriften des Dritten Abschnitts gelten für Betriebe und Verwaltungen des privaten Rechts sowie für Betriebe, die von einer öffentlichen Verwaltung geführt werden, soweit sie wirtschaftliche Zwecke verfolgen. [2]Sie gelten nicht für Seeschiffe und ihre Besatzung.

§ 24 Anwendung des Gesetzes auf Betriebe der Schifffahrt und des Luftverkehrs

(1) Die Vorschriften des Ersten und Zweiten Abschnitts finden nach Maßgabe der Absätze 2 bis 4 auf Arbeitsverhältnisse der Besatzung von Seeschiffen, Binnenschiffen und Luftfahrzeugen Anwendung.

(2) Als Betrieb im Sinne dieses Gesetzes gilt jeweils die Gesamtheit der Seeschiffe oder der Binnenschiffe eines Schifffahrtsbetriebs oder der Luftfahrzeuge eines Luftverkehrsbetriebs.

(3) Dauert die erste Reise eines Besatzungsmitglieds eines Seeschiffes oder eines Binnenschiffes länger als sechs Monate, so verlängert sich die Sechsmonatsfrist des § 1 Absatz 1 bis drei Tage nach Beendigung dieser Reise.

(4) [1]Die Klage nach § 4 ist binnen drei Wochen zu erheben, nachdem die Kündigung dem Besatzungsmitglied an Land zugegangen ist. [2]Geht dem Besatzungsmitglied eines Seeschiffes oder eines Binnenschiffes die Kündigung während der Fahrt des Schiffes zu, ist die Klage innerhalb von sechs Wochen nach dem Dienstende an Bord zu erheben. [3]An die Stelle der Dreiwochenfrist in § 5 Absatz 1 und § 6 treten die hier in den Sätzen 1 und 2 genannten Fristen.

§ 25 Kündigung in Arbeitskämpfen

Die Vorschriften dieses Gesetzes finden keine Anwendung auf Kündigungen und Entlassungen, die lediglich als Maßnahmen in wirtschaftlichen Kämpfen zwischen Arbeitgebern und Arbeitnehmern vorgenommen werden.

§ 25a Berlin Klausel *(nicht abgedruckt)*

§ 26 Inkrafttreten *(nicht abgedruckt)*

2. Bürgerliches Gesetzbuch (BGB)

vom 18. August 1896 (RGBl. S. 195), in der Fassung der Bekanntmachung vom 2. Januar 2002 (BGBl. I, S. 42), zuletzt geändert durch Gesetz vom 22. Juli 2014 (BGBl. I, S. 1218)

– Auszug –

§ 13 Verbraucher

Verbraucher ist jede natürliche Person, die ein Rechtsgeschäft zu Zwecken abschließt, die überwiegend weder ihrer gewerblichen noch ihrer selbständigen beruflichen Tätigkeit zugerechnet werden können.

§ 14 Unternehmer

(1) Unternehmer ist eine natürliche oder juristische Person oder eine rechtsfähige Personengesellschaft, die bei Abschluss eines Rechtsgeschäfts in Ausübung ihrer gewerblichen oder selbständigen beruflichen Tätigkeit handelt.

(2) Eine rechtsfähige Personengesellschaft ist eine Personengesellschaft, die mit der Fähigkeit ausgestattet ist, Rechte zu erwerben und Verbindlichkeiten einzugehen.

§ 355 Widerrufsrecht bei Verbraucherverträgen

(1) [1]Wird einem Verbraucher durch Gesetz ein Widerrufsrecht nach dieser Vorschrift eingeräumt, so sind der Verbraucher und der Unternehmer an ihre auf den Abschluss des Vertrags gerichteten Willenserklärungen nicht mehr gebunden, wenn der Verbraucher seine Willenserklärung fristgerecht widerrufen hat. [2]Der Widerruf erfolgt durch Erklärung gegenüber dem Unternehmer. [3]Aus der Erklärung muss der Entschluss des Verbrauchers zum Widerruf des Vertrags eindeutig hervorgehen. [4]Der Widerruf muss keine Begründung enthalten. [5]Zur Fristwahrung genügt die rechtzeitige Absendung des Widerrufs.

(2) Die Widerrufsfrist beträgt 14 Tage. Sie beginnt mit Vertragsschluss, soweit nichts anderes bestimmt ist.

(3) [1]Im Falle des Widerrufs sind die empfangenen Leistungen unverzüglich zu-

rückzugewähren. [2]Bestimmt das Gesetz eine Höchstfrist für die Rückgewähr, so beginnt diese für den Unternehmer mit dem Zugang und für den Verbraucher mit der Abgabe der Widerrufserklärung. [3]Ein Verbraucher wahrt diese Frist durch die rechtzeitige Absendung der Waren. [4]Der Unternehmer trägt bei Widerruf die Gefahr der Rücksendung der Waren.

§ 611 Vertragstypische Pflichten beim Dienstvertrag

(1) Durch den Dienstvertrag wird derjenige, welcher Dienste zusagt, zur Leistung der versprochenen Dienste, der andere Teil zur Gewährung der vereinbarten Vergütung verpflichtet.

(2) Gegenstand des Dienstvertrags können Dienste jeder Art sein.

§§ 611a und 611b *(weggefallen)*

§ 612 Vergütung

(1) Eine Vergütung gilt als stillschweigend vereinbart, wenn die Dienstleistung den Umständen nach nur gegen eine Vergütung zu erwarten ist.

(2) Ist die Höhe der Vergütung nicht bestimmt, so ist bei dem Bestehen einer Taxe die taxmäßige Vergütung, in Ermangelung einer Taxe die übliche Vergütung als vereinbart anzusehen.

(3) *(weggefallen)*

§ 612a Maßregelungsverbot

Der Arbeitgeber darf einen Arbeitnehmer bei einer Vereinbarung oder einer Maßnahme nicht benachteiligen, weil der Arbeitnehmer in zulässiger Weise seine Rechte ausübt.

§ 613 Unübertragbarkeit

[1]Der zur Dienstleistung Verpflichtete hat die Dienste im Zweifel in Person zu leisten. [2]Der Anspruch auf die Dienste ist im Zweifel nicht übertragbar.

§ 613a Rechte und Pflichten bei Betriebsübergang

(1) [1]Geht ein Betrieb oder Betriebsteil durch Rechtsgeschäft auf einen anderen Inhaber über, so tritt dieser in die Rechte und Pflichten aus den im Zeitpunkt des Übergangs bestehenden Arbeitsverhältnissen ein. [2]Sind diese Rechte und Pflichten durch Rechtsnormen eines Tarifvertrags oder durch eine Betriebsvereinbarung geregelt, so werden sie Inhalt des Arbeitsverhältnisses zwischen dem neuen Inhaber und dem Arbeitnehmer und dürfen nicht vor Ablauf eines Jahres nach dem Zeitpunkt des Übergangs zum Nachteil des Arbeitnehmers geändert werden. [3]Satz 2 gilt nicht, wenn die Rechte und Pflichten bei dem neuen Inhaber durch Rechtsnormen eines anderen Tarifvertrags oder durch eine andere Betriebsvereinbarung geregelt werden. [4]Vor Ab-

lauf der Frist nach Satz 2 können die Rechte und Pflichten geändert werden, wenn der Tarifvertrag oder die Betriebsvereinbarung nicht mehr gilt oder bei fehlender beiderseitiger Tarifgebundenheit im Geltungsbereich eines anderen Tarifvertrags dessen Anwendung zwischen dem neuen Inhaber und dem Arbeitnehmer vereinbart wird.

(2) [1]Der bisherige Arbeitgeber haftet neben dem neuen Inhaber für Verpflichtungen nach Absatz 1, soweit sie vor dem Zeitpunkt des Übergangs entstanden sind und vor Ablauf von einem Jahr nach diesem Zeitpunkt fällig werden, als Gesamtschuldner. [2]Werden solche Verpflichtungen nach dem Zeitpunkt des Übergangs fällig, so haftet der bisherige Arbeitgeber für sie jedoch nur in dem Umfang, der dem im Zeitpunkt des Übergangs abgelaufenen Teil ihres Bemessungszeitraums entspricht.

(3) Absatz 2 gilt nicht, wenn eine juristische Person oder eine Personenhandelsgesellschaft durch Umwandlung erlischt.

(4) Die Kündigung des Arbeitsverhältnisses eines Arbeitnehmers durch den bisherigen Arbeitgeber oder durch den neuen Inhaber wegen des Übergangs eines Betriebs oder eines Betriebsteils ist unwirksam. Das Recht zur Kündigung des Arbeitsverhältnisses aus anderen Gründen bleibt unberührt.

(5) Der bisherige Arbeitgeber oder der neue Inhaber hat die von einem Übergang betroffenen Arbeitnehmer vor dem Übergang in Textform zu unterrichten über:
1. den Zeitpunkt oder den geplanten Zeitpunkt des Übergangs,
2. den Grund für den Übergang,
3. die rechtlichen, wirtschaftlichen und sozialen Folgen des Übergangs für die Arbeitnehmer und
4. die hinsichtlich der Arbeitnehmer in Aussicht genommenen Maßnahmen.

(6) [1]Der Arbeitnehmer kann dem Übergang des Arbeitsverhältnisses innerhalb eines Monats nach Zugang der Unterrichtung nach Absatz 5 schriftlich widersprechen. [2]Der Widerspruch kann gegenüber dem bisherigen Arbeitgeber oder dem neuen Inhaber erklärt werden.

§ 614 Fälligkeit der Vergütung

[1]Die Vergütung ist nach der Leistung der Dienste zu entrichten. [2]Ist die Vergütung nach Zeitabschnitten bemessen, so ist sie nach dem Ablauf der einzelnen Zeitabschnitte zu entrichten.

§ 615 Vergütung bei Annahmeverzug und bei Betriebsrisiko

[1]Kommt der Dienstberechtigte mit der Annahme der Dienste in Verzug, so kann der Verpflichtete für die infolge des Verzugs nicht geleisteten Dienste die vereinbarte Vergütung verlangen, ohne zur Nachleistung verpflichtet zu sein. [2]Er muss sich jedoch den Wert desjenigen anrechnen lassen, was er infolge des Unterbleibens der Dienstleistung erspart oder durch anderweitige Verwendung seiner Dienste erwirbt oder zu erwerben böswillig unterlässt. [3]Die Sätze 1 und 2 gelten entsprechend in den Fällen, in denen der Arbeitgeber das Risiko des Arbeitsausfalls trägt.

§ 616 Vorübergehende Verhinderung

[1]Der zur Dienstleistung Verpflichtete wird des Anspruchs auf die Vergütung nicht dadurch verlustig, dass er für eine verhältnismäßig nicht erhebliche Zeit durch einen in seiner Person liegenden Grund ohne sein Verschulden an der Dienstleistung verhindert wird. [2]Er muss sich jedoch den Betrag anrechnen lassen, welcher ihm für die Zeit der Verhinderung aus einer auf Grund gesetzlicher Verpflichtung bestehenden Kranken- oder Unfallversicherung zukommt.

§ 617 Pflicht zur Krankenfürsorge

(1) [1]Ist bei einem dauernden Dienstverhältnis, welches die Erwerbstätigkeit des Verpflichteten vollständig oder hauptsächlich in Anspruch nimmt, der Verpflichtete in die häusliche Gemeinschaft aufgenommen, so hat der Dienstberechtigte ihm im Falle der Erkrankung die erforderliche Verpflegung und ärztliche Behandlung bis zur Dauer von sechs Wochen, jedoch nicht über die Beendigung des Dienstverhältnisses hinaus, zu gewähren, sofern nicht die Erkrankung von dem Verpflichteten vorsätzlich oder durch grobe Fahrlässigkeit herbeigeführt worden ist. [2]Die Verpflegung und ärztliche Behandlung kann durch Aufnahme des Verpflichteten in eine Krankenanstalt gewährt werden. [3]Die Kosten können auf die für die Zeit der Erkrankung geschuldete Vergütung angerechnet werden. [4]Wird das Dienstverhältnis wegen der Erkrankung von dem Dienstberechtigten nach § 626 gekündigt, so bleibt die dadurch herbeigeführte Beendigung des Dienstverhältnisses außer Betracht.

(2) Die Verpflichtung des Dienstberechtigten tritt nicht ein, wenn für die Verpflegung und ärztliche Behandlung durch eine Versicherung oder durch eine Einrichtung der öffentlichen Krankenpflege Vorsorge getroffen ist.

§ 618 Pflicht zu Schutzmaßnahmen

(1) Der Dienstberechtigte hat Räume, Vorrichtungen oder Gerätschaften, die er zur Verrichtung der Dienste zu beschaffen hat, so einzurichten und zu unterhalten und Dienstleistungen, die unter seiner Anordnung oder seiner Leitung vorzunehmen sind, so zu regeln, dass der Verpflichtete gegen Gefahr für Leben und Gesundheit soweit geschützt ist, als die Natur der Dienstleistung es gestattet.

(2) Ist der Verpflichtete in die häusliche Gemeinschaft aufgenommen, so hat der Dienstberechtigte in Ansehung des Wohn- und Schlafraums, der Verpflegung sowie der Arbeits- und Erholungszeit diejenigen Einrichtungen und Anordnungen zu treffen, welche mit Rücksicht auf die Gesundheit, die Sittlichkeit und die Religion des Verpflichteten erforderlich sind.

(3) Erfüllt der Dienstberechtigte die ihm in Ansehung des Lebens und der Gesundheit des Verpflichteten obliegenden Verpflichtungen nicht, so finden auf seine Verpflichtung zum Schadensersatz die für unerlaubte Handlungen geltenden Vorschriften der §§ 842 bis 846 entsprechende Anwendung.

§ 619 Unabdingbarkeit der Fürsorgepflichten

Die dem Dienstberechtigten nach den §§ 617, 618 obliegenden Verpflichtungen können nicht im Voraus durch Vertrag aufgehoben oder beschränkt werden.

§ 619a Beweislast bei Haftung des Arbeitnehmers

Abweichend von § 280 Abs. 1 hat der Arbeitnehmer dem Arbeitgeber Ersatz für den aus der Verletzung einer Pflicht aus dem Arbeitsverhältnis entstehenden Schaden nur zu leisten, wenn er die Pflichtverletzung zu vertreten hat.

§ 620 Beendigung des Dienstverhältnisses

(1) Das Dienstverhältnis endigt mit dem Ablauf der Zeit, für die es eingegangen ist.

(2) Ist die Dauer des Dienstverhältnisses weder bestimmt noch aus der Beschaffenheit oder dem Zweck der Dienste zu entnehmen, so kann jeder Teil das Dienstverhältnis nach Maßgabe der §§ 621 bis 623 kündigen.

(3) Für Arbeitsverträge, die auf bestimmte Zeit abgeschlossen werden, gilt das Teilzeit- und Befristungsgesetz.

§ 621 Kündigungsfristen bei Dienstverhältnissen

Bei einem Dienstverhältnis, das kein Arbeitsverhältnis im Sinne des § 622 ist, ist die Kündigung zulässig,
1. wenn die Vergütung nach Tagen bemessen ist, an jedem Tag für den Ablauf des folgenden Tages;
2. wenn die Vergütung nach Wochen bemessen ist, spätestens am ersten Werktag einer Woche für den Ablauf des folgenden Sonnabends;
3. wenn die Vergütung nach Monaten bemessen ist, spätestens am fünfzehnten eines Monats für den Schluss des Kalendermonats;
4. wenn die Vergütung nach Vierteljahren oder längeren Zeitabschnitten bemessen ist, unter Einhaltung einer Kündigungsfrist von sechs Wochen für den Schluss eines Kalendervierteljahres;
5. wenn die Vergütung nicht nach Zeitabschnitten bemessen ist, jederzeit; bei einem die Erwerbstätigkeit des Verpflichteten vollständig oder hauptsächlich in Anspruch nehmenden Dienstverhältnis ist jedoch eine Kündigungsfrist von zwei Wochen einzuhalten.

§ 622 Kündigungsfristen bei Arbeitsverhältnissen

(1) Das Arbeitsverhältnis eines Arbeiters oder eines Angestellten (Arbeitnehmers) kann mit einer Frist von vier Wochen zum Fünfzehnten oder zum Ende eines Kalendermonats gekündigt werden.

(2) [1]Für eine Kündigung durch den Arbeitgeber beträgt die Kündigungsfrist, wenn das Arbeitsverhältnis in dem Betrieb oder Unternehmen
1. zwei Jahre bestanden hat, einen Monat zum Ende eines Kalendermonats,
2. fünf Jahre bestanden hat, zwei Monate zum Ende eines Kalendermonats,

3. acht Jahre bestanden hat, drei Monate zum Ende eines Kalendermonats,
4. zehn Jahre bestanden hat, vier Monate zum Ende eines Kalendermonats,
5. zwölf Jahre bestanden hat, fünf Monate zum Ende eines Kalendermonats,
6. 15 Jahre bestanden hat, sechs Monate zum Ende eines Kalendermonats,
7. 20 Jahre bestanden hat, sieben Monate zum Ende eines Kalendermonats.
²Bei der Berechnung der Beschäftigungsdauer werden Zeiten, die vor der Vollendung des 25. Lebensjahres des Arbeitnehmers liegen, nicht berücksichtigt.

(3) Während einer vereinbarten Probezeit, längstens für die Dauer von sechs Monaten, kann das Arbeitsverhältnis mit einer Frist von zwei Wochen gekündigt werden.

(4) ¹Von den Absätzen 1 bis 3 abweichende Regelungen können durch Tarifvertrag vereinbart werden. ²Im Geltungsbereich eines solchen Tarifvertrags gelten die abweichenden tarifvertraglichen Bestimmungen zwischen nichttarifgebundenen Arbeitgebern und Arbeitnehmern, wenn ihre Anwendung zwischen ihnen vereinbart ist.

(5) ¹Einzelvertraglich kann eine kürzere als die in Absatz 1 genannte Kündigungsfrist nur vereinbart werden,
1. wenn ein Arbeitnehmer zur vorübergehenden Aushilfe eingestellt ist; dies gilt nicht, wenn das Arbeitsverhältnis über die Zeit von drei Monaten hinaus fortgesetzt wird;
2. wenn der Arbeitgeber in der Regel nicht mehr als 20 Arbeitnehmer ausschließlich der zu ihrer Berufsbildung Beschäftigten beschäftigt und die Kündigungsfrist vier Wochen nicht unterschreitet.
²Bei der Feststellung der Zahl der beschäftigten Arbeitnehmer sind teilzeitbeschäftigte Arbeitnehmer mit einer regelmäßigen wöchentlichen Arbeitszeit von nicht mehr als 20 Stunden mit 0,5 und nicht mehr als 30 Stunden mit 0,75 zu berücksichtigen. ³Die einzelvertragliche Vereinbarung längerer als der in den Absätzen 1 bis 3 genannten Kündigungsfristen bleibt hiervon unberührt.

(6) Für die Kündigung des Arbeitsverhältnisses durch den Arbeitnehmer darf keine längere Frist vereinbart werden als für die Kündigung durch den Arbeitgeber.

§ 623 Schriftform der Kündigung

Die Beendigung von Arbeitsverhältnissen durch Kündigung oder Auflösungsvertrag bedürfen zu ihrer Wirksamkeit der Schriftform; die elektronische Form ist ausgeschlossen.

§ 624 Kündigungsfrist bei Verträgen über mehr als fünf Jahre

¹Ist das Dienstverhältnis für die Lebenszeit einer Person oder für längere Zeit als fünf Jahre eingegangen, so kann es von dem Verpflichteten nach dem Ablauf von fünf Jahren gekündigt werden. ²Die Kündigungsfrist beträgt sechs Monate.

§ 625 Stillschweigende Verlängerung

Wird das Dienstverhältnis nach dem Ablauf der Dienstzeit von dem Verpflichteten mit Wissen des anderen Teiles fortgesetzt, so gilt es als auf unbestimmte Zeit verlängert, sofern nicht der andere Teil unverzüglich widerspricht.

§ 626 Fristlose Kündigung aus wichtigem Grund

(1) Das Dienstverhältnis kann von jedem Vertragsteil aus wichtigem Grund ohne Einhaltung einer Kündigungsfrist gekündigt werden, wenn Tatsachen vorliegen, auf Grund derer dem Kündigenden unter Berücksichtigung aller Umstände des Einzelfalles und unter Abwägung der Interessen beider Vertragsteile die Fortsetzung des Dienstverhältnisses bis zum Ablauf der Kündigungsfrist oder bis zu der vereinbarten Beendigung des Dienstverhältnisses nicht zugemutet werden kann.

(2) [1]Die Kündigung kann nur innerhalb von zwei Wochen erfolgen. [2]Die Frist beginnt mit dem Zeitpunkt, in dem der Kündigungsberechtigte von den für die Kündigung maßgebenden Tatsachen Kenntnis erlangt. [3]Der Kündigende muss dem anderen Teil auf Verlangen den Kündigungsgrund unverzüglich schriftlich mitteilen.

§ 627 Fristlose Kündigung bei Vertrauensstellung

(1) Bei einem Dienstverhältnis, das kein Arbeitsverhältnis im Sinne des § 622 ist, ist die Kündigung auch ohne die im § 626 bezeichnete Voraussetzung zulässig, wenn der zur Dienstleistung Verpflichtete, ohne in einem dauernden Dienstverhältnis mit festen Bezügen zu stehen, Dienste höherer Art zu leisten hat, die auf Grund besonderen Vertrauens übertragen zu werden pflegen.

(2) [1]Der Verpflichtete darf nur in der Art kündigen, dass sich der Dienstberechtigte die Dienste anderweit beschaffen kann, es sei denn, dass ein wichtiger Grund für die unzeitige Kündigung vorliegt. [2]Kündigt er ohne solchen Grund zur Unzeit, so hat er dem Dienstberechtigten den daraus entstehenden Schaden zu ersetzen.

§ 628 Teilvergütung und Schadensersatz bei fristloser Kündigung

(1) [1]Wird nach dem Beginn der Dienstleistung das Dienstverhältnis auf Grund des § 626 oder des § 627 gekündigt, so kann der Verpflichtete einen seinen bisherigen Leistungen entsprechenden Teil der Vergütung verlangen. [2]Kündigt er, ohne durch vertragswidriges Verhalten des anderen Teiles dazu veranlasst zu sein, oder veranlasst er durch vertragswidriges Verhalten die Kündigung des anderen Teiles, so steht ihm ein Anspruch auf die Vergütung insoweit nicht zu, als seine bisherigen Leistungen infolge der Kündigung für den anderen Teil kein Interesse haben. [3]Ist die Vergütung für eine spätere Zeit im Voraus entrichtet, so hat der Verpflichtete sie nach Maßgabe des § 346 oder, wenn die Kündigung wegen eines Umstands erfolgt, den er nicht zu vertreten hat, nach den Vorschriften über die Herausgabe einer ungerechtfertigten Bereicherung zurückzuerstatten.

(2) Wird die Kündigung durch vertragswidriges Verhalten des anderen Teiles veranlasst, so ist dieser zum Ersatz des durch die Aufhebung des Dienstverhältnisses entstehenden Schadens verpflichtet.

§ 629 Freizeit zur Stellungssuche

Nach der Kündigung eines dauernden Dienstverhältnisses hat der Dienstberechtigte dem Verpflichteten auf Verlangen angemessene Zeit zum Aufsuchen eines anderen Dienstverhältnisses zu gewähren.

§ 630 Pflicht zur Zeugniserteilung

[1]Bei der Beendigung eines dauernden Dienstverhältnisses kann der Verpflichtete von dem anderen Teil ein schriftliches Zeugnis über das Dienstverhältnis und dessen Dauer fordern. [2]Das Zeugnis ist auf Verlangen auf die Leistungen und die Führung im Dienst zu erstrecken. [3]Die Erteilung des Zeugnisses in elektronischer Form ist ausgeschlossen. [4]Wenn der Verpflichtete ein Arbeitnehmer ist, findet § 109 der Gewerbeordnung Anwendung.

3. Betriebsverfassungsgesetz (BetrVG)

vom 15. Januar 1972 (BGBl. I, S. 13) in der Fassung der Bekanntmachung vom 25. September 2001 (BGBl. I, S. 2518), zuletzt geändert durch Gesetz vom 20. April 2013 (BGBl. I S. 868)

– Auszug –

§ 99 Mitbestimmung bei personellen Einzelmaßnahmen

(1) [1]In Unternehmen mit in der Regel mehr als zwanzig wahlberechtigten Arbeitnehmern hat der Arbeitgeber den Betriebsrat vor jeder Einstellung, Eingruppierung, Umgruppierung und Versetzung zu unterrichten, ihm die erforderlichen Bewerbungsunterlagen vorzulegen und Auskunft über die Person der Beteiligten zu geben; er hat dem Betriebsrat unter Vorlage der erforderlichen Unterlagen Auskunft über die Auswirkungen der geplanten Maßnahme zu geben und die Zustimmung des Betriebsrats zu der geplanten Maßnahme einzuholen. [2]Bei Einstellungen und Versetzungen hat der Arbeitgeber insbesondere den in Aussicht genommenen Arbeitsplatz und die vorgesehene Eingruppierung mitzuteilen. [3]Die Mitglieder des Betriebsrats sind verpflichtet, über die ihnen im Rahmen der personellen Maßnahmen nach den Sätzen 1 und 2 bekanntgewordenen persönlichen Verhältnisse und Angelegenheiten der Arbeitnehmer, die ihrer Bedeutung oder ihrem Inhalt nach einer vertraulichen Behandlung bedürfen, Stillschweigen zu bewahren; § 79 Abs. 1 Satz 2 bis 4 gilt entsprechend.

(2) Der Betriebsrat kann die Zustimmung verweigern, wenn
1. die personelle Maßnahme gegen ein Gesetz, eine Verordnung, eine Unfallverhütungsvorschrift oder gegen eine Bestimmung in einem Tarifvertrag oder in einer Betriebsvereinbarung oder gegen eine gerichtliche Entscheidung oder eine behördliche Anordnung verstoßen würde,
2. die personelle Maßnahme gegen eine Richtlinie nach § 95 verstoßen würde,
3. die durch Tatsachen begründete Besorgnis besteht, dass infolge der personellen Maßnahme im Betrieb beschäftigte Arbeitnehmer gekündigt werden oder sonstige

Nachteile erleiden, ohne dass dies aus betrieblichen oder persönlichen Gründen gerechtfertigt ist; als Nachteil gilt bei unbefristeter Einstellung auch die Nichtberücksichtigung eines gleich geeigneten befristet Beschäftigten,

4. der betroffene Arbeitnehmer durch die personelle Maßnahme benachteiligt wird, ohne dass dies aus betrieblichen oder in der Person des Arbeitnehmers liegenden Gründen gerechtfertigt ist,

5. eine nach § 93 erforderliche Ausschreibung im Betrieb unterblieben ist oder

6. die durch Tatsachen begründete Besorgnis besteht, dass der für die personelle Maßnahme in Aussicht genommene Bewerber oder Arbeitnehmer den Betriebsfrieden durch gesetzwidriges Verhalten oder durch grobe Verletzung der in § 75 Abs. 1 enthaltenen Grundsätze, insbesondere durch rassistische oder fremdenfeindliche Betätigung, stören werde.

(3) [1]Verweigert der Betriebsrat seine Zustimmung, so hat er dies unter Angabe von Gründen innerhalb einer Woche nach Unterrichtung durch den Arbeitgeber diesem schriftlich mitzuteilen. [2]Teilt der Betriebsrat dem Arbeitgeber die Verweigerung seiner Zustimmung nicht innerhalb der Frist schriftlich mit, so gilt die Zustimmung als erteilt.

(4) Verweigert der Betriebsrat seine Zustimmung, so kann der Arbeitgeber beim Arbeitsgericht beantragen, die Zustimmung zu ersetzen.

§ 102 Mitbestimmung bei Kündigungen

(1) [1]Der Betriebsrat ist vor jeder Kündigung zu hören. [2]Der Arbeitgeber hat ihm die Gründe für die Kündigung mitzuteilen. [3]Eine ohne Anhörung des Betriebsrats ausgesprochene Kündigung ist unwirksam.

(2) [1]Hat der Betriebsrat gegen eine ordentliche Kündigung Bedenken, so hat er diese unter Angabe der Gründe dem Arbeitgeber spätestens innerhalb einer Woche schriftlich mitzuteilen. [2]Äußert er sich innerhalb dieser Frist nicht, gilt seine Zustimmung zur Kündigung als erteilt. [3]Hat der Betriebsrat gegen eine außerordentliche Kündigung Bedenken, so hat er diese unter Angabe der Gründe dem Arbeitgeber unverzüglich, spätestens jedoch innerhalb von drei Tagen, schriftlich mitzuteilen. [4]Der Betriebsrat soll, soweit dies erforderlich erscheint, vor seiner Stellungnahme den betroffenen Arbeitnehmer hören. [5]§ 99 Abs. 1 Satz 3 gilt entsprechend.

(3) Der Betriebsrat kann innerhalb der Frist des Absatzes 2 Satz 1 der ordentlichen Kündigung widersprechen, wenn

1. der Arbeitgeber bei der Auswahl des zu kündigenden Arbeitnehmers soziale Gesichtspunkte nicht oder nicht ausreichend berücksichtigt hat,

2. die Kündigung gegen eine Richtlinie nach § 95 verstößt,

3. der zu kündigende Arbeitnehmer an einem anderen Arbeitsplatz im selben Betrieb oder in einem anderen Betrieb des Unternehmens weiterbeschäftigt werden kann,

4. die Weiterbeschäftigung des Arbeitnehmers nach zumutbaren Umschulungs- oder Fortbildungsmaßnahmen möglich ist oder

5. eine Weiterbeschäftigung des Arbeitnehmers unter geänderten Vertragsbedingungen möglich ist und der Arbeitnehmer sein Einverständnis hiermit erklärt hat.

(4) Kündigt der Arbeitgeber, obwohl der Betriebsrat nach Absatz 3 der Kündigung widersprochen hat, so hat er dem Arbeitnehmer mit der Kündigung eine Abschrift der Stellungnahme des Betriebsrats zuzuleiten.

(5) ¹Hat der Betriebsrat einer ordentlichen Kündigung frist- und ordnungsgemäß widersprochen, und hat der Arbeitnehmer nach dem Kündigungsschutzgesetz Klage auf Feststellung erhoben, dass das Arbeitsverhältnis durch die Kündigung nicht aufgelöst ist, so muss der Arbeitgeber auf Verlangen des Arbeitnehmers diesen nach Ablauf der Kündigungsfrist bis zum rechtskräftigen Abschluss des Rechtsstreits bei unveränderten Arbeitsbedingungen weiterbeschäftigen. ²Auf Antrag des Arbeitgebers kann das Gericht ihn durch einstweilige Verfügung von der Verpflichtung zur Weiterbeschäftigung nach Satz 1 entbinden, wenn

1. die Klage des Arbeitnehmers keine hinreichende Aussicht auf Erfolg bietet oder mutwillig erscheint oder
2. die Weiterbeschäftigung des Arbeitnehmers zu einer unzumutbaren wirtschaftlichen Belastung des Arbeitgebers führen würde oder
3. der Widerspruch des Betriebsrats offensichtlich unbegründet war.

(6) Arbeitgeber und Betriebsrat können vereinbaren, dass Kündigungen der Zustimmung des Betriebsrats bedürfen und dass bei Meinungsverschiedenheiten über die Berechtigung der Nichterteilung der Zustimmung die Einigungsstelle entscheidet.

(7) Die Vorschriften über die Beteiligung des Betriebsrats nach dem Kündigungsschutzgesetz bleiben unberührt.

§ 103 Außerordentliche Kündigung und Versetzung in besonderen Fällen

(1) Die außerordentliche Kündigung von Mitgliedern des Betriebsrats, der Jugend- und Auszubildendenvertretung, der Bordvertretung und des Seebetriebsrats, des Wahlvorstands sowie von Wahlbewerbern bedarf der Zustimmung des Betriebsrats.

(2) ¹Verweigert der Betriebsrat seine Zustimmung, so kann das Arbeitsgericht sie auf Antrag des Arbeitgebers ersetzen, wenn die außerordentliche Kündigung unter Berücksichtigung aller Umstände gerechtfertigt ist. ²In dem Verfahren vor dem Arbeitsgericht ist der betroffene Arbeitnehmer Beteiligter.

(3) Die Versetzung der in Absatz 1 genannten Personen, die zu einem Verlust des Amtes oder der Wählbarkeit führen würde, bedarf der Zustimmung des Betriebsrats; dies gilt nicht, wenn der betroffene Arbeitnehmer mit der Versetzung einverstanden ist. ²Absatz 2 gilt entsprechend mit der Maßgabe, dass das Arbeitsgericht die Zustimmung zu der Versetzung ersetzen kann, wenn diese auch unter Berücksichtigung der betriebsverfassungsrechtlichen Stellung des betroffenen Arbeitnehmers aus dringenden betrieblichen Gründen notwendig ist.

§ 105 Leitende Angestellte

Eine beabsichtigte Einstellung oder personelle Veränderung eines in § 5 Abs. 3 genannten leitenden Angestellten ist dem Betriebsrat rechtzeitig mitzuteilen.

4. Sozialgesetzbuch Drittes Buch (SGB III) – Arbeitsförderung

vom 24. März 1997 (BGBl. I S. 594),
zuletzt geändert durch Gesetz vom 11. August 2014 (BGBl. I S. 1348)

– Auszug –

§ 2 Zusammenwirken mit den Agenturen für Arbeit

(1) Die Agenturen für Arbeit erbringen insbesondere Dienstleistungen für Arbeitgeber, Arbeitnehmerinnen und Arbeitnehmer, indem sie

1. Arbeitgeber regelmäßig über Ausbildungs- und Arbeitsmarktentwicklungen, Ausbildungsuchende, Fachkräfteangebot und berufliche Bildungsmaßnahmen informieren sowie auf den Betrieb zugeschnittene Arbeitsmarktberatung und Vermittlung anbieten und

2. Arbeitnehmerinnen und Arbeitnehmer zur Vorbereitung der Berufswahl und zur Erschließung ihrer beruflichen Entwicklungsmöglichkeiten beraten, Vermittlungsangebote zur Ausbildungs- oder Arbeitsaufnahme entsprechend ihren Fähigkeiten unterbreiten sowie sonstige Leistungen der Arbeitsförderung erbringen.

(2) ¹Die Arbeitgeber haben bei ihren Entscheidungen verantwortungsvoll deren Auswirkungen auf die Beschäftigung der Arbeitnehmerinnen und Arbeitnehmer und von Arbeitslosen und damit die Inanspruchnahme von Leistungen der Arbeitsförderung einzubeziehen. ²Sie sollen dabei insbesondere

1. im Rahmen ihrer Mitverantwortung für die Entwicklung der beruflichen Leistungsfähigkeit der Arbeitnehmerinnen und Arbeitnehmer zur Anpassung an sich ändernde Anforderungen sorgen,

2. vorrangig durch betriebliche Maßnahmen die Inanspruchnahme von Leistungen der Arbeitsförderung sowie Entlassungen von Arbeitnehmerinnen und Arbeitnehmern vermeiden,

3. Arbeitnehmer vor der Beendigung des Arbeitsverhältnisses frühzeitig über die Notwendigkeit eigener Aktivitäten bei der Suche nach einer anderen Beschäftigung sowie über die Verpflichtung zur Meldung nach § 38 Abs. 1 bei der Agentur für Arbeit informieren, sie hierzu freistellen und die Teilnahme an erforderlichen Maßnahmen der beruflichen Weiterbildung ermöglichen.

(3) ¹Die Arbeitgeber sollen die Agenturen für Arbeit frühzeitig über betriebliche Veränderungen, die Auswirkungen auf die Beschäftigung haben können, unterrichten. ²Dazu gehören insbesondere Mitteilungen über

1. zu besetzende Ausbildungs- und Arbeitsstellen,

2. geplante Betriebserweiterungen und den damit verbundenen Arbeitskräftebedarf,

3. die Qualifikationsanforderungen an die einzustellenden Arbeitnehmerinnen und Arbeitnehmer,

4. geplante Betriebseinschränkungen oder Betriebsverlagerungen sowie die damit verbundenen Auswirkungen und

5. Planungen, wie Entlassungen von Arbeitnehmerinnen und Arbeitnehmern vermieden oder Übergänge in andere Beschäftigungsverhältnisse organisiert werden können.

(4) [1]Die Arbeitnehmerinnen und Arbeitnehmer haben bei ihren Entscheidungen veranvtwortungsvoll deren Auswirkungen auf ihre beruflichen Möglichkeiten einzubeziehen. [2]Sie sollen insbesondere ihre berufliche Leistungsfähigkeit den sich ändernden Anforderungen anpassen.

(5) Die Arbeitnehmerinnen und Arbeitnehmer haben zur Vermeidung oder zur Beendigung von Arbeitslosigkeit insbesondere
1. ein zumutbares Beschäftigungsverhältnis fortzusetzen,
2. eigenverantwortlich nach Beschäftigung zu suchen, bei bestehenden Beschäftigungsverhältnissen frühzeitig vor dessen Beendigung,
3. eine zumutbare Beschäftigung aufzunehmen und
4. an einer beruflichen Eingliederungsmaßnahme teilzunehmen.

§ 38 Rechte und Pflichten der Ausbildung- und Arbeitsuchenden

(1) [1]Personen, deren Ausbildungs- oder Arbeitsverhältnis endet, sind verpflichtet, sich spätestens drei Monate vor dessen Beendigung persönlich bei der Agentur für Arbeit arbeitsuchend zu melden. [2]Liegen zwischen der Kenntnis des Beendigungszeitpunktes und der Beendigung des Ausbildungs- oder Arbeitsverhältnisses weniger als drei Monate, haben sie sich innerhalb von drei Tagen nach Kenntnis des Beendigungszeitpunktes zu melden. [3]Zur Wahrung der Frist nach den Sätzen 1 und 2 reicht eine Anzeige unter Angabe der persönlichen Daten und des Beendigungszeitpunktes aus, wenn die persönliche Meldung nach terminlicher Vereinbarung nachgeholt wird. [4]Die Pflicht zur Meldung besteht unabhängig davon, ob der Fortbestand des Ausbildungs- oder Arbeitsverhältnisses gerichtlich geltend gemacht oder vom Arbeitgeber in Aussicht gestellt wird. [5]Die Pflicht zur Meldung gilt nicht bei einem betrieblichen Ausbildungsverhältnis. [6]Im Übrigen gelten für Ausbildung- und Arbeitsuchende die Meldepflichten im Leistungsverfahren nach den §§ 309 und 310 entsprechend.

(2) [1]Ausbildung- und Arbeitsuchende, die Dienstleistungen der Bundesagentur in Anspruch nehmen, haben dieser die für eine Vermittlung erforderlichen Auskünfte zu erteilen, Unterlagen vorzulegen und den Abschluss eines Ausbildungs- oder Arbeitsverhältnisses unter Benennung des Arbeitgebers und seines Sitzes unverzüglich mitzuteilen. [2]Sie können die Weitergabe ihrer Unterlagen von deren Rückgabe an die Agentur für Arbeit abhängig machen oder ihre Weitergabe an namentlich benannte Arbeitgeber ausschließen. [3]Die Anzeige- und Bescheinigungspflichten im Leistungsverfahren bei Arbeitsunfähigkeit nach § 311 gelten entsprechend.

(3) [1]Die Arbeitsvermittlung ist durchzuführen
1. solange die oder der Arbeitsuchende Leistungen zum Ersatz des Arbeitsentgelts bei Arbeitslosigkeit oder Transferkurzarbeitergeld beansprucht oder,
2. bis der Meldepflichtigen nach Absatz 1 der angegebene Beendigungszeitpunkt des Ausbildungs- oder Arbeitsverhältnisses erreicht ist.
[2]Im Übrigen kann die Agentur für Arbeit die Arbeitsvermittlung einstellen, wenn die oder der Arbeitsuchende die ihr oder ihm nach Absatz 2 oder der Eingliederungsvereinbarung oder dem Verwaltungsakt nach § 37 Absatz 3 Satz 4 obliegenden Pflichten nicht erfüllt, ohne dafür einen wichtigen Grund zu haben. [3]Die oder der Arbeitsuchende kann die Arbeitsvermittlung erneut nach Ablauf von zwölf Wochen in Anspruch nehmen.

(4) [1]Die Ausbildungsvermittlung ist durchzuführen,
1. bis die oder der Ausbildungsuchende in Ausbildung, schulische Bildung oder Arbeit einmündet oder sich die Vermittlung anderweitig erledigt oder
2. solange die oder der Ausbildungsuchende dies verlangt.
[2]Absatz 3 Satz 2 gilt entsprechend.

§ 155 Anrechnung von Nebeneinkommen

(1) [1]Übt die oder der Arbeitslose während einer Zeit, für die ihr oder ihm Arbeitslosengeld zusteht, eine Erwerbstätigkeit im Sinne des § 138 Absatz 3 aus, ist das daraus erzielte Einkommen nach Abzug der Steuern, der Sozialversicherungsbeiträge und der Werbungskosten sowie eines Freibetrags in Höhe von 165 Euro in dem Kalendermonat der Ausübung anzurechnen. [2]Handelt es sich um eine selbständige Tätigkeit, eine Tätigkeit als mithelfende Familienangehörige oder mithelfender Familienangehöriger, sind pauschal 30 Prozent der Betriebseinnahmen als Betriebsausgaben abzusetzen, es sei denn, die oder der Arbeitslose weist höhere Betriebsausgaben nach.

(2) Hat die oder der Arbeitslose in den letzten 18 Monaten vor der Entstehung des Anspruchs neben einem Versicherungspflichtverhältnis eine Erwerbstätigkeit (§ 138 Absatz 3) mindestens zwölf Monate lang ausgeübt, so bleibt das Einkommen bis zu dem Betrag anrechnungsfrei, der in den letzten zwölf Monaten vor der Entstehung des Anspruchs aus einer Erwerbstätigkeit (§ 138 Absatz 3) durchschnittlich auf den Monat entfällt, mindestens jedoch ein Betrag in Höhe des Freibetrags, der sich nach Absatz 1 ergeben würde.

(3) Leistungen, die eine Bezieherin oder ein Bezieher von Arbeitslosengeld bei beruflicher Weiterbildung
1. vom Arbeitgeber oder dem Träger der Weiterbildung wegen der Teilnahme oder
2. auf Grund eines früheren oder bestehenden Arbeitsverhältnisses ohne Ausübung einer Beschäftigung für die Zeit der Teilnahme
erhält, werden nach Abzug der Steuern, des auf die Arbeitnehmerin oder den Arbeitnehmer entfallenden Anteils der Sozialversicherungsbeiträge und eines Freibetrags von 400 Euro monatlich auf das Arbeitslosengeld angerechnet.

§ 156 Ruhen des Anspruchs bei anderen Sozialleistungen

(1) [1]Der Anspruch auf Arbeitslosengeld ruht während der Zeit, für die ein Anspruch auf eine der folgenden Leistungen zuerkannt ist:
1. Berufsausbildungsbeihilfe für Arbeitslose,
2. Krankengeld, Versorgungskrankengeld, Verletztengeld, Mutterschaftsgeld oder Übergangsgeld nach diesem oder einem anderen Gesetz, dem eine Leistung zur Teilhabe zugrunde liegt, wegen der keine ganztätige Erwerbstätigkeit ausgeübt wird,
3. Rente wegen voller Erwerbsminderung aus der gesetzlichen Rentenversicherung oder
4. Altersrente aus der gesetzlichen Rentenversicherung oder Knappschaftsausgleichsleistung oder ähnliche Leistungen öffentlich-rechtlicher Art.
[2]Ist der oder dem Arbeitslosen eine Rente wegen teilweiser Erwerbsminderung zuerkannt, kann sie ihr oder er sein Restleistungsvermögen jedoch unter den üblichen

Bedingungen des allgemeinen Arbeitsmarktes nicht mehr verwerten, hat die Agentur für Arbeit die Arbeitslose oder den Arbeitslosen unverzüglich aufzufordern, innerhalb eines Monats einen Antrag auf Rente wegen voller Erwerbsminderung zu stellen. [3]Wird der Antrag nicht gestellt, ruht der Anspruch auf Arbeitslosengeld vom Tag nach Ablauf der Frist an bis zu dem Tag, an dem der Antrag gestellt wird.

(2) [1]Abweichend von Absatz 1 ruht der Anspruch

1. im Fall der Nummer 2 nicht, wenn für denselben Zeitraum Anspruch auf Verletztengeld und Arbeitslosengeld nach § 146 besteht,
2. im Fall der Nummer 3 vom Beginn der laufenden Zahlung der Rente an und
3. im Fall der Nummer 4
   a) mit Ablauf des dritten Kalendermonats nach Erfüllung der Voraussetzungen für den Anspruch auf Arbeitslosengeld, wenn der oder dem Arbeitslosen für die letzten sechs Monate einer versicherungspflichtigen Beschäftigung eine Teilrente oder eine ähnliche Leistung öffentlich-rechtlicher Art zuerkannt ist,
   b) nur bis zur Höhe der zuerkannten Leistung, wenn die Leistung auch während einer Beschäftigung und ohne Rücksicht auf die Höhe des Arbeitsentgelts gewährt wird. [2]Im Fall des Satzes 1 Nummer 2 gilt § 145 Absatz 3 entsprechend.

(3) Die Absätze 1 und 2 gelten auch für einen vergleichbaren Anspruch auf eine andere Sozialleistung, den ein ausländischer Träger zuerkannt hat.

(4) Der Anspruch auf Arbeitslosengeld ruht auch während der Zeit, für die die oder der Arbeitslose wegen ihres oder seines Ausscheidens aus dem Erwerbsleben Vorruhestandsgeld oder eine vergleichbare Leistung des Arbeitgebers mindestens in Höhe von 65 Prozent des Bemessungsentgelts bezieht.

§ 157 Ruhen des Anspruchs bei Arbeitsentgelt und Urlaubsabgeltung

(1) Der Anspruch auf Arbeitslosengeld ruht während der Zeit, für die die oder der Arbeitslose Arbeitsentgelt erhält oder zu beanspruchen hat.

(2) [1]Hat die oder der Arbeitslose wegen Beendigung des Arbeitsverhältnisses eine Urlaubsabgeltung erhalten oder zu beanspruchen, so ruht der Anspruch auf Arbeitslosengeld für die Zeit des abgegoltenen Urlaubs. [2]Der Ruhenszeitraum beginnt mit dem Ende des die Urlaubsabgeltung begründenden Arbeitsverhältnisses.

(3) [1]Soweit die oder der Arbeitslose die in den Absätzen 1 und 2 genannten Leistungen (Arbeitsentgelt im Sinne des § 115 des Zehnten Buches) tatsächlich nicht erhält, wird das Arbeitslosengeld auch für die Zeit geleistet, in der der Anspruch auf Arbeitslosengeld ruht. [2]Hat der Arbeitgeber die in den Absätzen 1 und 2 genannten Leistungen trotz des Rechtsübergangs mit befreiender Wirkung an die Arbeitslose, den Arbeitslosen oder an eine dritte Person gezahlt, hat die Bezieherin oder der Bezieher des Arbeitslosengeldes dieses insoweit zu erstatten.

§ 158 Ruhen des Anspruchs bei Entlassungsentschädigung

(1) [1]Hat die oder der Arbeitslose wegen der Beendigung des Arbeitsverhältnisses eine Abfindung, Entschädigung oder ähnliche Leistung (Entlassungsentschädigung) erhalten oder zu beanspruchen und ist das Arbeitsverhältnis ohne Einhaltung einer der

ordentlichen Kündigungsfrist des Arbeitgebers entsprechenden Frist beendet worden, so ruht der Anspruch auf Arbeitslosengeld von dem Ende des Arbeitsverhältnisses an bis zu dem Tag, an dem das Arbeitsverhältnis bei Einhaltung dieser Frist geendet hätte. [2]Diese Frist beginnt mit der Kündigung, die der Beendigung des Arbeitsverhältnisses vorausgegangen ist, bei Fehlen einer solchen Kündigung mit dem Tag der Vereinbarung über die Beendigung des Arbeitsverhältnisses. [3]Ist die ordentliche Kündigung des Arbeitsverhältnisses durch den Arbeitgeber ausgeschlossen, so gilt bei

1. zeitlich unbegrenztem Ausschluss eine Kündigungsfrist von 18 Monaten,
2. zeitlich begrenztem Ausschluss oder Vorliegen der Voraussetzungen für eine fristgebundene Kündigung aus wichtigem Grund die Kündigungsfrist, die ohne den Abschluss der ordentlichen Kündigung maßgebend gewesen wäre.

[4]Kann der Arbeitnehmerin oder dem Arbeitnehmer nur bei Zahlung einer Entlassungsentschädigung ordentlich gekündigt werden, so gilt eine Kündigungsfrist von einem Jahr. [5]Hat die oder der Arbeitslose auch eine Urlaubsabgeltung (§ 157 Absatz 2) erhalten oder zu beanspruchen, verlängert sich der Ruhenszeitraum nach Satz 1 um die Zeit des abgegoltenen Urlaubs. [6]Leistungen, die der Arbeitgeber für eine arbeitslose Person, deren Arbeitsverhältnis frühestens mit Vollendung des 55. Lebensjahres beendet wird, unmittelbar für deren Rentenversicherung nach § 187a Absatz 1 des Sechsten Buches aufwendet, bleiben unberücksichtigt. [7]Satz 6 gilt entsprechend für Beiträge des Arbeitgebers zu einer berufsständischen Versorgungseinrichtung.

(2) [1]Der Anspruch auf Arbeitslosengeld ruht nach Absatz 1 längstens ein Jahr. [2]Er ruht nicht über den Tag hinaus,

1. bis zu dem die oder der Arbeitslose bei Weiterzahlung des während der letzten Beschäftigungszeit kalendertäglich verdienten Arbeitsentgelts einen Betrag in Höhe von 60 Prozent der nach Absatz 1 zu berücksichtigenden Entlassungsentschädigung als Arbeitsentgelt verdient hätte,
2. an dem das Arbeitsverhältnis infolge einer Befristung, die unabhängig von der Vereinbarung über die Beendigung des Arbeitsverhältnisses bestanden hat, geendet hätte oder
3. an dem der Arbeitgeber das Arbeitsverhältnis aus wichtigem Grunde ohne Einhaltung einer Kündigungsfrist hätte kündigen können.

[3]Der nach Satz 2 Nummer 1 zu berücksichtigende Anteil der Entlassungsentschädigung vermindert sich sowohl für je fünf Jahre des Arbeitsverhältnisses in demselben Betrieb oder Unternehmen als auch für je fünf Lebensjahre nach Vollendung des 35. Lebensjahres um je 5 Prozent; er beträgt nicht weniger als 25 Prozent der nach Absatz 1 zu berücksichtigenden Entlassungsentschädigung. [4]Letzte Beschäftigungszeit sind die am Tag des Ausscheidens aus dem Beschäftigungsverhältnis abgerechneten Entgeltabrechnungszeiträume der letzten zwölf Monate; § 150 Absatz 2 Satz 1 Nummer 3 und Absatz 3 gilt entsprechend. [5]Arbeitsentgeltkürzungen infolge von Krankheit, Kurzarbeit, Arbeitsausfall oder Arbeitsversäumnis bleiben außer Betracht.

(3) Hat die oder der Arbeitslose wegen Beendigung des Beschäftigungsverhältnisses unter Aufrechterhaltung des Arbeitsverhältnisses eine Entlassungsentschädigung erhalten oder zu beanspruchen, gelten die Absätze 1 und 2 entsprechend.

(4) ¹Soweit die oder der Arbeitslose die Entlassungsentschädigung (Arbeitsentgelt im Sinne des § 115 des Zehnten Buches) tatsächlich nicht erhält, wird das Arbeitslosengeld auch für die Zeit geleistet, in der der Anspruch auf Arbeitslosengeld ruht. ²Hat der Verpflichtete die Entlassungsentschädigung trotz des Rechtsübergangs mit befreiender Wirkung an die Arbeitslose, den Arbeitslosen oder an eine dritte Person gezahlt, hat die Bezieherin oder der Bezieher des Arbeitslosengeldes dieses insoweit zu erstatten.

§ 159 Ruhen bei Sperrzeit

(1) ¹Hat die Arbeitnehmerin oder der Arbeitnehmer sich versicherungswidrig verhalten, ohne dafür einen wichtigen Grund zu haben, ruht der Anspruch für die Dauer einer Sperrzeit. ²Versicherungswidriges Verhalten liegt vor, wenn

1. die oder der Arbeitslose das Beschäftigungsverhältnis gelöst oder durch ein arbeitsvertragswidriges Verhalten Anlass für die Lösung des Beschäftigungsverhältnisses gegeben und dadurch vorsätzlich oder grob fahrlässig die Arbeitslosigkeit herbeigeführt hat (Sperrzeit bei Arbeitsaufgabe),
2. die bei der Agentur für Arbeit als arbeitsuchend gemeldete (§ 38 Absatz 1) oder die arbeitslose Person trotz Belehrung über die Rechtsfolgen eine von der Agentur für Arbeit unter Benennung des Arbeitgebers und der Art der Tätigkeit angebotene Beschäftigung nicht annimmt oder nicht antritt oder die Anbahnung eines solchen Beschäftigungsverhältnisses, insbesondere das Zustandekommen eines Vorstellungsgespräches, durch ihr Verhalten verhindert (Sperrzeit bei Arbeitsablehnung),
3. die oder der Arbeitslose trotz Belehrung über die Rechtsfolgen die von der Agentur für Arbeit geforderten Eigenbemühungen nicht nachweist (Sperrzeit bei unzureichenden Eigenbemühungen),
4. die oder der Arbeitslose sich weigert, trotz Belehrung über die Rechtsfolgen an einer Maßnahme zur Aktivierung und beruflichen Eingliederung (§ 45) oder einer Maßnahme zur beruflichen Ausbildung oder Weiterbildung oder einer Maßnahme zur Teilhabe am Arbeitsleben teilzunehmen (Sperrzeit bei Ablehnung einer beruflichen Eingliederungsmaßnahme),
5. die oder der Arbeitslose die Teilnahme an einer in Nummer 4 genannten Maßnahme abbricht oder durch maßnahmewidriges Verhalten Anlass für den Ausschluss aus einer dieser Maßnahmen gibt (Sperrzeit bei Abbruch einer beruflichen Eingliederungsmaßnahme),
6. die oder der Arbeitslose einer Aufforderung der Agentur für Arbeit, sich zu melden oder zu einem ärztlichen oder psychologischen Untersuchungstermin zu erscheinen (§ 309), trotz Belehrung über die Rechtsfolgen nicht nachkommt oder nicht nachgekommen ist (Sperrzeit bei Meldeversäumnis),
7. die oder der Arbeitslose der Meldepflicht nach § 38 Absatz 1 nicht nachgekommen ist (Sperrzeit bei verspäteter Arbeitsuchendmeldung).

³Die Person, die sich versicherungswidrig verhalten hat, hat die für die Beurteilung eines wichtigen Grundes maßgebenden Tatsachen darzulegen und nachzuweisen, wenn diese Tatsachen in ihrer Sphäre oder in ihrem Verantwortungsbereich liegen.

(2) ¹Die Sperrzeit beginnt mit dem Tag nach dem Ereignis, das die Sperrzeit begründet, oder, wenn dieser Tag in eine Sperrzeit fällt, mit dem Ende dieser Sperrzeit.

[2]Werden mehrere Sperrzeiten durch dasselbe Ereignis begründet, folgen sie in der Reihenfolge des Absatzes 1 Satz 2 Nummer 1 bis 7 einander nach.

(3) [1]Die Dauer der Sperrzeit wegen Arbeitsaufgabe beträgt zwölf Wochen. [2]Sie verkürzt sich

1. auf drei Wochen, wenn das Arbeitsverhältnis innerhalb von sechs Wochen nach dem Ereignis, das die Sperrzeit begründet, ohne eine Sperrzeit geendet hätte,

2. auf sechs Wochen, wenn

a) das Arbeitsverhältnis innerhalb von zwölf Wochen nach dem Ereignis, das die Sperrzeit begründet, ohne eine Sperrzeit geendet hätte oder

b) eine Sperrzeit von zwölf Wochen für die arbeitslose Person nach den für den Eintritt der Sperrzeit maßgebenden Tatsachen eine besondere Härte bedeuten würde.

(4) [1]Die Dauer der Sperrzeit bei Arbeitsablehnung, bei Ablehnung einer beruflichen Eingliederungsmaßnahme oder bei Abbruch einer beruflichen Eingliederungsmaßnahme beträgt

1. im Fall des erstmaligen versicherungswidrigen Verhaltens dieser Art drei Wochen,

2. im Fall des zweiten versicherungswidrigen Verhaltens dieser Art sechs Wochen,

3. in den übrigen Fällen zwölf Wochen.

[2]Im Fall der Arbeitsablehnung oder der Ablehnung einer beruflichen Eingliederungsmaßnahme nach der Meldung zur frühzeitigen Arbeitsuche (§ 38 Absatz 1) im Zusammenhang mit der Entstehung des Anspruchs gilt Satz 1 entsprechend.

(5) Die Dauer einer Sperrzeit bei unzureichenden Eigenbemühungen beträgt zwei Wochen.

(6) Die Dauer einer Sperrzeit bei Meldeversäumnis oder bei verspäteter Arbeitsuchendmeldung beträgt eine Woche.

§ 160 Ruhen bei Arbeitskämpfen

(1) [1]Durch die Leistung von Arbeitslosengeld darf nicht in Arbeitskämpfe eingegriffen werden. [2]Ein Eingriff in den Arbeitskampf liegt nicht vor, wenn Arbeitslosengeld Arbeitslosen geleistet wird, die zuletzt in einem Betrieb beschäftigt waren, der nicht dem fachlichen Geltungsbereich des umkämpften Tarifvertrags zuzuordnen ist.

(2) Ist die Arbeitnehmerin oder der Arbeitnehmer durch Beteiligung an einem inländischen Arbeitskampf arbeitslos geworden, so ruht der Anspruch auf Arbeitslosengeld bis zur Beendigung des Arbeitskampfes.

(3) [1]Ist die Arbeitnehmerin oder der Arbeitnehmer durch einen inländischen Arbeitskampf arbeitslos geworden, ohne an dem Arbeitskampf beteiligt gewesen zu sein, so ruht der Anspruch auf Arbeitslosengeld bis zur Beendigung des Arbeitskampfes nur, wenn der Betrieb, in dem die oder der Arbeitslose zuletzt beschäftigt war,

1. dem räumlichen und fachlichen Geltungsbereich des umkämpften Tarifvertrages zuzuordnen ist oder

2. nicht dem räumlichen, aber dem fachlichen Geltungsbereich des umkämpften Tarifvertrages zuzuordnen ist und im räumlichen Geltungsbereich des Tarifvertrags, dem der Betrieb zuzuordnen ist,

a) eine Forderung erhoben worden ist, die einer Hauptforderung des Arbeitskampfes nach Art und Umfang gleich ist, ohne mit ihr übereinstimmen zu müssen, und

b) das Arbeitskampfergebnis aller Voraussicht nach in dem räumlichen Geltungsbereich des nicht umkämpften Tarifvertrages im Wesentlichen übernommen wird.

²Eine Forderung ist erhoben, wenn sie von der zur Entscheidung berufenen Stelle beschlossen worden ist oder auf Grund des Verhaltens der Tarifvertragspartei im Zusammenhang mit dem angestrebten Abschluss des Tarifvertrags als beschlossen anzusehen ist. ³Der Anspruch auf Arbeitslosengeld ruht nach Satz 1 nur, wenn die umkämpften oder geforderten Arbeitsbedingungen nach Abschluss eines entsprechenden Tarifvertrags für die Arbeitnehmerin oder den Arbeitnehmer gelten oder auf sie oder ihn angewendet würden.

(4) Ist bei einem Arbeitskampf das Ruhen des Anspruchs nach Absatz 3 für eine bestimmte Gruppe von Arbeitslosen ausnahmsweise nicht gerechtfertigt, so kann der Verwaltungsrat bestimmen, dass ihnen Arbeitslosengeld zu leisten ist.

(5) ¹Die Feststellung, ob die Voraussetzungen nach Absatz 3 Satz 1 Nummer 2 Buchstabe a und b erfüllt sind, trifft der Neutralitätsausschuss (§ 380). ²Er hat vor seiner Entscheidung den Fachspitzenverbänden der am Arbeitskampf beteiligten Tarifvertragsparteien Gelegenheit zur Stellungnahme zu geben.

(6) ¹Die Fachspitzenverbände der am Arbeitskampf beteiligten Tarifvertragsparteien können durch Klage die Aufhebung der Entscheidung des Neutralitätsausschusses nach Absatz 5 und eine andere Feststellung begehren. ²Die Klage ist gegen die Bundesagentur zu richten. ³Ein Vorverfahren findet nicht statt. ⁴Über die Klage entscheidet das Bundessozialgericht im ersten und letzten Rechtszug. ⁵Das Verfahren ist vorrangig zu erledigen. ⁶Auf Antrag eines Fachspitzenverbandes kann das Bundessozialgericht eine einstweilige Anordnung erlassen.

§ 161 Erlöschen des Anspruchs

(1) Der Anspruch auf Arbeitslosengeld erlischt
1. mit der Entstehung eines neuen Anspruchs,
2. wenn die oder der Arbeitslose Anlass für den Eintritt von Sperrzeiten mit einer Dauer von insgesamt mindestens 21 Wochen gegeben hat, über den Eintritt der Sperrzeiten schriftliche Bescheide erhalten hat und auf die Rechtsfolgen des Eintritts von Sperrzeiten mit einer Dauer von insgesamt mindestens 21 Wochen hingewiesen worden ist; dabei werden auch Sperrzeiten berücksichtigt, die in einem Zeitraum von zwölf Monaten vor der Entstehung des Anspruchs eingetreten sind und nicht bereits zum Erlöschen eines Anspruchs geführt haben.

(2) Der Anspruch auf Arbeitslosengeld kann nicht mehr geltend gemacht werden, wenn nach seiner Entstehung vier Jahre verstrichen sind.

§ 312 Arbeitsbescheinigung

(1) ¹Der Arbeitgeber hat auf Verlangen der Arbeitnehmerin oder des Arbeitnehmers oder auf Verlangen der Bundesagentur alle Tatsachen zu bescheinigen, die für die Entscheidung über den Anspruch auf Arbeitslosengeld oder Übergangsgeld erheblich sein können (Arbeitsbescheinigung); dabei hat er den von der Bundesagentur hierfür vorgesehenen Vordruck zu benutzen. ²In der Arbeitsbescheinigung sind insbesondere

1. die Art der Tätigkeit der Arbeitnehmerin oder des Arbeitnehmers,
2. Beginn, Ende, Unterbrechung und Grund für die Beendigung des Beschäftigungsverhältnisses und
3. das Arbeitsentgelt und die sonstigen Geldleistungen, die die Arbeitnehmerin oder der Arbeitnehmer erhalten oder zu beanspruchen hat,

anzugeben. [3]Die Arbeitsbescheinigung ist der Arbeitnehmerin oder dem Arbeitnehmer vom Arbeitgeber auszuhändigen.

(2) [1]Macht der Arbeitgeber geltend, die Arbeitslosigkeit sei die Folge eines Arbeitskampfes, so hat er dies darzulegen, glaubhaft zu machen und eine Stellungnahme der Betriebsvertretung beizufügen. [2]Der Arbeitgeber hat der Betriebsvertretung die für die Stellungnahme erforderlichen Angaben zu machen.

(3) Für Zwischenmeisterinnen, Zwischenmeister und andere Auftraggeber von Heimarbeiterinnen und Heimarbeitern sowie für Leistungsträger, Unternehmen und Stellen, die Beiträge nach diesem Buch für Bezieherinnen und Bezieher von Sozialleistungen, Krankentagegeld oder Leistungen für den Ausfall von Arbeitseinkünften im Zusammenhang mit einer nach den §§ 8 und 8a des Transplantationsgesetzes erfolgenden Spende von Organen und Geweben zu entrichten haben, gelten die Absätze 1 und 2 entsprechend.

(4) Nach Beendigung des Vollzuges einer Untersuchungshaft, Freiheitsstrafe, Jugendstrafe oder freiheitsentziehenden Maßregel der Besserung und Sicherung oder einer einstweiligen Unterbringung nach § 126a der Strafprozeßordnung hat die Vollzugsanstalt der oder dem Entlassenen eine Bescheinigung über die Zeiten auszustellen, in denen sie oder er innerhalb der letzten sieben Jahre vor der Entlassung als Gefangene oder Gefangener versicherungspflichtig war.

5. Einkommensteuergesetz (EStG)

in der Fassung der Bekanntmachung vom 19. 10. 2002 (BGBl. I S. 4210),
zuletzt geändert durch Gesetz vom 25. Juli 2014 (BGBl. I S. 1266)

– Auszug –

§ 24

Zu den Einkünften im Sinne des § 2 Absatz 1 gehören auch
1. Entschädigungen, die gewährt worden sind
   a) als Ersatz für entgangene oder entgehende Einnahmen oder
   b) für die Aufgabe oder Nichtausübung einer Tätigkeit, für die Aufgabe einer Gewinnbeteiligung oder einer Anwartschaft auf eine solche;
   c) als Ausgleichszahlungen an Handelsvertreter nach § 89b des Handelsgesetzbuchs;
2. Einkünfte aus einer ehemaligen Tätigkeit im Sinne des § 2 Absatz 1 Satz 1 Nummer 1 bis 4 oder aus einem früheren Rechtsverhältnis im Sinne des § 2 Absatz 1 Satz 1 Nummer 5 bis 7, und zwar auch dann, wenn sie dem Steuerpflichtigen als Rechtsnachfolger zufließen;

3. Nutzungsvergütungen für die Inanspruchnahme von Grundstücken für öffentliche Zwecke sowie Zinsen auf solche Nutzungsvergütungen und auf Entschädigungen, die mit der Inanspruchnahme von Grundstücken für öffentliche Zwecke zusammenhängen.

§ 34 Außerordentliche Einkünfte

(1) ¹Sind in dem zu versteuernden Einkommen außerordentliche Einkünfte enthalten, so ist die auf alle im Veranlagungszeitraum bezogenen außerordentlichen Einkünfte entfallende Einkommensteuer nach den Sätzen 2 bis 4 zu berechnen. ²Die für die außerordentlichen Einkünfte anzusetzende Einkommensteuer beträgt das Fünffache des Unterschiedsbetrags zwischen der Einkommensteuer für das um diese Einkünfte verminderte zu versteuernde Einkommen (verbleibendes zu versteuerndes Einkommen) und der Einkommensteuer für das verbleibende zu versteuernde Einkommen zuzüglich eines Fünftels dieser Einkünfte. ³Ist das verbleibende zu versteuernde Einkommen negativ und das zu versteuernde Einkommen positiv, so beträgt die Einkommensteuer das Fünffache der auf ein Fünftel des zu versteuernden Einkommens entfallenden Einkommensteuer. ⁴Die Sätze 1 bis 3 gelten nicht für außerordentliche Einkünfte im Sinne des Absatzes 2 Nummer 1, wenn der Steuerpflichtige auf diese Einkünfte ganz oder teilweise § 6b oder § 6c anwendet.

(2) Als außerordentliche Einkünfte kommen nur in Betracht:
1. Veräußerungsgewinne im Sinne der §§ 14, 14a Absatz 1, der §§ 16 und 18 Absatz 3 mit Ausnahme des steuerpflichtigen Teils der Veräußerungsgewinne, die nach § 3 Nummer 40 Buchstabe b in Verbindung mit § 3c Absatz 2 teilweise steuerbefreit sind;
2. Entschädigungen im Sinne des § 24 Nummer 1;
3. Nutzungsvergütungen und Zinsen im Sinne des § 24 Nummer 3, soweit sie für einen Zeitraum von mehr als drei Jahren nachgezahlt werden;
4. Vergütungen für mehrjährige Tätigkeiten; mehrjährig ist eine Tätigkeit, soweit sie sich über mindestens zwei Veranlagungszeiträume erstreckt und einen Zeitraum von mehr als zwölf Monaten umfasst.

(3) ¹Sind in dem zu versteuernden Einkommen außerordentliche Einkünfte im Sinne des Absatzes 2 Nummer 1 enthalten, so kann auf Antrag abweichend von Absatz 1 die auf den Teil dieser außerordentlichen Einkünfte, der den Betrag von insgesamt 5 Millionen Euro nicht übersteigt, entfallende Einkommensteuer nach einem ermäßigten Steuersatz bemessen werden, wenn der Steuerpflichtige das 55. Lebensjahr vollendet hat oder wenn er im sozialversicherungsrechtlichen Sinne dauernd berufsunfähig ist. ²Der ermäßigte Steuersatz beträgt 56 Prozent des durchschnittlichen Steuersatzes, der sich ergäbe, wenn die tarifliche Einkommensteuer nach dem gesamten zu versteuernden Einkommen zuzüglich der dem Progressionsvorbehalt unterliegenden Einkünfte zu bemessen wäre, mindestens jedoch 14 Prozent. ³Auf das um die in Satz 1 genannten Einkünfte verminderte zu versteuernde Einkommen (verbleibendes zu versteuerndes Einkommen) sind vorbehaltlich des Absatzes 1 die allgemeinen Tarifvorschriften anzuwenden. ⁴Die Ermäßigung nach den Sätzen 1 bis 3 kann der Steuerpflichtige nur einmal im Leben in Anspruch nehmen. ⁵Erzielt der Steuerpflichtige in einem Veranlagungszeitraum mehr als einen Veräußerungs- oder Aufgabege-

winn im Sinne des Satzes 1, kann er die Ermäßigung nach den Sätzen 1 bis 3 nur für einen Veräußerungs- oder Aufgabegewinn beantragen. [6]Absatz 1 Satz 4 ist entsprechend anzuwenden.

6. Anlage 2 zu § 34 Gerichtskostengesetz (GKG)

Streitwert bis ... Euro	Gebühr ... Euro	Streitwert bis ... Euro	Gebühr ... Euro
500	35,00	50 000	546,00
1000	53,00	65 000	666,00
1500	71,00	80 000	786,00
2000	89,00	95 000	906,00
3000	108,00	110 000	1026,00
4000	127,00	125 000	1146,00
5000	146,00	140 000	1266,00
6000	165,00	155 000	1386,00
7000	184,00	170 000	1506,00
8000	203,00	185 000	1626,00
9000	222,00	200 000	1746,00
10 000	241,00	230 000	1925,00
13 000	267,00	260 000	2104,00
16 000	293,00	290 000	2283,00
19 000	319,00	320 000	2462,00
22 000	345,00	350 000	2641,00
25 000	371,00	380 000	2820,00
30 000	406,00	410 000	2999,00
35 000	441,00	440 000	3178,00
40 000	476,00	470 000	3357,00
45 000	511,00	500 000	3536,00

7. Anlage 2 zu § 13 Abs. 1 Rechtsanwaltsvergütungsgesetz (RVG)

Gegenstandswert bis ... Euro	1,0 Gebühr ... Euro	Gegenstandswert bis ... Euro	1,0 Gebühr ... Euro
500	45,00	50 000	1163,00
1000	80,00	65 000	1248,00
1500	115,00	80 000	1333,00
2000	150,00	95 000	1418,00
3000	201,00	110 000	1503,00
4000	252,00	125 000	1588,00
5000	303,00	140 000	1673,00
6000	354,00	155 000	1758,00
7000	405,00	170 000	1843,00
8000	456,00	185 000	1928,00
9000	507,00	200 000	2013,00
10 000	558,00	230 000	2133,00
13 000	604,00	260 000	2253,00
16 000	650,00	290 000	2373,00
19 000	696,00	320 000	2493,00
22 000	742,00	350 000	2613,00
25 000	788,00	380 000	2733,00
30 000	863,00	410 000	2853,00
35 000	938,00	440 000	2973,00
40 000	1013,00	470 000	3093,00
45 000	1088,00	500 000	3213,00

Stichwortverzeichnis

- nachhaltige Interessenvertretung 122
- Präsenz im Betrieb 123
- schnelle Lösung 122
- Urlaubsansprüche 125
- vorzeitige Beendigung 173
Vorzeitiges Ausscheiden 172

Wahrnehmung aus Arbeitnehmer-
  sicht 90
- Kränkung 91
- Mobbing 92
- soziale Angst 94
- Versageängste 95
Wahrnehmungen aus Arbeit-
  gebersicht 87
Wehrpflichtiger 75
Weihnachtsgeld 138
Weiterbeschäftigungsanspruch
  78, 124
- allgemeiner Weiterbeschäfti-
  gungsanspruch 79
- Antrag auf Entbindung von der
  Weiterbeschäftigung 79
- einstweilige Verfügung 78
- offensichtlich unwirksame
  Kündigung 79
- Widerspruch des Betriebsrates
  78
Werbungskosten 204, 205
- Reisekosten 205
Werkdienstwohnung 185
- Auszugstermin 186
- Fortsetzung des Mietver-
  hältnisses 186
- Hausstand 186
- Rufbereitschaft 186
- Schönheitsdekoration 186
- Teil der Arbeitsvergütung 186
- unzulässige Teilkündigung 186

Werkdienstwohnungsvertrag
  186
Werkmietwohnung 185
- funktionsgebundenes Werk-
  mietwohnungsverhältnis
  185
- getrenntes Rechtsverhältnis
  185
- Kündigungsfrist 186
Werkswohnung 185
Wettbewerbsverbot 149, 171, 178,
  179, 180
- einvernehmliche Aufhebung
  179
- Karenzentschädigung 178
- nachvertragliches Wett-
  bewerbsverbot 178
- Schriftform 178
- Verzichtserklärung durch
  Arbeitgeber 179
- Wahlrecht 179
Widerrufsrecht 165
Widerrufsrecht bei einer
  Aufhebungsvereinbarung
  249
- Bedenkzeit 250
- Rechtsprechung 249
Wiedereinstellungsanspruch 80

Zeugnis 124, 157
- Bewertung 158
- einfaches Zeugnis 157
- Führung und Leistung 158
- qualifiziertes Zeugnis 157
- Schlussformel 159
- verdeckter Code 158
- wohlwollende Formulierung
  160
Zivildienstleistender 75
Zwischenzeugnis 157